21世纪高等院校国际经济与贸易专业精品教材

U0656778

国际贸易理论与实务

INTERNATIONAL TRADE THEORY AND PRACTICE

周学明　主编

郑 莹　王 洋　副主编

东北财经大学出版社
Dongbei University of Finance & Economics Press
大连

图书在版编目（CIP）数据

国际贸易理论与实务 / 周学明主编 . —大连：东北财经大学出版社，2025.2 . —（21世纪高等院校国际经济与贸易专业精品教材）. —ISBN 978-7-5654-5558-2

Ⅰ. F740

中国国家版本馆 CIP 数据核字第 2025LQ1778 号

东北财经大学出版社出版

（大连市黑石礁尖山街 217 号　邮政编码　116025）

网　　址：http://www.dufep.cn

读者信箱：dufep@dufe.edu.cn

大连雪莲彩印有限公司印刷　　　　东北财经大学出版社发行

幅面尺寸：185mm×260mm　　　字数：475千字　　　印张：21

2025 年 2 月第 1 版　　　　　　　2025 年 2 月第 1 次印刷

责任编辑：孙　平　孙晓梅　吴　茜　　　责任校对：周　晗
　　　　　刘晓彤　赵宏洋

封面设计：原　皓　　　　　　　　　　　版式设计：原　皓

定价：49.80元

教学支持　售后服务　联系电话：（0411）84710309

版权所有　侵权必究　举报电话：（0411）84710523

如有印装质量问题，请联系营销部：（0411）84710711

前　言

2024年6月12日，国家主席习近平向联合国贸易和发展会议成立60周年庆祝活动开幕式发表视频致辞。习近平指出，联合国贸易和发展会议成立60年以来，秉持共同繁荣的宗旨，积极促进南南合作，倡导南北对话，推动构建国际经济新秩序，为全球贸易和发展作出了重要贡献。中国正以高质量发展全面推进中国式现代化，必将为世界发展带来新的更大机遇。中国愿同世界各国一道，顺应经济全球化大趋势，共享机遇，共商合作，共促发展，为推动世界经济增长、增进各国人民福祉贡献力量。

国际贸易是世界各国对外经济关系的核心，在各国的经济发展中起着不可替代的作用，是各国加速其经济发展的重要手段。2001年12月我国加入WTO以后，国际贸易焕发出勃勃生机，取得了举世瞩目的成绩。据海关总署统计，2024年我国货物贸易进出口总值43.85万亿元，同比增长5%。出口规模首次突破25万亿元，达到25.45万亿元，同比增长7.1%，连续8年保持增长。中国作为全球货物贸易第一大国，对全球外贸增长的贡献度和拉动力最大。

近日，中共中央、国务院印发了《教育强国建设规划纲要（2024—2035年）》，面向到2035年建成教育强国目标，全面把握教育的政治属性、人民属性、战略属性，落实立德树人根本任务，为党育人、为国育才，全面服务中国式现代化建设，打造培根铸魂、启智增慧的高质量教材，落实教材建设国家事权，体现党和国家意志，对加快建设教育强国作出了全面系统部署。

为了适应国际市场竞争的需要，我们必须加快培养国际商务应用型人才，提高从业人员的素质，而人才培养的关键环节之一是教材。基于此，我们编写了本教材。

本教材以国际贸易基本理论为基础，以进出口业务为主线，以国际贸易惯例为依据，详细地介绍了国际贸易理论和实务知识。本教材按照《2020年国际贸易术语解释通则》和《跟单信用证统一惯例》（UCP600）的要求，有针对性地制定学习目标和职业操作能力的培养目标，力求在实际进出口业务中将所学的理论知识和应用操作技能有机地结合起来，达到学以致用、活学活用。

党的二十大报告指出，中国成为140多个国家和地区的主要贸易伙伴，货物贸易总额居世界第一，吸引外资和对外投资居世界前列，形成更大范围、更宽领域、更深层次对外开放格局。推动货物贸易优化升级，创新服务贸易发展机制，大力发展数字贸易，加快建设贸易强国。同时指出，教育是国之大计、党之大计。培养什么人、怎样培养人、为谁培养人是教育的根本问题，育人的根本在于立德。本教材以党的二十大精神为根本遵循，将"立德树人"贯穿于教材的全过程，培养学生具有家国情怀、敬业精神、法治意识、社会责任、全球视野、勇于创新的意识。

本教材可作为高等院校经济管理类专业的专业基础课程教材，也可以作为从事对外贸易工作的人士提高业务能力水平的参考书籍。

本教材具体分工如下：哈尔滨金融学院周学明教授编写第一、三、十一、十二章以及第七章第一、二、三节，黑龙江工商学院郑莹副教授编写第六、九章，黑龙江工商学院王洋讲师编写第四、五章，商业银行客户经理周心怡编写第七章第四节以及第八、十章，哈尔滨金融学院任鑫鹏副教授编写第二章第一、二节，哈尔滨金融学院姜颖讲师编写第二章第三、四节。本教材由周学明任主编，同时负责全书的总纂，郑莹和王洋任副主编。在编写过程中，我们不仅得到了东北财经大学出版社的大力支持，还得到了商务部研究院专家及外贸公司经理等朋友的帮助指导，在此表示衷心的感谢。

由于编写时间仓促，编者水平有限，书中错误或不当之处在所难免，敬请广大读者批评指正。

编　者

2025 年 1 月

目　录

国际贸易概论

【学习目标】

理解国际贸易、国际分工和世界市场的概念；掌握国际贸易的分类、国际分工的种类；了解国际分工的产生与发展，国际分工对国际贸易的影响；了解世界市场的形成与发展，掌握世界市场的基本特征。

【重点与难点】

国际贸易、国际分工、世界市场的概念；国际贸易和国际分工的种类；国际分工对国际贸易的影响；世界市场的基本特征。

【立德树人】

培养学生利用国际贸易基本理论去发现和分析国际贸易问题的能力；运用国际贸易专业知识，把握最新前沿发展趋势，塑造适应于当代国际经贸活动的系统思维、分析思维、创新思维。中国成为全球制造业第四次迁移的承接者，通过学习，让学生了解国际分工和世界市场，使学生产生民族自豪感、幸福感，增强学生对"四个自信"即中国特色社会主义道路自信、理论自信、制度自信、文化自信的认识和理解。

第一节　国际贸易概述

一、国际贸易的相关概念及特点

（一）国际贸易的相关概念

1.国际贸易与对外贸易

国际贸易（International Trade）亦称"世界贸易"，指不同国家（或地区）之间的货物和服务的交换活动。国际贸易是货物和服务的国际转移。它由各国（地区）的对外贸易构成，是世界各国（地区）对外贸易的总和。国际贸易在奴隶社会和封建社会就已存在，并随生产的发展而逐渐扩大。到资本主义社会，其规模空前扩大，具有世界性。对外贸易（Foreign Trade）亦称"国外贸易"或"进出口贸易"，是指一个国家（地区）与另一个国家（地区）之间的货物和服务的交换活动。这种贸易由进口和出口两个部分组成，对输进货物和服务的国家（地区）来说，就是进口贸易；对输出货物和服务的国家（地区）来说，就是出口贸易。

2.对外贸易值、国际贸易值与对外贸易量

对外贸易值（Value of Foreign Trade）是以货币表示的贸易金额。一定时期内一国从国外进口的商品的全部价值，称为进口贸易总额或进口总额；一定时期内一国向国外出口的商品的全部价值，称为出口贸易总额或出口总额。两者相加为进出口贸易总额或进出口总额，是反映一个国家对外贸易规模的重要指标。对外贸易值一般用本国货币表示，也有用国际上习惯使用的货币表示的。联合国编制和发布的世界各国对外贸易值的统计资料，是以美元表示的。

世界上所有国家的进口总额或出口总额用同一种货币换算后加在一起，即得到世界进口总额或世界出口总额。就国际贸易来看，一国的出口就是另一国的进口，所有国家出口总值相加应等于所有国家进口总值，如果把各国进出口值相加作为国际贸易值就会重复计算。因此，一般是把各国出口总值作为国际贸易值（Value of International Trade）。由于各国一般都是按离岸价格（FOB，即装运港船上交货价，只计算成本，不包括运费和保险费）计算出口额，按到岸价格（CIF，即成本、保险费加运费）计算进口额，因此世界出口总额总是略小于世界进口总额。

对外贸易量是剔除了价格变动因素后的对外贸易值。以货币所表示的对外贸易值常受价格变动的影响，为准确地反映一国进出口贸易的实际规模，通常以一定年份为基期，用进出口值除进、出口价格指数，便剔除了价格变动因素，得出按不变价格计算的贸易值，即对外贸易量。对外贸易量计算公式如下：

进（出）口贸易量=进（出）口额/进（出）口价格指数

贸易条件指数也称"进出口比价指数"，通常是通过出口价格指数和进口价格指数相比而得的一种相对指标，是世界银行为了衡量贸易条件的变化建立的一种评价体系。

其计算公式为：

进出口比价指数=出口价格指数/进口价格指数

3.贸易差额

贸易差额（Balance of Trade）是一国在一定时期内（例如一年）出口总值与进口总值之间的差额。当出口总值与进口总值相等时，称为"贸易平衡"；当出口总值大于进口总值时，出现贸易盈余，称"贸易顺差"或"出超"；当进口总值大于出口总值时，出现贸易赤字，称"贸易逆差"或"入超"。通常，贸易顺差以正数表示，贸易逆差以负数表示。一国的进出口贸易收支是其国际收支中经常项目的重要组成部分，是影响一个国家国际收支的重要因素。

4.贸易条件

通常所指的贸易条件（Terms of Trade）又称交换比价或贸易比价，即出口价格与进口价格之间的比率，也就是说一个单位的出口商品可以换回多少进口商品。它是用出口价格指数与进口价格指数来计算的，计算公式为：

贸易条件（N）=出口价格指数（Px）/进口价格指数（Pm）×100

以一定时期为基期，先计算出基期的进出口价格比率并作为100，再计算出比较期的进出口价格比率，然后与基期相比，如大于100，说明贸易条件比基期有利；如小于100，则表明贸易条件比基期不利，交易环境较基期恶劣。

常用的贸易条件有3种不同的形式：价格贸易条件、收入贸易条件和要素贸易条件。

5.对外贸易与国际贸易地理方向

对外贸易地理方向又称对外贸易地区分布或国别结构，是指一定时期内各个国家或区域集团在一国对外贸易中所占有的地位，通常以其在该国进出口总额或进口总额、出口总额中所占的比重来表示。

对外贸易地理方向指明了一国出口商品的去向和进口商品的来源，从而反映出一国与其他国家或区域集团之间经济贸易联系的程度。一国的对外贸易地理方向通常受经济互补性、国际分工的形式与贸易政策的影响。

国际贸易地理方向亦称国际贸易地区分布（International Trade by Region），用以表明世界各洲、各国或各个区域集团在国际贸易中所占的地位。计算各国在国际贸易中的比重，既可以计算各国的进、出口额在世界进、出口总额中的比重，也可以计算各国的进出口总额在国际贸易总额（世界进出口总额）中的比重。

由于对外贸易是一国与别国之间发生的商品交换，因此，将对外贸易按商品分类和按国家分类结合起来分析研究，即将商品结构和地理方向结合起来分析研究，可以掌握一国出口中不同类别商品的去向和进口中不同类别商品的来源。

6.对外贸易商品结构与国际贸易商品结构

对外贸易商品结构指一定时期内一国进出口贸易中各种商品的构成，即某大类或某种商品进出口贸易额与整个进出口贸易额之比，通常以份额表示。一国对外贸易商品结构可以反映出该国的经济发展水平、产业结构状况、科技发展水平等。

国际贸易商品结构指一定时期内各大类商品或某种商品在整个国际贸易中的比重，

即各大类商品或某种商品出口额（与/或进口额）与整个世界出口贸易额（与/或进口贸易额）的比率，通常以比重表示。为便于分析比较，世界各国和联合国均以联合国《国际贸易商品标准分类》（SITC）公布的国际贸易和对外贸易商品结构进行分析比较。国际贸易商品结构可以反映出整个世界的经济发展水平、产业结构状况和科技发展水平等。

7. 知识产权贸易

根据世界贸易组织《与贸易有关的知识产权协议》的规定，知识产权包括如下内容：版权、商标、地理标识、工业品外观设计、专利、集成电路布图设计、未披露的信息等，是一种受专门法律保护的重要的无形财产。

知识产权贸易（Trade of Intellectual Property Rights）有广义与狭义之分：

狭义的知识产权贸易，是指以知识产权为标的的贸易，主要包括知识产权许可、知识产权转让等内容，即经济组织或个人之间，按照一般商业条件，向对方出售或从对方购买知识产权使用权的一种贸易行为。

广义的知识产权贸易，是指含有知识产权的产品（知识产权产品、知识产品），特别是附有高新技术的高附加值的高科技产品，如集成电路、计算机软件、多媒体产品等的贸易行为。

8. 服务贸易

根据关贸总协定乌拉圭回合达成的《服务贸易总协定》，服务贸易是指"从一成员境内向任何其他成员境内提供服务；在一成员境内向任何其他成员的服务消费者提供服务；一成员的服务提供者在任何其他成员境内以商业存在提供服务；一成员的服务提供者在任何其他成员境内以自然人的存在提供服务"。服务贸易包括如下内容：商业服务、通信服务、建筑及有关工程服务、销售服务、教育服务、环境服务、金融服务、健康与社会服务、与旅游有关的娱乐服务、文化与体育服务、运输服务等。

9. 跨境电商

跨境电商也称跨境电子商务，是分属不同关境的交易主体，通过电子商务平台达成交易、进行电子支付结算，并通过跨境电商物流及异地仓储送达商品，从而完成交易的一种国际商业活动。我国自2018年10月1日起，对跨境电子商务综合试验区电商出口企业实行免税新规则。自2019年1月1日起，调整跨境电商零售进口税收政策，提高享受税收优惠政策的商品限额上限，扩大清单范围。跨境电子商务不仅冲破了国家间的障碍，使国际贸易走向无国界贸易，同时它也正在引起世界经济贸易的巨大变革。跨境电子商务作为推动经济一体化、贸易全球化的技术基础，具有非常重要的战略意义。

10. 数字贸易

2019年3月，经济合作与发展组织（OECD）、世界贸易组织（WTO）和国际货币基金组织（IMF）共同发布的《数字贸易测度手册》界定了数字贸易，并构筑了数字贸易的基本框架。根据《中国数字贸易发展报告（2021）》，数字贸易被定义为"所有通过数字订购和/或数字交付的贸易"。

数字贸易是指通过计算机网络，以数字订购或数字交付方式进行商品或服务的国际交易。数字贸易基本框架由交易主体、交易客体、交易方式组成，系统回答了谁在交易（买方与卖方）、在哪儿交易、交易什么（产品类型）、如何交易的问题。在数字贸易框架下，交易主体是企业、政府、居民、为居民服务的非营利机构。交易的产品包括货物和服务。交易方式（类型）是通过数字中介平台进行，以数字方式订购、数字方式交付为主。数字贸易既是国际经贸竞争的新前沿，也是中国加快贸易强国建设的新引擎、推进高水平制度型开放的新高地。

（二）国际贸易的特点

国际货物贸易构成国际贸易的主要部分，而国际货物贸易属商品交换范围，与国内贸易在性质上并无不同，但由于它是在不同国家或地区间进行的，所以与国内贸易相比具有以下特点：

（1）国际货物贸易涉及不同国家或地区在政策措施、法律体系方面可能存在的差异和冲突，以及语言文化、社会习俗等方面带来的差异，所涉及的问题远比国内贸易复杂。

（2）国际货物贸易的交易数量和金额一般较大，运输距离较远，履行时间较长，因此交易双方承担的风险远比国内贸易要大。

（3）国际货物贸易容易受到交易双方所在国家的政治、经济、双边关系及国际局势变化等的影响。

（4）国际货物贸易除了交易双方外，还涉及运输、保险、银行、商检、海关等部门的协作、配合，过程较国内贸易要复杂得多。

二、国际贸易的分类

（一）按商品移动方向，可分为进口贸易、出口贸易与过境贸易

1.进口贸易

进口贸易（Import Trade）是指将外国所生产或加工的商品（包括外国拥有的劳务）购买后输入本国市场的贸易活动。

2.出口贸易

出口贸易（Export Trade）是指将本国所生产或加工的商品（包括本国拥有的劳务）输往国外市场进行销售的对外贸易活动。

3.过境贸易

过境贸易（Transit Trade）是指商品生产国的商品运往消费国的过程中，途经其他国家，对途经国家来说，即为过境贸易。

（二）按统计口径不同，可分为总贸易与专门贸易

贸易体系是贸易国家记录和编制进出口货物统计的一种方法，大部分国家只根据其中一种进行记录和编制。我国当前采用的是总贸易体系。

1.总贸易

总贸易（General Trade）体系是"专门贸易"的对称，是指以国境为标准划分的进出口贸易。凡进入国境的商品一律列为总进口；凡离开国境的商品一律列为总出口。在总出口中又包括本国产品的出口和未经加工的进口商品的出口，总进口额加总出口额就是一国的总贸易额。美国、日本、英国、加拿大、澳大利亚等国采用这种划分标准。

2.专门贸易

专门贸易（Special Trade）体系是"总贸易"的对称，是指以关境为标准划分的进出口贸易。只有从外国进入关境的商品以及从保税仓库提出进入关境的商品才列为专门进口。当外国商品进入国境后，暂时存放在保税仓库，未进入关境，不列为专门进口。从国内运出关境的本国商品以及进口后经加工又运出关境的商品，则列为专门出口。专门进口额加专门出口额称为专门贸易额。德国、意大利等国采用这种划分标准。

（三）按结算方式不同，可分为现汇贸易与易货贸易

1.现汇贸易

现汇贸易也称自由结汇方式贸易，是指买方用外汇（通常是可自由兑换货币）作为偿付工具的贸易方式，这是国际贸易的主要结算方式。在当今国际贸易中，能作为支付工具的货币主要有美元、英镑、日元、欧元等。

2.易货贸易

易货贸易是指在国际贸易中以货物计价作为清偿工具的贸易方式。它大多起因于某些国家外汇不足，无法以正常的自由结汇方式与他国进行交易。其特点是把进出口直接联系起来，双方都有进出，互换货物，可以是一种对一种，也可以是一种对多种或多种对多种，力求换货的总金额相等，不用外汇支付。

（四）按加工后贸易方向，可分为复出口与复进口

1.复出口

复出口（Re-export）是指外国商品进口以后未经加工制造又出口，也称再出口。复出口在很大程度上同经营转口贸易有关。

2.复进口

复进口（Re-import）是指本国商品输往国外，未经加工又输入国内，也称再进口。复进口多由偶然原因（如出口退货）所造成。

（五）按国际贸易是否有第三国参与，可分为直接贸易、间接贸易与转口贸易

1.直接贸易

直接贸易（Direct Trade）是"间接贸易"的对称，是指商品生产国与商品消费国直接买卖商品的行为。

2.间接贸易

间接贸易（Indirect Trade）是"直接贸易"的对称，是指商品生产国与商品消费国

通过第三国进行买卖商品的行为。其中，生产国是间接出口，消费国是间接进口，第三国是转口。

3.转口贸易

转口贸易（Intermediary Trade）是指生产国与消费国之间通过第三国所进行的贸易。即使商品直接从生产国运到消费国去，只要两者之间并未直接发生交易关系，而是由第三国转口商人分别同生产国与消费国发生交易关系，仍然属于转口贸易范畴。

转口贸易交易的货物可以由出口国运往第三国，在第三国不经过加工（改换包装、分类、挑选、整理等不作为加工论）再销往消费国，也可以不通过第三国而直接由生产国运往消费国，但生产国与消费国之间并不发生交易关系，而是由中转国分别同生产国和消费国发生交易。

（六）按商品形式，可分为有形贸易与无形贸易

1.有形贸易

有形贸易（Visible Trade）是"无形贸易"的对称，指商品的进出口贸易。由于商品是看得见的有形实物，所以商品的进出口被称为有形进出口，即有形贸易。

2.无形贸易

无形贸易（Invisible Trade）是"有形贸易"的对称，也称"无形商品贸易"，指劳务或其他非实物商品的进出口而产生的收入与支出，主要包括：（1）和商品进出口有关的一切从属费用的收支，如运输费、保险费、商品加工费、装卸费等；（2）和商品进出口无关的其他收支，如国际旅游费用、外交人员费用、侨民汇款、使用专利特许权的费用、国外投资汇回的股息和红利、公司或个人在国外服务的收支等。以上各项中的收入，称为"无形出口"；以上各项中的支出，称为"无形进口"。

有形贸易因要结关，故其金额显示在一国的海关统计上；无形贸易不经过海关办理手续，其金额不反映在海关统计上，但显示在一国国际收支表上。

国际贸易
标准分类

（七）按参加者的经济发达程度，可分为水平贸易与垂直贸易

1.水平贸易

水平贸易（Horizontal Trade），是指经济发展水平比较接近的国家之间开展的贸易活动。例如，发达国家之间开展的贸易活动或者发展中国家之间开展的贸易活动。

2.垂直贸易

垂直贸易（Vertical Trade），是指经济发展水平不同的国家之间开展的贸易活动。发达国家与发展中国家之间进行的贸易大多属于这种类型。一些产品的生产过程往往分割为不同的生产阶段，散布于多个国家（地区）进行，并以跨国界的垂直贸易链相互连接。

另外，世界贸易组织按世界贸易组织法调整的类型，将国际贸易分为货物贸易、服务贸易、与知识产权有关的贸易。

三、国际贸易的产生、发展及作用

国际贸易是在人类社会生产力发展到一定的阶段时才产生和发展起来的，它是一个历史范畴。国际贸易的产生必须具备两个基本条件：一是要有国家的存在；二是产生了对国际分工的需要，而国际分工只有在社会分工的基础上才可能形成。这些条件不是人类社会刚产生时就有的，而是随着社会生产力的不断发展和社会分工的不断扩大而逐渐形成的。

（一）国际贸易的产生

国际贸易是在一定的历史条件下产生和发展起来的。首先要有剩余的产品可以作为商品进行交换，其次商品交换要在各自为政的社会实体之间进行。因此，社会生产力的发展和社会分工的扩大，是国际贸易产生和发展的基础。在原始社会初期，人类处于自然分工状态，生产力水平很低，人们在共同劳动的基础上获取有限的生活资料，仅能维持本身生存的需要。因此，没有剩余产品，没有私有制，没有阶级和国家，也就没有对外贸易。

（二）国际贸易的发展

国际贸易的发展与人类历史上三次社会大分工密切相关。

1.原始社会的国际贸易

第一次社会大分工是畜牧部落从其他部落中分离出来，牲畜的驯养和繁殖使生产力得到了发展，产品开始有了少量剩余。于是在氏族公社之间、部落之间出现了剩余产品的交换。这是最早发生的交换。这种交换是极其原始的偶然的物物交换。随着生产力的持续发展，手工业从农业中分离出来，出现了第二次社会大分工。手工业出现后，便产生了直接以交换为目的的商品生产。商品生产和商品交换的不断扩大，产生了货币，商品交换逐渐变成了以货币为媒介的商品流通。随着商品货币关系的发展，产生了专门从事贸易的商人，于是出现了第三次社会大分工。

生产力的发展，交换关系的扩大，加速了私有制的产生，从而使原始社会日趋瓦解，这就为过渡到奴隶社会打下了基础。在奴隶社会初期，由于阶级矛盾形成了国家。国家出现后，商品交换超出国界，便产生了对外贸易。

2.奴隶社会的国际贸易

在奴隶社会，自然经济占主导地位。奴隶社会虽然出现了手工业和商品生产，但在一个国家整体社会生产中显得微不足道，进入流通的商品数量很少。同时，由于社会生产力水平低下和生产技术落后，交通工具简陋，严重阻碍了人与物的交流，对外贸易局限在很小的范围内，其规模和内容都受到很大的限制。

奴隶社会的对外贸易是为奴隶主阶级服务的。当时，奴隶主拥有财富的重要标志是其占有多少奴隶，因此奴隶社会国际贸易中的主要商品是奴隶。据记载，希腊的雅典就曾经是一个贩卖奴隶的中心。此外，粮食、酒及其他专供奴隶主阶级享用的奢侈品，如宝石、香料和各种织物等也都是当时国际贸易中的重要商品。

3.封建社会的国际贸易

封建社会的国际贸易比奴隶社会时期有了较大的发展。随着商品生产的发展，封建地租转变为货币地租的形式，商品经济得到进一步的发展。在封建社会，封建地主阶级占统治地位，对外贸易是为封建地主阶级服务的。国际贸易的主要商品，除了奢侈品以外，还有日用手工业品和食品，如棉织品、地毯、瓷器、谷物和酒等。商品生产和流通的主要目的是满足剥削阶级奢侈生活的需要，贸易主要局限于各洲之内和欧亚大陆之间。

在封建社会，国际贸易的范围明显地扩大。亚洲各国之间的贸易由近海逐渐扩展到远洋。早在西汉时期，中国就开辟了从长安经中亚通往西亚和欧洲的陆路商路——丝绸之路，把中国的丝绸、茶叶等商品输往西方各国，换回良马、种子、药材和饰品等。到了唐朝，除了陆路贸易外，还开辟了通往波斯湾以及朝鲜和日本等地的海上贸易。

封建社会的早期欧洲，国际贸易主要集中在地中海东部，君士坦丁堡是当时最大的国际贸易中心。公元7—8世纪，阿拉伯人通过贩运非洲的象牙、中国的丝绸、远东的香料和宝石，成为欧、亚、非三大洲的贸易中间商。11世纪以后，随着意大利北部和波罗的海沿岸城市的兴起，国际贸易的范围逐步扩大到整个地中海以及北海、波罗的海和黑海的沿岸地区。当时，南欧的贸易中心是意大利的一些城市，如威尼斯、热那亚等，北欧的贸易中心是汉撒同盟的一些城市，如汉堡、吕贝克、塔林等。

4.资本主义时期的国际贸易

15世纪末至16世纪初，地理大发现对西欧经济发展和全球国际贸易产生了十分深远的影响。大批欧洲冒险家前往非洲和美洲进行掠夺性贸易，运回大量金银财富，同时还将这些地区沦为本国的殖民地，加速了资本原始积累，又大大推动了国际贸易的发展。

17世纪中期英国资产阶级革命的胜利，标志着资本主义生产方式的正式确立。18世纪中期的产业革命又为国际贸易的空前发展提供了十分坚实而又广阔的物质基础。一方面，蒸汽机的发明使用开创了机器大工业时代，生产力迅速提高，物质产品大为丰富，从而真正的国际分工开始形成；另一方面，交通运输和通信网络的技术和工具都有突飞猛进的发展，使得世界市场真正得以建立。

在这种情况下，国际贸易有了惊人的发展，贸易活动转变为全球性的国际贸易。这个时期的国际贸易，不仅贸易数量和种类有长足增长，而且贸易方式和机构职能也有创新发展。显然，国际贸易的巨大发展是资本主义生产方式发展的必然结果。

19世纪70年代后，资本主义进入垄断阶段，此时的国际贸易不可避免地带有"垄断"的特点。主要资本主义国家的对外贸易被为数不多的垄断组织所控制，由它们决定着一国对外贸易的地理方向和商品构成。垄断组织输出巨额资本，用来扩大商品输出的范围和规模。

两次世界大战时期，资本主义世界爆发了三次经济危机，战争的破坏和空前的经济危机使世界工业生产增长极为缓慢。1913—1938年，世界工业生产量只增长了83%，同时，贸易保护主义显著加强，给国际贸易的发展设置了层层的障碍。因此，两次世界大战期间，国际贸易的扩大过程几乎处于停滞状态。1913—1938年，国际贸易量只增长了3%，国际贸易额减少了32%，许多国家对对外贸易的依赖性减小。

在这一时期,国际贸易的地理格局发生了变化。第一次世界大战打破了各国间特别是欧洲国家与海外国家间的经济贸易联系,使欧洲在国际贸易中的比重下降,而美国的比重却有了较大的增长。亚洲、非洲和拉丁美洲经济不发达国家在国际贸易中的比重亦有所上升。

第二次世界大战后,世界经济又一次发生了巨大变化,国际贸易再次出现了飞速增长,其速度和规模都远远超过了19世纪工业革命以后的贸易增长。仅以国际服务贸易为例,第二次世界大战后,世界经济结构调整步伐加快,传统制造业比重相对下降,服务业地位提升,在各国GDP和就业中的比重不断提高。1999年,在世界生产总值中,服务业的产值占61%,制造业的产值占34%,而农业的产值仅占5%左右;发达国家服务业产值占GDP的比重由1980年的59%提高到1999年的65.3%,服务业就业人数占国内就业人数的比重在55%~75%之间。美国第三产业产值占GDP的比重1997年为72.6%,2003年达到75.9%。第三产业中信息产业的发展尤其快,1993—1997年信息产业为美国直接增加1 580万个就业岗位,产值占美国GDP的28%以上,美国经济增长的25%来源于信息产业的增长。

发展中国家第三产业虽然起步较晚,但自20世纪六七十年代以来也有了长足的发展,在总产值和就业中的比重都呈上升趋势。

(三) 国际贸易的作用

国际贸易对参与贸易的国家乃至世界经济的发展具有重要作用,具体表现在以下几方面:

1.调节各国市场的供求关系

调节各国市场的供求关系,互通有无始终是国际贸易的重要功能。世界各国由于受生产水平、科学技术和生产要素分布状况等因素的影响,生产能力和市场供求状况存在一定程度的差异。各国国内既存在产品供不应求的状况,又存在各种形式的产品过剩状况。而通过国际贸易不仅可以增加国内短缺产品的市场供给量,满足消费者的需求,而且还为各国国内市场的过剩产品提供了新的出路,在一定程度上缓解了市场供求的矛盾,从而调节了各国的市场供求关系。

2.促进生产要素的充分利用

在当今世界上,劳动力、资本、土地、技术等生产要素在各个国家的分布往往是不平衡的,有的国家劳动力富余而资本短缺,有的国家资本丰裕而土地不足,有的国家土地广阔而耕作技术落后。如果没有国际贸易,这些国家国内生产规模和社会生产力的发展都会受到其短缺的生产要素的制约,一部分生产要素将闲置或浪费,生产潜力得不到发挥。通过国际贸易,这些国家就可以采取国际劳务贸易、资本转移、土地租赁、技术贸易等方式,将国内富余的生产要素与其他国家交换国内短缺的生产要素,从而使短缺生产要素的制约得以缓解或消除,富余生产要素得以充分利用,扩大生产规模,加速经济发展。

3.发挥比较优势,提高生产效率

各国参与国际贸易的重要基础是比较利益和比较优势。利用比较利益和比较优势进行国际分工和国际贸易,可以扩大优势商品生产,缩小劣势商品生产,并出口优势商品从国外换回本国居于劣势的商品,从而可在社会生产力不变的前提下提高生产要素的效

能，提高生产效率，获得更大的经济效益。

4.提高生产技术水平，优化国内产业结构

当今世界，各国普遍通过国际贸易引进先进的科学技术和设备，以提高国内的生产力水平，加快经济发展。同时，通过国际贸易，可以使国内的产业结构逐步协调和完善，促使整个国民经济协调发展。

5.增加财政收入，提高国民福利水平

国际贸易的发展，可为一国政府开辟财政收入的来源。政府可从对过往关境的货物征收关税、对进出口货物征收国内税、为过境货物提供各种服务等方面获得大量财政收入。在美国联邦政府成立初期，关税收入曾占联邦财政收入的90%左右。至今，关税和涉外税收仍然是一些国家特别是发展中国家财政收入的重要来源。国际贸易还可以提高国民的福利水平。它可以通过进口国内短缺而又是国内迫切需要的商品，或者进口比国内商品价格更低廉、质量更好、式样更新颖、特色更突出的商品，来使国内消费者获得更多的福利。此外，国际贸易的扩大，特别是劳动密集型产品出口的增长，将为国内提供更多的就业机会，间接增进国民福利。

6.加强各国经济联系，促进经济发展

目前，世界各国广泛开展国际贸易活动，这不仅把生产力发展水平较高的发达国家互相联系起来，而且也把生产力发展水平较低的广大发展中国家卷入国际经济生活之中。国际市场的竞争活动，也促使世界总体的生产力发展进一步加快。这不仅促进了发达国家经济的进一步发展，也促进了不发达国家的经济发展。

第二节　国际分工

一、国际分工的概念和分类

（一）国际分工的概念

国际分工是指世界上各国（地区）之间的劳动分工，是国际贸易和各国（地区）经济联系的基础。它是社会生产力发展到一定阶段的产物，是社会分工超越国界的结果，是生产社会化向国际化发展的趋势。

（二）国际分工的分类

1.按参加国际分工的国家的发展水平差异分类

按参与国家自然资源和原材料供应、生产技术水平和工业发展情况的差异来分类，国际分工可划分为三种不同形式。

（1）垂直型国际分工

它是指经济技术发展水平相差悬殊的国家（如发达国家与发展中国家）之间的国际分工。垂直分工是相对水平分工而言的。垂直型国际分工的表现形式又分为两种：一种是指部分国家供给初级原料，而另一部分国家供给制成品的分工形态。如发展中国家生产初级产品，发达国家生产工业制成品，这是不同国家在不同产业间的垂直分工。产品从原料到制成品，须经多次加工。经济越发达，分工越细密，产品越复杂，工业化程度越高，产品加工的工序就越多。加工又分为初步加工（粗加工）和深加工（精加工）。只经过初步加工的为初级产品，经过多次加工则最后成为制成品。初级产品与制成品这两类产业的生产过程构成垂直联系，彼此互为市场。另一种是指同一产业内技术密集程度较高的产品与技术密集程度较低的产品之间的国际分工，或同一产品的生产过程中技术密集程度较高的工序与技术密集程度较低的工序之间的国际分工，这是相同产业内部因技术差距所形成的国际分工。

从历史上看，19世纪形成的国际分工是一种典型的垂直型国际分工。当时英国等少数国家是工业国，绝大多数不发达的殖民地、半殖民地成为农业国，工业先进国家按自己的需要强迫落后的农业国进行分工，形成工业国支配农业国、农业国依附工业国的国际分工格局。

（2）水平型国际分工

它是指经济发展水平相同或接近的国家（如发达国家以及一部分新兴工业化国家）之间在工业制成品生产上的国际分工，当代发达国家的相互贸易主要是建立在水平型国际分工的基础上的。第二次世界大战后，随着科技革命的兴起，国际分工由部门间国际分工向部门内专业化国际分工方向发展。如欧洲制造的"R-1800"载重汽车，它的发动机、控制设备、底盘和弹簧分别由瑞典、德国、美国和意大利的公司生产，最后则在英国装配完成。部门内专业化分工，把发达国家工业生产的主要部分相互紧密地联系在一起，促进了国际分工的深入发展。

水平分工可分为产业内与产业间水平分工。前者又称为"差异产品分工"，是指同一产业内不同厂商生产的产品虽有相同或相近的技术程度，但其外观设计、内在质量、规格、品种、商标、牌号或价格有所差异，从而产生的国际分工和相互交换，它反映了寡头企业的竞争和消费者偏好的多样化。随着科学技术和经济的发展，工业部门内部专业化生产程度越来越高。部门内部的分工、产品零部件的分工、各种加工工艺间的分工越来越细。这种部门内水平分工不仅存在于国内，而且广泛地存在于国与国之间。后者则是指不同产业所生产的制成品之间的国际分工和贸易。由于各国的工业发展有先有后，侧重的工业部门有所不同，各国技术水平和发展状况存在差别，因此，各类工业部门生产方面的国际分工日趋重要。各国以其重点工业部门的产品去换取非重点工业部门的产品。工业生产之间的分工不断向纵深发展，由此形成水平型国际分工。

（3）混合型国际分工

它是指把"垂直型"和"水平型"结合起来的国际分工方式。德国是"混合型"的典型代表。它对发展中国家是"垂直型"的，向其进口原料，出口工业品，而对发达国家则是"水平型"的。

2.按国际分工在产业间或产业内部分类

（1）产业间国际分工

它是指不同产业部门之间生产的国际专业化。第二次世界大战以前，国际分工基本上是产业间国际分工，表现在亚、非、拉国家专门生产矿物原料、农业原料及某些食品，欧美国家和地区专门进行工业制成品的生产。

（2）产业内部国际分工

它是指相同生产部门内部各分部门之间的生产专业化。第三次科技革命对当代国际分工产生了深刻的影响，使国际分工的形式和趋向发生了很大的变化，突出地表现在使国际分工的形式从过去的部门间专业化向部门内专业化方向迅速发展起来。这主要是由于科技进步使各产业部门之间的差异化不断加强，不仅产品品种规格更加多样化，而且产品的生产过程也进一步复杂化。这就需要采用各种专门的设备和工艺，以达到产品的特定技术要求和质量要求，而一般来说所需要专用设备的数量不多，但要求精度较高。同时，为了达到产品的技术和质量要求还必须进行大规模的科学实验和研究，这就需要大量的科研费用。在这种情况下，只有进行大量生产在经济上才能有利。但这些往往又同一国的有限市场和资金设备以及技术力量发生矛盾，这就促进各国在部门内部生产专业化得到迅速发展。

产业内部
国际分工的
主要形式

二、国际分工的产生和发展

随着科学技术的进步、生产力的高度发展，各国之间的分工向纵深发展，使国际社会经济形成一个有机整体。这个有机体越是向前发展，它的各个部分之间的联系就越是扩展、越加复杂。

国际分工的发生和发展主要取决于两个条件：一是社会经济条件，包括各国的科技和生产力发展水平，国内市场的大小，人口的多寡，以及社会经济结构；二是自然条件，包括资源、气候、土壤、国土面积的大小等。这里，生产力的发展是促使国际分工发生和发展的决定性因素，科技的进步是国际分工得以发生和发展的直接原因。

（一）国际分工的产生

从15世纪末和16世纪初的地理大发现到产业革命的开始，是国际分工和世界市场的萌芽阶段。随着国际贸易从欧洲向亚洲和新大陆迅速扩展，存在于国际交换中的地域分工有了新的发展。国际分工出现于16世纪之前，当时世界上许多国家还处在奴隶社会或封建社会，生产力水平很低，商品经济不发达，自给自足的自然经济占统治地位。由于受经济发展水平和交通运输条件的制约，国际分工的地理范围狭小，商品的数量、品种都是极为有限的。到16世纪中叶，西欧的封建社会开始瓦解，资本主义进入早期的工场手工业阶段，工场手工业的发展，促进了社会分工和生产力的发展，这一时期无论用于国际交换的商品的种类、数量，还是参与国际交换的国家和地区都有了迅速增加。西欧国家在大力推行重商主义政策的同时，还采取超经济手段在一些殖民地建立起面向宗主国市场的早期专业化生产，形成了早期的国际分工。

（二）国际分工的发展

真正意义上的国际分工是伴随着产业革命和机器大工业的形成而建立和发展起来

的。国际分工的发展大体上可以分为三个阶段：

1.国际分工雏形阶段

18世纪60年代，最先从英国开始的工业革命推动资本主义的技术基础向机器大工业过渡。机器的广泛使用不仅实现了能满足市场需要的大规模生产，而且使工业内部分工进一步发展，以致分离出专门生产原材料和专门生产消费品的各种独立的工业部门。同时，随着产品产量的迅速增加和这种工业内部分工规模的不断扩大，为适应国际交换中大规模长途运输的需要，以轮船、铁路等为代表的交通工具和以电报、海底电缆为标志的通信业迅猛发展。在这些条件下，生产的民族性和地域性逐渐消失了。大规模生产所需的原材料已非本国所能满足，其产品也非本国市场所能容纳。由于机器的应用，分工的规模已使大工业脱离了本国基地，完全依赖于世界市场、国际交换和国际分工。于是，先进国家逐渐垄断了工业部门的生产，而强迫落后国家成为其原料产地和销售市场。这种分工不断地在世界范围扩展，逐步把经济发展水平不同的国家不同程度地纳入这种国际分工之中。

2.国际分工体系的形成阶段

从19世纪70年代开始到第二次世界大战结束，国际分工体系逐渐形成。19世纪国际分工的形成极大地促进了社会生产力的发展，但与此同时也成为先进国家控制和剥削落后国家的一种经济手段。较早进行产业革命建立起机器大工业的少数先进国家走在世界经济发展的前列，它们垄断了先进的工业部门的生产，而把落后的农业部门的生产转移到海外。先进国家工业产品低廉的价格成了征服外部市场的有力武器，它破坏了其他国家的手工业生产，并由此强迫这些国家变为工业国家的原料产地和销售市场。这样，原来在一国范围内城市与农村、工业部门与农业部门之间的分工，就逐渐演变成为世界城市与世界农村的分离与对立。19世纪70年代以后，铁路、轮船、电报等交通和通信工具发展十分迅速，海路和陆路的交通运输成本大幅降低。在新的科技革命影响下，世界工业产量和世界贸易量成倍地增长。在从自由资本主义向垄断资本主义过渡的过程中，借贷资本输出逐渐取代了商品资本输出而占据统治地位。在这一时期，发达国家还建立了国际金本位制，形成了多边支付体系等。所有这些有利条件促进了国际分工的深化。参加国际分工的各个国家大都有一些产业部门为世界其他国家生产，同时每个国家中生活所需的许多食品以及生产所需的许多原材料和工业制成品也由不同国家的生产者制造。国际分工极大地促进了世界范围内社会生产力水平的提高。

第二次世界大战后，随着发展中国家的崛起、第三次科技革命的发生以及跨国公司的发展壮大，国际分工继续深化。其主要表现在，自19世纪以来形成的以工业部门和原材料部门分工为特征的部门间国际分工转向以各个产业部门内部分工为特征的新的国际分工。在科技革命的影响下，用于国际交换的产品更加多样化、产品生产工艺更加复杂化、产品技术和质量要求更加严格，需要实现更高水平上的生产专业化分工，主要是零部件生产的专业化，即实现同一产业部门内部在国际范围内的专业化分工协作。在国际分工的深化过程中，跨国公司发挥着越来越大的作用，跨国公司的对外投资和贸易加强了国际经济联系。跨国公司在世界范围内进行资源的优化配置，逐渐把不同国家企业的生产经营活动纳入其内部管理活动中，使垂直分工、水平分工和混合分工等分工形态并存发展。

3.国际分工深化阶段

20世纪四五十年代开始的第三次技术革命，导致了一系列新兴工业部门的诞生，如高分子合成工业、原子能工业、电子工业、宇航工业等。国际分工深化主要表现在：不同型号规格的产品专业化；零配件和部件的专业化；工艺过程的专业化。任何一个国家也不可能生产出自己所需的全部工业产品。少数经济发达国家成为资本（技术）密集型产业国，广大发展中国家成为劳动（土地）密集型产业国，它们各自内部以及相互之间又形成更细致的分工。

国际分工是不依赖于人们意志为转移的客观过程。它具有双重性：进步性和落后性。一方面，它打破了民族闭关自守状态，把各个国家和民族在经济上联系起来，促进了生产的国际化、专业化和世界生产力的发展；另一方面，国际垄断资本强制地使殖民地或半殖民地国家的经济依附于帝国主义国家，使这些国家沦为帝国主义国家的经济附庸。在这种国际分工的基础上形成的帝国主义宗主国与殖民地国家经济贸易关系，从来不是按平等互利的原则进行的，帝国主义国家总是通过各种形式剥削和掠夺经济落后的国家，从而对落后国家的生产力发展起了阻碍作用。发展中国家为了发展本国经济，不断争取改变旧的国际分工体系，推动建立新的平等互利的国际分工体系。

（三）当代国际分工的深化

20世纪80年代末以来，在经济全球化发展的背景下，自然资源和劳动力等传统生产要素的作用趋于减弱，而技术、信息、人才和创新机制等知识性要素的作用趋于增强，而这些要素具有高度的国际流动性。这些要素在不同产业、同一产业不同产品和同一产品不同工序间的重要性各不相同，形成了资本密集型、劳动密集型和技术密集型产业、产品和工序。当代国际分工的深化，实际上已经发展成为一个包含不同部门之间、同一部门不同产业之间、同一产业不同产品之间以及同一产品不同工序之间分工的多层次国际分工体系。其中，建立在"价值链"基础上的同一产品不同工序之间的分工是当代国际分工深化的崭新成果。

在当代国际分工中，传统分工的国家边界已经明显弱化，企业特别是跨国公司成为分工的主体。生产经营活动对企业而言是一个创造"价值"的过程，可以分解为一系列互不相同但又互相关联的活动，如研发、采购、制造、分销、服务等，形成了企业的"价值链"。生产经营活动的更加专业化，导致国际分工从最终产品的分工进一步向价值链中不同活动之间的分工发展，遍布于世界各地的各分支机构分别从事其中一项或几项活动。通过价值链的解构，跨国公司可以只控制那些具有战略意义的、创造利润多的环节，并在这些环节上保持垄断优势，而把其他不具战略意义的、创造利润不多的环节分解出去，以降低生产经营成本，增加灵活性。国际分工的实现方式也从单纯依赖外部市场的国际贸易转向外部市场与内部市场并重。在内部市场上，国际分工既可以通过股权投资方式进行，也可以通过非股权的分包方式进行，选择何种方式更多地由跨国公司的全球战略决定。相对于某一"群组"或某一"网络"的生产活动和贸易往来而言，跨国公司现在越来越像是乐队指挥，指挥着公司内部和外部的跨国关系。

三、影响国际分工形成和发展的因素

国际分工的形成与发展受以下几方面的影响：

（一）社会生产力是国际分工形成和发展的决定性因素

国际分工形成与发展的过程充分证明，国际分工产生和发展的决定性因素是生产力。分工是以生产力的发展为前提的。科学技术之所以会成为一种在历史上起推动作用的力量，归根到底因为它是生产力。只有在机器大工业发展起来以后，社会生产力有了很大提高的情况下，才会产生进行国际分工的要求。随着科技进步和生产力的进一步发展，必然会对国际分工提出更高的要求。而生产力是生产方式中最活跃、最革命的因素，每一次科技革命都涌现出一些新兴的工业部门，这些工业部门的出现和发展，不但它本身具有新的、巨大的生产力，而且还带动其他生产部门和推动整个社会生产迅速发展。科学技术的进步使生产更加专业化，分工更细。这大大加深了各部门、各企业之间的相互依赖性，使生产和销售都进一步社会化了。生产社会化必然导致国际化程度的加深。生产力的发展、国内市场的相对狭小，必然促使这些国家、企业走向国际市场，寻找出路。

第二次世界大战后出现的第三次科学技术革命，使生产力的发展日益超越国家的界限，形成了生产力的国际化和生产的国际化，出现了大量的跨国公司，推动国际分工发展成为世界分工。这次科学技术革命使国际分工从部门之间扩大到产业内部，出现了各国在产品零件、部件和工艺流程上的内部分工；使国际交通、通信工具不断革新，运输费用不断下降。一些新兴的工业化国家经济发展迅速，它们过去在国际分工中的不利地位逐步改善。随着生产力的发展，各种经济类型的国家都加入到国际分工行列，国际分工已把各国紧密地结合在一起，形成了世界性的分工。

（二）人口、劳动规模和市场影响着国际分工的发展

世界各国人口对国际分工的规模有重要影响。首先，各国人口分布的不平衡，会使贸易成为一种需要。其次，人口的素质也对国际分工的内容有重要影响。劳动规模也制约着国际分工，劳动规模越扩大，分工就越细密，一国不可能包揽一切，势必要与别国进行分工。在人口和劳动规模具备的前提下，国际分工的实现受制于国际商品市场的规模。国际分工的发展是同国际商品交换的发展齐头并进的。

（三）自然条件是国际分工产生和发展的基础

不同国家的地理、气候、资源等条件不同，为国际分工提供了自然基础。但现实中究竟如何进行国际分工归根结底是由社会生产力水平和社会经济关系决定的。没有一定的自然条件，任何经济活动的进行都很困难，甚至不可能。因此，自然条件是一切经济活动的基础，也是国际分工产生和发展的前提。东南亚的马来西亚等国有"橡胶之国"

的美称，中东地区成为世界主要的石油输出地，南美成为世界咖啡、可可的主要来源地，大多是由资源、气候等自然因素决定的。尽管科技的进步、生产力的迅速发展使得自然条件在国际分工中的作用相对下降，但它始终是影响国际分工的一个重要因素。

（四）资本流动是国际分工深入发展的重要条件

跨国公司的兴起使资本输出规模空前巨大。资本输出是跨国公司在世界范围内进行企业内部分工的重要手段。跨国公司通过直接投资，按照规模经济和生产要素优化配置的原则，对生产的各个环节加以全面的安排，把生产过程分散到世界各地，进行世界范围的企业内部的分工。跨国公司的大部分投资是投放到制造业部门，而且主要是投放到发达国家，"水平型"的国际投资成为国际投资的主要形式，国际分工逐步发展成为"水平型"的国际分工，使世界分工沿着越来越专业化的方向发展。

（五）上层建筑可以推进或延缓国际分工的形成和发展

以英国为例，当资本主义兴起的时候，还是国王、贵族说了算，可是经济基础已经先行改变，上层建筑已经有了阻碍作用。资本家为了赚更多的钱，就要改变原有的上层建筑，改变原先的国际分工的利益分配关系。

上层建筑对国际分工的促进作用主要表现在：①建立超国家的经济组织，调节相互的经济贸易政策，促进国际分工的发展；②制定自由贸易政策、法令，推行自由贸易，加快国际分工的步伐；③通过殖民统治，强迫殖民地建立符合国际分工的经济结构；④发动商业战争，签订不平等条约，使战败国接受自由贸易政策；⑤宣扬比较利益学说，抹杀国际分工的生产关系。

四、国际分工对国际贸易的影响

（一）国际分工促进国际贸易的发展

国际分工是国际贸易发展的基础。生产的国际专业化分工不仅提高了劳动生产率，增加了世界范围内的商品数量，而且增加了国际交换的必要性，从而促进国际贸易的迅速增长。

（二）国际分工对国际贸易商品结构的影响

国际分工的深度和广度不仅决定国际贸易发展的规模和速度，而且还决定国际贸易的结构和内容。第一次科技革命后，世界形成了以英国为中心的国际分工。在这个时期，由于机器大工业的发展，国际贸易商品结构中出现了许多新产品，如纺织品、船舶、钢铁等。第二次科技革命后，国际分工进一步深化，使国际贸易的商品结构也发生了相应的变化。首先，粮食贸易大量增加。其次，农业原料和矿业材料，如棉花、橡胶、铁矿、煤炭等产品的贸易不断扩大。此外，机器、电力设备、机车及其他工业品的贸易也有所增长。第三次科技革命使国际分工进一步向深度和广度发展，国际贸易商品结构也随之出现新的特点。这主要表现在工业制成品在国际贸易中的比重不断上升，新产品大量涌现，技术贸易得到迅速发展。

（三）国际分工对国际贸易地理分布的影响

世界各国的对外贸易地理分布是与它们的经济发展及其在国际分工中所处的地位分不开的。第一次科技革命后，以英国为核心的国际分工，使英国在世界贸易中居于垄断地位。此后，法国、德国、美国在国际贸易中的地位也显著提高。第二次世界大战后，由于第三次科技革命，发达国家工业部门内部分工成为国际分工的主导形式，因而发达国家相互间的贸易得到了迅速发展，而它们同发展中国家间的贸易则呈下降趋势。

（四）国际分工对国际贸易政策的影响

国际分工状况如何，是各个国家制定对外贸易政策的依据。第一次科技革命后，英国工业力量雄厚，其产品竞争能力强，同时它又需要以工业制品的出口换取原料和粮食的进口，所以，当时英国实行了自由贸易政策。而美国和西欧的一些国家工业发展水平落后于英国，它们为了保护本国的幼稚工业，便采取了保护贸易的政策。第二次科技革命后，资本主义从自由竞争阶段过渡到垄断阶段，国际分工进一步深化，国际市场竞争更加激烈，在对外贸易政策上，资本主义国家大多采取了超保护贸易政策。19世纪70年代中期以前，以贸易自由化政策为主导倾向；19世纪70年代中期以后贸易保护主义又重新抬头。西方国家贸易政策的这种演变，是和国际分工的深入发展分不开的，也与各国在国际分工中所处地位的变化密切相关。

第三节　世界市场

一、世界市场的概念与形式

（一）世界市场的概念

世界市场是指通过国际买卖而使各国国内市场得以联系起来的交换领域。世界市场的逐步形成和扩大，是世界经济发展乃至世界历史发展的重要内容。世界市场的产生和形成过程，是社会生产力水平不断提高的过程，也使国际贸易从区域性贸易发展成为囊括整个世界的贸易。

国际分工是国际贸易和世界市场形成与发展的基础。在国际分工高度发展的基础上形成了世界市场。第二次世界大战后，随着科技革命的发展，世界政治、经济形势发生了巨大的变化，也使世界市场呈现出许多新的特征。在世界市场上，商品的价格受到国际价格、供求关系、垄断、竞争、经济周期性波动等因素的影响。

（二）世界市场的形式

世界市场是国际商品和劳务交换的领域，由各个贸易国家的国内市场所组成，它是同国际分工相联系的各国商品流通的总和。世界市场的内容十分广泛，它既有各种不同类型的国家和地区，又有经营目的各异的买主与卖主，还有种类繁多的货物和服务以及形式多样的购销渠道。

根据不同的标准，可以对世界市场进行不同的分类。按地区划分，世界市场可以分为东亚市场、东南亚市场、南亚市场、北美市场、南美市场、欧洲市场、非洲市场等。按货物和服务种类划分，世界市场可以分为世界商品（货物）市场和世界服务市场。世界商品市场可以分为纺织品市场，机电产品市场、石油产品市场、谷物市场等。世界服务市场可以分为通信服务市场、建筑服务市场、金融服务市场、商业服务市场等。按市场的组织形式划分，可以分为有固定组织形式的市场和没有固定组织形式的市场。

二、世界市场的形成与发展

（一）世界市场的成因

1.机器大工业需要一个不断扩大的市场

机器大工业只有在不断扩大生产、不断夺取新市场的条件下才能存在。机器大工业的发展取决于市场的规模。资本家为了追求高额利润，经常要超越已有的市场范围，到国外去寻找新市场，不断夺取广泛的市场，为大工业开拓更广阔的空间。

2.机器大工业需要日益扩大的原料供应来源

机器人工业不仅需要一个不断扩大的世界销售市场，而且需要日益扩大的原料供应来源。这样，市场交换的商品种类就会日益增多。

3.机器大工业中心和大的食品销售市场的形成

机器大工业的发展使工业和人口不断地向城市集中，形成许多机器大工业中心和大的食品销售市场。食品往往要从世界市场上源源不断地输入。

4.世界劳动力市场的发展和扩大

机器大工业的发展和世界人口的流动扩大了世界劳动力市场，也就扩大了世界商品销售市场。

5.交通运输工具的发展

机器大工业的发展促进了铁路、轮船、通信事业的发展，为扩大各国国内市场和世界市场、加强经济联系提供了物质技术基础。

（二）世界市场的形成及发展过程

1.世界市场的萌芽（16世纪初—18世纪60年代）

15世纪末和16世纪初的地理大发现促进了西欧各国的经济发展。美洲的发现，绕过非洲的航行，给新兴的资产阶级开辟了新的活动场所。商业、航海业和工业空前高涨，这是商业上的大革命，也代表着世界商品市场的产生。

地理大发现前的世界市场在地理范围上是有限的，当时只有地区性市场，还没有形成真正的世界市场。在各个区域性市场之间，产品的价格是不统一的。即使在一个区域性市场内部，价格也并非统一。统一的国内市场价格的产生是统一的民族市场形成以后的事，而统一的世界市场的价格的形成，更是世界市场确立和形成以后的事。

地理大发现奠定了世界市场产生和形成的基础，其把区域性市场逐渐地扩大为世界市场。新的世界市场不仅包括欧洲原有的区域性市场，而且也把亚洲、美洲、大洋洲和非洲的许多国家和地区吸引过来，因此，流通中的商品种类增多了。同时欧洲的贸易中心开始转移，大西洋沿岸的城市成为世界市场的中心。

从16世纪到18世纪中叶，在世界市场上处于支配地位的是商业资本。商业资本在世界市场上的活动对资本的原始积累起了巨大的作用。它促进了封建主义向资本主义的转化，只是到了下一个时期，产业资本才在世界上居于支配地位。在这一时期，买卖的商品大多数仍为奢侈品。然而，殖民地产品的贸易、贵金属的贸易以及手工业产品的贸易都大为扩展了。产品市场的扩大，加速了资本积累，为产业资本的诞生创造了条件。

2.世界市场的迅速发展（18世纪60年代—19世纪70年代）

18世纪60年代开始的产业革命，带来了两个革命性的后果：机器大工业的建立和资本主义生产方式的胜利。世界市场进入迅速发展的时期，机器大工业对世界市场的形成和发展起了决定性的作用。这一时期，产业资本已经取代商业资本，开始在世界市场上占据统治地位。这一阶段，世界市场虽然已经有了很大的发展，但各国和地区间的贸易往来在地理上和政治上仍然受到诸多限制。国际贸易基本上在区域性市场上进行，一个统一的世界市场还未完全形成。

3.世界市场的正式形成（19世纪70年代—20世纪初）

第二次科技革命一方面促进了社会生产力的极大提高，表现在工农业生产的迅速增长和交通运输、通信网络事业的空前发展方面；另一方面推动资本主义生产关系由自由竞争阶段过渡到垄断阶段，其结果是资本输出急剧增加。世界工农业生产的迅速增长、交通运输与通信网络工具和技术的空前发展以及资本输出的急剧扩大，三者共同作用的结果，加速了世界市场和国际贸易的发展，把世界各国都纳入资本主义国际分工体系，把各国的产品都卷入世界商品流转范围，从而在世界历史上第一次形成了一个统一的、无所不包的世界市场。在这一时期，垄断资本在世界市场上占据了统治地位。

在世界市场上，参与交换的国家一般可分为发达市场经济国家、发展中国家和经济转型国家。世界市场交换的对象随着市场的发展而不断丰富，从以货物为主，发展到货物和服务并重，并且出现了知识产权和生产要素的跨国界流动。世界商品市场的经营主体既包括专门从事贸易活动的流通企业、从事生产和贸易的工贸企业，也包括国家机关和部门，它们从事政府采购等业务。除了这些直接参与贸易的经营主体外，货物贸易的交换还离不开运输、保险、银行和咨询等部门的服务。

4.世界市场的深化和多极化发展（第二次世界大战以后至今）

在第三次科技革命的影响下，国际经济关系发生了深刻的变化。在此基础上，世界市场规模不断扩大，国际贸易额迅猛增长，国际贸易商品结构和地理分布发生重大变化。由于垄断的日益加强、跨国公司的大量出现和地区性经济贸易集团的不断组成，世界市场出现分割化或多极化局面，与此相适应，世界市场价格也出现多样化。

三、当代世界市场的基本特征

（一）国际贸易方式多样化

由于世界市场竞争激烈、瞬息万变，许多国家尤其是发展中国家，为了减少政治、经济上的风险和损失，努力开辟新市场，使出口市场多元化。第二次世界大战后，各国一方面采取各种国内政策和对外贸易政策来干预和影响世界市场，另一方面又通过政府间协定、一体化和国际经济组织、政府首脑定期会谈等形式对世界商品、资本、劳务市场进行协调和管理。

为了争夺市场，各国采取了各种措施参与竞争，例如：制定"奖出限入"的政策；通过关税和非关税壁垒限制外国商品的进口；采取各种措施鼓励出口；通过对外援助带动资本输出和商品输出。

由于短期合同供销关系变动常常受行情变化影响，而长期合同的价格、供销相对稳定，因此许多商品交易以长期合同为主，如期货交易。除采用逐笔售定的方式外，还有补偿贸易、包销、代理、寄售、拍卖、招标与投标、租赁、对销贸易等国际贸易方式。

（二）世界市场的结构更加复杂多变

第二次世界大战前，少数帝国主义国家在世界市场上占统治地位，广大殖民地国家的对外贸易几乎由这些宗主国主宰。第二次世界大战后，这种少数资本主义国家一统天下的局面不复存在，社会主义国家、新兴工业化国家和其他发展中国家纷纷进入世界市场，世界市场发展成为世界大多数国家互相合作、相互竞争的场所。

在国际贸易中，制成品贸易扩大，初级产品贸易减少。工业制成品所占比重从1953年起超过了初级产品所占比重，到20世纪60年代末，工业制成品的比重增至2/3左右。技术贸易和服务贸易发展迅速，在国际贸易中所占比重越来越大。

当前，信息技术、生物工程技术、核技术、新材料技术、宇航技术等高科技发展迅速，这些高技术经济在世界经济中将占有越来越重要的地位。

（三）世界市场中的竞争更为激烈

垄断并没有消灭竞争，反而使竞争更加激烈。第二次世界大战后，世界市场由卖方市场变为买方市场。为了争夺世界市场，各国在设置关税、非关税壁垒限制外国商品进口的同时，积极采取各种奖励措施鼓励和扩大本国商品的出口。

在竞争手段上，各国在进行激烈的价格竞争的同时，更加注重非价格竞争，利用资金及技术优势，想方设法提高产品的质量和性能，增加花色品种，改进包装装潢，改进售前售后服务，采用灵活多样的贸易方式，来提高产品的质量、信誉和知名度，以增强产品的竞争能力，同时讲求销售战略、策略，加强市场调研等，扩大产品的销路和市场占有率。与第二次世界大战前相比，竞争方式和手段已从以关税壁垒为主转为以非关税壁垒为主，从价格竞争转向价格竞争和非价格竞争并举。

（四）跨国公司迅速发展

资本主义进入垄断时期以后，资本主义大企业和跨国公司不仅垄断生产，而且垄断世界销售市场和原料产地。第二次世界大战后，各国政府对国外市场的干预不断加强，使世界市场的垄断性加强。各国特别是西方发达国家政府通过与他国组建区域经贸集团控制市场；通过跨国公司进行大规模资本输出，绕过他国的贸易壁垒，从内部控制市场；通过制定奖出限入的对外贸易政策和对外援助等争夺市场。

跨国公司在世界范围内的扩张，是国际贸易发展中的一个突出现象。第二次世界大战后，跨国公司发展很快，日益成为市场竞争的主体。跨国公司利用其先进的技术、雄厚的资本，通过横向和纵向垄断、限制性商业惯例、内部定价等办法进行竞争，在国际贸易中的垄断地位不断加强。随着跨国公司内部专业化分工的扩大，其内部贸易（跨国公司的母公司与子公司以及子公司与子公司之间的交易）不断扩大。

跨国公司是"世界经济的引擎"，是经济全球化的主要载体。20世纪90年代以来，经济全球化、信息化、网络化的迅猛发展，促使跨国公司进行一系列的战略调整与管理变革，以新的竞争规则和创造价值的方式，适应已经改变了的经营环境，保持了良好的增长势头，增强了国际竞争力。

（五）区域集团化趋势加强

区域集团化的出现，是由于现代科技的发展，使世界生产力的发展水平达到绝非一国所能驾驭的程度，国际经济竞争和宏观上存在的分工，促使一些国家和地区建立起一种较为稳定的经济联系，组成区域性的经济组织。在经济方面打破国界，实行不同程度的合作和协调，这种合作和协调使各国在生产、流通、分配等领域向着结成一体化的方向演变。

为了争夺市场，各种经济联合体层出不穷，如欧盟、七国集团、石油输出国组织等。这些组织对内采取优惠政策，促进相互贸易的发展，对外则实行一些限制性措施。为了发展民族经济，发展中国家也积极组织经济贸易集团。

发达国家经济贸易集团内部贸易发展很快，在世界贸易中所占比重迅速增长，它们的活动对国际市场有很大的影响。

【本章小结】

本章首先介绍了国际贸易的概念、分类、产生与发展，探讨了国际贸易的发展趋势与新特点；其次介绍了国际分工的概念、种类、产生和发展及国际分工对国际贸易的影响；最后介绍了世界市场的概念、分类、形成过程等。

【思考题】

1.国际贸易与国内贸易有何异同？

2.国际贸易对贸易国内部经济会产生怎样的重要影响？

3.成熟的世界市场的主要标志是什么？

4.当代世界市场的基本特征是什么？

5.国际分工的主要形式有哪些？

6.国际分工产生和发展的内在因素是什么？

7.案例分析：2024年6月12日消息，欧盟拟从下个月起对自中国进口的电动汽车最高加征38.1%的额外关税。欧盟委员会6月12日发布公告称，如无法与中方达成解决方案，加征关税将于7月4日左右实施。欧盟委员会表示，对比亚迪、吉利汽车和上汽集团将分别加征17.4%、20%和38.1%的关税。对配合调查的其他电动车生产商征收21%的关税；对所有未配合调查的其他电动车生产商征收38.1%的关税。

10月4日，欧盟成员国就对华电动汽车反补贴调查终裁进行投票，最终以10国赞成、12国弃权的结果，通过了对原产自中国的电动汽车，征收为期五年的高额反补贴税的提议。

10月8日，根据中国商务部的公告，自10月11日起，对马爹利、轩尼诗、人头马君度等欧盟白兰地品牌征收30.6%至39%不等的保证金。

当然，我们在反制法国的同时，也有必要采取措施警告其他国家，比如，尽快对欧盟成员国生产的猪肉和乳制品实施反制措施，也能促使欧盟尽快改变错误决定。

请针对欧盟对中国电动车加税的案例进行分析。

国际贸易理论

第二章

【学习目标】

了解国际贸易理论的基本内容，掌握各个理论的主要主张，熟悉各个理论的产生背景、理论内涵和评价，尝试提出自己对各个理论的看法和观点，以达到融会贯通的目的。

【重点与难点】

绝对优势论和比较优势论的内容；要素禀赋理论的内容；里昂惕夫之谜的内容及对该谜的不同解释；产品生命周期理论的内容。

【立德树人】

引导学生了解中国国际贸易状况正在以惊人的速度发生改变，树立民族自豪感，激发"国贸人"不断创新，努力创造更大的辉煌。运用所学的知识，解释相关经济理论和经济现象，让学生进行课堂讨论与辩论，提高分析问题能力。培养学生的审辨思维能力，用发展的眼光看待比较优势，感受国际贸易发展的中国速度，强化家国情怀。在课堂上进行爱国主义和理想信念教育，同科学精神培养、现代科学文化知识传授结合起来，从现代科技最新成果中汲取知识和营养，跟上时代发展的步伐。

在国际贸易日益发展的今天，你可曾想到，在国际贸易实践的背后，有一种强大的理论力量在推动着它前进？国际贸易理论源远流长，我们在本章将详细介绍国际贸易各种理论及学说。

第一节　绝对优势论和比较优势论

一、亚当·斯密的绝对优势论

（一）绝对优势论的内容

所谓绝对优势，是指两个国家之间生产某种产品劳动成本的绝对差异，即一个国家耗费的劳动成本绝对低于另一个国家耗费的劳动成本。绝对优势论的基本内容是两国之间的贸易基于绝对优势，一国在生产一种产品上具有绝对优势，但在另一种产品的生产上具有绝对劣势，两个国家就可以分别通过专业化生产自己具有绝对优势的产品，并且用所生产出的具有绝对优势的产品的一部分去交换自己具有绝对劣势的产品，以达到资源的高效利用，从而增加收益，提高各国的福利。其具体内容如下：

（1）斯密非常重视分工，他认为分工是经济进步的唯一原因。在理论的论述中，斯密首先分析了分工的利益。在他看来，适用于一国内部不同职业之间、不同工种之间的分工原则也适用于各个国家之间。斯密认为，每一个国家都有适宜生产某些特定产品的绝对有利的生产条件，利用这种绝对有利的生产条件去进行专业化生产，然后彼此进行交换，则对所有交换国家都是有利的。

（2）斯密认为自由竞争和自由贸易是必要的，分工的原则是绝对优势。在论证方法上，斯密是通过对国家和家庭进行对比来描述国际贸易必要性的。斯密指出，如果一件东西在购买时所费的代价比在家中生产所花费的少，就永远不会想在家中进行生产，这是每一个聪明家长的格言。裁缝不想制作自己的鞋子，而是向鞋匠购买；鞋匠不想制作自己的衣服，而是雇裁缝裁制。由个人、家庭推至国家，斯密认为，每个国家都有其适合生产某些特定产品的绝对优势，如果某一个大国在某种特定产品的生产上具有绝对优势，用自己的产品去交换其他物品，会比自己生产一切物品得到更多的利益。

（3）斯密认为，国际分工和国际贸易的原因和基础是各国之间存在的劳动生产率和生产成本的绝对差异。一个国家如果在某种产品的生产上具有比别国高的劳动生产率，该国在这一产品的生产上就具有绝对优势（Absolute Advantage）；反之，则不具有绝对优势，而是具有绝对劣势。各国应集中生产并出口其具有绝对优势的产品，进口其具有绝对劣势的产品，其结果比自己什么都生产更有利。

绝对优势来自自然优势和获得性优势。自然优势是指一国的土地、气候、资源、人口等优势，而获得性优势是指在生产过程中所形成的特殊技术或技巧。各个国家之间劳动生产率和生产成本的差异是"自然"形成的，这为国际分工提供了基础。在贸易理论中，斯密的这一学说称为"绝对优势理论"或"绝对利益理论"。

（二）绝对优势论的图形说明

为了帮助大家更好地理解绝对优势论，我们利用数据表来说明国际贸易产生的原因和贸易利益。

亚当·斯密
简介

假定国际贸易中只有甲、乙两个国家，两国都生产小麦和布匹两种商品，劳动是唯一的生产要素。在两国发生贸易之前，两国每年的生产情况见表2-1。

表2-1 发生贸易前两国每年的生产情况（绝对优势论）

国别	小麦		布匹	
	劳动天数	产量	劳动天数	产量
甲国	1	1	2	1
乙国	2	1	1	1
总计	3	2	3	2

从表2-1可以看出，甲国在生产小麦上具有绝对优势，乙国在生产布匹上具有绝对优势。按照绝对优势论，甲国应当生产小麦，并通过贸易交换乙国的布匹；而乙国应当生产布匹，并通过贸易交换甲国的小麦。

进行国际分工后，两国每年的生产情况见表2-2。

表2-2 进行国际分工后两国每年的生产情况（绝对优势论）

国别	小麦		布匹	
	劳动天数	产量	劳动天数	产量
甲国	3	3	0	0
乙国	0	0	3	3
总计	3	3	3	3

从表2-2可以看出，甲、乙两国在总投入没有变化的情况下，由于进行了国际分工，提高了劳动生产率，以致小麦和布匹两种产品的产量比进行分工前各增加了1单位，这就是分工所带来的利益。在国际分工的基础上，两国进行贸易，甲国以1单位小麦交换乙国1单位布匹（交换比例是1∶1，这是根据劳动具有同质性的假设前提确定的），双方都可以获得利益。

两国通过贸易交换后的情况见表2-3。

表2-3 两国通过贸易交换后的情况（绝对优势论）

国别	小麦	布匹
甲国	3-1=2	1
乙国	1	3-1=2

从表2-3可以看出，甲国以1单位小麦交换乙国1单位布匹，不但两国的各自需求得到了满足，而且从产量上来看，甲国和乙国在小麦和布匹的生产上也比分工前多了1单位，社会福利水平也增加了。

（三）绝对优势论的先进性与局限性

绝对优势论从劳动分工原理出发，在人类认识史上第一次论证了贸易互利性原理，克服了重商主义者认为国际贸易只是对单方面有利的片面看法。这种贸易分工互利的双赢思想，现在也没有过时，将来也不会过时。从某种意义上说，这种双赢理念仍然是当代各国扩大对外开放、积极参与国际分工、进行国际贸易的指导思想。

绝对优势论的意义还在于它揭示了国际分工和专业化生产能使资源得到更有效地利用，从而提高劳动生产率的规律。它首次论证了贸易双方都能从国际分工与国际贸易中获利的思想，从而部分地解释了国际贸易产生的原因。该理论第一次从生产领域阐述国际贸易的原因，具有开创性意义。

但是，绝对优势论也存在明显的局限性。绝对优势论只是部分地解释了国际贸易产生的原因，或者说，它解释的仅仅是国际贸易中的一个特例，这一理论不具有普遍意义。绝对优势论只能解释国际贸易中的部分交易，即一国至少在一种产品的生产上具有绝对优势。在现实的国际贸易中，一些国家拥有先进的生产力，有可能在各种产品的生产上都具有绝对优势，而另一些国家可能在任何产品的生产上均不具有绝对优势，然而它们之间仍然能够进行国际贸易，这是绝对优势论无法解释的。

二、大卫·李嘉图的比较优势论

大卫·李嘉图是英国产业革命迅猛发展时期的经济学家，是古典政治经济学的集大成者。李嘉图是一个金融天才，他出生于一个证券交易所经纪人家庭，25岁便成为百万富翁，42岁时资产达到160万英镑。这一数字使他成为当时的头等富豪。但是人们对他的景仰不是因为他的投机传奇，而是因为他对经济学发展的开创性贡献。1817年4月，李嘉图的代表作《政治经济学及赋税原理》出版，在此著作中，李嘉图系统地提出了比较优势论，极大地发展了亚当·斯密的经济思想。

（一）比较优势论的内容

1.比较优势论的前提假设条件

比较优势论的前提假设条件主要包括：①世界上只有两个国家，这两个国家只生产两种产品；②所有的劳动都是同质的，没有熟练和非熟练之分；③生产成本不变；④没有运输费用；⑤生产要素在一国之内能够自由流动，但是在国家之间不能自由流动；⑥贸易是以物物交换的方式进行的；⑦世界市场是完全竞争的市场，国家之间实行自由贸易；⑧不存在技术进步。

2.比较优势论的核心思想

作为古典政治经济学的重要人物，李嘉图与斯密一样，也主张自由贸易。在斯密的理论基础上，李嘉图提出了比较优势论。

他认为，国际贸易的基础是比较优势而不是绝对优势，并不限于劳动生产率的绝对差别。只要各个国家之间存在劳动生产率的相对差别，就会出现生产成本和产品价格的相对差别，从而使各个国家在不同的产品上具有比较优势。进一步说，在两个国家都能生产两种产品的条件下，即使其中一国在两种商品的生产上都处于优势地位，而另一国在两种产品的生产上均处于劣势地位，仍可以进行互利贸易。每个国家应该根据"两利相权取其重，两弊相权取其轻"的原则，集中生产并出口其具有比较优势的产品，进口其具有比较劣势的产品。李嘉图的理论解释了绝对优势论不能解释的问题。

3.比较优势论的数据表说明

除了强调两国之间生产技术存在相对差异而不是绝对差异外，比较优势论的前提假设条件与绝对优势论基本一样。在两国发生贸易之前，两国每年的生产情况见表2-4。

表2-4 发生贸易前两国每年的生产情况（相对优势论）

国别	小麦		布匹	
	劳动天数	产量	劳动天数	产量
甲国	1	1	2	1
乙国	6	1	3	1

从表2-4可以看出，在小麦和布匹的生产上，甲国都处于优势地位，而乙国都处于劣势地位。甲国生产小麦的成本是乙国的1/6，而生产布匹的成本是乙国的2/3。相互比较可以发现，甲国生产小麦的成本比生产布匹的成本更低，更有优势。而乙国生产小麦的成本是甲国的6倍，生产布匹的成本是甲国的1.5倍，生产布匹的成本要比生产小麦的成本低。按照"两利相权取其重，两弊相权取其轻"的原则，甲国应该生产小麦，而乙国应该生产布匹。

进行国际分工后，出现了以下情况（见表2-5）。

表2-5 进行国际分工后两国每年的生产情况（相对优势论）

国别	小麦		布匹	
	劳动天数	产量	劳动天数	产量
甲国	3	3	0	0
乙国	0	0	9	3

从表2-5可以看出，进行国际分工后，两国生产两种产品的投入劳动天数没有变化，共计12天，但是产量从过去的2单位小麦和2单位布匹增加到3单位小麦和3单位布匹，进行国际分工后小麦和布匹的产量各增加了1单位。在国际分工的基础上，两国进行贸易，甲国以1单位小麦交换乙国1单位布匹（交换比例也是1：1），双方都可以获得利益。

两国通过贸易交换后的情况见表2-6。

表2-6 两国通过贸易交换后的情况（相对优势论）

国别	小麦	布匹
甲国	3-1=2	1
乙国	1	3-1=2

从表2-6可以看出，甲国以1单位小麦交换乙国1单位布匹，不但两国的各自需求得到了满足，而且从产量上来看，甲国和乙国在小麦和布匹的生产上也比分工前多了1单位，社会福利水平也增加了。这和绝对优势论的结论是相同的。

（二）比较优势论的评价

李嘉图的比较优势论是国际贸易理论的重要组成部分，它大大地丰富和发展了斯密的绝对优势论。比较优势论对国际贸易的最大贡献是为自由贸易提供了有力证据，并从劳动生产率相对差异的角度成功地解释了国际贸易发生的原因，具有很重要的应用价值。

比较优势论本身也存在一些不足，主要体现在两点上：一是比较优势论虽然解释了劳动生产率的相对差异如何引起国际贸易，但没有进一步解释造成各国劳动生产率差异的原因；二是比较优势论有一条重要的结论是各国根据比较优势原则，进行完全的专业化生产，这一点与实际情况有较大出入。

第二节　要素禀赋理论

一、要素禀赋理论简介

要素禀赋理论的基本论点是瑞典经济学家赫克歇尔首先提出来的。1919年，赫克歇尔发表了题为《对外贸易对收入分配的影响》的著名论文，提出了要素禀赋理论的基本论点。

1929—1933年，由于资本主义世界经历了历史上最严重的经济危机，贸易保护主义因此抬头，各国都尽力对外倾销商品，同时提高进口关税，限制商品进口。对此，瑞典人民深感不安，因为瑞典国内市场狭小，一向对国外市场依赖性很强。在此背景下，俄林继承他的导师赫克歇尔的论点，于1933年出版了《域际贸易和国际贸易》一书，深入探讨了国际贸易产生的原因，创立了要素禀赋理论。

美国经济学家萨缪尔森发展了赫克歇尔-俄林（H-O）理论，提出了要素价格均等化学说。在美国经济由普盛走向极盛、再走向衰落的时代背景下，1941年，萨缪尔森与斯托尔珀发表了《实际工资和保护主义》一文，提出了生产要素价格日趋均等化的观点。萨缪尔森还在1948年前后发表了《国际贸易和要素价格均衡》《国际要素价格均衡》等文章，对上述观点作了进一步论证，建立了要素价格均等化学说，发展了要素禀赋理论，所以这一理论又称为赫克歇尔-俄林-萨缪尔森（H-O-S）理论。

二、要素禀赋理论的内容

（一）要素禀赋理论的假设条件

要素禀赋理论的假设条件包括：①世界上只有两个国家，这两个国家都生产两种商品，使用两种要素；②两个国家在生产同一商品时使用相同的技术，即生产函数相同；③两个国家在两种商品的生产上规模收益不变，即单位生产成本不随着生产数量的增减而发生变化；④商品市场和要素市场都是完全竞争的，生产要素在一国国内可以自由流动，但是在国家之间则不能自由流动；⑤没有运输成本，也不存在关税或非关税壁垒；⑥两个国家的需求偏好相同；⑦两个国家的贸易是平衡的，每个国家的总进口额与总出口额相等。

（二）要素禀赋理论的具体内容

要素禀赋理论有狭义和广义之分。狭义的要素禀赋理论又称要素供给比例学说，由赫克歇尔首先提出基本论点，并被俄林所接受。狭义的要素禀赋理论主要通过对相互依存的价格体系的分析，用生产要素的丰缺来解释国际贸易产生的原因和进出口商品的特点。广义的要素禀赋理论除了狭义的要素禀赋理论所包含的内容外，还包括要素价格均等化理论。

根据要素禀赋理论，一国的比较优势产品是应该出口的产品，是它需要在生产上密集使用该国相对充裕而便宜的生产要素生产的产品；而一国进口的产品是它需要在生产上密集使用该国相对稀缺而昂贵的生产要素生产的产品。简而言之，劳动丰富而资本稀缺的国家出口劳动密集型商品，进口资本密集型商品；相反，资本丰富而劳动稀缺的国家出口资本密集型商品，进口劳动密集型商品。例如，生产纺织品，劳动所占的比例最大，则称之为劳动密集型产品；生产电子计算机，资本所占的比例最大，于是称之为资本密集型产品。

要素禀赋理论的具体内容如下：

（1）国家之间的商品价格差异是国际贸易产生的直接原因。在没有运输费用的假设前提下，产品从价格较低的国家转移到价格较高的国家是有利的。假设甲、乙两国都生产A、B两种产品，A产品的价格在甲国比乙国低，而B产品的价格在乙国比在甲国低，那么必然会发生商品的跨国流动，即甲国的A产品向乙国流动，而乙国的B产品向甲国流动，两国之间发生贸易。

（2）国家之间的产品价格差异是由成本的国际绝对差异导致的。同一种产品的价格在不同国家之间的差别主要是成本差别，所以成本的国际绝对差异是国际贸易发生的主要原因。

（3）各国产品价格比例不同是国际贸易产生的必要条件。我们并不是说产品价格存在国际绝对差异就一定发生国际贸易，因为要发生国际贸易，两个国家的生产还必须符合比较优势原则。如果两个国家的成本比例是相同的，一个国家的两种商品成本都按照同一比例低于另一个国家，则两国之间只能发生短暂的贸易关系。

现在我们分别举例说明。假定只有甲、乙两个国家，都生产小麦和布匹两种商品，成本比例见表2-7。

表2-7　　　　　　　　　　　　　　　　成本比例（一）　　　　　　　　　　　　　单位：本国货币

项目	甲国	乙国
小麦单位成本	1.00	3.00
布匹单位成本	2.00	1.00

在甲国国内，小麦和布匹的成本比例是1∶2；而在乙国国内，小麦和布匹的成本为3∶1。这就意味着在甲国国内，1单位小麦能换1/2单位布匹；在乙国国内，1单位小麦能换3单位布匹。甲国输出小麦并输入布匹，而乙国输出布匹并输入小麦，对双方都

是有利的。

如果两国的成本比例是相同的，则只能发生短暂的贸易关系。假设甲国生产小麦和布匹的成本都比乙国低50%，则成本比例见表2-8。

表2-8 成本比例（二） 单位：本国货币

项目	甲国	乙国
小麦单位成本	1.00	2.00
布匹单位成本	2.00	4.00

由于两国的商品价格是用本国货币表示的，为了比较商品的国际价格差异，就必须考虑汇率因素。汇率是不断变化的，如果甲国对乙国货币的汇率为2∶1，那就意味着两种商品用一国货币表示的成本是相同的，两国之间就不会发生贸易。当两种商品的价格在一个国家都高于在另一个国家时，国际贸易也不会发生。

（4）各国生产要素价格的差异决定了各国商品价格存在差异。所谓要素，是指生产要素，包括劳动、资本、土地等，这些生产要素进行市场交换，形成各种各样的生产要素价格及其体系。国家之间的生产要素价格差异决定了商品相对价格的差异。在各国生产技术相同，因而生产函数相同的假设前提下，各国要素价格的差异决定了各国商品价格存在差异。

（5）要素价格的比例不同是由要素供给比例不同决定的。俄林认为，在要素供求决定要素价格的关系中，要素供给是主要方面。在各国要素需求一定的情况下，各国不同的要素禀赋对要素相对价格产生了不同的影响，供给相对充裕的要素的相对价格较低，而供给相对稀缺的要素的相对价格较高。因此，国家之间要素相对价格的差异是由要素相对供给或供给比例不同决定的。

通过上述分析，俄林得出了以下结论：一个国家生产和出口那些大量使用本国供给相对充裕的生产要素的产品，其价格就低，因而具有比较优势；相反，一个国家生产和出口那些大量使用供给相对稀缺的生产要素的产品，其价格便贵，出口就不利。各国应尽可能利用其供给丰富、价格便宜的生产要素，生产廉价产品并对外输出，以交换别国价廉物美的产品。

要素价格均等化理论是俄林研究国际贸易对要素价格的影响而得出的著名结论。俄林认为，在开放经济中，国家之间因生产要素自然禀赋不同而引起的生产要素价格差异将通过两条途径逐步缩小，即要素价格将趋于均等。第一条途径是生产要素的国际流动，它导致要素价格的直接均等化；第二条途径是商品的国际流动，它导致要素价格的间接均等化。

例如，中国和美国两个国家分别在劳动和资本要素上相对丰富，中国应该进口更多的资本密集型产品，美国应当进口更多的劳动密集型产品。从长期看来，中国持续出口劳动密集型产品而美国持续出口资本密集型产品将导致这两个国家劳动和资本的供给平衡，最终两种要素的价格会趋于相等。

所以，国际贸易最终会使所有生产要素在所有地区都趋于相等。同时，俄林认为，生产要素价格完全相同几乎是不可能的，这只是一种趋势，最主要的原因是影响市场的价格因素是复杂多变的，不同地区的市场存在差别，价格水平难以一致。另外，生产要素在国家之间不能自由流动，即使在国内，生产要素从一个部门转移到另一个部门也不是很方便，生产要素的价格不会完全一致。萨缪尔森发展了上述观点，他认为，国际要素价格均等化不仅是一种趋势，而且是一种必然。他指出，在要素的相对价格均等化上，商品市场和要素市场存在完全的自由竞争，在两国使用同样的生产技术的条件下，国际贸易最终将导致要素价格完全均等化。鉴于萨缪尔森对要素价格均等化理论的发展，要素价格均等化理论也称为赫克歇尔-俄林-萨缪尔森理论。但是从逻辑上讲，要素价格均等化理论可以说是对赫克歇尔-俄林理论的推导。

三、要素禀赋理论的评价

　　要素禀赋理论在比较优势论的基础上前进了一大步。绝对优势论和比较优势论都假设两国之间的交换是物物交换，国际贸易起因于劳动生产率的差异；而赫克歇尔和俄林用等量产品不同货币价格（成本）比较两国之间不同商品的价格比例，他们认为两国之间的交换是货币交换，两国之间的劳动生产率是相同的，用生产要素禀赋的差异来解释国际贸易产生的原因和国际贸易商品结构以及国际贸易对要素价格的影响，其研究更深入、更全面。

　　要素禀赋理论从一个国家最基本的经济资源出发，解释国际贸易产生的原因，在一定程度上反映了各国经济的实际情况；要素禀赋理论还将价格理论引入国际交换领域，使用货币单位，对商品的货币价格（成本）进行分析。与古典国际贸易理论相比，要素禀赋理论更接近国际贸易的实际情况，赫克歇尔和俄林所得出的结论有一定的实用价值，他们的这些观点既有理论意义，也有政策意义。

　　但是，要素禀赋理论也有明显的局限性。要素禀赋理论所依据的一系列假设前提都是静态的，忽略了国际和国内经济因素的动态变化，使得该理论难免存在缺陷。就技术而言，在现实中，技术是不断进步的，而技术进步能使旧产品的成本不断降低，也能使新产品不断出现，因而会改变一国的比较利益格局。

第三节　里昂惕夫之谜

一、里昂惕夫之谜的由来

里昂惕夫简介

　　在20世纪50年代以前，要素禀赋理论一直是被西方经济学者推崇的、最无懈可击的、被普遍接受的理论，但是，谁也没有想到，在20世纪50年代初期，一位经济学家对其提出了质疑，这位经济学家就是里昂惕夫。

　　按照要素禀赋理论，如果一个国家拥有较多的资本，它就应该生产并出口资本密集型产品，而应输入在本国生产中需要较多使用国内比较稀缺的劳动要素的劳动密集型产品。基于以上分析，里昂惕夫以美国为例来验证H-O理论。他利用1947年美国的投入-产出表，测算了美国进口和出口商品的要素含量。里昂惕夫所依据的是美国1947年的相关数据，他对美国200种商品进行了分析，计算出每百万美元出口商品和进口替代商品中所使用的劳动和资本的数量，得到了美国出口商品和进口替代商品的资本劳动比率，以反映资本和劳动的密集程度。由于美国是资本丰富的国家，里昂惕夫期望得出美国出口资本密集型产品而进口劳动密集型产品的结论，他的计算结果见表2-9。

表2-9 里昂惕夫的计算结果

年份	1947	1947	1951	1951
项目	出口商品	进口替代商品	出口商品	进口替代商品
资本（美元）	2 550 780	3 091 339	2 256 800	2 303 400
劳动（人/年）	182.00	170.00	173.91	167.81
人均资本量（资本/劳动）	14 015	18 184	12 977	13 726

从表2-9可以看出，1947年，美国进口替代商品生产人均资本量与出口商品生产人均资本量的比率为1.30，而1951年为1.06。尽管这两年的这一比率不同，但是由此得出的结论是基本相同的，即美国出口商品的资本密集度低于进口替代商品的资本密集度。这就意味着美国出口的是劳动密集型商品，进口的是资本密集型商品。这一结果与H-O理论恰恰相反，这个检验结果也令西方经济学界大为震惊，故将这个不解之谜称为里昂惕夫之谜。

二、里昂惕夫之谜的解释

里昂惕夫之谜引起了当时经济学家们的极大关注，经济学家们就此提出了很多不同解释，下面分别介绍这些理论。

（一）劳动效率说

里昂惕夫认为，美国对外贸易结构之所以出现出口劳动密集型产品、进口资本密集型产品的情况，是因为各国的劳动效率不同。按照他的解释，美国工人的劳动效率大约是有相同机器设备国家工人的3倍，在计算美国工人人数时，必须将人数乘以3，这样算下来，美国就成为劳动相对丰富、资本相对稀缺的国家了，因此美国应当出口劳动密集型产品、进口资本密集型产品。这实际上是提出了劳动效率说，但是这一解释没有被经济学家们广泛接受，里昂惕夫后来也否定了自己的观点，原因是当美国的劳动效率比其他国家的劳动效率更高时，资本生产率也比其他国家的资本生产率高，美国的劳动和资本生产率应乘以差不多大的乘数，这就使美国劳动相对丰富的程度不会太高。

（二）人力资本说

受里昂惕夫劳动效率说的启发，后来一些学者在要素禀赋理论框架下引入人力资本这一因素。他们认为，H-O理论的资本要素仅包含实物资本，如厂房、机器设备等，而完全忽视了人力资本。人力资本是指投入在教育、职业培训、健康保险等项目上的支出。与实物资本一样，人力资本的投入也能增加产出。因此，从广义上讲，美国出口的仍然是资本密集型产品。美国经济学家凯恩斯提出了一个修正方案，他认为，由于质量上的差异，一般劳动可区分为非熟练劳动和熟练劳动两类。把美国熟练技术工人的收入高出非熟练工人的收入的部分予以资本化，把这部分人力资本加到实物资本上去。在加入了人力资本之后，里昂惕夫之谜也就可以解释了。

（三）自然资源稀缺说

一些学者认为，里昂惕夫在研究时只考虑了劳动和资本两种要素，而没有考虑自然资源的影响。自然资源与资本在生产中往往是互补的，因此，一些自然资源密集型产品往往也是资本密集型产品。从自然资源角度看，美国某些自然资源是相对稀缺的，如石油。当时美国进口的商品中，有50%~60%是初级产品，其中大部分是矿产品和木材产品。而这些产品的资本密集度较高，造成了美国进口资本密集型产品的假象。实际上，美国的大宗进口商品很多是自然资源密集型产品。因此，里昂惕夫之谜在考虑了自然资源这一因素之后，也可以得到较好的解释。

（四）关税和贸易壁垒说

一些经济学家认为，里昂惕夫的结论受到关税和贸易壁垒的影响。由于国家之间的商品流动要受贸易参加国关税及非关税壁垒的限制，这就使建立在完全竞争市场假设前提下的 H-O 理论不能成立。

事实上，美国通过关税和各种非关税壁垒限制高技术产品的出口，促进劳动密集型产品的出口，阻碍劳动密集型产品的进口，以保持其在高科技领域的领先地位，保护国内的劳动密集型产业。这就人为地增加了进口商品中的资本要素比例并增加了出口商品中的劳动要素比例。

（五）要素密度逆转说

所谓要素密集度逆转，是指某一特定商品，在劳动相对丰富的国家属于劳动密集型产品，而在资本相对丰富的国家则属于资本密集型产品。例如，小麦在很多发展中国家靠人力手工生产，是劳动密集型产品；但在美国是靠机械化生产的，属于资本密集型产品。这样，从美国的角度看，进口的小麦是资本密集型产品；而对于其他国家的出口来说，小麦则是劳动密集型产品。

总之，国际贸易理论界这场旷日持久的争论是以对 H-O 理论的假设前提进行了一番修正而结束的。

第四节　当代国际贸易理论

一、偏好相似理论

偏好相似理论又称需求相似理论，是瑞典经济学家林德于1961年在其论文《论贸易和转变》中提出的。该理论主要是用国家之间的需求结构相似性来解释工业制成品贸易的发展。林德认为，国际贸易是国内贸易的延伸，产品的出口结构、流向及贸易量的大小决定于本国的需求偏好，而一个国家的需求偏好又决定于该国的平均收入水平。这有三个方面的原因：首先，产品的出口建立在国内基本需求基础上。其次，产品流向、贸易量取决于两个国家需求偏好的相似程度。最后，一个国家的需求偏好取决于该国的平均收入水平。平均收入水平越高，对消费需求的质和量的要求越高，对先进的资本设备的需求也越高。因此，如果两个国家人均收入水平相同，需求偏好相似，那么，两个国家之间进行贸易的范围可能很大。但如果两个国家人均收入水平相差较大，需求偏好相异，那么，两个国家之间进行贸易则会存在障碍。

若两国中的一国具有某种产品的比较优势，而另一国没有对这种产品的需求，则两国无从发生贸易。因此，各国应当出口那些拥有巨大国内市场的制成品，即大多数人需要的商品。一个国家在满足这种市场需求的过程中，可以从具有相似偏好和收入水平的国家获得出口该类商品所必需的经验，而具有相似偏好和收入水平的国家之间的贸易量是很大的。基于偏好相似理论，企业首先应选择国内市场巨大的产业进行出口贸易，同时，这种贸易最有可能发生在偏好相似的国家之间（往往是相邻国家）。因此，国际化经营往往表现为渐进式。渐进式国际化经营的产业往往是国内外需求偏好相似的产业，根据偏好相似理论，出口时首先要选择的就是相邻国家的市场，而后才是全球市场。

林德还认为，一国将出口那些国内需求量大，或者是他所声称的"具有代表性的需求"的产品。按照林德的说法，这种结果之所以会出现，是因为厂商往往对国内的生意机会更加敏感，发明、创新也往往由国内市场没能解决的问题所激发，对新产品的不断改进也只有在为国内消费者所接受的情况下，才能显著地降低成本。

二、产品生命周期理论

（一）产品生命周期理论的产生

美国经济学家弗农在 1966 年发表的《产品周期中的国际投资和国际贸易》一文中提出了著名的产品生命周期理论。他认为，产品生命周期理论可以解释发达国家出口贸易、技术转让和对外直接投资的发展过程。

弗农简介

（二）产品生命周期理论的内容

弗农把产品生命周期划分为三个阶段，即新产品阶段、成熟产品阶段和标准产品阶段。

1.新产品阶段

在这一阶段，国内市场容量大、研发资金多的国家在开发新产品、采用新技术方面具有优势，厂商掌握了技术秘密，并将新技术首次用于生产。此时，对厂商来说，最安全、最有利的选择是在国内进行生产，产品主要供应国内市场，通过出口贸易的形式满足国际市场的需求。由于信息和技术的扩散速度加快，当技术创新国开始在国内生产和销售某种新产品时，出口贸易就开始了。这时候的出口优势完全是技术垄断优势，新产品属于技术密集型产品，其他国家由于没有新技术而不得不进口新产品。新产品阶段的国际生产中心一般在有能力进行技术创新的某一个发达国家，其他发达国家和发展中国家则是进口国。

2.成熟产品阶段

当新产品的技术和生产工艺完全定型后，技术创新国的新兴产业开始大规模扩张，进入成熟产业时期。与技术创新国技术差距不大的其他发达国家可能通过自主研发、技术模仿、技术授权等渠道获得新产品的生产技术并开始模仿制造新产品。但是，由于技术模仿国的新产业刚开始发展，技术模仿国没有能力与原来的技术创新国竞争。原来的技术创新国开始凭借其技术熟练程度优势、企业规模优势、产品质量性能优势、市场渠道优势和商标知名度优势继续向其他技术模仿国和发展中国家大量出口新产品。

3.标准产品阶段

新产品完全标准化后，生产技术优势和产品差别优势完全丧失，这时候国际竞争优势完全来源于成本和价格方面。新产品只有在经济相对落后、要素价格比较低的发展中国家生产才具有经济合理性，国际生产基地开始向发展中国家转移，原来的技术创新国开始成为新产品的净进口国，其出口优势完全丧失，新产品的生命周期也就终结了。

产品生命周期理论是一个动态理论，其动态含义表现为生产要素的动态变化，也就是说，工业制成品的生产要素在产品生命周期的不同阶段不断发生变化。在新产品的生命周期的不同阶段，制造新产品所投入的要素比例是变动的。在新产品阶段，产品的设计尚需改进，工艺流程尚未定型，需要大量的科技人员和熟练工人，产品属于技术密集型。到了成熟产品阶段，产品已经定型，只需要投入资本、购买机器设备就可以进行生产，产品由技术密集型转变为资本密集型。进入标准产品阶段，产品和工艺流程已经标准化了，劳动熟练程度不再重要，价格竞争成为能否占领市场的关键，产品由资本密集型转变为劳动密集型。

三、技术差距理论

（一）技术差距理论产生的背景

1961年，美国经济学家迈克尔·波斯纳（Michael Posner）发表了《国际贸易与技术变化》一文，把技术作为独立于劳动和资本的生产要素，探讨并提出了技术差距或技术变动影响国际贸易结构和商品流向的贸易理论。当时，两国在生产中使用相同技术的假设已经背离了现实的国际贸易活动，经济学家们将技术差距引入国际贸易的动态分析，进而提出了关于技术差距同国际贸易之间的关系的一系列理论。

（二）技术差距理论的主要内容

技术差距理论（Technological Gap Theory）又称为技术差距模型（Technological Gap Model），该理论认为，工业化国家之间进行工业品贸易，有很大一部分是以技术差距的存在为基础的。波斯纳在分析时引入了模仿时滞、需求时滞、反应时滞以及掌握时滞四个概念，如图2-1所示。

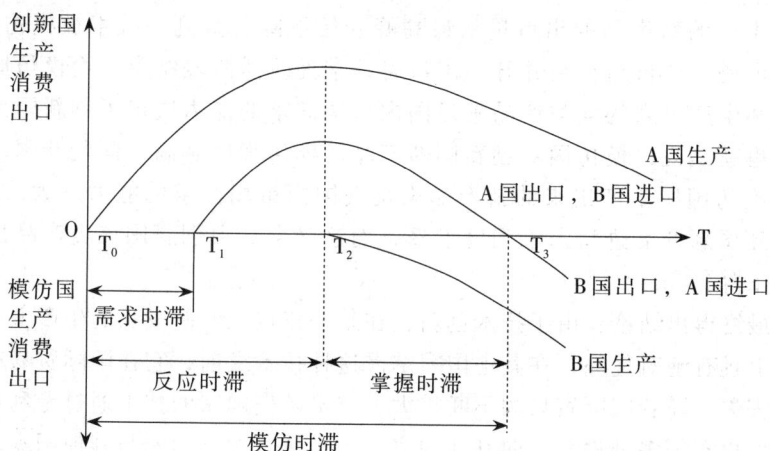

图 2-1 技术差距理论分析图

1.模仿时滞阶段

模仿时滞阶段（T_0-T_3）是指从创新国开始用新技术生产新产品，到模仿国完全掌握该技术，生产达到一定规模且能够满足国内需要，不需要再进口同类产品为止的时间差距。模仿时滞阶段可分为反应时滞阶段和掌握时滞阶段，其中反应时滞阶段的初期又称为需求时滞阶段。

2.需求时滞阶段

需求时滞阶段（T_0-T_1）是指从创新国开始生产新产品到模仿国开始对该产品有需求（模仿国开始进口或创新国开始出口这种新产品）的时间差距，其持续时间的长短取决于收入水平和模仿国对新产品的认识与了解。在这一阶段，创新国用新技术生产的新产品处在研究开发和小规模试生产阶段，进行批量生产后，也只是供应其国内市场，没有对外出口。

3.反应时滞阶段

反应时滞阶段（T_0-T_2）是指从创新国开始生产新产品到模仿国开始模仿创新国的技术来生产这种新产品的时间差距，其持续时间的长短取决于模仿国的规模经济、产品价格、居民收入水平、需求弹性、关税、运输成本和市场等多种因素。需求时滞阶段一般要短于反应时滞阶段。新技术的不断进步驱使创新国不断扩大新产品的生产规模，而随着时间的推移，需求时滞阶段结束，模仿国的消费者先于生产者对使用该项新技术生产的新产品作出反应，进而对创新国的该种新产品在T_1-T_2阶段的出口贸易产生影响。而在T_1-T_2阶段，模仿国需求时滞阶段的时间长短以及模仿国消费者对该种新产品的需求强度决定了创新国该种新产品出口的增长幅度。也就是说，模仿国消费者对创新国的新产品的需求反应越快，需求强度越高，则创新国该种新产品的出口增长速度越快。

4.掌握时滞阶段

掌握时滞阶段（T_2-T_3）是指从模仿国开始采用新技术生产新产品到其完全能够自给并开始出口这种新产品的时间差距，其持续时间的长短取决于创新国转移新技术的程度、时间，以及模仿国取得新技术的渠道和吸收新技术的能力等。在这一阶段，模仿国开始使用与创新国同样的技术来生产新产品，满足本国国内市场的需求。创新国使用新技术生产的新产品的出口量从最高峰开始下降，直到新技术被模仿国所掌握，模仿国国内市场完全自给自足并开始出口时，掌握时滞阶段结束。而模仿国对新产品的模仿程度和生产出来的同类产品满足国内市场需求的能力决定了创新国出口数量减少的速度。也就是说，模仿国对创新国新产品的模仿程度越高，同创新国之间的技术差距越小，模仿国所生产出来的新产品满足其国内市场需求的能力越大。这样一来，模仿国对创新国新产品进口需求强度下降，而这又会导致创新国该类产品出口数量以更快的速度下降。

波斯纳最终得出结论：由于技术创新，在某一特定工业制成品的生产上，技术领先国家在技术上具有绝对优势，在其他国家掌握这种技术之前，它在国际贸易中的技术领先优势不会丧失。随着国际贸易的不断扩大，技术领先国家的技术通过专利权转让、技术合作、对外投资等多种途径流向其他国家，于是技术领先国家与其他国家的技术差距逐渐缩小，贸易量下降。当技术引进国家能生产并能完全满足国内市场的需求时，技术领先国家和技术引进国家的技术差距消失，基于技术差距而产生的国际贸易就会终止。技术领先国家由于技术优势所获取的垄断利润消失，这会促使其不断进行技术革新和发明，从而创造出新一轮技术差距。在由于技术差距而导致的贸易期间，模仿时滞超过需求时滞的时间越长，技术领先国家向技术引进国家的累计出口量就越大，技术领先国家将产品出口到需求时滞小于反应时滞的国家，可以获得贸易利益。

技术差距理论说明技术差距是导致国际贸易的重要原因，并决定了国际贸易的流向。由于技术变动包含了时间因素，技术差距理论被看成对赫克歇尔-俄林理论的动态扩展。技术差距理论的不足之处是它并没有对国际贸易流向的转变及其原因作出进一步解释。

四、产业内贸易理论

（一）产业内贸易理论的产生及主要内容

传统的贸易理论，从李嘉图的相对优势论到赫克歇尔和俄林的要素禀赋理论，都强调比较优势，认为国家之间发生贸易的原因是生产率和要素禀赋不同，一国总是出口本国具有比较优势的产品，进口本国具有比较劣势的产品。这种贸易理论对经济发展水平不同国家之间的不同产品贸易作出了比较有说服力的解释。

但是20世纪70年代以来，这种贸易理论与国际贸易现实情况的差距越来越大，这主要有两个方面的原因：其一，传统的贸易理论确实有一套比较完美的体系，能够自圆其说；但它同时又有一套严格的假设前提，这些假设前提促成了理论体系的完善，也使理论偏离了实际。这些假设前提是完全竞争的市场结构及不变的技术水平、不存在规模经济等，而完全竞争的市场结构在现实中是不存在的，规模经济却随着经济环境的改善、技术水平的提高而无处不在。其二，二战后，尤其是20世纪70年代以来，要素禀赋相似的发达国家之间相同或相似产品的贸易越来越多，甚至占据了发达国家之间贸易的绝大部分，这是传统的贸易理论不能解释的。

在这样的背景下，对于产业内贸易的系统研究从20世纪70年代就开始了。经过20多年的发展，产业内贸易研究成果自成体系，形成了新的贸易理论。这种理论是以不完全竞争的市场结构和规模经济的存在为假设前提的，因此更接近国际贸易的实际情况。产业内贸易理论认为，国际贸易不一定是比较优势的结果，也可能是规模经济或收益递增的结果。在不完全竞争的市场上，国家之间即使不存在资源禀赋、技术水平的差异或者差异很小，也完全可能因为需求偏好或者规模经济以及产品差异而使各个国家追求生产的专业化并进行国际贸易。同时，产业内贸易理论也为国家进行干预提供了借口，在不完全竞争的市场上，政府的支持可以使本国的垄断厂商获得规模经济效益和垄断利润，因此对产业内贸易现象的研究又导致了后来发达国家普遍采用战略贸易政策，更加强调贸易保护。

产业内贸易形成的原因或者前提条件可以归纳为以下几个方面：

1.同类产品的异质性是产业内贸易形成的重要基础

产业内贸易理论认为，大多数制造品不是同质的。从实物形态上看，同类产品可能由于商标、牌号、款式、包装和规格等方面的差异而被视为异质产品；即使实物形态相同，也可能由于信贷条件、交货时间、售后服务等方面的差异而被视为异质产品。这种同类产品的异质性可以满足不同消费心理、消费层次的需要，产品的这种异质性使其市场呈现出垄断竞争的特性。同类产品的生产者可以依据自己的优势，或者同类产品的异质性对消费者的吸引力，生产具有一定垄断性的产品，从而导致不同国家之间产业内贸易的发生和发展。

2.规模收益递增是产业内贸易的重要成因

产业内贸易理论认为，生产要素禀赋相近或相似的国家之间能够进行有效的国际分工，从而获得贸易利益，其主要原因是规模经济的存在。一个国家的企业可以通过大规模专业化生产获得规模经济效益，生产成本将随着产量的增长而递减，这使得该国企业的生产成本具有比较优势，可以打破各生产企业之间原有的比较优势均衡状态，使自己的产品获得相对竞争优势，在国际市场上具有更强的竞争力，进而扩大产品出口。这样，产业内部的分工和贸易也就形成了。

3.经济发展水平是产业内贸易的重要制约要素

产业内贸易理论认为，经济发展水平越高，产业内异质性产品的生产规模也就越大，产业内部分工就越发达，从而形成的异质性产品供给市场也越大。同时，经济发展水平越高，人均收入水平也越高，消费者的需求也越复杂和多样化。人均收入水平较高的消费者对异质性产品有更加强烈的需求，从而更容易形成异质性产品的需求市场。当两国之间的人均收入水平趋于相等时，其需求结构也会更加相似，产业内贸易发展倾向就更强了。

（二）产业内贸易理论的适用性

产业内贸易理论起源于对发达国家之间相似产品贸易的研究，而在资源禀赋和技术水平差距较大的发达国家和发展中国家之间，更多的应该是产业间贸易，这样就可以用传统的贸易理论来解释。但是近年来，越来越多的发展中国家，特别是以新兴工业化国家为主的发展中国家，产业内贸易在贸易总额中占的比重越来越大，产业内贸易也越来越重要了。

从需求方面看，林德的偏好相似理论认为，产业内贸易多在经济发展水平相近的国家之间进行，这些国家居民的收入水平相似，生活水平相似，对产品的需求结构相似。这些国家国内虽然可以生产同类产品，但居民的需求是多样化的，他们对同类产品中的差异产品产生了不同的需求，同类产品之间的国际贸易于是得以产生。从这个角度看，发展中国家的经济发展得越快，人均收入增长得越快。当人均收入增加到一定程度时，发展中国家与发达国家之间对同类产品的重合需求就会更多，由此产生的国际贸易——产业内贸易相应也会更多。

【本章小结】

首先，本章介绍了国际贸易理论中的绝对优势论和比较优势论。绝对优势论强调两个国家之间要存在各自的优势，才能产生国际贸易；而比较优势论认为两个国家之间即使都不具有优势或者都不具有劣势，也能进行国际贸易。其次，本章介绍了要素禀赋理论的内容，对该理论的假设前提和具体内容也进行了具体的分析。再次，本章介绍了里昂惕夫之谜的由来和对该谜的不同解释。最后，本章介绍了偏好相似理论、产品生命周期理论、技术差距理论、产业内贸易理论等内容。

【思考题】

1. 简述绝对优势论和比较优势论的内容，它们有什么区别？
2. 简述要素禀赋理论的内容。
3. 简述里昂惕夫之谜的内容，对其解释有哪些理论？
4. 简述产品生命周期理论的内容。
5. 案例分析：英国用100人一年劳动生产的毛呢换取葡萄牙120人一年劳动才能生产的葡萄酒，从而节约了20人一年的劳动；葡萄牙用80人一年劳动生产的葡萄酒换取英国90人一年劳动才能生产的毛呢，从而节约10人一年的劳动。交换使双方都发挥了各自的比较优势，实现了最佳经济效益。请问该案例符合什么理论？请进行分析。

对外贸易政策

第三章

国际贸易政策是有关国际贸易理论的具体运用和国际贸易利益实现的重要问题，它不仅是各国政府关心的重要问题，也是国际贸易学研究的主要领域之一。国际贸易政策是世界各国和地区之间进行货物和服务交换时所采取的政策总和。而对外贸易政策则是从单个国家的角度来研究一个国家在一定时期内对进口贸易和出口贸易所实行的政策。对外贸易政策是国际贸易政策的重要组成部分，也是研究国际贸易政策的逻辑起点。因此，对国际贸易政策进行研究，实质上就是对各国对外贸易政策演变的历史进行考察并对规律进行研究。

第一节　对外贸易政策概述

国际贸易政策（International Trade Policy）是指世界各国和地区对外进行商品、服务和技术交换活动时所采取的政策。从单个国家和地区的角度出发，有关国际贸易的政策就是对外贸易政策。

一、对外贸易政策的概念

对外贸易政策（Foreign Trade Policy）是各国和地区内部经济政策和对外政策的重要组成部分，是为各国和地区的经济基础和对外政策服务的总的指导方针。对外贸易由出口与进口两个部分组成。对运进商品和劳务的国家（地区）来说，就是进口；对运出商品和劳务的国家（地区）来说，就是出口。海岛国家，如英国、日本等，也常用"海外贸易"表示对外贸易。从国际范围来看，这种货物和服务的交换活动就称为国际贸易或世界贸易。

（一）对外贸易政策的实质

一个国家的对外贸易政策是一国政府为了实现一定的政策目标，在一定时期内，对本国进出口贸易所实行的政策。对外贸易政策是为国家最高利益服务的，是统治阶级意志的集中反映。一个国家的对外贸易政策是这个国家的经济政策和对外政策的重要组成部分，它随着世界政治、经济形势的变化，国际政治、经济关系的发展而改变；同时它也反映各国经济发展的不同水平、各国在世界市场上的力量和地位。另外，对外贸易政策也受到一个国家内部不同利益集团的影响。

（二）对外贸易政策的目的

一般来说，各国制定对外贸易政策的目的在于以下几点：

（1）保护本国的市场。一个国家可以通过关税和各种非关税壁垒来限制外国商品和服务的进口，使本国商品和服务免受外国商品和服务的竞争。

（2）扩大本国的出口规模。一个国家可以采用各种鼓励出口的措施来促进本国出口商增加出口、外国进口商踊跃进口，使本国的出口规模不断扩大。

（3）促进本国产业结构的改善。一个国家应当充分利用本国或本地区的经济资源，以对外贸易政策的形式明确规定向哪些国家和地区出口何种商品、从何处进口何种商品，以增进本国福利，促进本国经济发展。

（4）积累资金。一个国家可以通过关税、国内税和其他税费等，使国家获得财政收入；还可以通过宏观调控政策，改善外贸环境，促使出口商出口更多的本国商品和服务，从而增加本国的盈利。

（5）维护和发展本国的对外政治经济关系。我们要从维护国家利益和民族利益出发，通过运用灵活的、务实的对外贸易政策，维护国家独立、主权和领土完整，为本国经济的恢复与发展、为改革创造良好的外部环境，维护本国、本地区和世界的和平与稳定，在国际社会立足并享有较高的威望。

（三）对外贸易政策的构成

各国和地区的对外贸易政策通常由以下三个部分构成：

（1）对外贸易总政策。对外贸易总政策包括对外贸易战略、出口总政策和进口总政策。它是从整个国民经济和长远目标出发，在一个较长的时期内实行的政策。

（2）进出口商品和服务等政策。进出口商品政策是各国和地区在本国对外贸易总政策的基础上，根据国内经济结构、市场状况等分别制定的限制和鼓励商品、服务进出口的具体措施。其基本原则是对不同的进出口商品实行不同的待遇，主要表现为关税的税率、计税价格和课税手续等方面的差异。例如，对于某类进口商品，有时可以采用较高的税率和数量限制手段来阻止其进口，有时则会实施较为宽松的做法，允许进口更多这类商品。

（3）国别或地区贸易政策。国别贸易政策是各国和地区根据对外贸易总政策，依据对外政治经济关系的需要而制定的国别和地区贸易政策。在不违反国际规范的前提下，对于不同的国家和地区，可以采取不同的外贸策略和措施。例如，对不同国家和地区规定差别关税税率和差别优惠待遇，就是国别或地区贸易政策的基本做法。

实际上，上述三个部分是相互交织在一起的，后两者离不开对外贸易总政策的指导，而对外贸易总政策也不是抽象存在的，它必须通过具体的进出口商品政策和国别贸易政策得以体现。

从具体内容来看，一般而言，对外贸易政策主要包括一国的关税制度和政策、非关税壁垒的种类和做法、鼓励出口的体制和手段、管制出口的政策和手段，以及一国参与国际经济一体化的战略和政策等。这个范围内的有关体制、政策和基本做法都包含上述三个部分的含义，构成了国际贸易政策的基本内容。

二、对外贸易政策的类型、制定和执行

对外贸易自产生以来，就出现了各种不同类型的对外贸易政策，但从对外贸易政策本身的性质和作用来看，有两种基本类型，即自由贸易政策和保护贸易政策。在不同的历史时期和不同的国家，对外贸易政策的自由程度与保护程度有所不同。

（一）对外贸易政策的类型

1.自由贸易政策（Free Trade Policy）

自由贸易政策是指国家对进出口贸易活动一般不进行干预，减免关税，消除其他贸易壁垒，让商品和服务等自由进出口，在国内外市场上自由竞争。

18世纪后半期，英国在产业革命的基础上带头实行自由贸易政策，旨在从海外获得廉价的粮食和原料，并推销其工业制成品。进入帝国主义时期后，西方各国纷纷放弃自由贸易政策而改行保护贸易政策（超保护）。第二次世界大战后，《联合国宪章》规定

了自由贸易原则,《关税与贸易总协定》也积极推行自由贸易,要求各国降低关税和消除非关税壁垒。随着世界经济的迅速恢复和发展,尤其是美国的经济实力大大加强,从20世纪50年代到70年代初,整个世界范围内出现了贸易自由化倾向。

2. 保护贸易政策 (Protective Trade Policy)

保护贸易政策是指国家采取各种措施干预对外贸易,通过高关税和非关税壁垒来限制外国商品和服务进口,以保护本国市场免受国际市场的竞争。同时,对本国出口商品和服务给予优惠或补贴,鼓励扩大出口,以提高本国商品和服务在国外市场上的竞争能力。保护贸易政策最基本的特征是"限入奖出"。

20世纪70年代中期,由于西方各国经济不景气,特别是美国的经济贸易地位下降,贸易保护主义又开始抬头,并一直盛行。在此基础上,有些国家开始实施管理贸易(Managed Trade)政策,即"有组织的自由贸易"新政策。

(二) 对外贸易政策的制定

各国制定对外贸易政策时,面临的主要问题就是选择以自由贸易政策为主还是以保护贸易政策为主,因此,对这两类贸易政策的比较和选择进行研究就十分必要。自由贸易政策和保护贸易政策各有利弊,其取舍的关键在于本国的经济发展需要,以及国际经济环境的要求。

1. 两种主要贸易政策的比较

从经济发展的内在规律来看,自由贸易政策可以减少甚至消除人为干预对经济的扭曲,注重价格机制对经济的自发调节,因而从理论上说,自由贸易政策更有利于资源在世界范围内的高效配置,有助于形成互利的国际分工,扩大世界各国的国民真实收入,有助于参与贸易的各国和世界整体福利的增加,更符合经济发展的内在规律。同时,对于一个国家来说,在自由贸易条件下,它可以自由地进口廉价商品,从而减少国民开支,提高利润率,促进本国的资本积累。从经济效率来看,自由贸易政策与保护贸易政策相比也具有突出优势,实行自由贸易就是反对垄断,加强竞争,提高经济效率。从全球经济角度来看,在条件允许的时候,各国应积极推行自由贸易政策,以促进世界经济更快增长。

当然,自由贸易政策并不是完美无缺的。自由贸易所依据的理论是严谨的,但在很多情况下不能满足现实中的多方面需要。例如,从各国的局部利益来看,由于各国经济发展不平衡,自由贸易给各国带来的得失有较大差距,发达国家获益较多,而发展中国家在国际分工中处于不利地位。由此可见,实行自由贸易并不是无代价和无条件的。从经济史来看,作为自由贸易对立面的保护贸易之所以产生,就是为了解决自由贸易不能解决的有关经济发展的现实问题。所以,保护贸易政策虽然从长远来看不利于本国和世界经济发展,但是基于一些特殊原因,在特定国家和特定时期,还是有必要实行保护贸易政策。

2. 对外贸易政策的影响因素

对外贸易政策属于上层建筑,是为经济基础服务的。对外贸易政策反映了经济发展与当权阶级的利益与要求。追求本国、本民族经济利益和政治利益最大化,是一个国家制定对外贸易政策的基本出发点。一般来说，一个国家在制定对外贸易政策时，主要考虑下列因素：

（1）本国的经济发展水平和商品竞争能力。

一般来说，如果一国产品在世界市场上具有强大的竞争力，应选择实行自由贸易政策；如果一国产品在国际市场上的竞争力处于中等，实行互惠贸易政策较为有利；如果一国产品在国际市场上的竞争力比较薄弱，则以实行保护贸易政策为上策。例如，二战后，美国因其产品在国际市场上具有强大的竞争力，因此采取了自由贸易政策，并从中获得了较多的贸易利益。

（2）本国的经济结构和产业结构（比较优势）。

各国的经济结构存在巨大差异，产业结构、产品结构、市场结构、消费结构等都有所不同，这既是劣势，也是优势。进行对外贸易时，各国要从中获得比较利益，因而对外贸易政策的制定首先依赖于本国的经济结构与比较优势，要通过贸易使本国的优势得以充分发挥。

（3）本国的经济状况。

对外贸易在规模、结构等方面受制于本国国内市场的供求关系。一方面，本国的出口量受国内供给和需求的制约，如果国内供给不足，靠挤占国内消费出口产品终究是有限的。另一方面，进口贸易也存在一定的限度，这与国民经济的增长速度密切相关。一般来说，没有一定数量的进口产品，本国的经济增长将受到阻碍；进口产品的数量如果超过国内经济所需，也会造成生产要素的浪费或设备闲置。因而，一国对外贸易政策的制定要充分考虑国内市场的供求状况。

（4）本国生态平衡。

在发展对外贸易的同时，许多国家，尤其是发展中国家，面临着自然资源日益枯竭、环境条件不断恶化的严峻形势，还面临着发达国家转嫁环境污染的压力。一些国家为了扩大出口，解决资源短缺问题，过度开采矿产资源、砍伐森林、捕捞水产品、猎捕珍奇动物，导致本国资源急剧枯竭和生态环境恶化。因此，生态平衡问题越来越为人们所重视，各国在制定对外贸易政策时无不考虑本国生态平衡。

（5）本国就业与失业状况。

国际分工的加深和国际贸易的发展，有利于增加世界的总产量，从而扩大生产规模。然而，在就业不足的条件下，国际贸易可能导致失业在国家之间转移。一般来说，当一个国家的出口增加时，就业也会增加；而一个国家的进口增加时，就业便会减少。因此，各国对外贸易政策的制定应着眼于本国的就业与失业状况，尽可能使本国劳动力充分就业。

（6）本国的国际收支、贸易差额状况。

任何国家都有出现国际收支失调的可能性，各国政府往往制定各种政策，通过调整国际收支平衡表中的贸易项目，改善一国的国际收支状况，或对国内经济实行总体控制，以求国际收支基本平衡。近些年来，各国都把对外贸易的重点放在鼓励出口方面，同时也对进口实施必要的限制。

（7）本国各种利益集团力量的对比。

一国在制定对外贸易政策时，往往要考虑各种利益集团的要求。实行不同的对外贸易政策会对不同的利益集团产生不同的影响，这就不可避免地造成各种利益集团在执行对外贸易政策上的冲突。

一般来说，同进口商品竞争的行业和与进口商品有生产方面联系的各种力量是贸易保护主义的推崇者；相反，以出口商品生产部门为中心参与国际经济活动的各种经济力量则是自由贸易的倡导者。这两股力量都力图影响对外贸易政策的制定和实行，以维护和扩大自己的利益。它们之间的力量此消彼长，直接向对外贸易政策的制定和变动施加重大影响。例如，我们研究美国关税政策的历史时发现，代表南方农场主利益的民主党执政，就倾向于实施低关税政策；而代表北方制造商利益的共和党执政，就倾向于实施高关税政策。

（8）政府领导人的经济贸易思想。

虽然一国较长时期内对外贸易政策的总方针和基本原则是由最高立法机关确立的，但政府机构，特别是政府领导人往往被授予一些制定政策的权力。例如，美国国会往往授予美国总统在一定范围内制定对外贸易法令、进行对外贸易谈判、签订贸易协定、增减关税、确定数量限额等权力。政府领导人在制定对外贸易政策时，或多或少地要受他对整个世界经济和贸易的看法的影响。

一国实行自由贸易政策并不意味着完全的自由贸易。发达国家在标榜自由贸易的同时，总是或明或暗地对某些产业实行保护。事实上，自由贸易历来是某些国家的一种进攻性武器，即要求别国实行自由贸易，而且只有在双方都同意开放市场之后，自由贸易政策才会付诸实施。另外，一国实行保护贸易政策也并不是完全封闭，不与别国开展贸易，而是对某些商品和产业的保护程度高一些，对另一些商品和产业的保护程度低一些，甚至完全开放，在保护国内生产者的同时，也要维持同世界市场的某种联系。还有一些国家实际上实行保护贸易政策，而口头上却宣称自己实行自由贸易政策。所以，绝对的自由贸易政策和完全的保护贸易政策是不存在的，无论是保护贸易政策还是自由贸易政策，都是相对而言的。

维利·勃兰特支持南北对话

（三）对外贸易政策的执行

各国的对外贸易政策主要通过海关和国家设立的其他机构（如对外贸易部、对外贸易促进委员会等）来执行。一般来说，对外贸易政策的执行有以下方式：

1. 通过海关对进出口贸易进行管理

海关是国家行政机关，是设置在对外开放口岸的进出口监管机关。海关一般设置在陆地边境和沿海口岸。由于近代航空运输和铁路运输迅猛发展，进口的各种货物、进境人员的行李物品等都可以从国外直达一国的内地，因而在开展国际航空、国际联运、国际邮包邮件交换业务，以及其他有关外贸业务的地方，也要设置海关。海关的主要职能是：对进出关境的货物和物品及运输工具进行实际的监督管理，计征关税和代征法定的其他税费；查禁走私，一切进出关境的货物和物品及运输工具，除国家法律有特别规定的以外，都要在进出关境时向海关申报，接受海关检查后放行。

2.国家广泛设立各种机构，促进出口和管理进口

在西方发达国家，对外贸易政策是按照分权制衡的原则来管理和实施的，具体来说，就是国家立法机构负责制定或修改对外贸易政策，而由有关的行政机构来监督和管理对外贸易。各国管理对外贸易的机构有的是综合式的，有的则是归口管理、其他部门配合。例如，根据联邦宪法的规定，美国对外贸易的国家调节职权属于国会，联邦政府则根据国会立法制定和执行对外贸易政策。其实，美国在制定和执行对外贸易政策方面的职权很大程度上分散于政府多个部门，出口管理的职能由美国商务部、国防部、能源部等分别执行，进口管理的权限属于联邦政府商务部国际贸易委员会。英国对外贸易管理机构集中在贸易部；法国管理对外贸易的机构有总统领导的国际委员会以及外贸部、经济部共同领导的对外经济关系司等；德国政府中主管对外贸易的是联邦经济部，还有外交部、财政部、食品和农林部；日本通产省是日本政府制定对外贸易政策和管理对外贸易的主要部门。我国对外贸易由商务部归口管理。

3.国家政府出面协调国际贸易机构与组织的关系

国家政府出面协调国际贸易机构与组织的关系，进行国际贸易方面的协调工作。这些机构和组织主要包括：

（1）与联合国有关的和联合国下属的国际组织，如世界贸易组织、国际货币基金组织、世界银行、联合国粮农组织等。

（2）种类繁多的双边或多边经济贸易集团，如欧盟、北美自由贸易区、亚太经合组织等。

（3）政府间建立类似于卡特尔的国际组织来管理共同的对外贸易活动，如石油输出国组织（OPEC）。

（4）对某些种类的商品进出口进行管理和约束的国际商品协定，如《多种纤维协定》（MFA）等。

第二节 自由贸易政策

一、自由贸易政策的发展历程

自由贸易政策是指国家对进出口贸易不加干预，任其自由竞争。自由贸易政策有单边、双边、诸边和多边多种。自由贸易政策的实施表现为关税的降低和应税商品种类减少、非关税壁垒等的减少与取消。自由贸易政策随着资本主义的建立而出现，随着资本主义的发展而演变。自由贸易政策时强时弱，实际上，世界上没有绝对意义上的自由贸易政策。只要有国家存在，在不平衡规律的作用下，自由贸易政策成为主流政策的时期短于保护贸易政策成为主流政策的时期，但是自由贸易政策有利于资本扩张，而扩张是资本的本性。

自由贸易政策的发展历程可以分为：

（1）起源与早期发展：自由贸易政策随着资本主义的建立而出现，并在19世纪产业革命后得到广泛应用。英国凭借其工业优势，实行自由贸易政策长达60年，以此扩大市场和追求高额利润。

（2）二战后的变化：第二次世界大战后，自由贸易政策虽然成为主流，但并不稳定。1947年《关税与贸易总协定》（GATT）和1995年世界贸易组织（WTO）的成立，使自由贸易政策从贸易协定转变为国际组织形式，具有永久性和制度性。

（3）全球化和经济一体化的推动：20世纪90年代以来，随着经济全球化和区域经济一体化的加速发展，自由贸易政策进一步推广。中国自2002年开始积极推进自由贸易区建设，形成了以周边为基础、辐射"一带一路"倡议、面向全球的自由贸易区网络布局。

二、英国的自由贸易政策

18世纪60年代，从英国开始的产业革命使英国的工业迅速发展。1820年，英国的工业生产在全球生产中的比重为50%，确立了英国的"世界工厂"地位，这种地位在随后很长一段时间内得到巩固。一方面，其产品具有强大的国际竞争力，具有增加出口的绝对优势；另一方面，大量出口需要更多的原料和粮食，而这需要增加进口，因此新兴的工业资产阶级迫切需要政府抛弃重商主义政策主张，放松对贸易的管制，实行自由贸易政策。经过长期斗争，古典经济理论取代了重商主义经济思想，英国在19世纪前期建立了一种开放性的自由贸易政策体系。这些政策包括：

（一）废除谷物法

1838年，英国棉纺织业资产阶级组成"反谷物法同盟"（Anti Corn Law League），后来又成立了全国性的反谷物法同盟，开展了声势浩大的反谷物法运动。经过斗争，英国议会于1846年通过了废除了谷物法的法案，该法案于1849年生效。例如，进口谷物每夸特（Quart）只征税1先令，还取消了原先的进口限价制度。

（二）逐步降低关税税率，减少纳税的商品项目和简化税法

经过几百年重商主义的实践，到19世纪初，英国有关关税的法令达到1 000项以上。1821年，英国开始进行简化税法、降低关税的改革；到1842年，原料的进口关税最高只有5%，工业品的进口关税也不超过20%；进口纳税的商品项目从1841年的1 163种减至1882年的20种；禁止出口的法令也被完全废除。

（三）取消特权公司，允许一切行业和个人从事对外贸易

1813年和1814年，东印度公司对印度和中国贸易的垄断权分别被废止，从此，对印度和中国的贸易开放给所有的英国人。

（四）废除航海法

航海法是英国限制外国航运业竞争和垄断殖民地航运事业的政策，从1824年开始

逐步废除，1849 年废除大部分航海法案，至 1854 年，所有的航海贸易限制完全废除。英国的沿海贸易和殖民地全部开放给其他国家。至此，重商主义时期制定的航海法被全部废除。

（五）改变殖民地贸易政策

18 世纪，英国对殖民地的航运享有特权，殖民地的货物输入英国享受特惠关税。在英国机器大工业建立以后，英国不怕任何国家与其竞争，所以对殖民地的贸易也秉持自由放任的态度。1849 年航海法废止后，英国的殖民地可以向任何国家输出商品，也可以从任何国家输入商品。通过关税法改革，英国废止了对殖民地商品的特惠关税，同时，允许殖民地与外国签订贸易协定。英国的殖民地可以与任何外国建立直接的贸易关系，英国不再加以干涉。

（六）与外国签订自由贸易条约

1860 年，英国和法国签订了英法商务条约，即《科伯登－谢瓦里埃条约》（Cobden-Chevalier Treaty），这是根据自由贸易精神签订的第一个贸易条约。该条约规定，英国对法国工业品的进口全部免税，对法国的葡萄酒和烧酒的进口降低关税税率，并承诺不禁止煤炭的出口；法国对从英国进口的煤炭、钢铁、机器、棉麻织物等降低关税税率。此外，该条约还包含无条件的最惠国待遇条款。此后，英国和法国相继与其他国家签订了此类贸易条约。英国和法国这两个重要国家走上了自由贸易主义的道路，为欧洲开辟了一个经济自由主义的时代。尤其是在英国的带动下，19 世纪中叶，许多国家降低了关税税率，荷兰、比利时相继实行了自由贸易政策，形成了国际贸易史上第一次自由贸易趋势。这是历史上第一个也是仅有的一个较为彻底的自由贸易时代。

三、第二次世界大战后的贸易自由化

第二次世界大战后，世界政治经济力量发生了很大变化。美国的经济实力日益增强，而强大的经济实力和日益膨胀的对外扩张需要相结合，使美国一直致力于在全球范围内推行贸易自由化。在美国的积极倡导下，1947 年，23 个国家缔结了旨在推动贸易自由化的《关税与贸易总协定》。GATT 的缔结极大地促进了二战后的贸易自由化进程，加上日本和西欧各国在二战后经济的恢复和重建需要、发展中国家自主的经济建设需要，以及国际分工的不断深化、跨国公司的迅速兴起，这些都推动了生产国际化、资本国际化在世界范围内的大发展，因而在第二次世界大战后至 20 世纪 70 年代初，全球范围内出现了贸易自由化浪潮。

（一）第二次世界大战后贸易自由化的主要表现

1.大幅度降低关税税率

GATT 的成员方通过多边贸易谈判，大幅度降低了关税税率。通过 8 轮多边谈判，发达国家和发展中国家缔约方进口税率已分别降到 4% 和 13% 左右。经济集团内部逐步取消了关税，如欧盟各国组成了关税同盟，对内取消关税，对外减让关税。通过协商，一些经济集团给予周边国家和发展中国家优惠待遇，如欧盟与非洲、加勒比海沿岸和太平洋地区的发展中国家签订了《洛美协定》，给予这些国家特别优惠关税待遇。经过发展中国家的努力，1968年2月，第二届联合国贸发会议通过了普遍优惠制决议，要求发达国家对来自发展中国家的制成品、半制成品给予普遍的、非歧视的单方面关税优惠。通过以上措施，世界各国平均关税税率得以大大降低。

2.降低或消除非关税壁垒

第二次世界大战后，发达国家对许多商品的进口采取了严格的限制，包括进口限额、进口许可证等，还采取了外汇管制等措施，以限制外国商品的进口。随着全球经济的恢复和发展，这些国家在不同程度上放松了进口数量限制，扩大了进口自由化，增加了自由进口的商品种类和数量；放宽或取消了外汇管制，实行货币自由兑换，促进了贸易自由化的发展。

（二）第二次世界大战后贸易自由化的主要特点

1.贸易自由化主要在多边、区域或双边贸易协议框架内进行

国家之间通过签订多边、区域和双边贸易协议，约定彼此互相削减关税，抑制非关税壁垒的使用，取消国际贸易中的障碍与歧视，促进贸易自由化的发展，以扩大世界商品生产和交换的规模。尤其是《关税与贸易总协定》的缔结以及它所组织的历次多边贸易谈判，对于降低缔约方之间的贸易壁垒，从而推动世界范围内的贸易自由化作出了巨大贡献。此外，区域性的关税同盟、自由贸易区、共同市场和双边合作的发展均以促进商品和生产要素在不同国家之间自由流动为宗旨，大大促进了贸易自由化在这一时期在世界范围内的大发展。这与资本主义自由竞争时期少数国家为了方便工业资产阶级对外扩张而自主地降低关税壁垒有极大的不同。

2.贸易自由化在资本主义日益增强的条件下发展起来

这一时期贸易自由化主要反映的是垄断资本的利益，而历史上的自由贸易则代表资本主义上升时期工业资产阶级的利益与要求。

3.贸易自由化是一种有选择的贸易自由化

处于贸易自由化进程中的国家在选择产品范围、领域中具有一定的自主性，在削减关税壁垒的同时，这些国家通过诸多保障条款的使用，仍然在很大程度上保留免除其履行贸易自由化义务和使用保护贸易政策的权利，因而这一时期的自由贸易政策在一定程度上仍和保护贸易政策相结合。在具体实行中，出现了这样的趋势：工业制成品的贸易自由化程度超过农产品的贸易自由化程度，机器设备等资本品的贸易自由化程度超过工业消费品的贸易自由化程度，区域集团内部的贸易自由化程度超过区域集团外部的贸易自由化程度，发达国家之间的贸易自由化程度超过发展中国家之间的贸易自由化程度。因此，这种有选择的贸易自由化的发展是不平衡的，而且是不稳定的，在贸易自由化的进程中，当本国的经济利益受到损害时，贸易保护主义就重新抬头。

4.贸易自由化促进了世界经济的高速发展

这个时期是资本主义经济史中一个"黄金时期"。贸易自由化带来的市场扩大和低廉的原料、食品、中间产品以及制成品的进口，为许多国家的经济发展创造了良好的物质条件。世界经济整体上都得到快速发展，尤其是日本、西欧和新兴工业化国家和地区，出现了第二次世界大战后经济发展的奇迹。

四、自由贸易政策的理论基础

（一）自由贸易理论的形成

自由贸易理论起始于法国的重农主义，完成于古典政治经济学，后来又不断丰富。

在古典政治经济学之前，法国的重农主义（Physiocracy）与英国休谟（D.Humo）已提出自由贸易主张。重农主义提倡商业自由竞争，反对重商主义的贸易差额论，并反对课征高额关税。休谟主张自由贸易，并提出"物价与现金流出入机能"理论，驳斥了重商主义的贸易差额论。

（二）自由贸易理论的要点

1.自由贸易政策可以形成互相有利的国际分工

在自由贸易环境中，各国可以根据自己的自然条件（亚当·斯密）、比较利益（大卫·李嘉图）和要素禀赋（俄林）状况，专门生产其最有利和有利较大或不利较小的产品，促成各国的专业化生产。这种国际分工可以带来下列利益：第一，分工与专业化可以增进各国相关产业的特殊生产技能；第二，使生产要素（土地、劳动、资本）得到最优配置；第三，可以节省社会劳动时间；第四，可以促进发明。所以，分工范围越广、市场越大、生产要素配置越合理，各国从贸易中获取的利益越多。

2.扩大国民真实收入

此论点由国际分工理论推演而来。自由贸易理论认为，在自由贸易环境中，每个国家都根据自己的条件发展自己最擅于生产的部门，劳动和资本就会得到高效分配和运用，再通过贸易以较少的花费换回较多的商品，就能增加每个国家的国民财富。

3.减少国民开支

在自由贸易条件下，每个国家都可以进口廉价商品，减少国民开支。

4.自由贸易反对垄断，强调竞争，可以提高经济效率

独占或垄断对国民经济发展不利，其主要原因是：独占或垄断会抬高物价，使受到保护的企业不思进取，生产效率降低，削弱了竞争能力。

5.自由贸易有利于提高利润率，促进资本积累

李嘉图认为，随着社会经济的发展，工人的名义工资会不断上涨，从而引起利润率的降低。他认为，要避免这种情况并维持资本积累和工业扩张，唯一的办法就是实行自由贸易。

自由贸易政策促进了英国经济和对外贸易的迅速发展，使英国经济跃居世界首位。1870年，英国在世界工业生产中所占的比重超过30%；在煤、铁产量和棉花消费量中，英国都各占世界总量的一半左右；英国在世界贸易总额中的比重上升到近1/4，几乎相

当于法、德、美各国的总和。英国拥有的商船吨位占世界第一位，大约为荷、美、法、德、俄各国商船吨位的总和；伦敦成为国际金融中心，世界各国的公债和公司证券都在这里推销。

自由贸易理论为自由贸易政策制造了舆论支持，成为自由贸易政策制定和实施的有力武器。英国制造业者及其代言人经济学家的任务就是使其他国家也实施自由贸易政策，从而使英国成为世界上最大的工业中心，并使其他国家成为依附这个工业中心的农业地区。

第三节 保护贸易政策

一、保护贸易政策的产生

在英国实行自由贸易的同时，以美国和德国为代表的一些后进资本主义国家，为了保护本国的新兴民族工业，抵御英国经济势力的入侵，一直采取保护贸易政策。其主要办法是提高进口商品的关税税率。美国从19世纪初期就不断提高关税税率，这使美国工业得以避免外国的竞争而顺利发展。法国在18世纪末到19世纪中期经历了由保护贸易政策向自由贸易政策转变的过程。由于法国的工业革命比英国晚了半个世纪，因此法国工业一直落后于英国工业。为了保护本国工业免受英国商品的竞争，法国一直采取保护贸易政策。18世纪末，法国曾颁布禁止英国商品输入的法令。1815年，滑铁卢战争结束后，为了抵御英国工业品的输入，法国不断调高关税税率，1822年的关税税率高达120%。在高额关税的保护下，19世纪前半期，法国工业迅速发展。随着工商业的日益壮大，从19世纪中期开始，法国开始逐步降低关税税率。1860年，法国和英国签订了《科伯登-谢瓦里埃条约》，该条约使法国放弃了高关税政策，成为法国从实行保护贸易政策转向自由贸易政策的分界碑。

1871年，德国实现了国家统一。为了使新兴工业能避免外国工业品的竞争，得到充分发展，德国开始实施保护贸易政策。1879年，德国进行了关税改革，对钢铁、纺织品、化学品、谷物等产品的进口征收高额关税，并实行阶梯式进口关税税率；此外，德国与法国、奥地利、俄国等国进行关税竞争。1898年，德国又修改了关税法，成为欧洲保护贸易程度最高的国家之一。

二、保护贸易政策的演变

（一）重商主义的保护贸易政策

重商主义对外贸易政策是资本主义生产方式准备时期西欧国家所普遍实行的一种保护贸易政策。这种政策产生于15世纪，16—17世纪达到鼎盛，18世纪后走向衰落。这一时期是资本原始积累时期。重商主义是代表商业资本利益的经济思想和政策体系，它所追求的就是积累货币财富。重商主义可以分为两个时期：早期重商主义和晚期重商主义。

1.重商主义主要观点

（1）财富即金银货币，只有金银才是唯一的财富。

（2）除了金银的开采外，只有对外贸易才能增加一国所拥有的金银数量，对外贸易是财富的真正源泉。

（3）在对外贸易中必须贯彻少买多卖的原则，因此国家应当干预经济生活，大力发展出口贸易，限制外国商品进口，以保证有更多的金银流回本国。

2.早期重商主义的对外贸易政策

早期重商主义又称重金主义，以货币差额论为理论基础。早期重商主义主张禁止金银出口，由国家垄断全部货币交易；在对外贸易上奉行绝对的少买多卖原则，限制进口，鼓励出口，以增加货币的流入。本国出口商每次对外交易后所得的货币中，必须包括一部分外国金银，这部分金银必须运回本国。到本国进行贸易的外国商人必须把携带的外国货币换成本国货币，并把在本国销售所得的货币全部用来购买本国货物。在实践中，这种政策严重阻碍了对外贸易的发展。

3.晚期重商主义的对外贸易政策

晚期重商主义在理论上由"货币差额论"发展为"贸易差额论"，反映了当时新兴的商业资产阶级的利益。晚期重商主义认为，要增加国内的金银，就必须发展对外贸易，使贸易出超；要采用限制进口的措施，禁止若干外国商品，特别是奢侈品进口，对外国商品征收高额进口税；对本国商品的出口给予补贴，或者对本国商品的出口实施出口退税，降低或免除出口关税；允许从国外进口原料，加工后再出口；实行独占性的殖民地贸易政策，颁布促进出口的谷物法、职工法、行会法、航海法等；采取各种办法，鼓励商品出口；实行关税保护制度，以保持对外贸易顺差。

4.二者的区别

早期重商主义主张每一笔交易都要保持顺差，严格禁止金银外流；而晚期重商主义则主张国家应保证全国总的贸易顺差，不反对对个别国家的贸易有逆差，也不绝对禁止金银外流。

重商主义的对外贸易政策加速了当时欧洲各国的货币资本积累，促进了资本主义工场手工业的发展，在一定的历史时期发挥了进步作用。但是，重商主义的对外贸易政策在理论上只局限于流通领域，而没有进入生产领域；在政策上主张国家干预经济和对外贸易。因此，到了资本主义自由竞争时期，重商主义的对外贸易政策就成了资本主义经济进一步发展的障碍，从而为自由贸易政策所代替。

（二）汉密尔顿的保护贸易政策

在《国富论》出版的同一年，英属北美殖民地大陆会议发表了著名的《独立宣言》，宣布解除与英国国王的隶属关系，建立独立的国家——美利坚合众国。汉密尔顿（Alexander Hamilton）是美国的开国元勋之一、著名的政治家和金融家、美国第一任财政部部长。

美国虽然取得了独立战争的最后胜利，在政治上取得了独立，但经济遭受了严重破坏；加之独立战争后英国的经济封锁，当时的美国经济仍属于殖民地经济形态，国内产业结构仍然以农业为主，工业方面仅限于农副产品加工和手工业制造，生产水平十分落后。当时摆在美国面前的有两条路：一条是实行保护关税政策，独立自主地发展本国工业；另一条是实行自由贸易政策，继续向英国、法国、荷兰等国出售小麦、棉花、烟草、木材等农林产品，用来交换这些国家的工业品，以满足国内市场对工业品的需求。前者是北方工业资产阶级的要求，后者是南部种植园主的愿望。

在这样的背景下，汉密尔顿代表工业资产阶级的愿望和要求，于1791年12月向国会提交了《关于制造业的报告》，明确提出实行保护关税政策的主张。他在该报告中系统阐述了保护和发展制造业的必要性和重要性，提出一个国家如果没有工业的发展，就很难保持其独立地位。美国工业起步晚，基础薄弱，技术落后，生产成本高，根本无法同英、法等国的廉价商品进行自由竞争，因此，美国应实行保护关税政策，以使新建立起来的工业得以生存、发展和壮大。在汉密尔顿看来，征收关税的目的不是获得财政收入，而是保护本国的工业，因为处在成长过程中的产业或企业难以与其他国家已经成熟的产业相竞争。与旨在增加金银货币财富、追求贸易顺差，因而主张采取保护贸易政策的重商主义不同，汉密尔顿的保护贸易思想和政策主张，反映的是经济不发达国家独立自主地发展民族工业的要求和愿望，这是落后国家进行经济自卫并通过经济发展与先进国家进行经济抗衡的保护贸易学说。汉密尔顿保护关税学说的提出标志着保护贸易学说基本形成。

汉密尔顿的保护关税学说是从美国经济发展的实际情况出发所得出的结论，反映了美国建国初期急需发展本国工业、走工业化道路、追赶欧洲工业先进国家的强烈要求。这一观点的提出，为落后国家进行经济自卫和与先进国家抗衡提供了理论依据，同时也标志着从重商主义分离出来的西方国际贸易理论两大流派已基本形成。

（三）李斯特的保护幼稚工业理论

保护贸易的理论，就其影响而言，李斯特的保护幼稚工业理论最具代表性。

1. 对古典自由贸易理论提出批评

李斯特简介

李斯特指出，"比较成本说"不利于德国生产力的发展。李斯特认为，向外国购买廉价的商品，表面上看起来是合算一些，但是这样做，德国的工业就不可能得到发展，而是会长期处于落后和从属于外国的地位。如果德国采取保护关税政策，虽然一开始会使工业品的价格提高，但经过一段时期后，德国的工业得到充分发展，生产力将会提高，商品生产费用将会下降，商品价格甚至会低于外国进口商品的价格。

李斯特批评古典自由贸易学说忽视各国历史和经济的特点。古典自由贸易理论认为，在自由贸易条件下，各国可以按照各自的地域条件、比较成本优势形成和谐的国际分工。李斯特认为，这种学说是一种世界主义经济学，它抹杀了各国经济发展与历史的特点，错误地以"将来才能实现"的世界联盟作为研究的出发点。

李斯特根据国民经济发展程度，把国民经济的发展分为五个阶段，即"原始未开化时期、畜牧时期、农业时期、农工时期、农工商业时期"。各国经济发展阶段不

同，所采取的对外贸易政策也应当不同。处于农业时期的国家应实行自由贸易政策，以利于农产品的自由输出，并自由输入外国的工业品，促进本国农业的发展，培育本国的工业化基础。处于农工业时期的国家，由于本国工业已经有所发展，但并未发展到能与外国产品相竞争的地步，所以必须实施保护关税政策，使本国工业不受外国产品的打击。而处于农工商业时期的国家，由于国内工业品已经具备了国际竞争能力，国外产品的竞争威胁已经不存在，所以应实行自由贸易政策，以享受自由贸易的最大利益，刺激国内产业进一步发展。

李斯特认为，英国已经达到最后阶段（即农工商业时期），法国在第四阶段与第五阶段之间，德国与美国均在第四阶段，葡萄牙与西班牙则在第三阶段。因此，李斯特根据其经济发展阶段说，主张当时的德国应实行保护工业政策，促进德国工业化，以对抗英国工业品的竞争。

2.李斯特的保护幼稚工业的主张

李斯特主张国家干预对外贸易。为了保护幼稚工业，李斯特提出，对某些工业品可以采取禁止输入措施，或使规定的税率事实上等于全部或至少部分地禁止输入。同时，他指出，凡是在专门技术与机器制造方面还没有获得高度发展的国家，对于一切复杂机器的输入应当免税，或只征收极少的进口税。

3.保护的对象与时间

李斯特保护贸易政策的目的是促进生产力的发展。经过比较，李斯特认为，应用动力与大规模机器的制造工业的生产力远远大于农业。他认为，着重发展农业的国家，人民精神萎靡，一切习惯与方法偏于守旧，缺乏文化福利与自由；而着重发展工商业的国家则不同，这些国家的人民具有增强身心能力的精神。工业发展以后，农业自然也会跟着发展。

李斯特提出的保护对象的条件是：第一，农业不需要保护。只有那些刚从农业时期开始跃进的国家才需要保护农业，因为它距离工业成熟期尚远。第二，一个国家的工业虽然幼稚，但在没有强有力的外国竞争者时，也不需要保护。第三，只有刚开始发展且有强有力的外国竞争者的幼稚工业才需要保护。李斯特提出的保护时间以30年为最高期限，在此期限内，被保护的工业如果还扶植不起来，则不再予以保护，可以任其自行垮台。

4.保护幼稚工业的主要手段

李斯特提出，采取禁止输入与征收高关税的办法来保护幼稚工业，以免税或征收极少进口税的方式鼓励复杂机器进口。

5.对李斯特的保护幼稚工业理论的评价

第一，李斯特的保护贸易理论在德国工业资本主义发展过程中曾发挥了积极作用，它促进了德国资本主义的发展，有助于资产阶级反对封建主义的斗争。

第二，李斯特的保护贸易理论是积极的，其保护的对象以将来有前途的幼稚工业为限，对国际分工和自由贸易的利益也予以承认。换言之，李斯特主张把保护贸易的这段时间作为过渡时期，而以自由贸易为最终目的。李斯特认为，对幼稚工业的保护也是有限度的，而不是无限度的。李斯特的保护贸易理论对经济不发达国家具有重大的参考价值。

第三，李斯特的保护贸易理论存在缺陷。李斯特对"生产力"这个概念的理解是错误的，对影响生产力发展的各种因素的分析也很混乱。他以经济部门作为划分经济发展阶段的基础是错误的，歪曲了社会经济发展的真实过程。

从总体上说，资本主义自由竞争时期是资本主义经济增长较快的历史时期。在这一时期，西方国家的对外贸易政策以自由贸易为主要特征，即使是实行保护贸易政策的国家，也将保护贸易措施的实施看作对自由贸易的一种过渡。

三、超保护贸易政策

19世纪末20世纪初，国际政治经济形势发生了很大变化，自由竞争的资本主义被垄断资本主义所代替，而且各主要国家普遍完成了产业革命，工业得到迅速发展，世界市场的竞争也日趋激烈。尤其是1929—1933年的世界性经济危机，使各国对世界市场的争夺进一步尖锐化。于是，各主要资本主义国家为了垄断国内市场和争夺国外市场，纷纷转向实行侵略性的贸易保护政策，也就是所谓的超保护贸易政策。其政策依据主要是凯恩斯主义的经济思想。

（一）超保护贸易政策的含义

超保护贸易政策（Policy of Super-protection）又称侵略性保护贸易政策，即西方发达国家为了维护国内市场的垄断价格和夺取国外市场，所采取的一种侵略性对外贸易政策，是传统的关税减让谈判中的减税方法，通常对选择出的产品，先由该产品的主要供应国提出关税减让要求，与进口国在双边基础上进行讨价还价的谈判，最终达成双边协议。

（二）超保护贸易政策的主要内容

1.对进出口贸易实行许可证制度

进口许可证制度是一国海关规定某些商品的进口必须申领许可证，若没有许可证，海关不予进口的制度。这是世界各国进口贸易行政管理的一种重要手段，也是国际贸易中一项应用较为广泛的非关税措施。

进口许可证制度作为一种行政手段，具有简便易行、收效快、比关税保护手段更有力等特点，因而成为各国监督和管理进口贸易的有效手段。发展中国家为了保护本国的工业，满足贸易发展和财政收入的需要，比较多地采用这种制度；而发达国家在农产品和纺织品等领域的国际竞争中处于劣势，因此也经常采用进口许可证制度来保护相关产业。进口许可证制度不仅妨碍公平竞争，减少国际贸易流量，还容易导致对出口国实行歧视性待遇。

2.外汇管制

外汇管制是指一国政府为了平衡国际收支和维持本国货币汇率而对外汇收支实行的限制性措施。外汇管制分为数量管制和成本管制。前者是指国家外汇管理机构对外汇买卖的数量直接进行限制和分配，通过控制外汇总量达到限制进口的目的。后者通过国家外汇管理机构对外汇买卖实行复汇率制，利用外汇买卖成本的差异，调节进口商品结构。

3.对进口商品规定进口限额，征收高额关税或禁止进口

进口限额是对进口商品设置的一种数量限制，通常由输入国单方或通过与输出国事先磋商后宣布，限定某类或某些品种的商品在规定期限内允许进口的最高数量或金额。进口限额同保护性关税的性质不同，但作用相似。进口限额比保护性关税实施起来更为简便，限制进口的效果也更好。在国内市场对某种商品的进口需求增长从而引起国内价格相对于国际市场价格高涨时，高关税有时不能完全制止进口数量的增加，而限额能够做到。征收高额关税是指提高进口商品的成本和价格，削弱其竞争能力，从而间接地达到限制进口的目的。

4.对出口商品予以补贴或关税减免

出口补贴又称出口津贴，是一国政府为了降低出口商品的价格，增强其在国际市场上的竞争力，在出口商品时给予出口商的现金补贴或财政上的优惠待遇。政府对出口商品提供补贴的方法有很多种，但基本形式有两种：直接补贴和间接补贴。

（三）超保护贸易政策与垄断资本主义时期的保护贸易政策的区别

（1）其保护的对象不仅是国内的幼稚工业，而且包括高度发展的垄断工业。

（2）其目的是不仅保护国内市场和培养自由竞争的能力，而且要占领国外市场，巩固和加强对国内外市场的垄断。

（3）其性质不是防御性的，而是进攻性的。

（4）其手段不仅是提高关税，还包括种类繁多的非关税壁垒。

（5）不仅限制外国商品进入本国市场，以维持商品的垄断高价来保持高额利润；同时，还将部分垄断利润作为补贴，以倾销价格向国外进行倾销，占领国外市场，将生产扩大到最大限度。

总之，超保护贸易政策已成为争夺世界市场的手段，成为进攻而不是防卫的武器。可见，进攻性和侵略性是超保护贸易政策的突出特征。

四、新贸易保护政策

一个国家的对外贸易政策总是随着国内外经济环境的变化、国内出现的新的经济问题而不断调整和变化。20世纪70年代，国际经济环境发生了很大的变化：第一，1973—1974年和1979—1982年，发生了两次由石油危机演变成的世界性经济危机。发达国家的经济普遍陷入了滞胀和衰退，就业压力增大，使它们对于世界市场的争夺更为激烈，市场矛盾更为突出。因此，国内许多产业的垄断资产阶级和劳工团体纷纷要求政府采取保护贸易政策来保护国内市场，减轻失业压力。第二，主要工业国的发展很不平衡，美国的经济地位相对下降，贸易逆差迅速上升，其主要工业产品，如钢铁、汽车、电器等不仅受到日本、西欧各国的激烈竞争，甚至面临一些新兴工业国家以及其他出口国的竞争威胁。在这种情况下，美国一方面迫使拥有贸易顺差的国家开放市场，另一方面加强对进口的控制。因此，美国成为新贸易保护政策的重要策源地。由于美国率先采取了贸易保护措施，其他各国纷纷效仿，致使新贸易保护主义得以蔓延和扩张。

新贸易保护政策即使与20世纪30年代的超保护贸易政策相比，也有很多不同，具有明显特征，主要包括：

（一）被保护的商品范围不断扩大

保护对象从传统商品、农产品转向高级工业品和服务部门。在服务贸易方面，很多发达国家在签证申请、投资条例、收入汇回等方面作出严格限制，以培育自己的竞争优势；在工业品方面，从纺织品、鞋、陶瓷、胶合板等"敏感商品"，直到钢铁、彩电、汽车、计算机、数控机床等，皆被列入保护范围。1977—1979年，美国、法国、意大利和英国限制彩电进口；1981—1982年，美国迫使日本作出"自愿出口限制"承诺，日本对美国出口的轿车控制在168万辆以下；1982年，美国迫使欧共体作出钢铁"自愿出口限制"承诺，诸如此类的措施有很多。

（二）贸易保护措施多样化

在实施新贸易保护政策的过程中，各国采取了以下多种措施：继续进行关税减让谈判，按照有效保护税率设置阶梯关税，加强征收"反倾销税""反补贴税"等。从1980年到1985年，发达国家提起的反倾销案多达283起，涉及44个国家和地区。同时，非关税壁垒的作用大大增强，非关税壁垒从20世纪70年代末的800多种增加到80年代初的1 000多种，到80年代末增加到了2 500多种。另外，有些国家违背《关税与贸易总协定》的基本原则，在"有秩序的销售安排"（Orderly Marketing Arrangement，OMA）和"有组织的自由贸易"（Organized Free Trade）下，绕过关贸总协定的基本原则，搞"灰色区域措施"（Grey Area Measures）。

（三）奖出限入的重点由限制进口转向鼓励出口

在奖出限入中，限入是相对消极的做法，而且限入不能很好地达到促进生产的目的，同时还容易招致别国的报复。而出口的增加对经济的带动作用强，因此，许多发达国家把奖出限入的重点转向鼓励出口，采取的措施包括经济、法律、组织等诸多方面。比较常用的措施包括：对出口实行出口补贴、出口退税、出口信贷及出口信贷保险，实行商品倾销和外汇倾销，设立出口加工区，设立各种鼓励出口的机构和评奖机制，政府出面签订保护本国出口的贸易条约等。

（四）受保护的程度不断提高

从1980年到1983年，在整个制成品的进口中，受限制商品的比重有较大的提高。美国从6%提高到13%，欧共体从10%提高到15%。在整个发达国家制成品的消费中，受限制商品从1980年的20%提高到1983年的30%。

（五）贸易上的歧视性有所加强

由于各国经济发展不平衡，国际贸易摩擦加剧，各国纷纷绕过 GATT 的无歧视原则，采取国内立法、双边或多边贸易协定的方式，对别国进行贸易制裁和报复。如美国根据其《1974 年贸易法》和《1988 年综合贸易法》，对别国频繁使用 301 条款、超级 301 条款和特殊 301 条款进行单方面的贸易制裁，使国际贸易中的歧视现象有所增加。

第四节　战略贸易政策

20 世纪 70 年代中期以后，世界产业结构和贸易格局发生了重大变化。一些发展中国家在世界贸易中的地位迅速提高，并在纺织、家用电器、钢铁等原来发达国家垄断的行业呈现出比较优势；传统的产业间贸易逐步被发达国家之间的产业内贸易所取代；世界产业结构和贸易格局的变化使得各国之间在工业品市场上的竞争越来越激烈；日本经济的迅速腾飞促使各国经济学家开始研究政府政策对于贸易、经济发展的促进作用。20 世纪 80 年代初，赫尔普曼（Helpmann）和克鲁格曼（Krugman）的集大成之作《市场结构和对外贸易》（Market Structure and Foreign Trade）出版，标志着新贸易理论的形成。

一、战略贸易政策的概念

战略贸易政策以不完全竞争和规模经济理论为前提，以产业组织中的市场结构理论和企业竞争理论为分析框架，突破了以比较优势为基础的自由贸易学说，强调了政府适度干预贸易对于本国企业和产业发展的作用。

战略贸易政策（Strategic Trade Policy）是寡头垄断条件下的国际贸易理论。它在支持最积极的保护贸易政策和保护主义方面走得很远。战略贸易政策的提出者认为，由于现代国际贸易中存在不完全竞争和规模经济，许多行业由少数垄断寡头控制市场供应和价格，因而整个国际市场的竞争就演变成了少数企业之间围绕着市场份额进行的博弈。在寡头垄断的市场结构下，政府采取战略贸易政策，通过关税及其他贸易政策工具对市场进行干预，提高本国企业生产的产品在国际市场上的占有率，而企业因此所获得的利润将大大超过政府所支付的补贴部分。这种情况大多发生在规模经济效应比较明显的行业中。战略贸易政策理论可以分为"利润转移论"和"外部经济论"，在这方面的主要贡献者是美国经济学家赫尔普曼和克鲁格曼。

二、战略贸易政策的理论基础

战略贸易政策的理论基础是规模经济和外部经济。国际贸易的基础不再主要是资源禀赋、技术等方面的差异，规模经济已经成为国际贸易的重要基础。在国际市场上，自由竞争的理想状态并不存在，企业垄断和政府干预使得市场竞争是不完全的。如果一个国家的政府重视通过鼓励出口或限制进口发展本国的主导产业，从而带来产业关联效应和技术外溢效应，这也许比国际贸易本身的效益要重要得多。

（一）规模经济

规模经济分为内在规模经济和外在规模经济。

内在规模经济是指随着企业规模的不断扩大，其生产成本不断下降。内在规模经济又称为"厂商水平上的规模经济"，它给单个企业带来竞争优势。内在规模经济在资本和技术密集型行业中最为明显，如飞机、汽车等行业。在这些行业中，厂商要取得竞争优势，必须达到行业所允许的最小有限规模，获取规模经济优势；否则，厂商生产成本如果过高，就会被淘汰。这些行业的厂商有不同程度的垄断性，这些行业已不再是完全竞争的。同时，由于内在规模经济的存在，垄断厂商必然按高于边际成本的水平定价，获得超额垄断利润，这就为政府通过关税、出口补贴等手段抽取垄断利润提供了依据，这就是"利润转移论"的出发点。

外部规模经济是指单个厂商从本产业的壮大中获得收益。外部规模经济对厂商来说是外在的，但对于产业来说是内在的，所以又称为"产业水平上的规模经济"。外部规模经济取决于产业的规模，产业规模越大，单个厂商发展所需要的条件越容易满足，从而获得的收益越多。外部规模经济在那些研发投入巨大的行业非常显著，然而这些产业的投资风险也较大，且由于存在"外溢效应"，厂商不能独享其投资带来的收益，因此厂商不愿投资，产业难以发展壮大。高科技产业往往在国家的发展中发挥战略作用，因此政府有必要给予适当的扶持，这就引出了战略贸易政策的另一分支——外部经济论。

（二）不完全竞争的市场结构

迄今为止，西方经济学中还没有形成关于不完全竞争市场的一般性结论。赫尔普曼和克鲁格曼在《市场结构和对外贸易》（1985）一书中，运用垄断竞争理论对产业内贸易问题进行了系统的分析和阐释，并建立了以规模经济和产品差别化为基础的不完全竞争贸易理论模型，即战略贸易理论。每一个厂商都在它对另一个厂商选择的价格预测既定的情况下作出自己的价格选择，为了使利润最大化，每一个厂商都会把价格定得低于对方，厂商之间进行价格博弈，直到价格等于边际成本为止。在寡头垄断的市场上，每一个厂商都会预测对方的产量，在假定对方产量不变的基础上确定使自己利润最大化的产量，厂商之间进行产量博弈。

三、战略贸易政策主张

利润转移论是战略贸易政策的主体内容，指的是在寡头垄断的国际市场上，存在因产品价格高于边际成本而形成的租金或超额垄断利润。利润转移论包括战略出口政策、进口政策和以进口保护促进出口的政策。战略进口政策的核心内容是用关税抽取外国寡头厂商的垄断利润。以进口保护促进出口的政策则主要是指通过国内市场保护，使本国厂商获得规模优势，进而扩大在国内外市场上的份额。

（一）利润转移论

1.出口补贴论

以出口补贴促进出口模型最早由布兰德（Brander）和斯潘塞（Spencer）提出，即以出口补贴支持本国寡头厂商扩大国际市场份额。在与国外寡头厂商进行双头竞争的国际市场上，政府通过对国内厂商提供出口补贴，可使其降低边际成本，提高在国际市场上的销售份额和利润，同时减少国外厂商的市场份额和利润，由此带来的本国厂商的利润增加可能超过政府的补贴支出，从而使本国的国民净福利上升。

2.战略进口政策

战略进口政策又可称为"关税抽取租金论"，最早也是由布兰德和斯潘塞提出的。在不完全竞争市场上，国外垄断厂商的定价高于边际成本，存在经济租金（即超额垄断利润），进口国等于向国外厂商支付了租金，因此进口国政府可以动用关税抽取国外厂商的超额垄断利润。当政府征收进口关税时，国外垄断厂商要么降低垄断价格，要么减少出口量。如果国外垄断厂商选择降低价格，则其垄断利润减少，且由自己承担损失；若国外垄断厂商选择减少出口量，则相当于让出了部分市场，国内厂商就会进入该市场，达到扶持本国产业的目的。

3.以进口保护促进出口论

以进口保护促进出口模型由克鲁格曼提出，他作出如下假定：在寡头垄断市场上，产品可以相互替代，但不能完全替代；国内外市场是分割的，两个企业相互向对方市场渗透，并在第三国市场上竞争。在此基础上，克鲁格曼指出，如果本国政府对外国垄断厂商进入本国市场设置障碍，本国厂商在本国市场上就占据优势地位，将销售更多的产品，产量增加；由于规模经济的存在，本国厂商生产成本下降，市场份额进一步扩大。相反，国外厂商则经历如下过程：销售量减少→产量缩减→生产成本上升→市场缩小，这一过程将持续到一个新的多元市场均衡为止。随着本国厂商生产成本下降和国外厂商生产成本上升，一旦本国厂商在竞争中处于优势，便可达到促进出口的目的。

（二）外部经济理论

外部经济理论认为，某些产业由于存在外部规模经济效应，厂商不能独享投资带来的收益，而且投资的风险很大。这种现象打击了私人投资的积极性，私人投资明显不足，这种情况在新兴高科技产业中最为明显，然而，新兴高科技产业往往具有战略性，其创造的知识、技术、产品对国家发展和社会进步有不可低估的作用，因而政府要选择适当的高科技产业加以扶持，以降低其投资风险，吸引私人资本投入这些行业，推动战略性产业的成长。另外，技术的外溢效应不仅存在于一个产业之内，在产业之间也存在外溢效应，表现为一个产业对另一产业的支撑效应。政府对处于产业链下游的基础产业也应该给予支持。

四、战略贸易政策评价

（一）战略贸易政策的优点

在国际贸易政策领域，不同于传统的国际贸易理论，战略贸易政策扩充了国际贸易理论比较优势的范围。战略贸易政策理论指出，对于一个国家中规模经济效应很强的产业来说，政府对本国市场的保护可以使本国厂商在国内市场的地位相对稳固，使国内厂商获得一种相对于外国厂商的规模优势，由此降低生产的边际成本，同时使外国厂商在国内市场的销售量下降而边际成本上升。国内外厂商边际成本的反向变化将导致它们分别调整本国以外市场的销量，本国厂商的产量将进一步增加，而外国厂商的产量将进一步减少，从而再次对两国厂商的边际成本产生相反的影响。这种从产量到边际成本的不断循环和调整过程，将使进口保护成为促进出口的重要机制。

同时，战略贸易政策也修正了贸易理论的内涵，从现实世界中最普遍存在的不完全竞争市场出发，试图设计出适合产业内贸易的干预政策，以改善受到扭曲的竞争环境，使市场运行处于"次优"（Second-best）状态，这对现实经济活动也具有一定的指导意义。战略贸易政策理论对贸易政策的政治经济学和相关产业政策产生了长久的影响，尤其是对美国20世纪90年代的贸易政策影响很大，同时它也影响了欧洲联盟条约的有关内容，如第130条、第131条中关于产业政策的内容。从方法论上看，战略贸易政策理论广泛借鉴和运用了产业组织理论与博弈论的分析方法和研究成果。

（二）战略贸易政策的缺陷

战略贸易政策的实施依赖一系列严格的限制条件，往往成为贸易保护主义者加以曲解和滥用的口实，可能会恶化全球的贸易环境。另外，战略贸易政策理论也缺乏有力的政策干预效应统计分析、定量分析和实证研究。

不完全竞争市场和规模经济的存在只是实施战略贸易政策的必要条件，而不是充分条件。其他约束条件如下：

（1）不存在他国的报复行为，否则将陷入报复的"囚徒困境"。战略贸易政策认为，国际贸易不会使双方平均受益，有一定的零和博弈色彩。如果世界各国都实施这种"以邻为壑"的政策，世界贸易将会萎缩。

（2）完备的信息。战略贸易政策的实施需要确定当时的市场结构（垄断还是寡占）、选择扶持的对象、确定扶持的力度、估计实施后厂商的反应，所有这些都需要掌握完备的信息才能做到。如果信息不完备，实施战略贸易政策就会遇到阻碍。

（3）产业条件。实施战略贸易政策的产业应具有如下特征：产业存在相当高的进入壁垒（至少在一段时间内）；产业要有限使用瓶颈资源；与出口相关的产业应该比国外产业更集中或至少同样集中，以便形成集群效应。

（4）隐含条件——完善、成熟的市场经济体制。这一条是针对发展中国家的。战略贸易政策理论产生于西方发达国家，在这些国家，完善的市场经济体制是现成的，而绝大多数发展中国家的市场经济体制还不完善，这就影响了战略贸易政策在发展中国家的实施效果，有时甚至会有副作用。

【本章小结】

本章讲解了国际贸易政策、自由贸易政策、超保护贸易政策、战略贸易政策的概念、产生、理论基础、主要内容、评价等。

【思考题】

1.评论战略贸易政策对当代国际贸易的意义。

2.中国的贸易发展应采用哪种贸易政策？

3.论述国际贸易政策的演变过程。

4.论述李斯特保护贸易政策的主张。

5.案例分析：

日本录像机大量出口，严重冲击了法国市场。1981年头10个月，进入法国的录像机每月清关64 000台。为了阻止录像机进口，1982年10月，法国政府下令，所有进口录像机必须经过普瓦提埃海关办理清关手续。普瓦提埃是距离法国北部港口几百英里外的一个偏僻的内陆小镇，原来只有4名海关人员，后来增加到8名。日本录像机到达法国北部港口后，还要用卡车运到普瓦提埃，并要办理繁杂的海关手续：所有的文件应为法文，每一个集装箱都必须开箱检查，每台录像机的原产地和序号都要经过核对。这一措施出台后，每月清关的进口录像机不足1 000台。日本被迫实行对法国录像机出口的"自愿出口限制"。请对法国战胜日本的"普瓦提埃之战"这一事件进行分析。

资料来源　转引自李贺，张燕，刘东.国际贸易理论与实务［M］.上海：上海财经大学出版社，2016.

第四章 国际贸易措施

【学习目标】

【学习目标】

了解一国在其对外贸易领域所实施的国际贸易政策，理解关税及非关税措施的含义、特点，理解经济特区措施、中国自由贸易试验区及自由港，掌握关税和非关税措施的种类以及一国鼓励出口的政策措施。

【重点与难点】

关税的种类及非关税措施的种类、关税的计税标准；促进出口的措施；关税名义保护率与有效保护率的计算。

【立德树人】

增强政治认同感，坚定"四个自信"，认清在经济全球化中风险与挑战并存的世情及我国坚持开放、促进发展的决心和勇气，深刻理解中国特色社会主义道路的科学内涵。

第一节 关税措施

一、关税的含义及性质

关税（Customs Duties）是进出口商品通过一国关境时，由该国政府设置的海关对进出口商品所征收的一种税。关境或称关税领域，是海关征收关税的领域，也是海关所管辖并执行海关各项有关法令和规章的区域。

关税作为税收的一种，具有强制性、无偿性和固定性。强制性是指国家凭借政治权力和法律征收关税，纳税人必须依法纳税，否则将受到法律制裁。无偿性是指征收关税后，税款是国家财政收入，不再直接归还给纳税人，也无须给予纳税人任何补偿。固定性是指国家通过有关法律，事先规定征税对象和税率，海关和纳税人均不得随意改动。

二、关税的特点和作用

（一）关税的特点

关税是国家税收的一种，关税的税收主体（即纳税人）是本国进出口商、从事进出口贸易的企业或个人。关税的税收客体（即课税对象）是进出口商品。关税是对特定货物途经海关通道进出口而征的税。根据《中华人民共和国关税法》的有关规定，我国对各种进出口商品制定不同的税目和税率并进行征税。

关税同其他税收一样，具有强制性、无偿性和固定性。除此之外，关税还有以下特点：

（1）关税是一种间接税。关税的纳税人虽然是进出口企业，但是进出口企业可以用增加货价的方法，将关税负担转嫁到消费者身上，因此关税是一种间接税。

（2）关税的征收机构是海关。海关是设在关境上的国家行政管理机构，贯彻执行有关进出口的政策、法令和规章。海关的主要职能包括监管国际贸易、查禁走私、统计贸易数据及维护经贸秩序等，是有关国际贸易的重要部门之一。

（二）关税的作用

1.增加财政收入

海关征收关税后即上缴国库，使其成为国家的财政收入。在前资本主义时期和资本主义发展的初期，税源较少，各国财政收入的绝大部分来自关税。随着工商业的迅速发展，税源不断扩大，关税在财政收入中的比重逐渐降低，作用也随之弱化。目前，只有少数财政极为困难的发展中国家仍把关税作为财政收入的重要来源。

2.保护国内产业与市场

关税是一种常用且有效的保护贸易政策措施。以进口关税为例，关税抬高了外国商品的国内价格，不但能够减少进口数量，还能削弱甚至剥夺其在国内市场上的竞争优势，从而为国内同类商品的生产与销售营造良好的环境。此时，财政关税也就转变为保护关税。另外，对出口商品征收关税，可以抑制这些商品的输出，防止本国资源的大量流失，保证本国国内市场的供应。

3.调节本国供求状况与国际收支平衡

关税是一种经济杠杆。利用关税税率的高低和关税的减免，可以调节某些商品的进出口量，保持市场供求平衡，稳定国内市场价格，保持国际收支平衡。例如，海关可以通过调高某种商品的进口关税税率来实现减少进口数量的目标，也可以通过降低某种商品的进口关税税率或免除关税来达到鼓励进口的目的。除了对进出口商品的数量进行调节外，关税还能在贸易金额方面调节差额，防止顺差或逆差的持续扩大，从而维护国际收支平衡。

三、关税的种类

根据不同的标准对关税进行分类，主要可以分为以下几类：

（一）按照征收对象的不同

1.进口税

进口税是进口国家（地区）的海关在外国货物和物品输入本国（地区）时，对进口商和物品所有者所征收的正常关税。进口税一般由进口国海关在外国商品进入关境时，或从海关保税仓库、自由港、自由贸易区等提出运进国内市场时对进口商征收。

2.出口税

出口税是指出口国家（地区）的海关在本国（地区）产品输往国外时，对出口商征收的关税。由于出口关税会提高本国商品的国际市场价格，从而降低本国商品的竞争力，因此各国很少征出口税。目前，只有少数发展中国家还征收少量出口税，这些国家往往拥有较为丰富的自然资源，国民经济对原材料出口的依赖程度相对较高。在这种情况下，征收出口税不仅不会影响对外贸易，反而能增加本国的财政收入。

3.过境税

过境税是指一国海关对经过其关境的商品所征收的关税。历史上，一些国家地处交通要道，设卡收税极为便利，地理位置优势就成为这些国家征收过境税的条件。然而，过境税涉及三方海关，分别是出口国海关、进口国海关和过境国海关。在关税制度并不完善的时期，货物所经各国层层加税、重复缴纳，使国际贸易商人几乎无利可图。因此，过境税进一步加重了贸易商的税收负担，渐渐成为一种不利于自由贸易的落后税种。虽然过境税具有一定的增加财政收入作用，但是随着国际货物运输行业的发展和世界交通线路的多元化，各国还是相继取消了过境税，取而代之的是更为合理的登记费、准许费等手续费。

（二）按照征税目的的不同

1.财政关税

财政关税（Revenue Tariff）是指以增加国家财政收入为主要目的而征收的关税，其特点是税率适中，以保证收益的最大化。目前，财政关税多为发展中国家所采用，对发达国家已经不再重要。

2.保护关税

保护关税（Protective Tariff）是指以保护本国市场为主要目的而征收的关税，其特点是保护限度随税率的提高而提高，最终可以达到完全禁止进口的目的，成为禁止性关税。

（三）按照优惠程度的不同

1.普通税

普通税也称为普通进口税，是指对原产于与进口国未订有关税互惠协议的国家和地区的进口货物,按照普通税率征收关税。普通进口税税率一般都比较高。随着经济全球化和区域经济一体化的发展,世界各国彼此交往、互联互通,绝大多数国家都与其他国家和地区签订了不同层次的贸易协议,更多地使用优惠税。

2.特惠税

特惠税又称为优惠税,是指对从某个国家和地区进口的全部或部分商品给予特别的低关税或免税待遇,以增进与受惠国之间的友好贸易关系。特惠税一般是在最惠国关税的基础上实行的更加优惠的关税税率,因此,其税率往往低于最惠国税率或协定税率。特惠税有互惠与非互惠两种类型。

3.普惠制税

普惠制税是指普遍优惠制条件下的关税。这是发达国家给予发展中国家和地区的一项税收承诺,发达国家承诺给予来自这些国家和地区的出口商品,特别是工业制成品或半成品,普遍的、非歧视的、非互惠的优惠关税。习惯上,发达国家称为给惠国,发展中国家称为受惠国。

4.最惠国待遇税

最惠国待遇税是指国家之间在签订最惠国待遇协定后相互给予的最优惠关税待遇。最惠国待遇税又称为非歧视待遇税,要求缔约国相互承诺的关税优惠不得低于现在和将来给予任何其他国家的关税优惠。

需要注意的是,特惠税、普惠制税、最惠国待遇税三者的名称相似但区别很明显,主要区别体现在关税优惠的给予对象方面。特惠税是指特殊关系国或特殊协定国,普惠制税针对的是发展中国家,最惠国待遇税针对的是一切签署双边或多边贸易协定的国家。就税率的高低而言,一般情况下,普通税最高,最惠国待遇税次之,普惠税再次之,特惠税最低。

(四) 按照特定实施情况的不同

1.进口附加税

在征收正常关税后,又出于某种目的而额外征收的关税称为进口附加税。进口附加税不同于正常关税,一般是临时性措施。进口附加税通常是在一段时间内发生了特定情况才征收的,主要是针对个别国家或个别商品征收。征收进口附加税的主要目的是:有效保护国内产业,应对国际收支危机,维持进出口平衡,对某个国家实行歧视或报复,抵制外国商品低价销售。

(1) 反补贴税,又称抵消税或反津贴税,是指一国对直接或间接接受过出口补贴的外国商品在进口环节所征收的一种附加税。出口补贴是指一国政府为了鼓励本国商品出口而给予出口企业的现金津贴或财政优惠,包括直接补贴和间接补贴两种类型,其本质仍然是一种不正当竞争手段。而反补贴税是应对出口补贴的常用方法,其税额一般与补贴金额相等,可以完全抵消补贴的作用,从而维护国内市场的公平竞争,保护国内同类产业。

(2) 反倾销税,是指一国对正在实施商品倾销的进口商或进口货物所征收的进口附加税。商品倾销是指将商品以低于市场正常价格的价格出口到外国的行为。倾销的目的在于打垮竞争对手、垄断市场销售等。由于出口价格过低，商品倾销会对进口国市场造成严重冲击并威胁其国内产业正常发展，实质上属于一种不正当竞争手段，因而被世界贸易组织明文禁止。为了防止倾销的危害，反倾销税成了最简单、最直接、最有效的应对措施。

（3）紧急关税，征收目的是消除外国商品在短期内大量进口对国内同类产品的生产造成重大危害或产生重大威胁。

（4）惩罚关税，是指出口国出口某商品时违反了与进口国之间的协议，或者未按进口国海关的规定办理进口手续，由进口国海关向该进口商品征收的一种临时性进口附加税。

（5）报复关税，是指一国为了报复他国对本国商品、船舶、企业、投资或知识产权等方面的不公正待遇，对从该国进口的商品课征的进口附加税。

2.差价税

差价税又称差额税，是指当某种外国进口商品的售价低于国内商品，两者之间的价格出现差额时，海关在征收正常进口关税之外，又按此差额对进口商品加征的一种进口附加税。差价税的目的是抵消进口商品在价格竞争方面的优势，限制其进口，从而保护国内生产和国内市场。

对于征收差价税的商品，有的国家规定按价格差额征收，有的国家规定在征收一般关税以外另行征收，这种差价税实际上属于进口附加税。差价税没有固定的税率和税额，而是随着国内外价格差额的变动而变动，因此是一种滑动关税。

（五）按照关税的征收方法不同

1.从量税

从量税是以进口货物的重量、数量、长度、容量和面积等计量单位为标准计征的关税。其中，重量单位是最常用的从量税计量单位。从量税的计算公式为：

从量税金额=商品数量×每单位税金

例如，如果进口一种商品的数量为10万单位，每单位税额为20美元，那么从量税为10×20=200（万美元）。

从量税的优点主要有：手续简便，不需要审定货物的规格、品质、价格，便于计算；单位商品税额固定，有效避免了物价变动对税收的影响，从而保障了税收政策的稳定性。

需要注意的是，如果对从量税的应用不合理，其优点也可能转化为缺点。例如，同样是红酒，昂贵的高档红酒和廉价的低档红酒如果都按照数量交税，那么，这样的关税对于低价、低档红酒的影响更大。因此，从量税的税负并不总是合理的，因为同一税目的货物，不管质量好坏、价格高低，均按同一税率征税，税负相同。另外，从量税税额固定，弹性不足，其调整常常滞后于市场变化，不能很好地发挥税收的调节与保护作用。除此之外，从量税的适用范围也是有限的，一般来说，从量税适用于谷物、棉花、食品、饮料和动植物油等大宗产品和标准产品，而奢侈品、艺术品、珠宝首饰及古董字画等则不适合使用从量税。

2.从价税

从价税是以货物的价格为标准，按照一定百分比征收的关税。从价税的计算公式为：

从价税税额=进口货物总值×从价税税率=应纳税进口货物数量×单位完税价格×从价税税率

例如，如果进口一批棉纱，总价为500万美元，从价税税率为30%，那么，所征收的税额为500×30%=150（万美元）。

从价税有以下特点：

（1）征收比较简单，对于同种商品，不必因品质的不同再详细分类。

（2）税率明确，便于比较各国的税率。

（3）税收负担较为公平，因为从价税随商品价格的高低而变化，较符合税收的公平原则。对于同类商品来说，质高价高，税额也高；质次价低，税额也低。

（4）当税率不变时，税额随商品价格的上涨而增加，既可以增加财政收入，又可以起到保护关税的作用。

从价税虽然已被世界各国广泛采用，但在征收时，关键是要明确商品的完税价格，即经海关审定的作为计征关税依据的商品价格。完税价格的确定比较复杂，需要较强的专业技术。

由于从量税和从价税都有一些缺点，因此关税的征收方法在从量税和从价税的基础上，又产生了复合税。

3.复合税

复合税也称混合税，是征税时同时使用从量、从价两种税率计征，以两种税额之和作为该种商品的关税税额。其计算公式为：

混合税=从量税税额+从价税税额

混合税综合了从量税和从价税的优点，使税负更合理、更适度。在进口商品价格变动时，既可以保证稳定的财政收入，又可以起到一定的保护作用。但是，征收混合税时，从价税与从量税的比例难以确定。混合税可以分为两种：一种是以从量税为主，加征从价税；另一种是以从价税为主，加征从量税。

4.选择税

选择税是对于一种进口商品同时规定从量税和从价税，征收时，由海关选择征收其中一种税，作为该商品的应征关税额。海关一般会选择税额较高的那种关税来征收，在物价上涨时使用从价税，在物价下跌时使用从量税；有时为了鼓励某种商品进口，或给某个国家以优惠待遇，也会选择税额较低的那种关税来征收。

（六）按照保护程度的不同

1.名义关税

名义关税是指一国海关按照关税税则的规定对某一类商品应该征收的关税。按照关税的基本原理，税率越高，对国内市场的保护程度也相应越高，因此名义关税的税率常常被称为名义保护税率（NRP），这也是各国海关公布的法定税率。名义关税税率的计算公式如下：

$$NRP = \frac{P' - P}{P} \times 100\%$$

P′表示进口商品的国内市场价格，P表示进口商品的国际市场价格。

2.有效关税

有效关税是指一国海关的关税制度对于限制某种商品输入所产生的真实影响。由于国际贸易中的商品往往经过了一段复杂的加工过程，名义关税只能作用于最终产品，而对中间产品的影响并不大。有效关税分析了最终产品与中间产品在名义关税下的结构变化，通过计算并比较不同情况下的商品增值率，确定了更为科学和准确的关税税率结构。习惯上，有效关税税率（ERP）又被称为实际保护税率，它更加直观地反映了关税措施对于商品价值的具体影响。其计算公式如下：

$$ERP = \frac{V' - V}{V} \times 100\%$$

V′表示在关税保护条件下产品生产过程的增值额，V表示在自由贸易条件下产品生产过程的增值额。

当某产业的产品进口名义关税税率高于原料的进口名义关税税率时，该产业所受到的有效保护率就高于名义保护率；当某产业的产品进口名义关税税率等于原料的进口名义关税税率时，该产业所受到的有效保护率就等于名义保护率；当某产业的产品进口名义关税税率低于原料的进口名义关税税率时，该产业所受到的有效保护率就低于名义保护率。

例如，某企业进口产品的价格是100欧元/箱，其名义关税税率为10%，原材料占成品的比重为80%，原材料免税。

国内加工增值=100×（1+10%）-100×80% =30（欧元/箱）

国外加工增值=100-100×80% = 20（欧元/箱）

有效关税税率=（30-20）÷20×100% =50%

可见，有效关税税率高于名义关税税率。

如果此时对原材料加征5%的关税，情况如何呢？

原材料费用=100×80%×（1+5%）= 84（欧元/箱）

国内加工增值=110-84= 26（欧元/箱）（国外加工增值不变）

有效关税税率=（26-20）÷20×100%=30%

可见，有效关税税率有所下降，但仍然高于名义关税税率。

第二节　非关税措施

一、非关税措施的含义与特征

非关税措施（Non-tariff Measures）是指除关税以外，用来限制进口的一切措施。非关税措施可以是国家法律、法令以及各种行政规章，从贸易保护的角度来看，非关税措施也称为非关税壁垒。

与关税相比，非关税措施具有以下特征：

（一）项目复杂多样，适用范围广

从20世纪60年代以来，发达国家采取的非关税措施日益复杂化、多样化。不仅如此，非关税措施的适用范围也日益广泛，限制进口的商品范围不断扩大，既有初级产品（如农产品）又有工业制成品，从服装鞋帽到汽车和钢铁，而且随着服务贸易的进一步发展，非关税措施也扩展到服务贸易领域。

（二）具有较强的灵活性和针对性

关税税率的确定必须通过立法程序，一经确定，必须严格执行，因此关税税率的灵活性较差，难以应对紧急情况。而非关税措施的实施一般只需经过行政程序，手续简便，灵活性强。同时，非关税措施的实施往往针对某个具体的国家或某种具体的商品，具有较强的针对性。

（三）具有隐蔽性和歧视性

关税税率经法律程序确定后，往往要以法律的形式公之于众，并依法执行。但是，非关税措施是往往不公开的，或者规定极为烦琐、复杂的标准，使出口商难以适应。此外，有些国家经常针对某个国家实施某种非关税措施，结果大大加强了非关税措施的差别性和歧视性。

（四）效果更理想

由于提高关税税率常常引起贸易摩擦，其效果还容易被外国的报复性关税和政府补贴等应对措施所抵消，因而实施的结果并不理想。如今，关税的作用在世界范围内正呈现出逐渐减弱的趋势，而技术特性更强、保护效果更好的非关税措施逐渐成为各国广泛采用的进口限制措施。

二、非关税措施的种类

非关税措施可以分为直接非关税措施和间接非关税措施两种。直接非关税措施是指进口国对进口商品的品种、数量或金额加以限制，或强迫出口国直接限制商品的出口；间接非关税措施是指进口国对进口商品规定各种严格的管理办法，起到限制进口的作用。

（一）直接非关税措施

1.进口配额制

进口配额（Import Quotas）是一国海关对国外进口商品在一定时期内作出的数量或金额限制。在配额范围之内允许进口，在配额范围之外则禁止进口，或征收高额关税，或缴纳高额罚金。

进口配额制属于典型的数量限制措施，曾经被很多国家所使用，但是，随着世界贸易组织成员的增加和对这一措施的逐渐禁止，除一些特殊情况外，进口配额的影响力已明显下降。进口配额制可分为两种形式：

（1）绝对配额（Absolute Quotas）。

绝对配额是在一定时期内，一国政府对某些商品的进口数量和金额规定一个最高数额，超过这个数额，便不准进口。绝对配额在实施中又可分为全球配额和国别配额。

全球配额（Global Quotas）是针对全世界范围的配额限制，数量或金额限制并不区分具体国别，也没有国家之间的分配比例。绝对配额由进口商按先来后到的顺序排队申请并于配额总额满额时结束。在有些情况下，各国供应商及本国进口商会为了获得配额而相互竞争，地理位置、社会关系及信息渠道等因素常常左右全球配额的分配，在一定程度上影响了贸易活动的有序开展，因而很多国家开始采用国别配额。

国别配额（Country Quotas）是针对不同国家分别设置固定配额。在一定时期内，来自某一国家的某类商品不得超过给定的配额。国别配额在设置上更有针对性和政策性，一国可以根据其对外经贸关系的具体情况，对不同国家设置不同的进口商品数量或金额限制，从而落实其差别化的经贸发展战略。国别配额还可以进一步细分为自主配额和协议配额。前者是进口国单方面自主规定的国别配额，后者则是在国家之间的双边或多边贸易协议中约定的国别配额。

（2）关税配额。

关税配额（Customs Quotas）是指对进口商品的绝对数额不加以限制，而是规定在一定时期内，对配额以内的进口商品给予低税、减税或免税待遇，对超过配额的进口商品则征收较高的关税或附加税。

关税配额与绝对配额的区别在于：关税配额在超过配额后仍可进口，但需征收较高的关税；而绝对配额是规定一个最高进口额度，超过后一律不准进口。因此，关税配额是一种把关税和进口配额结合在一起的限制进口措施。关税配额按其征收关税的优惠性质，可以分为优惠性关税配额和非优惠性关税配额。前者是对关税配额内的进口商品给予较大幅度的关税减让，甚至免税，而对超过配额的进口商品征收原来的最惠国待遇税；后者是对关税配额内的进口商品征收原来正常的进口税，而对超过配额的进口商品征收较高的附加税或罚款。

2."自动"出口配额制

"自动"出口配额制又称"自动"出口限制，是指出口国在进口国的要求和压力下，单方面或经双方协商，规定某种或某些商品在一定时期（一般为3年）内，对该进口国出口的最高数量限额。在该限额内，出口国自行安排出口，达到限额即停止出口。"自动"出口配额制主要有以下两种形式：一种是出口国迫于进口国的压力，自行单方面规定某种商品的出口数量，限制商品出口；另一种是出口国和进口国经过谈判签订"自限协定"，出口国依据协定自行限制出口。

3.进口许可证制度

进口许可证制度（Import License System）是指国家为了管制对外贸易，规定某些进口商品必须事先领取进口许可证，否则一律不准进口的制度。进口许可证必须注明有效期与进口商品的名称、来源、数量等。

进口许可证按照有无限制，分为公开一般许可证和特种进口许可证。公开一般许可证（Open General License）是指没有任何限制的进口许可证。凡是列明属于一般许可证的商品，不需要政府审批即可按照自由贸易原则来进口，对商品的来源、数量等不作区别和要求。因此，公开一般许可证有时也称为自动进口许可证。特种进口许可证（Special Import License）是指进口商在进口商品之前必须向政府或海关申请批准的许可证。特种进口许可证主要针对一国需要重点管控的进口商品，带有明显的贸易限制意图，常常与配额措施、外汇管制措施、技术性贸易壁垒及绿色贸易壁垒等一同使用，因此也称为非自动进口许可证。

进口许可证按照有无配额，分为有定额的进口许可证和无定额的进口许可证。有定额的进口许可证是指一国海关发放的进口许可证与配额相联系，既规定进口配额限制又在配额内使用进口许可证。在这种情况下，配额措施在前，进口许可证制度在后，配额限制了进口商品的数量，进口许可证则管理了配额在国别与企业之间的分配。无定额的进口许可证是指不与配额挂钩的进口许可证制度。由于无定额的进口许可证往往是出于一国政府实施短期政策的需要，因此具有很强的临时性、灵活性及政策性特征，其对国际贸易的干扰作用也最为明显。

4.最低限价和禁止进口

最低限价（Minimum Price）就是一国政府规定某种进口商品的最低价格，凡进口商品的价格低于这个标准的，就加征进口附加税或禁止进口。

禁止进口（Prohibitive Import）是进口限制的极端措施。一般情况下，在正常的对外贸易活动中，世界各国不会贸然采取禁止进口措施，只有当该商品的进口严重干扰了本国市场，一般的限制措施已不足以摆脱困境之时，一国政府才会颁布法令，公开禁止进口该商品。

5.进出口的国家垄断

进出口的国家垄断是指在对外贸易中，国家规定某些或全部商品的进口或出口由国家机构直接经营，或者把某些商品的进口或出口专营权给予某些垄断组织。

实行国家垄断的进出口商品主要有以下四大类：第一类是烟酒。由于烟酒进出口垄断可以取得巨大的财政收入，因此，各国一般都对烟酒的进出口实行垄断。第二类是农产品。对农产品实行垄断经营，往往是一国农业政策的一部分，这在欧美国家最为突出。第三类是武器。武器关系到国家安全与世界和平，自然要受到国家管控。第四类是石油。石油是一国的经济命脉，因此，不论是出口国家还是主要的石油进口国都设立国营石油公司，对石油贸易进行垄断经营。此外，部分国家的水、电也由国家进行管制，如朝鲜大部分生活物资的产销都由国家管制。

（二）间接非关税措施

1.外汇管制

外汇管制（Foreign Exchange Control）是指一国政府为了平衡国际收支和维持本国

货币汇率而对外汇进出实行的限制性措施，是一国政府通过法令对国际结算和外汇买卖进行限制的一种限制进口的国际贸易政策。外汇管制与对外贸易有密切关系，出口必然要收进外汇，进口必然要支付外汇，因此，如果有目的地对外汇进行管制，就可以直接或间接地限制进出口。

外汇管制一般可以分为三大类：

（1）数量型外汇管制。国家外汇管理机构对外汇买卖的数量直接进行限制和分配，其目的在于集中外汇收入，控制外汇支出，实行外汇分配，以限制进口商品数量、种类和国别。

（2）成本型外汇管制。成本型外汇管制是指国家外汇管理机构对外汇买卖实行复汇率制（System of Multiple Exchange Rates），利用外汇买卖成本的差价，间接影响不同商品的进出口。所谓复汇率制，是指一国货币对外有两个或两个以上汇率，分别适用于不同的进出口商品，主要目的是通过汇率的差别限制或鼓励某些商品的进出口。

（3）混合型外汇管制。混合型外汇管制是指同时采用数量型和成本型外汇管制，对外汇实行更为严格的控制。

2.进口押金制

进口押金制又称为进口存款制，是指一国政府为了控制某些商品的进口，或为了在一段时间内控制全国的进口量，规定进口商在进口商品以前，必须预先按进口金额的一定比例，在规定的时间内到指定的银行无息存放一笔现金的制度。这种制度增加进口商的资金负担，影响资金周转，从而起到限制进口的作用。

3.国内税

国内税（Internal Tax）是指一国对本国境内生产、销售、使用或消费的商品所征收的各种捐税，有些国家会采用国内课税制度来直接或间接限制进口。通过征收国内税，对国内外商品实行不同的征税方法和税率，增加进口商品的纳税负担，削弱进口商品与国内商品的竞争能力，从而达到限制进口的目的。国内税是一种比关税更加灵活和易于伪装的措施，因为国内税的制定和执行完全属于一国政府，有时甚至是地方政府的权限，通常不受贸易条约和协定的约束。

4.歧视性政府采购

歧视性政府采购是指一国政府通过法令和政策规定各级政府在采购公共物品时，必须优先购买本国产品的做法。具体包括以下内容：

（1）优先购买本国货物与服务。如英国政府规定，其国内机构使用的通信设备和电子计算机必须是英国产品。

（2）强调货物与服务的国产化程度。在政府不得不使用外国货物与服务时，强调国产化率，如零部件国产化率、当地产品含量等。

（3）偏向国内企业的招标。在政府出资的工程招标中，采用的评价标准或程序偏向国内企业。

5.烦琐的海关程序

对于各个国家来说，即使名义上没有采取任何进口限制措施，也仍然可以实行烦琐的进口海关程序。

（1）海关对申报表格和单证作出严格要求，不仅要求进口商出示商业发票、原产地证书、货运提单、保险单等，而且故意在表格、单证上做文章。如法国强行规定，进口商提交的单据必须是法文。

（2）通过商品归类提高税率。有些国家的海关武断地把进口商品分类在税率高的税则下，以增加进口商品的关税负担，从而限制进口。如美国对一般打字机进口不征关税，但将它归类为玩具打字机，则要开征35%的进口关税。

（3）专断的海关估价。专断的海关估价是指有些国家根据其国内某些特殊规定，违背《海关估价协议》，人为地提高某些进口货物的海关估价，增加进口货物的关税负担，阻碍商品进口。

6.技术性贸易壁垒

技术性贸易壁垒是指一国以维护生产、消费安全以及人民健康为理由，以国家或地区的技术法规、协议、标准和认证体系等形式，制定严格的规定，使外国商品难以适应，从而起到限制外国商品进口的作用。

技术性贸易壁垒的主要表现形式如下：

（1）技术法规。

技术法规是指由进口国政府制定并颁布的有关技术方面的法律、法令、条例、规则和章程，具有法律约束力。技术法规所涉及的范围包括环境保护、卫生与健康、劳动安全、节约能源、交通规则、计量、知识产权等方面，对商品的生产、质量、技术、检验、包装、标志及工艺流程等进行严格的规定，使本国商品具有与外国同类商品不同的特性和适用性。进口商品必须严格遵守这些法规；否则，进口国就有权对此进行限制，甚至扣留、销毁。目前，发达国家颁布的技术法规种类繁多。

（2）技术标准。

技术标准是指由公认机构制定的用来指导产品标准化生产的规则或指南。按照世界贸易组织的解释，技术标准是由各国自愿选择的，但在国际贸易实践中，技术标准又分为强制标准和推荐标准两个类型。某些发达国家就常常利用自身的科技资本与技术优势，单方面制定相关技术标准，并将其作为强制执行的限制措施。发展中国家没有足够的能力执行此类标准，往往在国际贸易中处于劣势。例如，某些国家要求从发展中国家进口的汽车必须满足欧洲汽车尾气排放第五代标准，这是一项极为严格的环保标准，很多发展中国家的汽车制造企业难以做到，即使个别企业为了满足要求对所有的柴油新车加装了颗粒物滤网，也会导致生产成本增加、竞争力下降的不良后果。

（3）卫生检疫标准。

这是一国对进口的动植物及其制品、食品、化妆品等所实施的必要的卫生检疫，以免疾病或病虫害传入本国。卫生检疫标准主要适用于农副产品及其制品。目前，各国要求卫生检疫的商品越来越多，规定的标准也越来越严格。例如，日本对茶叶的农药残存量、美国对搪瓷含铅量、英国对花生中的黄曲霉素含量等，就提出了一些非常苛刻的要求。

（4）商品包装和标签规定。

商品包装和标签规定主要是针对商品包装所使用的材料、包装规格、文字、图形或者代号所做的规定。进口商品必须符合这些规定，否则不准进口。为了符合有关规定，许多商品不得不重新包装和改换商品标签，因而费时费工，增加了成本，削弱了竞争能力，从而影响了销售量。比如，新加坡要求黄油、人造黄油、食用油、米、面粉、白糖等必须依照标准进行包装，否则不得进口。法国曾规定，所有标签、说明书、广告传单、使用手册、保修单和其他有关产品的资料，都必须使用法语或经批准的法语替代词。加拿大规定，包装文字必须用英、法两种文字书写。在英语区销售的商品，其包装上的文字要英文在上，法文在下；在法语区销售的商品，其包装上的文字要法文在上，英文在下。

（5）绿色壁垒。

绿色壁垒（Green Barriers）也称为绿色贸易壁垒或环境保护壁垒，是指以保护生态环境、自然资源及人类健康为目的的一类技术性贸易壁垒。绿色壁垒的产生以世界经济发展中的工业化及全球化为背景。一方面，工业化在发展生产力的同时促进了城镇化。随着世界人口的快速增长，传统资源面临枯竭，自然环境日趋恶化，人类社会的可持续发展问题逐渐凸显起来。为此，环境保护就成了世界各国的普遍共识。另一方面，经济全球化在促进合作的同时也加剧了竞争。随着世界贸易的快速增长，全球产业链分工逐渐形成，自由贸易规则也日益完善。然而，一些国家的产业转型困难、贸易条件恶化及国际收支失衡等问题日益突出，贸易保护主义再次抬头。因此，基于环境与贸易两大原因，绿色壁垒成了一种理由充分、手段高明且应对困难的新型贸易壁垒，受到越来越多国家的重视。

第三节　鼓励出口措施

鼓励出口措施是指出口国政府通过经济、行政和组织等方面的措施，促进本国商品出口，开拓和扩大国外市场。各国鼓励出口的措施很多，既有宏观的，也有微观的。本节将从国家宏观经济政策方面论述几种主要的鼓励出口措施。

一、出口信贷

出口信贷（Export Credit）是一种国际信贷方式，是一国为了支持和扩大本国大型机械成套设备、大型工程项目等的出口，加强国际竞争能力，对本国出口给予利息补贴并提供信贷担保的方法。出口信贷鼓励本国银行对本国出口商或国外进口商（或其银行）提供利率较低的贷款，以解决本国出口商资金周转困难或满足国外进口商对本国出口商支付货款需要的一种融资方式。它是扩大销售的一种手段。

出口信贷按借贷关系，可以分为卖方信贷和买方信贷。

（一）卖方信贷

卖方信贷（Supplier's Credit）是出口商银行向本国出口商提供的贷款。卖方信贷通常适用于机器设备、船舶等商品的出口。由于这些商品出口所需的资金较大、时间较长，进口商一般会要求采用延期付款方式。出口商为了加速资金周转，往往需要取得银行的贷款。出口商付给银行的利息、费用有的包括在货款内，有的在货款外另付，然后转嫁给进口商。因此，出口商在报价时，往往将货款的利息、保险费、手续费等费用加到货款里，使得买方难以分清真实货款，只能以比即期付款方式高得多的价格买进，这对进口商而言是不利的。

因此，卖方信贷是银行直接资助本国出口商向外国进口商提供延期付款，以促进商品出口的一种方式。卖方信贷示意图如图4-1所示。

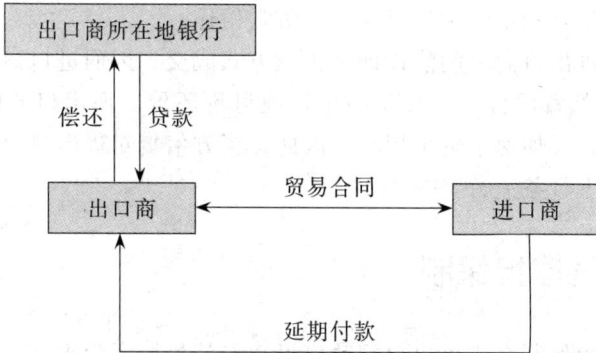

图4-1　卖方信贷

（二）买方信贷

买方信贷（Buyer's Credit）又称约束性贷款，是由出口商所在地银行向外国进口商或进口地银行提供贷款，给予融资便利，扩大本国设备的出口，其本质是通过借贷资本的输出带动货物的输出。买方信贷示意图如图4-2所示。其中，由出口商银行直接贷给进口商的，出口商银行通常要求进口商银行提供担保；如果由出口商银行贷款给进口商银行，再由进口商银行贷给进口商或使用单位，则进口商银行要负责向出口商银行清偿贷款。

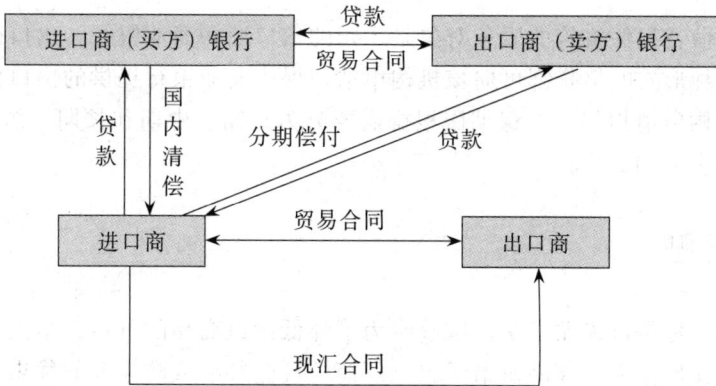

图4-2　买方信贷

我国国内银行提供的买方信贷分为两种：一种是用于支持本国企业从国外引进技术设备而提供的贷款，这种贷款习惯上称为进口买方信贷；另一种是为支持本国船舶和机电设备等产品的出口而提供的贷款，这种贷款习惯上称为出口买方信贷。这两种买方信贷的利率、期限、偿还期等都不相同。

进口买方信贷有两种形式：一种是由出口商国家的银行向进口商国家的银行提供总的贷款额度，并签订总的信贷协议，规定总的信贷原则。进口商要进口技术、设备而资金不足，需要融资时，可向其国内银行提出出口信贷要求，银行审查同意后，按总的信贷协议的规定，向出口商国家的银行办理具体使用买方信贷的手续。另一种不需要签订总的信贷协议，而是在进出口商签订进出口商务合同的同时，由出口商国家的银行和进口商国家的银行签订相应的信贷协议，明确进口商的贷款由其国内银行从出口商银行提供的贷款中支付，贷款到期时由进口商银行负责偿还。

买方信贷使得进出口商之间能以即期付款方式成交，因而进口商能够很清楚地将商品本身的价格与贷款费用分开，便于与出口商讨价还价。而出口商由于能取得货物现款，既减少了风险，又加速了资金周转。因此，买方信贷对进出口商和双方银行都较为有利，故而在国际上日益流行。

二、出口信贷国家担保制

出口信贷国家担保制是指由出口国政府设立专门机构，为出口商或商业银行向进口商提供的贷款进行风险担保的一种制度。当外国债务人拒绝付款时，即发生呆账或坏账时，国家担保机构按担保的金额给予补偿。该制度的实质是国家代替出口商或商业银行承担风险，创造使出口商安心进行出口的环境，争夺国外市场。

出口信贷国家担保的业务项目，一般都是商业保险公司所不承担的出口风险，主要有政治风险和经济风险两类。政治风险是指由于发生政变、战争及其他特殊原因，进口国政府采取禁运、冻结资金、限制对外支付等措施造成的损失。这种风险的承保金额一般为合同金额的85%~95%。经济风险是指进口商或借款银行破产无力偿还、货币贬值或通货膨胀等原因造成的损失。经济风险的承保金额一般为贸易合同金额的75%~100%。

国家出口信贷担保机构的服务对象是本国的出口商和商业银行。出口商出口时提供给进口商的多种形式的信贷都可向该机构申请担保。商业银行提供的出口信贷也可向国家信贷担保机构申请担保。担保期限根据需要分为短期、中期和长期，短期为6个月左右，中、长期为2~15年。

三、出口补贴

出口补贴又称出口津贴，是一国政府为了降低出口商品的价格，增强其在国外市场的竞争能力，在出口某种商品时给予出口厂商的现金补贴或政策上的优惠。

出口补贴的方式有直接补贴和间接补贴两种。

（一）直接补贴

直接补贴是指出口某种商品时，直接付给出口厂商现金补贴。其目的是弥补出口商品国内价格高于国际市场价格给出口商带来的亏损，或者补偿出口商所获利润率低于国内利润率所造成的损失。

（二）间接补贴

间接补贴是指政府对某些出口商品给予财政上的优惠。例如，退还或减免出口商所缴纳的销售税、消费税、所得税等国内税；对出口原料或半制成品加工再出口给予暂时免税或退还已缴纳的进口税；免征出口税；对出口商实行延期付税、降低运费、提供低息贷款，以及对企业开拓国际市场提供补贴等。

四、商品倾销

商品倾销是指一国商品以低于正常价值的价格进入另一国市场，其目的是打击竞争对手，占领国外市场。商品倾销按照时间的长短和目的可分为以下几种：

（一）偶然性倾销

这种倾销通常是因为销售季节已过或公司改营其他业务，在国内市场上较难出售这些"剩余物资"或库存积压，便以倾销方式在国外市场进行抛售处理。这对进口国的同类产品会造成一定的不利影响，但由于持续时间较短，进口国通常较少采取反倾销措施。

（二）间歇性或掠夺性倾销

这种倾销是指出口商以低于国内价格甚至低于生产成本的价格间歇性地在国外市场上抛售商品，以把进口国的生产者逐出本行业，然后再以垄断力量提高价格，弥补倾销所造成的损失。这种倾销严重损害进口国的利益，往往会遭到进口国征收反倾销税的抵制或其他报复。

（三）持续性倾销

这种倾销是指长期以低于国内的价格在国外市场出售商品。这种倾销具有长期性，主要通过扩大销售量，实现规模经济效益，降低单位产品成本，或通过获取本国政府的补贴来取得补偿。

（四）隐蔽性倾销

这种倾销是出口商按照国际市场上的正常价格出售商品给进口商，而进口商则以倾销性的低价在进口国国内市场上抛售，其亏损部分则由出口商给予补偿。

五、外汇倾销

外汇倾销是指一国利用本国货币对外贬值的方法向国外倾销商品。一国货币贬值后，出口商品用外国货币表示的价格降低，其竞争力就提高了，从而扩大了商品出口规模。同时，在本国货币贬值后，进口商品用本国货币表示的价格就会上涨，削弱了进口商品的竞争能力，从而达到限制进口的目的。

第四节　经济特区措施

经济特区措施是一类内涵丰富、形式多样的鼓励国际贸易、发展涉外经济的政策。经济特区（Special Economic Zones）是由一国政府划定的一片"境内关外"的特殊区域，通常为港口、海岛、边境口岸或交通枢纽地区等。在区域内该国实行各种经济贸易优惠政策，并发展物流仓储及加工制造等产业，从而达到促进对外贸易发展，鼓励转口贸易和出口加工贸易，繁荣本地区和邻近地区的经济，增加财政收入和外汇收入的政策目标。

第二次世界大战后，许多国家为了加强本国的经济实力，扩大对外贸易，不仅在现有经济特区内放宽了对外国投资的限制，而且增设了更多的经济特区，以促进贸易的发展。各国或地区设置的经济特区名目繁多，规模不一，主要有以下几种。

一、自由港与自由贸易区

（一）自由港

自由港（Free Port）是指一国政府按照"国境之内、关境之外"原则设立的允许外国商品、资金及人员自由流动的开放型海港或内河港。对进出口商品全部或大部分免征关税，并且准许在港内或区内开展商品自由储存、展览、拆散、改装、重新包装、整理、加工和制造等业务活动，以促进本地区的经济和对外贸易的发展，增加财政收入和外汇收入。

自由港对于国际贸易的发展意义重大。其一，自由港政策带动了港口本身的建设，随着大量外贸业务的开展，加工贸易、转口贸易、国际运输及国际金融等业务相应发展，从而进一步丰富并提升了涉外港口的国际贸易功能。其二，自由港政策刺激了区域经济的发展，随着港口经济的外部性效应不断向周边区域辐射，与之相配套的产业，尤其是第三产业必然聚集和发展，从而创造更多的就业机会，带动和支持邻近地区城市经济的发展。

（二）自由贸易区

自由贸易区（Free Trade Zone，FTZ）是在自由港的基础上发展起来的一类海关特区。自由贸易区并不局限于沿海或沿河港口，而是可以设在港口之外或内陆地区。类似地，在自由贸易区内，政府也会实行一系列经济与贸易优惠政策，比如免征关税、自由进出、便利商贸等。设立自由贸易区的目的同样在于发展国际贸易和带动经济增长。发展中国家就常常通过设立自由贸易区来实现吸引外资、扩大交流、摆脱贫困及加速工业化等政策目标。以中国为例，2023年10月21日，国务院印发《中国（新疆）自由贸易试验区总体方案》，设立中国（新疆）自由贸易试验区，成为除上海、广东、天津、福建、辽宁、浙江、河南、湖北、重庆、四川、陕西、海南、山东、江苏、广西、河北、云南、黑龙江、北京、湖南、安徽之外的第22个自由贸易试验区。

总之，自由港与自由贸易区主要的优惠和便利措施包括关税税率优惠，海关手续简化，仓储运输服务、商品展销博览及加工装配便利等，是世界各国广泛采用的经济特区政策。

（三）自由港或自由贸易区的规定

许多国家对自由港或自由贸易区的规定大同小异，归纳起来，主要有以下几点：

1.关税方面的规定

对于允许自由进出自由港或自由贸易区的外国商品，不必办理报关手续，免征关税。少数已征收进口税的商品，如烟、酒等的再出口，可退还进口税。但是，如果港内或区内的外国商品转运到所在国的国内市场上销售，则必须办理报关手续，缴纳进口税。

2.业务活动的规定

对于允许进入自由港或自由贸易区的外国商品，可以储存、展览、拆散、分类、分级、修理、改装、重新包装、重新贴标签、清洗、整理、加工和制造、销毁、与外国的原材料或所在国的原材料混合、再出口或在所在国国内市场上出售。

3.禁止和特别限制的规定

许多国家通常对武器、弹药、爆炸品、毒品和其他危险品以及国家专卖品，如烟草、酒、盐等禁止输入或规定需凭特种进口许可证才能输入；有些国家对少数消费品的进口要征收高关税；有些国家对某些生产资料在港内或区内使用也征收关税，例如，意大利规定在的里雅斯特自由贸易区内使用的外国建筑器材、生产资料等也包括在应征关税的商品之内。此外，有些国家如西班牙等还禁止在区内零售。

二、出口加工区

出口加工区（Export Processing Zone）是指由一国政府设立的专门进行出口商品的制造、加工、装配及包装等环节的特殊区域。出口加工区是在自由贸易区的基础上发展而来的，它在延续自由贸易区各项政策优惠的同时，强化了出口加工这一职能，是专门发展加工贸易的一种经济特区。一般而言，出口加工区多设置在经济发展条件便利和人口相对集中的港口或城市。在出口加工区内，随着外国资本的流入，与生产加工相联系的技术、设备及人员也在聚集。这些外国企业以出口加工区为依托，凭借区内优越的贸易政策环境和地理交通位置，充分利用当地的廉价资源来从事生产加工活动，从而实现节约生产成本、方便国际运输、扩大出口市场及持续获取利润等一系列目标。相应的，设立出口加工区的国家也扩大了对外开放、发展了配套产业、解决了就业难题、实现了经济发展。因此，出口加工区是一项双赢效果显著的经济特区政策。例如，世界上最早的出口加工区建立于20世纪50年代末，位于爱尔兰的香农国际机场附近。中国的出口加工区起步于改革开放之后，目前，规模较大的有江苏省的昆山出口加工区、无锡出口加工区，上海漕河泾出口加工区、上海松江出口加工区，以及四川省的成都出口加工区等。

出口加工区虽然源于国家政策，但是建设一个具有国际竞争力的出口加工区却并非易事，尤其需要突出两个层面的具体工作。

其一，建设出口加工区应着力于基础设施等"硬环境"的建设。由于出口加工区需要承接大量加工装配业务，商品的流量与存量都很大。为了满足大量的生产、运输及储存业务，出口加工区必须建设良好的道路、厂房、仓库及交通枢纽等基础设施，并保障工业生产对供水、供电、供气及网络通信等硬件设施的需求。

其二，建设出口加工区应重视对政策服务等"软环境"的营造。优惠的政策和良好的服务是吸引外资的重要因素。除了自由贸易区的常规政策外，出口加工区还应针对加工企业开展专项优惠措施，比如，对进口原材料与机器设备免征关税；对加工企业的所得税、财产税等国内税给予优惠或减免；简化进区落户的手续流程，提高相关政策执行的透明度；承诺给予加工企业在使用土地、雇用工人及结算外汇等方面的优质服务等。

三、保税区

保税区是一国政府批准设立的具有保税加工、存储和转口功能的受海关监管的特定区域。外国商品存入保税区内，可以暂时不缴纳进口税；如再出口，不缴纳出口税；如要运进所在国的国内市场，则需办理报关手续，缴纳进口税。运入区内的外国商品可进行储存、改装、分类、混合、展览、加工和制造等。此外，有的保税区还允许在区内经营金融、保险、房地产、展销和旅游业务。

我国自20世纪90年代开始在沿海地区设立保税区。1990年，第一个保税区——上海外高桥保税区宣布成立，1992年投入运营。目前，中国已建有上海外高桥，天津港，深圳福田、沙头角和盐田港，大连，广州，张家港，海口，厦门象屿，福州，宁波，青岛，汕头，珠海，合肥等保税区，主管部门是海关总署。

按照保税区的规模和功能不同，又可以细分为保税仓库、保税工厂、一般保税区和综合保税区。

（一）保税仓库

保税仓库是经海关批准专门用于存放保税货物的仓库。保税货物是指经海关批准未办理纳税手续进境，在境内储存、加工、装配后复运出境的货物。其主要包括加工贸易进口货物；转口货物；供应国际航行船舶和航空器的油料、物料和维修用零部件；供维修外国产品所进口寄售的零配件；外商暂存货物；未办结海关手续的一般贸易货物和经海关批准的其他未办结海关手续的货物。保税仓库的所有经营活动都在海关监管之下。保税货物在进入保税仓库后可以暂时不必缴纳进口关税。如果保税货物在存储一段时间后复出口，则经海关检验后予以放行；如果转向进口国市场销售或供进口国生产加工使用，则要根据相关法律规定办理进口手续，按要求缴纳进口关税。

（二）保税工厂

保税工厂是指由海关批准设立的特别工厂。保税工厂由具有法人资格的企业向海关申请设立，并在海关监管下进行一定的加工、分类、包装及检修等工序。相比保税仓库，保税工厂的级别更高、规模更大，可开展的业务也更丰富，适合长期从事加工贸易或转口贸易的出口企业。

（三）一般保税区和综合保税区

一般保税区和综合保税区都属于较高层次的保税区类型。相比之下，综合保税区的规模最大、功能最强。综合保税区除了具有一般保税区的各项功能外，还具有出口加工区、自由贸易区和现代化港口等各项优势，是一国对外贸易发展的最前沿。我国的综合保税区有江苏的江阴综合保税区、广西的南宁综合保税区、四川的成都高新综合保税区、辽宁的营口综合保税区等。

需要注意的是，保税区和自由贸易区还是有明显区别的。其一，海关对二者的监管方式不同。海关对进入自由贸易区的货物不征关税，而对进入保税区的货物暂不征税，二者的法律含义并不相同。其二，进入二者的货物类型不同。在自由贸易区内，国外货物和国内货物都被允许进入，但在保税区内却只允许国外货物进入，而不允许国内货物进入。其三，二者对存储货物的时间要求不同。在自由贸易区内，货物可以自由进出并不限定储存期限，但在保税区内，货物的存储期限却是有限的，一般为 2～5 年。由此可见，保税区并不等同于自由贸易区。

四、综合型经济特区

综合型经济特区是指由一国政府通过给予优惠的经济贸易政策，设立并持续建设的具有招商、引资、加工、制造、贸易、金融、旅游及教育等多项功能的综合性特殊区域。这类经济特区，一般规模较大、功能齐全，对外能够积极参与国际分工并更加深入地嵌入全球价值链，对内能够积极发挥牵引经济的作用并促进国内市场的对外开放与经济繁荣，因而对一个国家经济发展的影响非常大。综合型经济特区在法律、政策、地理、人口、基础设施及自然环境等方面具有整体性的综合优势，通常涵盖了自由港、自由贸易区、出口加工区及综合保税区的各项功能，拥有相对独立的完整的产业体系，并能够在区域内实现全产业链的高效率分工与配合，能够充分发挥出规模经济效应。可以说，综合型经济特区是各类经济特区中级别最高、难度最大、影响最深远的一类。

五、其他经济特区

其他类型的经济特区包括自由边境区、过境区及科学工业园区等。还有一些特殊区域虽然名称各不相同，但实质还是各类主要经济特区的一种或几种组合。

自由边境区（Free Perimeter）也称为自由贸易区，指一国政府在其边境地区设立的带有自由贸易区或出口加工区性质的经济开发特区。对于在区内使用的生产设备、原材料和消费品可以免税或减税进口。如从区内转运到本国其他地区出售，则须照章纳税。外国货物可在区内进行储存、展览、混合、包装、加工和制造等业务活动，其目的在于利用外国投资开发边境区的经济。

过境区（Transit Zone）是指一国政府设立的用于便利相邻国家之间开展国际贸易的中转贸易特区。过境区通常位于沿边、沿河、沿海、沿湖的港口、机场或城市，对相关国际商品实施保税政策并严格限制其开展加工、装配及包装等业务。世界著名的过境区有德国的汉堡、法国的马赛及巴基斯坦的卡拉奇等。

科学工业园区（Science and Industry Quarter）是指一国政府设立的专门以研发和推广新技术、新工艺及新产品为目的的服务型政策优惠特区。这类特区通常也具有外向型特征，招商引资的重点是技术与人才，其本质还是一种配合国际贸易竞争的特殊手段。

科学工业
园区简介

第五节　中国自由贸易试验区和海南自由港

一、中国自由贸易试验区

自由贸易试验区（Pilot Free Trade Zone）是在贸易和投资等方面比世贸组织有关规定更加优惠的贸易区域，在主权国家或地区的关境以外，划出特定的区域，准许外国商品豁免关税自由进出。实质上是采取自由港政策的关税隔离区。狭义仅指提供区内加工出口所需原料等货物的进口豁免关税的地区，类似出口加工区。广义还包括自由港和转口贸易区。

中国自由贸易试验区是在本国领土上划出一块区域，单边自主实施贸易投资自由化措施。中国自由贸易试验区是政府全力打造中国经济升级版的重要举措，其核心是营造一个符合国际惯例的对内、外资的投资都要具有国际竞争力的国际商业环境。

（一）发展历程

2013年上半年，中国商务部、中国上海市人民政府会同中国国务院有关部门拟定《中国（上海）自由贸易试验区总体方案（草案）》，上报中国国务院审批。2013年7月3日，中国国务院常务会议讨论并原则通过该方案草案。9月18日，国务院批准并印发《中国（上海）自由贸易试验区总体方案》。上海自贸试验区实施范围28.78平方千米，涵盖四个片区：外高桥保税区、上海外高桥保税物流园区、洋山保税港区和上海浦东机场综合保税区。

2015年4月8日，《国务院关于印发进一步深化中国（上海）自由贸易试验区改革开放方案的通知》，《国务院关于印发中国（广东）自由贸易试验区总体方案的通知》，《国务院关于印发中国（天津）自由贸易试验区总体方案的通知》，《国务院关于印发中国（福建）自由贸易试验区总体方案的通知》印发。

2017年3月31日，《国务院关于印发中国（辽宁）自由贸易试验区总体方案的通知》、《国务院关于印发中国（浙江）自由贸易试验区总体方案的通知》、《国务院关于印发中国（河南）自由贸易试验区总体方案的通知》、《国务院关于印发中国（湖北）自由贸易试验区总体方案的通知》、《国务院关于印发中国（重庆）自由贸易试验区总体方案的通知》、《国务院关于印发中国（四川）自由贸易试验区总体方案的通知》和《国务院关于印发中国（陕西）自由贸易试验区总体方案的通知》发布。2017年，党的十九大报告指出，赋予自由贸易试验区更大改革自主权，探索建设自由贸易港。

2018年4月13日，习近平总书记在庆祝海南建省办经济特区30周年大会上郑重宣布，党中央决定支持海南全岛建设中国（海南）自由贸易试验区。5月23日，国务院发布《国务院关于做好自由贸易试验区第四批改革试点经验复制推广工作的通知》。10月16日，国务院发布《国务院关于同意设立中国（海南）自由贸易试验区的批复》，实施范围为海南岛全岛。11月23日，国务院印发《关于支持自由贸易试验区深化改革创新若干措施的通知》。该《通知》指出，建设自由贸易试验区是党中央、国务院在新形势下全面深化改革和扩大开放的战略举措。

2019年7月27日，《国务院关于印发中国（上海）自由贸易试验区临港新片区总体方案的通知》发布。8月26日，《国务院关于同意新设6个自由贸易试验区的批复》印发，同意设立中国（山东）自由贸易试验区、中国（江苏）自由贸易试验区、中国（广西）自由贸易试验区、中国（河北）自由贸易试验区、中国（云南）自由贸易试验区、中国（黑龙江）自由贸易试验区。

2019年8月26日，在国新办举行的6个新设自由贸易试验区总体方案有关情况吹风会上，商务部副部长王受文介绍，从2013年自贸试验区工作启动以来，中国自贸试验区的建设布局逐步完善，形成了覆盖东西南北中的改革开放创新格局，在投资贸易自由化便利化、金融服务实体经济、政府职能转变等领域进行了大胆探索，取得了显著成效。

2020年9月21日，国务院印发《关于北京、湖南、安徽自由贸易试验区总体方案及浙江自由贸易试验区扩展区域方案的通知》。同时印发《中国（北京）自由贸易试验区总体方案》《中国（湖南）自由贸易试验区总体方案》《中国（安徽）自由贸易试验区总体方案》《中国（浙江）自由贸易试验区扩展区域方案》。

2021年7月9日，中央全面深化改革委员会第二十次会议，审议通过了《关于推进自由贸易试验区贸易投资便利化改革创新的若干措施》。

2022年，商务部表示，要持续推动向自贸试验区下放更多省级经济管理权限。2022年上半年，中国21个自贸试验区实际使用外资达到1 039.6亿元，进出口总额达到4.1万亿元，以不到4‰的面积吸引了近16.6%的外资。

截至2023年9月，我国已有21个自由贸易试验区（港），基本形成了覆盖东西南北中的改革开放创新格局，为高水平对外开放提供新动力，为中国式现代化建设注入新活力。

2023年10月31日，国务院印发《中国（新疆）自由贸易试验区总体方案》。

2023年11月1日，我国第22个自贸试验区——新疆自贸试验区挂牌成立。

各方普遍认为，中国自由贸易试验区是打造中国经济"升级版"的"聚焦点"，正如加入世界贸易组织一样激发了中国经济的活力，自贸试验区建设也将促进包括服务业在内的市场经济大发展。

（二）首个中国自由贸易园区——中国（上海）自由贸易试验区

中国（上海）自由贸易试验区（简称"上海自贸试验区"），是中国政府设立的第一个区域性自由贸易园区。2013年8月，国务院正式批准设立中国（上海）自由贸易试验区。该试验区成立时，以上海外高桥保税区为核心，辅之以机场保税区和洋山港临港新城，成为中国经济新的试验田，实行政府职能转变，对金融制度、贸易服务、外商投资和税收政策等多项措施进行改革，并大力推动上海市转口、离岸业务的发展。2013年9月29日，上海自由贸易试验区正式挂牌成立。

上海自贸试验区范围涵盖上海市外高桥保税区、外高桥保税物流园区、洋山保税港区和上海浦东机场综合保税区等4个海关特殊监管区域，总面积为28.78平方千米，是"四区三港"的自贸区格局。2014年12月，上海自贸试验区由原先的28.78平方千米扩至120.72平方千米。

上海自贸试验区的总体目标是经过2~3年的改革试验，加快转变政府职能，积极推进服务业扩大开放和外商投资管理体制改革，大力发展总部经济和新型贸易业态，加快探索资本项目可兑换和金融服务业全面开放进程，探索建立货物状态分类监管模式，努力形成促进投资和创新的政策支持体系，着力培育国际化和法治化的营商环境，力争建设成为具有国际水准的投资贸易便利、货币兑换自由、监管高效便捷、法治环境规范的自由贸易试验区，为我国扩大开放和深化改革探索新思路和新途径，更好地为全国服务。

上海自贸试验区自运行以来，紧紧围绕面向世界、服务全国的战略要求和上海"四个中心"建设的战略任务，按照先行先试、风险可控、分步推进、逐步完善的方式，把扩大开放与体制改革相结合、把培育功能与政策创新相结合，出台一系列措施，形成与国际投资、贸易通行规则相衔接的基本制度框架。

（三）其他主要中国自由贸易试验区

2014年12月，国务院决定设立中国（广东）自由贸易试验区、中国（天津）自由贸易试验区和中国（福建）自由贸易试验区。

中国（广东）自由贸易试验区（简称"广东自贸试验区"）涵盖3个片区：广州南沙新区片区（广州南沙自贸区）、深圳前海蛇口片区（深圳蛇口自贸区）、珠海横琴新区片区（珠海横琴自贸区），总面积116.2平方千米，广东自贸试验区立足港澳深度融合。

中国（天津）自由贸易试验区（简称"天津自贸试验区"）的实施范围为119.9平方千米，涵盖3个片区：天津港片区30平方千米（含东疆保税港区10平方千米），天津机场片区43.1平方千米（含天津港保税区空港部分1平方千米和滨海新区综合保税区1.96平方千米），滨海新区中心商务片区46.8平方千米（含天津港保税区海港部分和保税物流园区4平方千米）。

中国（福建）自由贸易试验区（简称"福建自贸试验区"）的实施范围为118.04平方千米，涵盖3个片区：平潭片区43平方千米，厦门片区43.78平方千米（含象屿保税区0.6平方千米、象屿保税物流园区0.7平方千米、厦门海沧保税港区9.51平方千米），福州片区31.26平方千米（含福州保税区0.6平方千米、福州出口加工区1.14平方千米、福州保税港区9.26平方千米）。

自由贸易试验区把构建开放型经济新体制，建成符合国际高标准的法治环境规范、投资贸易便利、辐射带动功能突出、监管安全高效的国际一流自由贸易区作为发展目标。自由贸易试验区从完善体制机制入手，切实转变政府职能，推进投资管理体制改革，推进贸易发展方式转变，推进金融领域开放创新，培育新的竞争优势，并从实行有效监管、健全法制、组织实施和评估推广机制等方面形成保障机制。

二、海南自由贸易港

海南自由贸易港（Hainan Free Trade Port），也是中国特色自由贸易港，简称"海南自贸港"，是国家在海南岛全岛设立的自由贸易港，位于海南省境内，全省陆地总面积3.54万平方千米。

2018年4月10日，中共中央总书记、国家主席习近平在博鳌亚洲论坛2018年年会开幕式上发表主旨演讲，提出"探索建设中国特色自由贸易港"；2020年6月1日，中共中央、国务院印发《海南自由贸易港建设总体方案》；2020年6月3日，海南自由贸易港11个重点园区同步举行挂牌仪式；2021年6月10日，第十三届全国人大常委会第二十九次会议表决通过了《中华人民共和国海南自由贸易港法》等。海南自由贸易港实施范围为海南岛全岛，建有13个重点园区。

2024年5月6日，海南自由贸易港多功能自由贸易账户正式上线运行。2024年6月公布数据显示，自海南自贸港加工增值30%货物内销免关税政策实施以来，截至2024年5月底，共有26家企业开展加工增值业务，内销货值51亿元，减免关税4.2亿元。

建设海南自贸港的战略意义是支持海南逐步探索、稳步推进中国特色自由贸易港建设，分步骤、分阶段建立自由贸易港政策和制度体系，是习近平总书记亲自谋划、亲自部署、亲自推动的改革开放重大举措，是党中央着眼国内国际两个大局，深入研究、统筹考虑、科学谋划之后作出的战略决策。在海南建设自由贸易港，是推进高水平开放，建立开放型经济新体制的根本要求；是深化市场化改革，打造法治化、国际化、便利化营商环境的迫切需要；是贯彻新发展理念，推动高质量发展，建设现代化经济体系的战略选择；是支持经济全球化，构建人类命运共同体的实际行动。

海南自贸港的发展目标是到2025年，初步建立以贸易自由便利和投资自由便利为重点的自由贸易港政策制度体系。营商环境总体达到国内一流水平，市场主体大幅增长，产业竞争力显著提升，风险防控有力有效，适应自由贸易港建设的法律法规逐步完善，经济发展质量和效益明显改善。到2035年，自由贸易制度体系和运作模式更加成熟，以自由、公平、法治、高水平过程监管为特征的贸易投资规则基本构建，实现贸易自由便利、投资自由便利、跨境资金流动自由便利、人员进出自由便利、运输来往自由便利和数据安全有序流动。营商环境更加优化，法律法规体系更加健全，风险防控体系更加严密，现代社会治理格局基本形成，成为中国开放型经济新高地。到21世纪中叶，全面建成具有较强国际影响力的高水平自由贸易港。

三、自由贸易试验区综合评估

2022年7月，中山大学自贸区综合研究院"中国自由贸易试验区制度创新指数"正式发布。制度创新指数主要围绕"投资自由化""贸易便利化""金融改革创新""政府职能转变""法治化环境"五个维度开展系统性评估，在这五个一级指标之下，细化19个二级指标和57个三级指标，全国54个自贸试验（片）区制度创新的总体得分平均值为76.70分，前海、南沙、上海（浦东）、上海（临港）、厦门、天津、成都、北京、武汉、重庆进入全国前十名。自贸试验区迈入了新征程，首先要做的便是系统全面地总结过往的经验，在干中学，边干边总结。中国自由贸易试验区制度创新指数就是在不断地总结和推广自贸试验区的制度创新经验。我国自由贸易试验区下一阶段的发展方向是非常明确的，那就是"坚持以制度创新为核心，深入推进制度型开放"。

2024年7月16日，中山大学自贸区综合研究院正式发布"2023—2024年度中国自由贸易试验区制度创新指数"（如图4-3所示）。从省级总体排名情况来看：2023—2024年度，自贸试验区制度创新省级指数得分上海排名第一（86.18分），紧接着是广东、天津、北京、重庆、四川、福建、海南、陕西、江苏。上海、广东仍然引领全国自贸试验区发展，作为我国经济最发达的两个地区，沪粤两地的制度创新亦是翘楚。

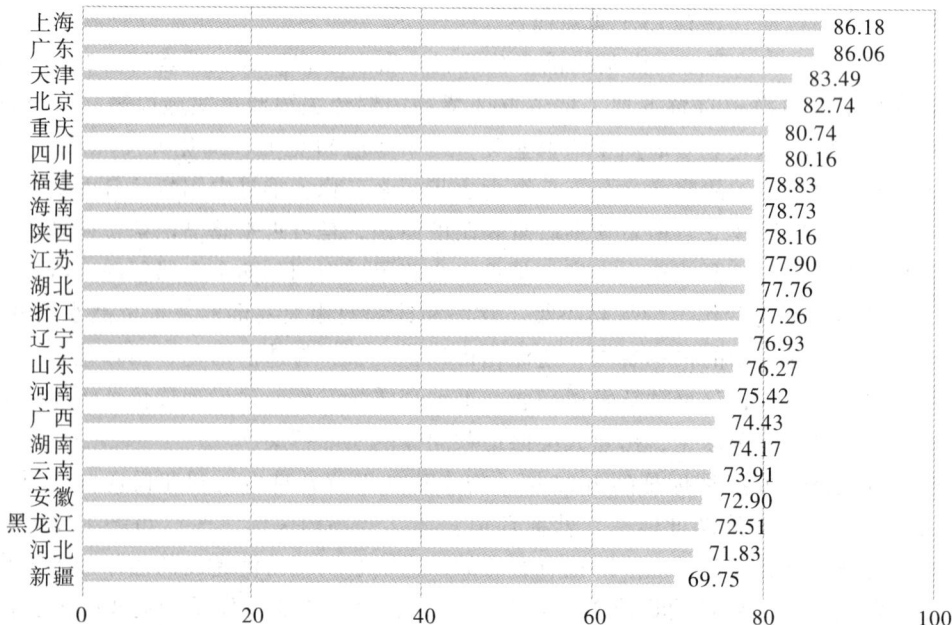

图4-3 2023—2024年度中国自由贸易试验区制度创新指数省级排名（单位：分）

【本章小结】

本章介绍了关税措施的含义、特征、作用和种类，分析了非关税措施的基本概念与特征、主要的非关税措施，阐述了鼓励出口措施的方式，并介绍了经济特区措施及中国自由贸易试验区和自由港。这些措施旨在保护本国产业、促进贸易平衡、优化资源配置、提高经济效益，并推动国际贸易的健康发展。

【思考题】

1.按照差别待遇和特定的实施情况，关税可分为哪几类？

2.什么是非关税措施？它具有哪些特点？

3.当代各国鼓励出口的主要措施是什么？

4.简述建设海南自由港的意义和发展目标。

5.案例分析：2024年3月11日，欧盟委员会发布公告称，对原产于中国的进口耐腐蚀钢（Corrosion Resistant Steel）作出第一次反倾销日落复审终裁，裁定若取消反倾销措施，涉案产品的倾销以及该倾销对欧盟产业造成的损害会继续或再度发生，因此，决定继续维持对中国涉案产品的反倾销税，反倾销税税率为17.2%～27.9%。试分析：

（1）什么是反倾销措施？阐述其在国际贸易中的法律基础和目的。

（2）分析欧盟对中国耐腐蚀钢发起反倾销调查的可能原因及其对双方经济的影响。

世界贸易组织（WTO）

第五章

第一节　关税与贸易总协定

一、《关税与贸易总协定》的含义及产生的背景

《关税与与贸易总协定》（General Agreement on Tariff and Trade，GATT）简称《关贸总协定》，是在美国倡议下，由 23 个国家于 1947 年 10 月 30 日共同签订的，关于调整缔约方对外贸易政策和国际贸易关系的一个国际多边协定。

第二次世界大战后，美国在经济上处于绝对领先的地位，其生产总值占资本主义世

界的 1/2，出口贸易额占世界贸易额的 1/3，黄金储备占整个世界的 3/4。其他的国家由于战争的破坏，国际收支出现巨额逆差，各国的经济都举步维艰，不得不在贸易方面实行保护政策。美国为了称霸世界，就积极在国际金融、投资和贸易方面进行对外扩张。为此，美国首先提出建立一个国际贸易组织，以解决贸易保护问题，提倡世界贸易自由化。1946 年 2 月，联合国经济和社会理事会开始筹建该组织，并于 1947 年 4 月在日内瓦举行的筹委会第二次会议上通过了《国际贸易组织宪章》草案。同年 10 月，在哈瓦那举行的联合国贸易和就业会议上，审议并通过了《国际贸易组织宪章》。后来主要由于美国参议院未通过，因而国际贸易组织没能成立。为了尽快解决关税问题，参加会议的代表根据草案中的有关关税条文编写了一个文件，即《关税与贸易总协定》，在 1947 年 10 月 30 日由 23 个国家签署，并于 1948 年 1 月 1 日起正式生效。《关税与贸易总协定》原为临时性的，准备一旦各国政府批准《国际贸易组织宪章》，就令后者取而代之。但是，由于该宪章未被一些国家的政府批准，成立"国际贸易组织"的计划也就没能实现。因此，《关贸总协定》也就成为各缔约方在贸易政策方面确立的某些共同遵守的准则，成为推行多边贸易自由化的一项唯一的、带有总括性的多边条约与协定。它与国际货币基金组织和世界银行一起构成调整国际经济、贸易和金融关系的三大支柱。

二、《关税与贸易总协定》的宗旨与基本原则

（一）《关贸总协定》的宗旨

GATT 的宗旨是以贸易自由化为基本目标，旨在通过多边贸易谈判、达成互惠互利的协议、逐步降低关税并消除各种非关税壁垒，实现国际贸易自由化，促进国际贸易发展，扩大世界资源的充分利用以及发展商品的生产与交换，保证充分就业，保证实际收入和有效需求的巨大持续增长，以达到提高生活水平，加速世界经济发展的目的。

《关贸总协定》作为世界上第一个国际贸易体系，对世界经济发展和贸易增长的积极作用具体表现在以下几个方面：

（1）通过多边贸易谈判，大幅度地削减了关税。自《关贸总协定》于 1948 年生效以来的 40 多年里，经过 7 次多边贸易谈判，发达国家和地区的平均关税已从 36% 降到 20 世纪 80 年代的 4.7%，发展中国家和地区的平均关税在同期也下降到 13%。关税的削减使这一时期世界贸易的总额增长了 10 倍以上。

（2）有效地处理了国际经济贸易的纠纷。《关贸总协定》适用于所有缔约方，一旦发生纠纷，可用多边贸易规则解决，而不是用一国贸易法裁决，这样就可以较为公正地解决纠纷。虽然《关贸总协定》在处理国际经济贸易纠纷方面还缺乏强制性手段，但它仍有最后手段和缔约方的全体联合行动。从日内瓦签约以来，《关贸总协定》在处理纠纷方面取得了一定的成就，到目前为止，通过协商手段已成功地解决了 100 多起缔约方之间的贸易纠纷。同时，《关贸总协定》为世界各个国家和地区通过双边和多边谈判发展彼此之间的经济与贸易关系，解决纠纷，提供了场所。

（3）逐步消除非关税壁垒。特别是乌拉圭回合谈判已将"非关税措施"列入议题进行谈判，并制定出一些规则来对非关税壁垒加以约束，扩大了各个国家和地区市场准入的程度，从而进一步实现了贸易的自由化。

（4）增加了各缔约方的经贸政策透明度。《关贸总协定》第10条"贸易条例的分布和实施"对贸易透明度作了3项规定，实施的结果增进了各缔约方之间的经贸透明度，增加了相互间经贸状况的了解，在宏观上有利于各个国家和地区政府的决策，在微观上有利于企业的经营，总协定定期汇总的世界各个国家和地区贸易统计数据是了解世界贸易状况的重要依据。

（5）保障了国际贸易环境的稳定性。稳定性主要表现在缔约方之间谈判达成的关税税率、减让的幅度，均须列入减让表，作为总协定的组成部分。缔约方的关税税率被约束在减让表水平上，不得随意提高。任何缔约方如欲提高受约束的关税，要经过3年，同时须与有关缔约方进行协商，重新谈判。税率的复升，必须用其他产品税率减让作为补偿，因而保证了国际贸易环境的稳定性。

（6）促进了国际服务贸易、知识产权和投资的发展。根据乌拉圭回合部分会议的决定，服务贸易、知识产权和与贸易有关的投资措施的提案，被列为新议题进行谈判，这就很可能使关贸总协定协调的范围扩大到国际经济贸易关系的各个领域。

（二）《关贸总协定》的基本原则

《关贸总协定》涉及国际经贸关系的诸多方面，内容繁多，但从其条款和历次多边贸易谈判所达成的协议中，以及从1948年总协定的各项活动中，可以看出《关贸总协定》是建立在下列几项基本原则的基础上的。

1.非歧视原则

非歧视原则是GATT最重要的原则，也是它的基石。这一原则的含义是：任一缔约方在实施某种限制性或某种禁止性措施时，不得对其他缔约方实行歧视性差别待遇。这一原则主要体现在最惠国待遇条款和国民待遇条款上。

（1）最惠国待遇条款。这一条款规定，每一个缔约方在进出口方面，必须以相等的方式对待所有的其他成员方，而不应采取歧视待遇。也就是说，一个缔约方给予任何一方的贸易优惠，同时应无条件地适用于所有其他成员方，不得实行歧视性差别待遇。GATT第1条规定："缔约方对来自或运往其他国家的产品所给予的利益、优待、特权或豁免，应当立即无条件地给予来自或运往所有其他缔约方的相同产品。"显然，这一条款的实行是无条件的。

（2）国民待遇条款。这一条款规定，每一个缔约方对进口任一缔约方的产品，无论是在国内税收方面，还是在销售、购买、运输等方面，都应享有与国内产品同等待遇，不应受到歧视。也就是说，其他成员方的商品进入本国市场后，应与本国商品适用同样的法律、法规，实行公平竞争，不得对外国同类商品增加各种费用和实施限制性措施。GATT第3条规定："一缔约方领土的产品输入另一缔约方领土时，不应对它直接或间接征收高于相同的国内产品所直接或间接征收的国内税或其他国内费用。"这一条款保证了进口产品与国内产品在国内市场上享受同等待遇。

2.关税保护与关税减让原则

关税保护原则是指以关税作为唯一保护手段的原则。1994年的GATT规定，允许对国内工业进行保护，但保护的手段主要是通过关税的方式进行，而不能采取数量限制、行政手段等非关税手段来进行。GATT规定：只能通过关税来保护本国工业；缔约方有义务实行关税减让。关税减让是GATT的主要宗旨，多边贸易谈判是实现关税减让的主要途径。关税减让原则是缔约方之间相互约束关税减让水平，即各缔约方彼此作出互惠与平等的让步，达成关税减让表协议的原则。关税减让表规定的税率的减让，任何缔约方无权单方面予以改变，3年内不得随意提高。如要提高税率，必须与当初进行对等谈判的国家协商，而且要用其他产品税率减让来补偿。

GATT还对实施上述原则作出了灵活的规定：如果有关产品进口剧增，使进口国的同类产品受到重大损害或重大威胁，该进口国可与有关缔约方重新谈判，在给予对方适当补偿后，可修改或撤销其原来的关税减让承诺；发展中国家为了保护其国内工业和农业，如果税率的减让不利于它们的国际收支平衡，可在关税保护方面免除上述原则的使用。但是，只能是暂时的，如果滥用，其他缔约方可以采取报复措施。

3.取消数量限制原则

数量限制是指一个国家在一定时期内对某些商品进口的数额加以限制。在非关税壁垒中，数量限制是最为普遍的限制的方式，一般有进口配额、进口许可、自动出口配额、禁止进口等。

总协定第11条"数量限制的一般取消"中规定："任何缔约方除征收税捐或其他费用外，不得设立或维持配额、进出口许可或其他措施以限制或禁止其他缔约方领土的产品输入，或向其他缔约方领土输出或销售出口产品。"包含数量限制在内的非关税措施，在"东京回合"第一次被列为多边贸易谈判的专门议题，并达成了《进口许可证手续协议》，"乌拉圭回合"签订了《进口许可证程序协议》。

4.透明度原则

总协定第10条对透明度作出了明确的规定："缔约方有效实施的关于海关对产品的分类或估价，关于捐税或其他费用的征收率，关于对进出口货物及其支付转账的规定、限制和禁止，以及关于影响进出口货物的销售、分配、运输、保险、存仓、检验、展览、加工、混合或使用的法令、条例与一般援用的司法判决及行政决定，都应迅速公布，以使各国政府及贸易商对它们熟悉。一缔约方政府或政府机构与另一缔约方政府或政府机构之间缔结的影响国际贸易的现行规定，也必须公布。"透明度原则也有例外。总协定第10条规定，透明度原则并不要求"缔约方公开那些会妨碍法令的贯彻执行、会违反公共利益，或会损害某一公私企业的正当商业利益的机密资料"。

5.公平贸易原则

该原则主要是指反对倾销、反对出口补贴或减少其他非关税壁垒，以保证公平贸易。总协定规定，当一国产品以低于国内正常价格或成本价向外国出口时，可视为倾销，这时，进口国可通过征收反倾销税等措施来抵制倾销带来的损害。受害国在征收反倾销税时要按总协定的要求遵守非歧视原则，且征税数额不超过出口国倾销价与正常价格之差。关于出口补贴，总协定认为是一种不公平行为，严禁缔约方对初级产品以外的任何产品给予出口补贴，如果一缔约方的出口补贴对另一缔约方的利益造成重大损害或产生严重威胁，可以允许这一进口缔约方对有关产品的进口征收反补贴税。如果缔约方大会发现某种补贴对另一个向进口缔约方输出有关产品的缔约方的某一工业正在造成严重损害或威胁，它们也应允许征收反补贴税。

6.互惠原则或对等原则

这也是关贸总协定的基本原则之一，它不仅是缔约方之间进行贸易谈判并维持正常贸易关系的基础，而且也是《关贸总协定》得以发挥作用的主要机制。互惠并不意味着对等。由于经济发展水平的不同，发达国家之间在关税减让谈判中总体是互惠的，也是对等的；而发达国家与发展中国家之间在遵守互惠原则时，发达国家给予发展中国家的优惠不能要求发展中国家给予对等的回报，否则，两者之间经济水平的不平等永远得不到改善。这正是发达国家予以发展中国家普惠制待遇的基本理由，也是互惠原则的例外。

三、《关贸总协定》的发展及八轮多边贸易谈判

第一轮谈判于1947年4—10月在瑞士日内瓦举行。包括中国在内的23个原始缔约方参加了谈判，结果达成双边减税协议123项，涉及商品税目45 000项，使应征税进口值54%的商品平均降低关税35%，影响了100亿美元的贸易额。

第二轮谈判于1949年4—10月在法国安纳西举行。有33个国家和地区参加，达成双边减税协议147项，涉及关税减让5 000项，平均降低关税35%。

第三轮谈判于1950年9月—1951年4月在英国托奎举行。有39个国家和地区参加，达成双边减税协议150项，涉及关税减让870项，平均降低关税26%。

第四轮谈判于1956年1—5月在瑞士日内瓦举行。有28个国家和地区参加，平均降低关税15%，只涉及25亿美元的贸易额。

第五轮谈判（又称"狄龙回合"）于1960年9月—1962年7月在日内瓦举行。有45个国家和地区参加谈判，平均降低关税20%，涉及49亿美元的贸易额。

第六轮谈判（又称"肯尼迪回合"）于1964年5月—1967年7月在日内瓦举行。有54个国家和地区参加，使工业品的进口关税下降35%，影响贸易额400亿美元；同时，第一次把非关税壁垒也列入谈判内容，通过了第一个《反倾销守则》。

第七轮谈判（又称"东京回合"）于1973—1979年在日内瓦举行。有99个国家和地区参加。这次谈判采取一揽子减税办法，按照一定的公式，使关税水平降低30%左右。在这次谈判中，非关税壁垒占有重要地位，共达成9项这方面的协议以及有关给予发展中国家和地区优惠待遇的"授权条款"等。

第八轮谈判（又称"乌拉圭回合"）于1986年9月在乌拉圭埃斯特角城举行，并于1994年4月结束，是历次谈判中时间最长的一次。参加的国家和地区有123个，主要讨论货物贸易与服务贸易两部分问题，共15个议题。围绕市场准入的有：关税、非关税壁垒、热带产品、自然资源产品、农产品贸易、纺织品和服装贸易6个议题。强化《关贸总协定》多边贸易体制及作用的有：《关贸总协定》条款、保障条款、多边贸易谈判

协议和安排、补贴与反补贴措施、争端解决程序、总协定体制运行6个议题。新议题有：与贸易有关的投资措施、知识产权和服务贸易。根据15个议题组成15个谈判小组分别进行谈判，其宗旨是进一步削减和取消关税及各种非关税壁垒，取消《多种纤维协定》，减少对农产品的补贴，制定保护知识产权和管理服务贸易的新规则以及其他有关规则，促进世界贸易自由化进一步发展，实现世界经济的稳定增长（见表5-1）。

表5-1 《关贸总协定》八轮多边贸易谈判

届次	谈判时间	谈判地点	参加国家数	主要议题	关税减让幅度（%）
1	1947.4—1947.10	日内瓦	23	关税减让	35
2	1949.4—1949.10	安纳西	33	关税减让	35
3	1950.9—1951.4	托奎	39	关税减让	26
4	1956.1—1956.5	日内瓦	28	关税减让	15
5	1960.9—1962.7	日内瓦——狄龙回合	45	关税减让	20
6	1964.5—1967.7	日内瓦——肯尼迪回合	54	关税减让、反倾销	35
7	1973—1979	日内瓦——东京回合	102	关税减让、非关税壁垒	33
8	1986.9—1994.4	埃斯特角城——乌拉圭回合	103/123	15项议题	37/24

第二节 乌拉圭多边贸易谈判

1986年9月15日在乌拉圭埃斯特角城举行了《关贸总协定》缔约方部长级会议，决定启动第八轮多边贸易谈判，这次谈判称为"乌拉圭回合"（Uruguay Round）。参加这轮谈判的国家，最初为103个到1994年谈判结束时有123个。

一、乌拉圭回合多边贸易谈判的目标和议题

（一）乌拉圭回合的目标

1986年9月15日至20日在乌拉圭埃斯特角城举行的缔约方部长级会议上，通过了《乌拉圭回合部长宣言》（以下简称《宣言》）。《宣言》提出，每个参加方力求达到以下目的：制止和扭转保护主义，消除贸易扭曲现象；维护关贸总协定的基本原则和促进关贸总协定目标的实现；建立一个更加开放的、具有生命力的、持久的多边贸易体制。

在启动乌拉圭回合的部长宣言中，明确了这轮谈判的主要目标：一是通过减少或取消关税、数量限制和其他非关税措施，改善市场准入条件，进一步扩大世界贸易；二是完善多边贸易体制，将更大范围的世界贸易置于统一的、有效的多边规则之下；三是强

化多边贸易体制对国际经济环境变化的适应能力;四是促进国际合作,增强《关贸总协定》同有关国际组织的联系,加强贸易政策和其他经济政策之间的协调。

（二）乌拉圭回合的议题

该《宣言》确定乌拉圭回合多边贸易谈判分为两个部分共15个议题。

第一部分,货物贸易,共14个议题,分别为:(1)关税;(2)非关税措施;(3)热带产品;(4)自然资源产品;(5)纺织品与服装;(6)农产品;(7)《关贸总协定》条款;(8)保障条款;(9)多边贸易谈判协议和安排;(10)补贴与反补贴措施;(11)争端解决;(12)与贸易有关的知识产权的问题,包括冒牌货贸易问题;(13)与贸易有关的投资措施;(14)《关贸总协定》体制的作用。

第二部分,服务贸易,1个议题。通过服务贸易谈判制定处理服务贸易的多边原则和规则的框架,包括对各个部门制定可能的规则,以便在透明和逐步自由化的条件下扩大服务贸易,并以此作为促进所有贸易伙伴和发展中国家经济发展的一种手段。

二、乌拉圭回合多边贸易谈判达成的协议和协定

乌拉圭回合多边贸易谈判达成了《乌拉圭回合多边贸易谈判成果的最后文件》,简称《最后文件》。这是一个"一揽子文件",即必须全部接受或全部拒绝,不能接受一部分,拒绝另一部分。该文件包括28个协议和协定,涉及的主要议题有关税、非关税措施、热带产品、自然资源产品、原产地规则、装船前检验、反倾销、补贴和反补贴、技术性贸易壁垒、进口许可证程序、海关估价、政府采购等。参加世界贸易组织的各成员方除遵守所有这些协议和协定的规则外,还必须执行三个减让表,即农产品减让表、非农产品减让表和服务贸易减让表。这个《最后文件》于1994年4月15日正式签署,1995年1月1日正式生效。

乌拉圭回合多边贸易谈判达成的28个协议与协定可分为三类:

第一类是修订原有的《关贸总协定》和《货物贸易规则》,以有效处理长期存在的一些老问题,如反倾销、反补贴、数量限制、保障条款中的问题,将农产品贸易和纺织品贸易重新回归《关贸总协定》规则的问题。

第二类涉及制定新规则、规范和贸易有关的新问题,如知识产权保护、服务贸易和投资措施。

第三类属于体制建设问题,其中最重要的是建立世界贸易组织,取代原《关贸总协定》。

三、乌拉圭回合多边贸易谈判的主要成果

乌拉圭回合多边贸易谈判取得了一系列重大成果:多边贸易体制的法律框架更加明确,争端解决机制更加有效与可靠,进一步降低关税,达成内容更广泛的货物贸易市场开放协议,改善了市场准入条件;就服务贸易和与贸易有关的知识产权达成协议;在农

产品和纺织品服装方面，加强了多边规则约束；成立世界贸易组织，取代临时性的《关贸总协定》。

（一）在货物贸易方面

乌拉圭回合有关货物贸易谈判的内容，包括关税减让谈判和规则制定谈判。

1.关税减让

发达成员承诺总体关税削减幅度在37%左右，工业品的关税削减幅度达40%，加权平均税率从6.3%降至3.8%。发达成员承诺关税减让的税号占其全部税号的93%，涉及其84%的贸易额。其中，承诺减让到零关税的税号占全部关税税号的比例，由乌拉圭回合前的21%提高到32%，涉及的贸易额从20%上升至44%；税率在15%以上的高峰税率占全部关税税号的比例，由23%下降为12%，涉及贸易额约5%，主要是纺织品和鞋类等。从关税约束范围看，发达成员承诺关税约束的税号占其全部税号的比例，由78%提升到99%，涉及的贸易额由94%增加到99%。

发展中成员承诺总体关税削减幅度在24%左右。工业品的关税削减水平低于发达成员，加权平均税率由20.5%降至14.4%；约束关税税号比例由21%上升为73%，涉及的贸易额由13%提高到61%。

关于削减关税的实施期，工业品从1995年1月1日起5年内结束，减让表中另有规定的除外。农产品关税削减从1995年1月1日开始，发达成员的实施期为6年，发展中成员的实施期一般为10年，也有部分发展中成员承诺6年的实施期。

2.规则制定

乌拉圭回合制定的规则体现在以下四组协议中。第一组是《1994年关税与贸易总协定》，它包括《1947年关税与贸易总协定》的各项实体条款，1995年1月1日以前根据《1947年关税与贸易总协定》作出的有关豁免、加入等决定，乌拉圭回合中就有关条款达成的6项谅解，以及《1994年关税与贸易总协定马拉喀什议定书》。第二组是两项具体部门协议，即《农业协议》和《纺织品与服装协议》。第三组包括《技术性贸易壁垒协议》《海关估价协议》《装运前检验协议》《原产地规则协议》《进口许可程序协议》《实施卫生与植物卫生措施协议》《与贸易有关的投资措施协议》等7项协议。第四组包括《保障措施协议》《反倾销协议》《补贴与反补贴措施协议》等3项贸易救济措施协议。

（二）在服务贸易方面

在乌拉圭回合中，经过8年的讨价还价最后达成了《服务贸易总协定》，并于1995年1月1日正式生效。

（三）在与贸易有关的知识产权方面

知识产权是一种无形资产，包括专利权、商标权、版权和商业秘密等。乌拉圭回合达成了《与贸易有关的知识产权协定》。该协定明确了知识产权国际法律保护的目标；扩大知识产权保护范围，并加强相关保护措施；强化了对仿冒和盗版的防止和处罚；协议强调对反竞争行为和歪曲的控制；协议规定了对发展中国家提供特殊待遇的过渡期安排；协议还规定了与知识产权有关的机构的职责，以及相互之间合作的安排。知识产权协定是乌拉圭回合一揽子成果的重要组成部分，所有世界贸易组织成员都受其规则的约束。

（四）完善和加强多边贸易体制

建立世界贸易组织，取代1947年的《关贸总协定》，为执行乌拉圭回合谈判成果奠定了良好基础。这是乌拉圭回合取得的最大成就。

第三节 WTO概述

世界贸易组织（World Trade Organization，WTO）是国际贸易领域最主要的政府间国际组织，统辖当今国际贸易中货物、服务、知识产权和投资等领域的规则，并对成员之间的经济贸易关系进行监督和管理，是最重要的国际贸易协调组织。

一、世界贸易组织的产生

1990年年初，时任欧共体轮值主席国的意大利首先提出建立一个多边贸易组织（MTO）的倡议。后来这个倡议以欧共体12个成员方的名义正式向乌拉圭回合谈判体制职能谈判小组提出。随后，倡议得到加拿大和美国的支持；联合国贸易与发展会议也认为加强多边贸易领域的国际组织，是联合国有效地实现世界经济持续发展目标的组成部分。1990年12月，乌拉圭回合布鲁塞尔部长级会议作出了正式决定，责成体制职能小组负责"多边贸易组织协议"的谈判。后经一年的紧张谈判，于1991年12月形成了一份《关于建立多边贸易组织协定草案》，后以时任关贸总协定秘书长邓克尔的名义形成了《邓克尔最后文本》。乌拉圭回合结束时，根据美国的建议将"多边贸易组织"（MTO）更名为"世界贸易组织"（WTO）。

世界贸易组织协议于1994年4月15日在摩洛哥的马拉喀什部长级会议上获得通过，协议连同其四个附件，加上部长级会议宣言与决定共同构成了乌拉圭回合多边贸易谈判的一揽子成果，并采取"单一整体"义务和无保留接受的形式，经104个参加方政府代表（其中包括中国政府代表）签署，于1995年1月1日正式生效。根据《建立世界贸易组织的协定》，1995年1月1日世界贸易组织正式成立，并在与1947年签订的《关贸总协定》共存一年后，完全担当起全球经济贸易组织者的角色。

二、世界贸易组织的宗旨、职能

（一）世界贸易组织的宗旨

世界贸易组织的宗旨是通过建立一个开放、完整、健全、持久的多边贸易体制；促进世界货物贸易与服务贸易的发展以及有效合理地利用世界资源来改善生活质量，扩大就业，确保实际收益和有效需求的稳定增长，具体表现为：

（1）提高生活水平，保证充分就业，大幅度和稳定地增加实际收入和有效需求。

（2）扩大货物和服务的生产与贸易。

（3）持续发展，最优利用世界资源，保护环境。

（4）以不同经济发展水平下各自需要的方式采取各种相应措施。

（5）确保发展中国家在国际贸易增长中得到与其经济发展相适应的份额。

（二）世界贸易组织的主要职能

（1）负责多边贸易协议的实施、管理和运作，促进WTO目标的实现，同时，为多边贸易协议的实施、管理和运作提供框架。

（2）为各成员就多边贸易关系进行谈判和贸易部长会议提供场所，并提供实施谈判结果的框架。

（3）通过争端解决机制解决成员间可能发生的贸易争端。

（4）运用贸易政策审议机制，定期审议成员的贸易政策和规章及其对多边贸易体制运行所产生的影响。

（5）与国际货币基金组织和世界银行等国际经济组织合作，协调政策，实现全球经济决策的更大一致性。

（6）对发展中国家和最不发达国家提供技术援助及培训。

三、世界贸易组织的组织结构

世界贸易组织的组织结构主要包括部长级会议、总理事会、专门委员会、总干事和秘书处等几个部分（如图5-1所示）。

（一）部长级会议

部长级会议是世界贸易组织的最高权力机构，拥有最高决策权。部长级会议的职责包括解释世界贸易组织各项协议的具体含义，监督世界贸易组织各项协议的执行情况，决策重大国际贸易行动与措施，召集新一轮国际贸易多边谈判，发展国际贸易组织成员等。会议由各个成员的对外经贸部部长或其高级代表组成，一般每两年召开一次。目前，世界贸易组织已召开13届部长级会议，最近一次是2024年2月26日至29日在阿联酋的阿布扎比举行的，中国商务部部长王文涛率中方代表团出席会议。

（二）总理事会

在部长级会议之下，设置总理事会来负责世界贸易组织的日常运转及管理工作。总理事会在部长级会议休会期间，代行其各项职能，特别是行使争端解决机构的职责和行使贸易政策审议机构的职责等。总理事会仍然由各个成员派代表组成，可随时召开会议。如果遇到重大问题，总理事会还可以建议召开部长级会议并提前做好准备工作。在

图 5-1 世界贸易组织的组织结构

总理事会之下，设置货物贸易理事会、服务贸易理事会及与贸易有关的知识产权理事会，分别对应管理相关的国际贸易政策事务。总理事会设置主席职位，由各个成员轮流担任，任期一般为一年。

（三）专门委员会

在部长级会议之下，还设置有各个专门委员会，以便处理各项与贸易有关的专门事务。目前，世界贸易组织已设立了十多个专门委员会，主要包括贸易与发展委员会，国际收支限制委员会，预算、财务与行政委员会，贸易与环境委员会等。在部分理事会之下，也设置有不同职能的委员会。例如，在货物贸易理事会下设置有反倾销措施委员会、市场准入委员会及海关估价委员会等。

（四）总干事和秘书处

世界贸易组织部长级会议设置秘书处并任命总干事。秘书处设置于瑞士日内瓦，目前有700人左右。秘书处的职责是向各个理事会、委员会等下属机构提供服务、监测世界贸易的发展动向、向公众与媒体发布信息、协助解决国际贸易争端及筹备各类会议等。总干事是世界贸易组织的首脑，由部长级会议任命，任期四年。世界贸易组织绝大部分的政策都是由各个成员开会决定，使得总干事的权力相对有限，其主要职责表现为指派工作人员和日常管理等。具体而言，总干事将扩大对各个成员的政策影响、推行世界贸易组织的政策与规则、控制世界贸易组织的发展方向及协调各类贸易谈判等。2021年2月15日，世界贸易组织召开总理事会特别会议，任命恩戈齐·奥孔乔-伊韦阿拉（Ngozi Okonjo-Iweala）担任世贸组织总干事一职。3月1日，恩戈齐·奥孔乔-伊韦阿拉正式就职世贸组织总干事一职，她的任期至2025年8月31日结束。

四、世界贸易组织的原则

世界贸易组织的原则体系由若干原则组成，总体上可概括为非歧视性原则、公平贸易原则和透明度原则三项主要原则。

（一）非歧视性原则

非歧视性原则也被称为无差别待遇原则，是指WTO成员在实施某项贸易限制措施时必须一视同仁，对其他任何成员不得有额外的优惠或歧视措施。这一原则适用于各类关税措施、非关税措施以及其他与贸易有关的政策措施。非歧视性原则是世界贸易组织的基本原则，具体表现在最惠国待遇原则、互惠原则及国民待遇原则之中。

1.最惠国待遇原则

最惠国待遇原则是指任何WTO成员给予别国或地区的贸易特权、优惠和免税，必须同时无条件地适用于任何第三方成员，从而做到非歧视性。世界贸易组织要求各成员的贸易政策须满足普遍性、互惠性、自动性及无条件性，并将最惠国待遇原则应用于一切与进出口有关的关税减让、数量限制、费用计算、知识产权保护及海关手续等方面。

2.互惠原则

互惠原则是指成员之间应当相互给予对方贸易上优惠待遇的做法。这一原则是《关税与贸易总协定》的基础原则，并在世界贸易组织中继续沿用。互惠原则明确了各成员之间的贸易关系和谈判基础，因而有利于各成员开展更为务实和有效的经贸合作。目前，互惠原则已在农产品贸易、纺织品和服装贸易、资源类产品贸易、服务贸易及知识产权保护等领域发挥了积极作用。

3.国民待遇原则

国民待遇原则是指成员给予其他成员的自然人与法人等贸易主体的经贸政策待遇不得低于本国自然人与法人。这一原则被视为对最惠国待遇原则的重要补充，带有明显的公平性、对等性和保护性特征。国民待遇原则涉及外国商品在本国的销售、运输、加工和使用等诸多环节，要求相关法令及政策不得带有歧视性，特别是在税费征收、流通限制等方面，国内外商品应当享受同等的待遇。

（二）公平贸易原则

公平贸易原则的含义是要求各个成员在国际贸易过程中不得使用不公正的政策措施来干扰国际贸易竞争或扭曲国际贸易关系。首先，自由贸易是公平贸易的前提，世界贸易组织要求各个成员应自觉削减贸易壁垒，提高市场准入程度。其次，如果成员遭遇损害性质的贸易措施，世界贸易组织也允许该成员采取反倾销、反补贴等贸易补救措施，从而维护贸易公平。最后，对于发展中国家（地区）或国际贸易中的特殊情况，世界贸易组织也会给予一定优惠政策或保障措施，进一步体现了照顾性、针对性及公平性特征。公平贸易原则是世界贸易组织的核心原则，具体表现在贸易自由化原则、市场准入原则及发展中国家（地区）优惠待遇原则之中。

1.贸易自由化原则

贸易自由化原则是指限制和取消一切妨碍和阻止国际贸易开展与进行的障碍，包括法律、法规、政策和措施等。这些贸易障碍不仅是指进口关税，还包括各种数量限制、政府的某些限制进口的规定及汇率政策等方面的限制措施。这就要求世界贸易组织的成员国根据组织的要求加以调整。世界贸易组织允许各国采取渐进的方法实现贸易自由化，而且从实际出发，发展中国家需要的时间可能相对要长一些。贸易自由化原则是世界贸易组织的一项原则，也是世界贸易组织的基本目标。要想实现在世界各国间的贸易自由化，削减关税与非关税壁垒是关键，因而这一原则又可进一步表述为关税减让原则和禁止数量限制原则。

2.市场准入原则

WTO市场准入原则是指一方成员允许另一方成员的货物、劳务与资本进入本国市场的程度。市场准入是一个渐进的过程。其目的是向外国商人提供一个有益于鼓励贸易、投资和创造就业的商业环境。市场准入原则要求缔约国开放本国市场。WTO一系列协定或协议都要求成员分阶段逐步实行贸易自由化，以此扩大市场准入水平，促进市场的合理竞争和适度保护。

3.发展中国家优惠待遇原则

发展中国家优惠待遇原则又被称为"非互惠待遇原则"，是世界贸易组织对发展中国家给予的政策优惠安排。这一安排是例外的、单向的和非互惠的。这一原则的主要内容体现为较低水平的义务要求、灵活安排的兑现承诺时间表及针对性的各项技术服务等。例如，当发展中国家无法立即履行国际贸易协议时，世界贸易组织允许其享受一定时间的过渡期。最不发达国家更是可以在不承担任何义务的情况下，享受世界贸易组织的众多权利。可以说，发展中国家优惠待遇原则是一项有利于世界经济与贸易整体发展的优惠政策。

（三）透明度原则

透明度原则是指成员所采取的一切影响国际贸易活动的政策措施必须在第一时间公开宣布。这一原则主要针对各国政策措施的出台、修订及废止等环节，防止有任何国家（地区）通过暗箱操作来获利，从而消除因不公开贸易所带来的歧视性和不公平性贸易。具体涉及各国的海关法规、政府间贸易协议、司法裁决以及行政命令等。透明度原则亦是世界贸易组织的重要原则，不但适用于货物贸易、服务贸易、技术贸易、投资活动及知识产权保护等经济领域，而且还延伸到法律法规的制定、颁布及实施等非经济领域。

（四）其他原则

除了以上主要原则之外，世界贸易组织还有其他一些原则。例如，协商与协商一致原则。这一原则是世界贸易组织处理国际贸易问题的基本原则之一，并在过去数十年中为决策重大事项发挥了积极的作用。再如，公正、平等处理贸易争端原则。这一原则被普遍应用于世界贸易组织内部的争端调解，特别是在以世界贸易组织总干事为调解人的贸易争端解决机制中，很好地维护了世界贸易的公平性和世界贸易组织的权威性。

五、世界贸易组织的争端解决机制

WTO建立争端解决机构（Dispute Settlement Body，DSB）专门负责监督争端解决机制的有效运行。争议双方遇到争议后应首先进行磋商，当磋商失败后，应争端方的请求，DSB成立由3～5名独立人员组成的专家小组（Panel），对成员方的某一违法行为进行裁决，并在规定时间内形成专家组报告，提交DSB会议批准。如果一方对裁决结果有异议，可以通过DSB建立的常设上诉机构（Appellate Body）进行上诉，上诉机构可以就专家小组报告中有关法律问题和专家组详述的法律解释，对原定结果进行维持、修改或撤销处理，一旦上诉机构作出裁决并经过DSB通过，争端各方必须无条件接受。若该结果依旧未在争端双方之间达成一致，则可交付仲裁，仲裁结果是最终的，不得再进行上诉，并必须遵照执行。具体过程如下：

（一）磋商

磋商是争端解决机制的首要必经程序，它是争端当事方自行解决争端的一种方法，也是WTO成员解决贸易争端的主要办法。有资料显示，约80%的争端是在建立专家小组之前通过磋商使争端双方达成一致的。关于磋商的规定集中在《谅解》第4条里。《谅解》规定，任何一个成员方可以就另一成员方在其境内采取的影响任何有关协议实施的措施，提出磋商的请求。

争议一旦产生，争议双方首先要进行磋商。被投诉方应在接到磋商请求后的10日内作出答复，并在30日内开启磋商进程。完成磋商则要求在被投诉方收到磋商请求后的60日内。如果被投诉方在10日内未作出回复，或在30日内未进行磋商，或60日内未达成磋商的统一意见，投诉方可向DSB提出申请成立专家小组。争议双方也可不通过磋商直接要求成立专家小组，只要争端机构没有全体反对，则可宣告专家小组成立。

（二）成立专家小组

DSB在收到成立专家小组申请后的第一次会议上，作出是否成立专家小组的决议，并在第二次会议上确定专家小组成员、工作范围等，第二次会议应在提出申请后的15日内进行。专家小组一般由3人组成，小组成员由争议双方共同选择，专家小组的工作方式与职责范围则应在WTO框架内由争议双方共同商议决定。专家小组成立后，根据既定的授权接管案件，并须在6个月内完成最终报告，最长不超过9个月，提交DSB裁决。如遇紧急情况，则应在3个月内完成，并在最终报告提交DSB后的60日内作出通过与否的决定。通过方式采取"方向一致"的原则。

（三）上诉

如果争端一方对专家小组报告中的裁决不服，则可以申请上诉，上诉范围仅限于专家小组所涉及的法律问题及由专家小组所作的法律解释。上诉程序由DSB常设的上诉机构执行，该机构一般由7人组成。上诉机构须在收到上诉申请后的60日完成上诉复议程序（最长不超过90日），并将上诉审查报告提交DSB审核，审核结果应在报告发出后的30日内通过，除非经协商一致不通过。

（四）执行

DSB通过专家小组或上诉机构的报告后，争端各方应在30日内作出确定执行裁决的回复并声明期限。如果争议双方未能就裁决结果达成一致，则交付仲裁。其中，执行裁决的期限一般为90日，最长不超过15个月，如在合理期限到期后20日内依旧未就补偿问题达成一致，则申诉方可请求DSB授权其对被诉方进行报复。因此，仲裁具有终审性质，无论结果如何都不得再进行上诉，必须遵照执行。

第四节　WTO多边贸易谈判

一、"多哈回合"谈判启动原因

WTO"多哈回合"谈判能够启动，缘于以下原因：

（1）世界经济发展缓慢，贸易保护主义增强，需要举行新的多边贸易谈判，加强贸易自由化的共识，进一步推动贸易自由化，增强抑制贸易保护主义的能力。

（2）世界经济贸易面临新情况和新问题。世界贸易组织成立以来，电子商务的规范贸易与环境的协调，贸易环节的进一步便利化，贸易与竞争政策、贸易与投资、贸易与技术转让之间关系的协调等问题日益突出。它们对世界贸易的发展影响加大，需要通过多边贸易谈判确立新的规则，否则将影响世界贸易组织作用的发挥和国际贸易的发展。

（3）纠正世界贸易组织原有协定与协议实施上的失衡。由于发展不平衡和竞争力的强弱差距等原因，世贸组织成员在实施原有的贸易协定与协议中出现了不平衡，有的协议执行得较好，有的则执行得较差。如发达成员对自由化的承诺，在《纺织品与服装协定》义务的履行上，一再拖延。众多规定仍然扭曲着农产品贸易的自由化，如出口补贴、国内支持、关税高峰等。在食品进口方面出现了新的贸易壁垒。发展中成员在世贸组织中的权利未能充分享受，一部分发展中国家出现了边缘化的趋势。这些都影响了世贸组织作用的发挥。

（4）修复世贸组织的形象。自1999年在美国西雅图世贸组织第三次部长级会议无果而终以来，世贸组织的形象受到很大影响，甚至成为反经济全球化的口实。

（5）世贸组织本身为新回合谈判做了大量有效的工作，世贸组织第三任总干事穆尔做了大量游说工作。

（6）从世界贸易大局出发，在着眼于共同利益的基础上，成员方尤其是发达成员与发展中成员相互作出让步。发达成员认识到，1999年西雅图部长级会议发动新一轮谈判失败的主要原因是其在谈判议题上的不妥协立场。发展中成员也认识到需要一定的妥协，才能发起新的多边贸易谈判，既考虑到发达成员的要求，更照顾到发展中成员的利益。

二、"多哈回合"谈判的目标与特点

（一）目标

2001年11月，世贸组织在卡塔尔首都多哈举行第四次部长级会议，会议通过《部长宣言》，启动了新一轮多边贸易谈判，并决定到2005年1月1日前结束所有谈判，人们称之为"多哈回合谈判议程"，简称"多哈回合"。"多哈回合"谈判的目标主要有：抑制全球经济减缓下出现的贸易保护主义，加大贸易在促进经济发展和消除贫困方面的作用，处理最不发达国家出现的边缘化问题，理顺与区域贸易协定之间的关系，把多边贸易体制的目标与可持续发展有机地结合起来，改善世贸组织外部形象，实现《建立世界贸易组织协定》的原则和目标。

（二）谈判议题的特点

在《部长宣言》中，列出了"多哈回合"谈判的议题。归纳起来，这些议题具有以下特点：

1.议题的涉及面十分广泛

《部长宣言》列出的谈判议题有 19 个，包括：与实施有关的问题和关注；农业；服务；非农产品市场准入；与贸易有关的知识产权；贸易与投资的关系；贸易与竞争政策的相互作用；政府采购透明度；贸易便利化；世贸组织规则；《关于争端解决规则与程序的谅解》；贸易与环境；电子商务；小经济体；贸易、债务和财政；贸易与技术转让；技术合作和能力建设；最不发达国家；特殊和差别待遇等。

2.新议题多

"多哈回合"谈判的议题充分考虑到世界贸易组织建立以来世界经贸发展中出现的新事物，做到与时俱进，把关系到世界经贸发展的重要问题作为新议题，包括：贸易与环境；贸易便利化；贸易与竞争政策；贸易与技术转让；贸易与债务、金融；技术与能力建设等。新议题的数目与范围远远超出乌拉圭回合谈判确定的 3 个新议题，这表明世界范围的贸易自由化向纵深发展。一方面，贸易自由化从关税、非关税、服务市场准入转向贸易发挥作用的相关问题和环境上。另一方面，这些新议题的达成与接受将更加影响世贸组织成员境内的经贸法规，使世贸组织成员境内市场与世界市场进一步接轨，加速融入经济全球化的进程。

3.发展中成员和最不发达成员的贸易发展和利益受到空前关注

首先，在《部长宣言》前言中，声明"大多数世贸组织成员属于发展中国家，我们寻求将它们的利益和需要放在本宣言所通过的工作计划的中心位置""我们致力于处理最不发达成员在国际贸易中被边缘化的问题，提高它们在多边贸易体制中的有效参与"。其次，在《部长宣言》中，涉及发展中成员和最不发达成员的内容几乎占了一半。最后，在 19 个议题中，有 13 个议题中涉及对发展中成员和最不发达成员的谈判，其中 6 个议题是专门针对发展中成员和最不发达成员的。这些内容为发展中成员和最不发达成员通过多哈回合取得更多的差别待遇和落实这些待遇提供了良好的条件。

4.平衡了发达成员与发展中成员的要求

"多哈回合" 19 个议题使发达成员与发展中成员的要求得到较好的平衡。在新议题中既包含了发达成员关心的新议题，如贸易与环境问题、贸易与竞争政策问题等；同时也接纳了发展中成员关注的新议题，如贸易与技术转让、技术合作与能力建设以及贸易与债务、金融等。

三、中国与世界贸易组织

中国是 1947 年关税与贸易总协定中的 23 个缔约方之一，但由于历史原因，中国在关税与贸易总协定中的缔约方地位长期空缺。

从改革开放、发展社会主义生产力、建立社会主义市场经济体制的需要出发，1986 年中国提出恢复关税与贸易总协定缔约方地位的申请，并开始了"复关"谈判，一直持续到 1995 年年底。1995 年 1 月 1 日世界贸易组织正式成立，取代了关税与贸易总协定。从 1996 年开始，中国复关谈判变成加入世界贸易组织（简称"入世"）的谈判。

中国从"复关"到"入世"的谈判可以分为三个阶段：

第一阶段（1986年7月至1992年10月），提出申请，审议中国对外贸易制度阶段。

中国于1986年7月10日照会关税与贸易总协定总干事，要求恢复我国的关税与贸易总协定缔约方地位。关税与贸易总协定理事会于1986年审议了中国的这一申请。经各方长时间的磋商，于1987年3月4日设立了关于恢复"中国缔约方地位工作组"，邀请所有缔约方就中国外贸体制提出质询。

中国于1987年2月13日递交了《中国外贸制度备忘录》，缔约各方利用将近一年的时间对备忘录提出了大量的问题，中国对缔约方提出的各种问题做了详尽的解答和说明。1992年10月中国工作组第11次会议决定，结束对中国贸易制度的审议，谈判进入第二阶段即市场准入谈判阶段。中国向各缔约方发出进行谈判的邀请。

第二阶段（1992年10月至2001年9月），"复关"/"入世"议定书内容的谈判，即双边市场准入谈判。

从1992年年底起，中国开始与关税与贸易总协定缔约方进行市场准入的谈判。但由于主要西方国家对中国市场准入谈判的要价过高，使中国"复关"谈判陷入困境。中国未能在1994年年底前，即世贸组织诞生之前实现复关。

1996年，中国从"复关"谈判变成"入世"谈判。中方根据要求，与世界贸易组织的37个成员继续进行双边谈判。1999年11月15日，中美就中国加入世界贸易组织达成了双边协议，使中国加入世界贸易组织的进程取得了关键性的突破。2001年中欧谈判达成双边协议。2001年9月13日，中国与最后一个谈判对手墨西哥达成了协议，完成了"入世"的双边谈判。

第三阶段（2001年9月至2001年11月），中国"入世"法律文件的起草、审议和批准。

在双边谈判后期，多边谈判开始，主要内容是中国"入世"法律文件的起草问题。2001年9月17日，中国加入世界贸易组织工作组第18次会议通过了中国加入世界贸易组织法律文件，中国加入世界贸易组织多边谈判结束。此后，中国加入世界贸易组织工作组按照程序把加入议定书和工作报告书交给世界贸易组织总理事会。2001年11月10日，世界贸易组织第四届部长级会议一致通过中国加入世界贸易组织的决议。中华人民共和国人民代表大会常务委员会批准了这些报告和议定书，并由中国政府代表将批准书交存了世界贸易组织总干事。2001年12月11日，中国正式成为世界贸易组织第143个成员。目前WTO共有164个成员。

第五节　国际服务贸易

一、国际服务贸易的概念

国际服务贸易是指不同国家之间所发生的服务买卖与交易活动。服务的提供国称为服务的出口国，服务的消费国称为服务的进口国，各国的服务出口额之和构成国际服务贸易额。

一般认为，"服务贸易"一词最早出现在 1971 年经济合作与发展组织（OECD）的一份报告中，这份报告探讨了关贸总协定"东京回合"谈判所涉及的议题。美国《1974 年贸易法》首次使用了"国际服务贸易"的概念，20 世纪 70 年代后期，"服务贸易"便成为共同使用的贸易词汇。

由于服务贸易内在本质的复杂性，围绕着国际服务贸易的概念，各国学者进行了认真的研究和激烈的争论，直到 1994 年 4 月 15 日关贸总协定"乌拉圭回合"谈判的结束才暂时中止。此轮谈判达成了《服务贸易总协定》（General Agreement on Trade in Service，GATS），并在 GATS 中从服务贸易提供方式的角度给服务贸易下了较为准确的定义，具有一定的权威性，并为各国和各界所普遍接受。

具体来说，GATS 将服务贸易界定为以下 4 类：

（1）跨境交付（Gross-border Supply）。它是指服务的提供者在一成员的领土内向另一成员领土内的消费者提供服务。例如，在美国的律师为在英国的客户提供法律咨询服务。这种服务提供方式特别强调卖方和买方在地理上的界限，跨越国境和边界的只是服务本身。

（2）境外消费（Consumption Abroad）。它是指服务的提供者在一成员的领土内向来自另一成员的消费者提供服务。这种服务提供方式的主要特点是，消费者到境外去享用境外服务提供者提供的服务。例如，一成员的消费者到另一成员领土内旅游、求学等。

（3）商业存在（Commercial Presence）。它是指一成员的服务提供者在另一成员领土内设立商业机构或专业机构，为后者领土内的消费者提供服务。这种方式既可以是在一成员领土内组建、收购或维持一个法人实体，也可以是创建、维持一个分支机构或代表处。例如，一成员的银行或保险公司到另一成员领土内开设分行或分公司，提供金融、保险服务。这种服务提供方式有两个主要特点：一是服务的提供者和消费者在同一成员的领土内；二是服务提供者到消费者所在国的领土内采取了设立商业机构或专业机构的方式。一般认为，商业存在是四种服务提供方式中最为重要的方式。商业存在可以完全由在当地雇用的人员组成，也可以有外国人参与。在后一种情况下，这些外国人以自然人流动方式提供服务。

（4）自然人流动（Movement of Personnel）。自然人流动模式是指一成员方的自然人（服务提供者）跨境移动，在其他成员方境内提供服务而形成贸易。这里的服务消费者往往不是所在国的消费者。比如，A 国的医生到 C 国治疗来自 B 国的患者，在该服务交易中，由于患者要向医生居住国 A 国和手术进行国 C 国支付服务费用，所以采取三国之间交易的形式。很明显，如果患者是 C 国的公民，则贸易形式就变成了第三类。

需要指出的是，上述定义都很宽泛，有些互相交叉。这是因为当时的服务贸易谈判委员会在一些发达国家的要求下，尽可能多地把服务贸易纳入谈判内容。另外，服务的交易往往不是以一种方式完成的，而是几种方式的互相结合。

二、国际服务贸易的特点

与国际货物贸易和国际技术贸易相比较，国际服务贸易有其自己的特点，主要表现在以下几个方面：

（一）服务贸易的标的是无形的

国际服务贸易的标的是一种无形产品，通常而言，是以活动形式提供使用价值，不能存储，不能包装，也不能被反复转让，如金融、保险、运输、广告、律师、教育等服务。服务不能存储的特点，带来了服务出口者在进口国国内的"开业权"问题，也涉及劳动力的转移、移民政策、投资限制等一系列问题。尽管有些服务可以有自己的物质载体，如电子图书、软盘等，但服务本身与其物质载体是有所区别的，服务是内化于物质载体中的无形产品。贸易标的的无形性是国际服务贸易最基本的特征，是与凝结在货物商品中的物化劳动的本质区别所在。

（二）服务贸易的生产、消费和交易具有同时性

货物贸易中的商品一般具有较为明显的三个阶段，即生产阶段、交易阶段和消费阶段。而国际服务贸易的生产、交易和消费过程大多是同步进行的，即服务产品使用价值的创造过程和价值的形成过程，与服务贸易产品使用价值的让渡过程和消费过程以及价值的实现过程往往是在同一时间完成的。因此，服务贸易具有生产、交易与消费的同时性、非储存性和非转移性的特征。

（三）服务贸易具有异质性

货物贸易的商品是有形的，其外观、质量、性能等都可以设定和测量，进而可以规模化生产，且同种、同批次产品之间在品质上可以保证高度的一致性。服务则不同，服务的产出是以人为中心的，对于服务而言，不同批次的服务往往差异很大。服务的这个特性在国际服务贸易中也有体现。服务提供者的素质、能力，甚至工作状态都会对服务的质量产生影响，即使同一服务者提供的服务，不同时间、针对不同的服务接受者，其服务质量不可能完全相同。

（四）国际服务贸易对要素移动和服务机构境外设置有更多依赖

由于货物是有形的，它可以从出口国（地区）运往进口国（地区），或从产地运往销地被销售，因此生产者和消费者均无须离境。有一些服务也可以通过"运输"实现进出口。比如服务出口方可以在本国（地区）通过银行的计算机终端为这一服务的他国（地区）进口方处理某些业务，服务进口方无须移动就可以接受这一服务。其他通过电信手段而无须面对面就可完成的服务交易也都可以进行国际贸易。这类服务虽然不能像货物那样可以被储存，但可以被"运输"，亦即服务进出口双方无须发生空间上的移动就可完成服务的国际贸易。然而，大部分的服务贸易因为具有交易过程与生产和消费过程的同步性以及交易标的与交易者的不可分离性的交易特征，要求供给者与需求者的空间接近。有些服务如旅游服务要求需求方向供给方接近，建筑劳务服务要求供给方即劳动要素所有者向需求方移动。但无论从理论上还是实践上看，依赖于集资本、技术、管理和人力资本等要素于一身的服务机构的境外设置，即以商业存在形式集中地向东道国

消费者移动要素，以免除广大分散的需求者的跨国移动。这是国际服务贸易区别于国际货物贸易的特点。

（五）国际服务贸易具有更大的管理难度和复杂性

在国家宏观管理方面，国际服务贸易比货物贸易面临更大的难度和复杂性。国家对服务进出口的管理，不仅是对服务作为交易标的"物"的管理，还要涉及人的管理，包括人员签证、劳工政策等。某些服务贸易如金融、通信以及文化、教育等，还直接关系到输入国的国家主权、安全与价值观念等极其敏感的政治文化问题。对于货物贸易，一国政府可以采用进出口税、进出口许可证、配额等非关税措施作为监管的手段。而服务贸易是无形的，与跨越边境不存在必然联系，用以上管理货物的措施无法进行监管，一般只能通过国内相关立法规范来管理，如对服务提供者主体资格进行限制、股权的限制、经营范围的限制、税收歧视或补贴歧视等。另外，在统计管理方面，服务的跨境交易只占全部国际服务贸易的小部分，更多的服务贸易是基于服务的消费者或是服务的生产者的跨境移动，根据《服务贸易总协定》的规定，这种跨境活动的统计数字很难反映在一国的国际收支平衡表上。当前，实践中仍然缺乏对国际服务贸易精确完整的统计方法与统计体系，海关统计不能完整体现服务贸易的规模。

（六）服务贸易自由化难度更大

发达国家与发展中国家相比在服务贸易领域占据垄断优势地位，双方之间的差异较货物贸易发展水平相差更大。服务贸易自由化的主要问题不在关税壁垒方面，而是在一些更基本原则，如市场准入、最惠国待遇和国民待遇等问题上。一国服务市场开放往往还会涉及敏感度较高的人员流动政策、移民政策、劳工待遇，以及文化与意识形态、国家主权与安全等高度敏感问题，因此，较之货物贸易而言，服务贸易自由化涉及范围更广、问题更为复杂。乌拉圭回合到多哈回合服务贸易多边谈判的曲折历程，从一个侧面也证明了服务贸易的复杂性和特殊性。

（七）国际服务贸易保护隐蔽性更强

国际服务贸易保护的发展态势也不同于国际货物贸易，各国对服务贸易的保护往往不是以地区性贸易保护和"奖出"式的进攻型保护为主，而是以行业性贸易保护和"限入"式的防御型保护为主。这种以国内立法形式实施的"限入"式非关税壁垒，使国际服务贸易受到的限制和障碍往往更具刚性和隐蔽性。比较而言，货物贸易遇到的壁垒主要是关税，关税表现为数量形式，具有较高透明度，通过相互减让的方式消除障碍相对来说容易得多。服务贸易中遇到的壁垒主要是国内法规，难以体现为数量形式，也往往缺乏透明度，而且调整国内立法一般都比调整关税的难度大。

三、国际服务贸易的发展

国际服务贸易是从国内服务经济基础上通过服务业的国际化和国际分工的出现而发

展起来的。国际分工和合作是导致国际服务贸易产生和发展的动因。服务业和服务贸易的重要性不仅表现在已渐渐成为促进国民经济效率提高和国民产出总量增长的主导力量，而且也表现出服务业成为未来国际市场竞争力的核心。

（一）第二次世界大战后国际服务贸易的迅速发展

随着服务全球化持续深入发展，服务贸易日益成为推动全球贸易增长的动力。在第二次世界大战后1948—1985年的37年时间里，资本主义国家出口额从539亿美元增加到17 525亿美元，增长了31.5倍。1990年世界出口额增加到33 978.8亿美元。1913—1938年，资本主义世界工业生产平均每年增长2.2%，出口贸易量平均每年仅增长0.7%；而第二次世界大战后，1948—1980年，资本主义工业生产平均每年增长5.1%，出口贸易量则以年平均6.5%的速度增长。1980—2007年，全球服务贸易总额从7 674亿美元扩大到63 200亿美元，增长了8.2倍。服务贸易总额占全球贸易总额的份额从1980年的15.7%上升至2007年的19%。1980—2020年全球服务贸易年均增速6.5%，均高于货物贸易和世界经济的年均增速水平。1979—2022年服务贸易占全球贸易比重从17%增至22.3%，2022年全球服务贸易同比增长14.8%，高出货物贸易3.3个百分点。2023年全球服务贸易总额达7.54万亿美元，同比增长9%。世界贸易组织预计到2040年服务贸易在全球贸易中占比将超过30%。

国际资本贸易空前发展，已成为世界经济联系的重要潮流。1984—1989年，国际金融市场净融资额从1 450亿美元猛增至4 450亿美元，年递增率达25.2%，而目前国际货币市场上的年成交额则已是世界商品和劳务年贸易总额的25倍以上。世界经济联系形式日益多样化，如生产合作和装备业务、许可证技术转让、补偿贸易、合资贸易、国际分包合同、来料加工及联合投标等。

（二）第二次世界大战后国际服务贸易的发展格局

第二次世界大战后，国际服务贸易迅速发展，新的服务业不断涌现。第二次世界大战前，国际服务贸易主要是劳动力的输出和输入。第二次世界大战后，以旅游、运输、银行、建筑和承包市场为代表的服务贸易逐步走向国际市场。西方发达国家在国际服务贸易中占据主导地位，它们是国际服务贸易的主要出口国，也是主要的进口国，以发达国家为主成为了国际服务贸易发展的格局；发展中国家在国际服务贸易中的地位呈上升趋势。

进入20世纪90年代，发展中国家服务出口增长明显加快，亚洲（主要是东亚）的服务贸易发展尤为迅速，以国际贸易、国际金融、生产管理信息化为主的信息产业发展迅速。

技术、知识密集化趋势日益明显，许多新兴服务行业从制造业中分离出来，形成独立的服务经营行业，其中技术、信息、知识密集型服务行业发展最快。其他如金融、运输、贸易、管理咨询等服务行业，由于运用了先进的技术手段，也很快在全世界范围内扩大。与传统服务业相比，现代服务业的产业特征包括智力要素密集度高、产出附加值高、资源消耗少、环境污染少等。

国际服务贸易壁垒更多、更高，由于服务贸易的特殊性，对服务进口的限制无法采取关税壁垒措施。各国普遍采用的是非关税壁垒措施，主要是政府通过制定法律、规则、标准、制度等对外国服务提供者设置障碍；政府采购对本国服务优先考虑，政府对本国服务出口实行财政补贴、减免税等。

【本章小结】

本章主要介绍了 WTO 的基本内容、GATT 主要内容和基本原则。经过乌拉圭回合多边贸易谈判，正式的国际经济组织 WTO 诞生了，从而代替 GATT 更有效地促进国际贸易的规范化，促进世界经济的全球化发展。

【思考题】

1.何为世界贸易组织？其宗旨和职能是什么？

2.世界贸易组织的基本原则有哪些？

3.何为国际服务贸易？国际服务贸易的特点有哪些？

4.案例分析：经济学家威廉姆斯曾指出：GATT/WTO 规则是两方面妥协的结果。一方面是全球经济一体化、多边主义以及依赖市场的力量；另一方面是对国内稳定、经济私利以及双边主义的要求。因此，建立在 GATT/WTO 下的贸易体制是双边主义和多边主义的混合体。如何理解威廉姆斯的这番评述？

国际贸易条件

第六章

在签订合同之前，双方应当充分了解对方的信誉和背景，确保合同的公平性和透明度。这不仅是法律规定的义务，更是商业道德的体现。学生不仅要掌握贸易合同争议的处理技巧，还应培养诚信意识、跨文化沟通能力和社会责任感，为未来的贸易实践奠定坚实的基础。

第一节 商品的名称和品质

一、商品的名称

商品品名是构成货物描述（Description of Goods）的重要组成部分，是国际货物买卖合同的基本内容。商品品名（Name of Commodity）亦称货名（Name of Goods），其主要功能是使各种商品能够彼此区别，在一定程度上反映商品的自然属性、用途及主要性能特征，诱发消费者的购买欲望。约定合同标的物的具体名称，对于进出口商品的归类具有重要意义。

（一）进出口商品的归类方法

《商品名称及编码协调制度》简称《协调制度》，又称"HS"（The Harmonized Commodity Description and Coding System），是世界海关组织在原海关合作理事会商品分类目录和国际贸易标准分类目录的基础上，协调国际上多种商品分类目录而制定的一部多用途的国际贸易商品分类目录。《协调制度》也是我国制订及实施进出口税则、贸易管制、统计以及其他各项进出口管理措施的基础目录，我国于1992年起采用《协调制度》对进出口商品进行归类。

为适应国际贸易的发展，世界海关组织发布了2017年版《协调制度》修订目录，于2017年1月1日生效。《协调制度》采用六位数编码。前两位代表章（Chapter），第三、第四位为商品在该章的位置（按加工层次顺序排列），第一至第四位称为品目（Heading），第五至第六位称为子目（Subheading）。前六位数是HS国际标准编码，HS有1 241个四位数的税目，5 113个六位数子目。第七位码后各国可依本身需要而定，我国在六位数编码的基础上，使用的是十位数编码，其中前面八位称为主码，后两位称为附加码。

《协调制度》将国际贸易涉及的各种商品分为22类98章。《协调制度》中的商品中文名称不仅仅是一般意义上的品名，而且包含了该商品的规格、成分、外形、形态、加工方式、加工深度、功能、功率、用途及包装方式等特定的内容。

（二）约定商品品名的重要性

（1）从法律的角度看，在合同中规定标的物的条款，是买卖双方的一项基本权利和义务，是货物交收的基本依据之一。如果卖方交付的货物不符合合同规定的品名或说明，买方有权提出损害赔偿要求，直至拒收货物或撤销合同。

（2）从实务的角度看，列明成交商品的具体名称是交易赖以进行的物质基础和前提，买卖双方在此前提下进行价格磋商并决定包装方式、运输方式，同时品名也是进行商业统计、外贸统计的依据，以及报关、报检、托运、投保、索赔、仲裁等实务中收费的依据。

（三）订立品名条款应注意的问题

1.商品的名称必须明确、具体

商品的名称应该明确、具体，必须能确切反映交易商品的特点，不能空泛、笼统地规定，有时只简单列明商品的名称不够具体明确，还应该增加商品的品名、型号、产地和等级，如"海河牌婴儿奶粉""四川榨菜"等。

2.商品的名称应该实事求是，能切实反映商品的实际情况

商品的品名必须是卖方能够供应给买方的，凡是做不到或不必要的描述词句，都不要列入，否则就有造假嫌疑，如"某某一次净"等类似的过于绝对地强调产品功效的词语，在实际业务中，若不能达到商品名称所表达的功效，则会给合同的履行带来困难。

3.尽可能使用国际上通用的名称

有些商品的名称，在各个地方的叫法可能是不一致的，如鳖，在我国就有"甲鱼""团鱼"等叫法。为了避免误会，应尽可能使用国际上通用的称呼。若使用地方性的名称，应确保交易双方事先就其含义达成共识。另外，对于某些新商品的定名及其译名，应力求准确、易懂，并符合国际惯例。

4.尽量选用有利于降低关税和方便进出口的名称

应根据有关国家的海关税则和进出口限制的规定，恰当地选择有利于降低关税和方便进出口的名称。

（四）合同中品名条款的内容

国际货物买卖合同中的品名条款一般由买卖双方协商确定。品名条款取决于成交商品的品种和特点，有的商品只要在"商品名称"或"品名"的标题下列明商品的通用名称即可，如小麦。有时为了简短起见，也可不加标题，只在合同的开头部分列明买卖双方交易某种商品的句子。但有的商品除了列明通用名称外，还应该注明等级、品种和型号等，如"东北一级大豆"。此外，有时还会出现品名和品质条款合并的情况，如"海尔32寸液晶电视机"。

二、商品的品质

（一）对出口商品品质的要求

1.品质条款的重要性

商品的品质（Quality of Commodity）是指商品的内在品质和外观形态，内在品质包括商品的物理性能、机械性能、化学成分和生物特性等自然属性；而外观形态包括商品的外形、色泽、款式和透明度等。商品品质的好坏不仅关系到商品的使用价值和商品价格的高低，还影响着商品的销路和信誉。

2.对出口商品品质的基本要求

（1）必须符合合同和信用证的规定。在商品买卖贸易中，买卖双方会在销售合同或者信用证中就商品品质作出规定，商品品质条款是合同的一个基本条款。它向买卖双方表明了所交易商品的名称、规格、等级、标准、品牌、商标或产地名称等内容，是买卖双方交接货物的依据。卖方所交货物必须符合合同和信用证的规定，否则买方有权提出损害赔偿，甚至拒收货物或者撤销合同。

（2）必须符合国家标准和国际标准。对出口的商品必须严把质量关，按照国家标准或国际标准组织生产，使出口商品能够符合进口国的相关规定和要求。

（3）要做到适销、对路、稳定、划一。出口企业应该对各个目标市场、各个时期的消费者的不同需求进行调研，根据消费者的需求和偏好，开发出适销对路的新产品。另外，还要保证商品品质的稳定性，每批货物的质量水平应该统一。

（4）要适应进口国的销售季节和自然条件。要适应进口国的季节变化和销售方式，注意自然条件的差异。

（5）必须符合进口国消费者的宗教习惯。出口商品应充分尊重进口国的宗教信仰、民族风俗和文化传统，使出口的商品符合其消费习惯和爱好特点。

（6）加强对机电产品的技术服务。机电产品是我国的传统优势出口产品，出口品种繁多、技术复杂、专业性强。产品的投入使用、维护和维修都需要专业人员的技术支持，因此，为了扩大出口，占领市场，在确保质量的同时，还应该为用户提供各种便利，如技术咨询、安装调试及零部件供应，建立健全维修服务网点，逐步解决机电产品售后服务问题，加强对机电产品的技术服务等。

（二）表示商品品质的方法

1.以实物表示商品的品质

（1）看货买卖。

买方在卖方所在地验看货物，达成交易后，卖方则应该交付买方事先验看过的货物，但受交易双方距离遥远的限制，采用看货买卖成交的多为寄售、拍卖和展卖业务。

（2）凭样品买卖。

样品通常是从一批商品中抽出来的或由生产、使用部门设计、加工出来的，足以反映和代表整批商品品质的少量实物。

①凭卖方样品。样品由卖方提供，在国际贸易中这种情况比较多，应注意以下问题：

·样品要具有代表性。

·打样，我们一般称样品的生产制作过程为打样。打样必须认真考虑生产厂家现有的状况和技术水平，生产工艺达不到的样品不能打。

·寄样，买家要求寄样，至少说明他对产品感兴趣，特别是有些产品的工艺、成分或款式非常复杂，一个样品就可以说明一切。企业在寄样时，首先要判断其索要样目的和购买意愿，然后进行客户归类，最后根据不同的客户类型选择不同的寄样策略。

·留样，对外寄出样品（称作原样）时，要留存复样（或称留样），以备将来组织生产、交货、处理质量纠纷时做核对之用。

·参考样品，对"货""样"难以完全一致的商品，寄出样品时，要说明"交货品质与样品相似"或"样品仅供参考"。

②凭买方样品。又称来样成交或来样制作。买方出样在出口交易中有时也有采用，但在确认按买方提交的样品成交之前，卖方必须充分考虑按来样制作特定产品所需的原材料供应、加工技术、设备和生产安排的可行性，以确保日后得以正确履约。此外，还需防止被卷入侵犯第三者工业产权的纠纷。为避免这种情况的出现，可以在合同中明确规定：如果发生由买方来样引起侵犯第三者工业产权的情况，概由买方负责，与卖方无关。

③凭对等样品（Counter Sample）。在实际业务中，如卖方认为按买方来样供货没有切实把握，卖方可根据买方来样仿制出相似的样品提交买方，经买方确认后卖方即可按此样品交货，这种样品称为"对等样品"或称为"回样"。

样品一般都可反映其所代表的商品的整体质量，但也有一些样品，它们只被用作反映某些商品的一个或几个方面的质量，而不反映全部质量。例如，色彩样品只表示商品的色彩，花样款式样品只表示商品的花样款式，并且这些样品有时只作为参考样品。至于商品的其他质量内容，则用文字说明来表示。在实际业务中，样品的种类繁多，除了以上样品外，还有以下几种：

·测试样（Test Sample），即交由买方客户通过某种测试检验卖方产品品质的样品，如果样品测试结果不能达到客户的要求，客户则不会下单订货。

·修改样（Modified Sample），即买方对样品的某个方面提出修改要求，卖方修改后又重新寄回买方确认的样品。

·确认样（Approved Sample），买卖双方认可，最后经买方确认的样品。

·前样（Pre-production Sample），即生产之前需要寄给客户确认的样品。

·产样（Production Sample），指大批货生产的样品。

·货样（Shipping Sample），也叫船样，是产品已经做好出货准备时的样品。

样品无论是由卖方提供的，还是由买方提供的，一经双方凭以成交便成为履行合同时交接货物的质量依据，卖方应承担交付的货物质量与样品完全一致的责任。否则，买方有权提出索赔甚至拒收货物。因此，在实际业务中，凡是由于买卖商品的特性或生产加工技术的原因，致使卖方难以保证交货质量与样品完全相同时，则应采用参考样品，即在磋商订约时与买方约定交货质量与样品相似或大致相同，并在合同中作出明确规定。然而，在采用上述规定时，买卖双方究竟允许交货质量与样品有多大差异，应事先有一致的认识，否则，在交货时可能由于看法不同而引起争议。

2. 以文字说明表示商品的品质

以文字说明表示商品的品质，是指用文字、图表、图片等方式来说明成交的商品的品质。这类表示品质的方法可细分为以下几种：

（1）凭规格、等级或标准买卖。

①凭规格买卖（Sale by Specification）。商品规格（Specification of Goods）指一些足以反映商品质量的主要指标，如大小、长短、粗细、成分、含量、纯度、容量等。对于

适于凭规格买卖的商品，应提供具体规格来说明商品的基本品质状况，并在合同中写清楚，如东北大豆，含油量18%，碎粉14%，杂质最高2%。

② 凭等级买卖（Sale by Grade）。商品的等级指同一类商品，根据长期的生产和贸易实践，按照其品质差异或规格差异，用文字、数字或符号所作的分类。凭等级买卖时，由于不同等级的商品具有不同的规格，为了便于履行合同和避免争议，在品质条款列明等级的同时，最好一并规定每一等级的具体规格。例如，一级玉米，纯质最低97%，杂质最高0.5%；二级玉米，纯质最低94%，杂质最高1.0%；三级玉米，纯质最低91%，杂质最高1.5%。

③ 凭标准买卖（Sale by Standard）。商品的标准是指商品规格和等级标准化，商品的标准一般由标准化组织、政府机关、行业团体、商品交易所等规定并公布。

在国际贸易中，对于某些品质变化较大而难以规定统一标准的农副产品，往往采用"良好平均品质"（Fair Average Quality，FAQ）这一术语来表示其品质。

所谓良好平均品质，是指一定时期内某地出口货物的平均品质水平，一般是指中等货。FAQ的具体解释和确定办法如下：

FAQ指农产品的每个生产年度的中等货，也指某一季度或某一装船月份在装运地发运的同一种商品的平均品质。在我国，某些农副产品的交易中也有使用FAQ表示品质的，俗称"大路货"，如"中国桐油，大路货，游离脂肪酸最高4%"，其交易品质一般以我国产区当年生产该项农产品的平均品质为依据而确定，与精选货（Selected）是相对的概念。由于该种表示方法比较含糊，常适用于比较熟悉的老客户之间，一般情况下较少使用。在使用这种表示方法时除了注明FAQ外，还可再加注一些具体规格，使品质更为明确。

此外，还有"上好可销品质"（Good Merchantable Quality，GMQ），指品质上好、可以销售的货物。在国际上，有些商品没有公认的规格和等级，如冷冻鱼虾等，有时卖方在交付这类货物时，只要保证所交的商品在品质上具有"商销性"即可。

（2）凭品牌或商标买卖。

品牌（Brand Name）是指工商企业给制造或销售的商品所冠的名称。商标（Trade Mark）是指生产者或商号用来识别其所生产或出售的商品的标志。品牌或商标实际上是一种品质象征。凭品牌或商标的买卖，一般只适用于一些品质稳定的工业制成品或经过科学加工的初级产品。在进行这类交易时，必须切实把好质量关，保证产品的传统特色，把维护产品的信誉放在首要地位。

（3）凭产地名称买卖。

在国际货物买卖中，有些产品，因产区的自然条件、传统加工工艺等因素的影响，在品质方面具有其他产区的产品所不具有的独特风格和特色。对于这类产品，一般可用产地名称来表示其品质，如"法国香水""德国啤酒""五常大米""天津红小豆"等。另外，为了避免模糊、过于笼统，最好再附上一些详细的规格、成分、含量说明等。

（4）凭说明书和图样买卖。

在国际货物买卖中，有些机器、电器、仪表、大型设备等技术密集型产品，由于其结构复杂，制作工艺不同，无法用样品或简单的几个指标来反映其品质。对于这类商品，买卖双方往往以说明书辅以图样、照片、设计、图纸、分析表及各种数据来说明其具体性能和结构特点。凭说明书和图样买卖时，要求所交的货物必须符合说明书所规定的各项指标。

（三）品质公差和品质机动幅度

在国际贸易中，由于商品的特性、生产技术条件、运输条件及气候等多种原因，难以保证交货的品质与合同规定的内容完全一致，对于这些商品，如果条款规定太死或太绝对，必然会不利于卖方，容易引起贸易纠纷，对于这些货物的品质可以在一定范围内略高或略低于合同中的品质要求。

1.品质公差

品质公差（Quality Tolerance）指该产品的误差是国际同行所公认的。合同中品质指标有允许的"公差"，即为品质公差，如手表走时的误差等。国际同行中有公认的公差时，可以不在合同中明确说明。但如果不存在国际同行的公差时，或交易双方对公差的理解存在差异时，应在合同中具体规定品质公差的内容，即买卖双方都认可的公差。

2.品质机动幅度

品质机动幅度（Quality Latitude）是指允许卖方所交货物的质量指标在一定幅度内灵活浮动，其主要应用于初级产品以及某些工业制成品。规定品质机动幅度的方法有以下3种：

（1）规定一定的范围。对某种商品的品质指标规定一个差异范围。例如，纱管重量，每支33～35克。

（2）规定一定的极限。对某种商品的品质指标规定一个上、下极限。常见的表示方法有最大、最小、最高、最低、最多、最少等。例如，大豆含油量最低20%，水分最高13%，杂质最高1%。

（3）规定上、下限变动幅度。对某种商品的品质指标规定一个上、下限变动幅度。例如，大豆含油量最低20%，水分最高13%，可增减1%。

（四）合同中品质条款的内容

商品买卖贸易中，合同中的商品品质条款是一个基本的条款。它向买卖双方表明了所交易商品的名称、规格、等级、标准、品牌、商标或产地名称等内容。商品质量的表示方法不同，在合同中商品品质条款的内容也不同。此外，合同中的商品品质条款还经常含有品质公差或品质机动幅度等内容。具体举例如下：

（1）所交货物须与卖方第×××号样品大致相等。

The goods to be delivered shall be about equal to seller's sample NO.×××.

（2）灰鸭毛，含绒量18%，允许增减1%。

Grey duck feather, down content 18%, allowing 1% more or less.

几种产品
认证

第二节 商品的数量和包装

一、商品的数量

商品不仅表现为一定的质，同时表现为一定的量。数量的多少不仅关系到交易规模的大小，还会影响到消费者的使用和市场的变化。商品的数量是指一定的度量衡单位表示的商品的重量、数量、长度、面积、体积、容积等。

（一）数量条款的重要性

商品的数量条款是交易双方约定交接货物的数量依据，它是国际货物买卖中不可缺少的重要条款之一。《联合国国际货物销售合同公约》规定，卖方必须按照合同数量条款的规定交付货物，如果卖方交付的货物数量多于合同规定的数量，买方可以收取，也可以拒绝收取多交货物的一部分或者全部。如果卖方的交货数量少于约定的数量，卖方应该在规定的交货期届满前补交，但不得使卖方遭遇不合理的不便或承担不合理的开支，即便如此，买方仍可保留要求损害赔偿的权利。由此可见，正确掌握成交数量和订好合同中的数量条款具有十分重要的意义。

（二）国际度量衡制度

当前，国际贸易中通常使用的度量衡制度有公制（Metric System）、英制（British System）和美制（U.S.System），此外，还有国际标准计量组织在公制基础上颁布的国际单位制（International System of Units，SI）。由于各国使用的度量衡制度各不相同，有时同一计量单位表示的商品数量也会有很大差异。例如，表示重量单位的"吨"（Ton），在实行公制的国家用"公吨"（Metric Ton）度量，1公吨等于1 000千克，在实行英制的国家为"长吨"（Long Ton），1长吨等于1 016千克，在实行美制的国家则采用"短吨"（Short Ton），1短吨等于907千克。因此，熟悉进口国的度量衡制度，了解不同度量衡制度的换算，是出口商准备交付货物数量前必须要做的功课。

根据《中华人民共和国计量法》的规定，我国采用国际单位制。国际单位制计量单位和国家选定的其他计量单位，为国家法定计量单位。在我国，除个别领域外，不允许使用非法定计量单位。在国际贸易中，除合同中明确规定采用公制、英制、美制单位外，都应使用法定计量单位。我国一般不进口非法定计量单位的仪器。如有特殊需要，须经有关标准计量管理机构批准。

（三）计量单位

在国际贸易中，买卖双方约定交付货物的数量时，也应该明确约定使用的计量单位，采用的计量单位应该符合商品的种类和特点。通常使用的计量单位主要有表6-1所示的几种。

表6-1 常用的计量单位

种类	计量单位	计量单位的适用范围
重量单位	千克（Kilogram，kg） 吨（Ton，t） 公吨（Metric Ton，Tonne，MT） 长吨（Long Ton，t（UK）） 短吨（Short Ton，t（US）） 磅（Pound，lb） 盎司（Ounce，oz） 公担（Quintal，q） 英担（Hundredweight，cwt） 司马担（Picul）	粮谷、矿产品、部分工业制成品
长度单位	米（Metre，m） 厘米（Centimetre，cm） 码（Yard，yd） 英尺（Foot，ft） 英寸（Inch，in） 公里（Kilometer，km）	电线电缆、布匹、绳索
面积单位	平方米（Square Metre，sq.m） 平方英尺（Square Foot，sq.ft） 平方码（Square Yard，sq.yd） 平方英寸（Square Inch）	皮革、玻璃、地板、地毯、铁丝网
体积单位	立方码（Cubic Yard，cu.yd） 立方米（Cubic Metre，cu.m） 立方英尺（Cubic Foot，cu.ft） 立方英寸（Cubic Inch）	木材、化学气体
容积单位	升（Litre，L） 毫升（Milliliter，mL） 加仑（Gallon，gal） 蒲式耳（Bushel，bu）	谷物、汽油、酒精
个数单位	个/只（Piece，pc） 对/副（Pair，pr） 打（Dozen，doz） 罗（Gross，gr） 台/套（Set） 纸箱（Carton，ctn） 箱（Case） 件（Package，pkg）	一般杂货、日用工业制成品

（四）计算重量的方法

1.毛重

毛重（Gross Weight）是指商品本身的重量加包装物的重量。一些低价值的商品比较适用这种计重方法，如麻袋装的小麦、谷物等农产品。以毛重作为计算价格的基础，这种方法在国际贸易中被称为"以毛作净"（Gross for Net）。

2.净重

净重（Net Weight）指商品本身的重量，它是毛重除去包装物后的商品重量。在国际贸易中大多数商品都采取净重计量。在国际贸易中关于包装物重量的计算方法有以下几种。

（1）实际皮重（Real Tare）。对所有包装物称重，可以得到包装总重量。

（2）平均皮重（Average Tare）。从全部商品中抽样，用包装物的重量除以件数得到平均皮重，然后乘以总件数，即可得到包装总重量。

（3）习惯皮重（Customary Tare）。对于一些包装已经标准化的商品，其单件包装重量都会有公认的标准。单件包装重量乘以件数，可以得到包装总重量。

（4）约定皮重（Computed Tare）。买卖双方事先约定包装物的重量乘以件数，可以得到包装总重量。

3.公量

按公量（Conditioned Weight）计重就是使用科学方法，抽取商品中所含的水分，再加上标准水分重量，求得的重量即为公量。具体计算公式为：

公量=实际重量×（1+公定回潮率）/（1+实际回潮率）

该方法适用于少数经济价值较高而水分含量极其不稳定的商品，它们的吸湿性较强，受客观环境的影响较大，如羊毛、生丝、棉花等。

4.理论重量

理论重量（Theoretical Weight）是指某些固定规格形状和尺寸的商品，如马口铁、钢板等，只要规格一致，每件重量大体上相同，可以根据其件数推算出重量来。

5.法定重量

法定重量（Legal Weight）是指商品的实际净重加上商品的销售包装重量，用于海关征从量税。另外，除去商品的销售包装重量得到的纯商品的重量，为实物净重。

（五）数量机动幅度

由于受商品特性、运输方式、货源供给等方面的影响，有些商品的数量难以精确计量，实际交货数量不容易做到绝对准确，为避免日后有争议，买卖双方会在合同中订立数量机动幅度条款。数量机动幅度条款是指买卖双方在签订具体数量条款时，同时在合同中规定允许多装或少装的幅度。常用的做法如下：

1.采用约量

在具体数量前加上"约""大约"等字样。国际上对此类说法没有统一的标准，所以比较容易引起双方的争议，最好少用。但是采用信用证方式支付时，如果采用这种方法，《跟单信用证统一惯例》（UCP600）对此做了比较明确的规定，第三十条 a 款规定："约"或"大约"用于信用证金额或信用证规定的数量或单价时，应解释为允许有关金额和数量有不超过10%的增减幅度。

2.溢短装条款

溢短装条款（More or Less Clause）是指合同中规定允许卖方多装或少装百分之几。只要卖方多装或少装的数量在规定的限度之内，则视为符合合同规定的数量要求。UCP600第三十条 b 款规定：在信用证未以包装单位件数或货物自身件数方式规定货物数量时，货物数量允许有5%的增减幅度，只要总支取金额不超过信用证金额即可。

对于溢短装货物的计价方法常用的主要有以下两种：

（1）按合同价格计价。

按合同价格计价是一种比较常用的计价方法。当合同中未明确规定溢短装部分的计价方法时，则按合同价格计算。

（2）按装船时的国际市场价格或按到货时的国际市场价格计价。

有时为了防止出口商利用溢短装条款根据行市谋取私利，故意多装或者少装，常在合同中规定溢短装部分按装船时的国际市场价格或到货时的国际市场价格计算。

数量机动幅度的大小应根据商品特性、运输方式和行业习惯来定。在国际贸易中，溢短装货物百分比常由安排运输的一方决定。例如，采用 CFR 或 CIF 成交，由卖方或船方决定；采用 FOB 成交，由买方或船方决定。

报价数量

（六）合同中的数量条款

国际货物买卖合同的数量条款一般包括商品的数量、计量单位或数量机动幅度等。举例如下：

（1）棉纱，2 500包，每包300磅。

Cotton yarn，2 500 bales，300 pounds each.

（2）毛巾，5 000箱，每箱10打。

Towels，5 000 cases，10 doz.each.

（3）大米，1 000公吨，5%上下，由卖方选择。

Rice，1 000 metric tons，5% more or less，at seller's option.

（4）中国东北大豆，6 000公吨，以毛作净，卖方可溢短装3%。

Northeast Chinese soybeans，6 000 metric tons，gross as net，supply or shortage 3% at seller's option.

二、商品的包装

在国际货物买卖中，包装是货物的重要组成部分，包装条件是买卖合同中的一项重要条件。

（一）包装条款的重要性

在国际货物买卖中，除一些裸装或散装的货物不需包装外，大多数商品只有通过包装才能出口进入流通领域和消费领域，才能实现商品的使用价值和价值，包装和商品也就成了一个不可分割的整体。适当的包装不仅便于运输、装卸、搬运、储运、保管和盘点等，而且可以吸引更多的消费者，扩大商品的出口，提高售价。

鉴于包装的重要性，买卖双方在订立合同时应该明确约定包装条款。包装条款是国际货物买卖合同中的一项主要条款，《联合国国际货物销售合同公约》规定：卖方须按照合同规定的方式装箱或者包装。如果卖方不按照合同规定的方式装箱或者包装，即构成违约。所以做好包装工作和按照合同要求包装，在国际货物买卖中具有重大意义。

（二）包装的种类

根据包装在流通过程中的作用不同，包装可以分为运输包装（Transport Packing）和销售包装（Consumer Packing）两类。

1.运输包装

运输包装指货物在运输过程中最外面的包装。主要作用为保护货物、便利装卸、储存和运输。

（1）运输包装的种类。

根据运输包装方式的不同，运输包装主要分为单件运输包装和集合运输包装。

① 单件运输包装。单件运输包装是指货物在运输过程中作为一个寄件单位的包装。按照包装材料的不同可分为箱（Case）、桶（Drum）、袋（Bag）、包（Bale）、捆（Bundle）、罐（Can）等。

② 集合运输包装。集合运输包装是在单件运输包装的基础上，把若干个单件运输包装组合成一个大的包装或放到一个更大的包装容器内的包装方式。常见的集合运输包装方式有托盘（Pallet）、集装袋（Flexible Container）和集装箱（Container）。

•托盘。托盘是为了便于货物装卸、运输、保管和配送等而使用的，由可以承载若干数量物品的负荷面和叉车插口构成的装卸用垫板。它在商品流通中具有广泛的应用价值，被物流行业形象地誉为"移动的地面""活动的货台"。

根据托盘的材质不同，可分为木制、塑制、钢制、竹制和复合等多种托盘。关于托盘的尺寸，我国以1 200mm×1 000mm和1 100mm×1 100mm两种规格作为托盘国家标准，并向企业优先推荐使用前者，以实现逐步过渡到同一种托盘规格的理想目标。

•集装袋。集装袋是一种柔性运输包装容器，是集装单元器具的一种，配以起重机或叉车，就可以实现集装单元化运输，它适用于装运大宗散装、粉粒状物料，广泛用于食品、粮谷、医药、化工、矿产品等粉状、颗粒、块状物品的运输包装。一个集装袋一般可以载重0.5~3t，容积为500~2 300L，而其自身重量为0.5~4kg不等。

•集装箱。集装箱是指具有一定强度、刚度和规格专供周转使用的大型装货容器。使用集装箱转运货物，可直接在发货人的仓库装货，运到收货人的仓库卸货，在运输中途更换车、船时，无须将货物从箱内取出换装。

每个集装箱箱体上都有一个11位的编号，前4位是字母，称为抬头，后7位是数字，此编号是唯一的。4个英文字母中前3个字母是箱主（船公司、租箱公司）代码，如中远是CBH，中海是CCL，弘信是TGH，第4个英文字母基本上都是U，U代表集装箱（也有少数例外，如APLS是APL船公司的20英尺箱），后面的数字是集装箱的编号。通常1和9开头的集装箱是特种箱，数字4、7、8开头的是大柜，2、3开头的是小柜。它的最后一个数字是集装箱的识别码。

（2）运输包装上的标志。

为了方便货物的交接，防止错发、错运、错提货物，方便识别、运输、仓储等，通常在商品包装上都印有某种特定的文字或图形，即为商标包装的标志。按照用途的不同，包装标志主要可以分为运输标志、指示性标志和警告性标志3种。

①运输标志。运输标志（俗称唛头，Shipping Mark），是一种识别标志。一般由发货人或收货人的代号（由文字、字母和图形表示）、目的地名称和件号或批号三部分组成。

另外，为了简化和统一国际贸易事务，国际上制定了一套标准化运输标志，供各国参考，该标准化运输标志依次包括以下4个部分：收货人代号；参考号，如订单号、发票或运单号码等；目的地名称；件号，一般用"整批货物中每件的顺序号/总件数"的形式来表示。

举例如下：

ABC……………收货人代号   1234……………参考号

LONDON………目的地   1/30……………件号

运输标志在国际贸易中有其特殊的作用，《联合国国际货物买卖合同公约》规定，在商品特定化以前，风险不由买方承担。而在商品外包装上印刷运输标志是最常见的商品特定化的有效方式之一。至于根据某种需要而在运输包装上刷写的其他内容，如许可证号、原产地、体积、重量等，则属于附属标志，不作为运输标志必要的组成部分。原产地（Place of Origin Mark）是商品的重要标志之一。商品产地是海关统计和征税的重要依据，一般用产地证说明，但企业一般应在内外包装上均注明产地，作为商品说明的一个重要内容。

按贸易习惯，运输标志一般由卖方确定并通知买方，若买方在订立合同后，要求运输标志由其指定，则应该说明一下给定运输标志的最后时限，若到期后仍未能确定运输标志，则由卖方自行决定。

②指示性标志。指示性标志是提示人们在装卸、运输和保管过程中需要注意的事项，一般都是以简单、醒目的图形及文字在包装上标出，故有人称其为注意标志。几种常见的指示性标志如图6-1所示。

| 轻　放 | 怕　热 | 怕　湿 | 向　上 |

图6-1　几种常见的指示性标志

③警告性标志。警告性标志又称危险货物包装标志，用以说明运输包装内装有易爆、易燃、易腐蚀、有毒、放射性的物品，提醒人们采取相应的防护措施，以保证人身和物资财产安全。几种常见的警告性标志如图6-2所示。

| 有毒物品 | 放射性物品（I级） | 遇水释放出易燃气体的物品 |

| 易燃固体 | 易燃气体 | 易自燃物品 |

图6-2 几种常见的警告性标志

需要注意的是，相同的图案不同的底色可能代表不同的含义，所以标志的颜色要符合有关规定的要求，防止褪色、脱落造成混淆。

除联合国政府间海事协商组织规定了一套《国际海运危险品标志》外，我国技术监督局也发布了一套《危险货物包装标志》。并且规定，我国出口危险物品的包装上要同时打上我国和国际两套危险物品标志。

④重量体积标志。重量体积标志包括货物毛重、净重、尺码，主要作用是供储运部门安排舱位及装卸、存仓作业。例如：

GROSS WEIGHT······26KGS

NET WEIGHT······24KGS

⑤原产地标志。通常伴随使用原产地证明书，是海关统计和征税的重要依据。例如，MADE IN CHINA。

（3）选择运输包装应注意的问题。

① 包装要适应商品的特点与运输方式。不同的商品和不同的运输方式，对包装的要求不同，尤其是在国与国之间的长途运输中，适当的包装材料、包装方式和包装规格对保护商品有着重要的意义。商品的包装要充分考虑到其特性和运输方式。

② 要考虑进口国对包装的相关法律、法令规定。一些国家对其进口商品的包装材料、包装上的文字都有所规定。在进行国际商品买卖时一定要对此多加留意，确保商品的包装符合进口国有关法律、法令的规定。

③ 要考虑进口国的消费水平和客户的具体要求对包装的影响。相对来说，出口到低收入水平国家的商品包装一般要简单实用，这样便于降低商品成本，从而使商品的定价也相对低，容易被当地消费者接受。而出口到高收入国家的商品包装应相对奢华些，

从而提高商品的档次。另外，具体的包装形式也要考虑客户的要求。

④ 要考虑进口地风俗习惯对商品包装的影响。由于不同的国家或地区国民的习俗及消费习惯不同，对商品的包装也有不同的偏好。因此，出口商应对不同国家的习俗和消费习惯有所了解。

2.销售包装

销售包装又称内包装（Inner Packing），是在商品制造出来后，用适当的材料或容器进行的初次包装。销售包装不仅有利于保护商品，还能起到美化宣传商品、促进销售和便于消费者使用等作用。因此，在国际贸易中，对销售包装的用料、造型结构、装潢画面和文字说明都有较高的要求。

（1）销售包装的种类。

销售包装大致分为以下几类：便于展销的销售包装，如挂式包装、堆叠式包装；便于识别商品的销售包装，如透明包装；便于使用的销售包装，如易开包装、喷雾包装、一次性包装、携带包装等；便于保存的销售包装，如真空包装。

（2）条形码。

条形码（Bar Code）又称物品条形码，由一组粗细不等、黑白相间的平行线条及相应的数字组成，是为便利销售、结账、经营管理和国际贸易而设计的一种在一定范围内通用的商品代码。

国际通用条形码主要有 UPC（Universal Product Code）条码和 EAN（European Article Number）条码。1991年我国成为国际物品编码协会的正式会员，迄今为止，该协会分配给我国的国别代码为 690 ~ 695。

条形码表达商品的生产国别或地区、生产厂商、品种规格、售价以及库存量等有关信息，通过光电扫描阅读装置和计算机网络系统，对商品流通进行计算机管理，是一种经济实用的自动识别、自动数据采集技术。

（3）制作销售包装应注意的问题。

制作销售包装时应注意销售包装的装潢与文字说明：① 装潢应美观大方，富于艺术吸引力，并突出商品的特点。② 要适应进口国或销售地区的民族习惯和爱好。③ 使用的文字、说明和标签要符合有关国家的标签管理条例。

各国对商品销售包装的喜好与禁忌

（三）中性包装与定牌

1.中性包装

中性包装指在出口商品的包装上不标明生产国别、地名和厂商名称。按照包装上有无贴牌，中性包装又分为无牌中性包装和定牌中性包装两种。

（1）无牌中性包装。无牌中性包装是指出口商品的包装上既无生产国别、地名和厂商名称，也无商标和牌号。

（2）定牌中性包装。定牌中性包装是指出口商品的包装上使用买方指定的商标或牌名，但无生产国别、地名和厂商名称。

采用中性包装大多是为了打破进口国的贸易壁垒，扩大出口，适应交易的特殊需要，如转口销售等。

2.定牌

定牌是指卖方按买方要求在其出售的商品和包装上标明买方指定的商标或品牌。当前，世界许多国家的超级市场、大百货公司和专业商店，对其经营出售的商品，都要在商品上或包装上标有本商店使用的商标或品牌，以扩大本店的知名度和显示该商品的身价，许多国家的出口厂商，为了利用买主的经营能力及其商业信誉和牌名声誉，以提高商品售价和扩大销路，也愿意接受定牌生产。

在我国出口贸易中，如外商订货量较大且需求比较稳定，为了适应买方销售的需要和有利于扩大出口，我们也可接受定牌生产。具体做法有以下3种：①定牌中性包装只使用外商指定的商标或品牌，不标明生产国别和厂商名称。②在定牌生产的商品包装上标明我国的商标或品牌，同时也加注国外商号名称或表示其商号的标记。③在定牌生产的商品包装上使用买方指定的商标或品牌并标明"中国制造"字样。

（四）合同中的包装条款

国际货物买卖合同中，包装条款所包含的一般内容有包装的材料、包装的方式和每件包装中所含物品的数量或重量。此外，有时合同中还规定运输标志和包装费用的负担等内容。举例如下：

（1）铁桶装，每桶净重25千克。

Packed in iron drum of 25 kg net each.

（2）木箱装，每箱装30匹，每匹40码。

Packed in wooden cases，30 pieces per case of 40 yard.

（3）每台装1个出口纸箱，810个纸箱装1只40英尺集装箱运送。

Each set packed in one export carton，810 cartons transported in one 40 ft container.

第三节　商品检验

商品检验是随着国际货物买卖的发展而产生和发展起来的，它是商品进出口业务中的重要一环。在货物进出口过程中按照国家有关法律办理进出口商品检验手续是国际货物交易顺利进行的重要保证。

一、商品检验的重要性

（一）商品检验的意义和作用

国际货物买卖中的商品检验（Commodity Inspection），简称商检，是指商品检验机构对卖方拟交付货物或已交付货物的品质、规格、数量、重量、包装、卫生、安全等项目所进行的检验、鉴定和管理工作。

在国际货物买卖中，由于交易双方身处异地，相距遥远，货物在长途运输过程中难免会发生残损、短少甚至灭失，尤其是在凭单证交接货物的象征性交货条件下，买卖双方对所交货物的品质、数量等问题更易产生争议。因此，为了便于查明货损原因，确定责任归属，以便顺利进行货物的交接和交易，就需要一个公证的第三者，即商品检验机构，对货物进行检验或鉴定。

由于商品检验直接关系到买卖双方在货物交接方面的权利与义务，特别是某些进出口商品的检验工作还直接关系到本国的国民经济能否顺利协调发展、生态环境能否保持平衡、人民的健康和动植物的生长能否得到保证，以及能否促进本国出口商品质量的提高和出口贸易的发展，因此，许多国家的法律和国际公约都对商品的检验问题有明确规定。

《中华人民共和国进出口商品检验法》规定：商检机构和国家商检部门、商检机构指定的检验机构依法对进出口商品实施检验。进口商品未经检验或经检验不合格的，不准销售、使用；出口商品未经检验合格的，不准出口。此外，《联合国国际货物销售合同公约》也对货物的检验问题有明确规定："买方必须在按实际情况可行的最短时间内检验货物或由他人检验货物。如果合同涉及货物运输，检验可推迟到货物到达目的地后进行。"这些都反映出商品检验在对外贸易活动中的重要意义。但需要注意的是，买方对货物的检验权并不是强制性的，不是买方接受货物的前提条件。也就是说，如果买方没有利用合理的机会检验货物，那么他就自动放弃了检验货物的权利。另外，如果合同中的检验条款规定，以卖方的检验为准，此时，就排除了买方对货物的检验权。

（二）商品检验的主要内容

1.商品品质检验

品质检验亦称质量检验，是对进出口商品的品质、规格、等级进行检验，以确定其是否符合进出口合同（包括成交样品）、标准等的规定。品质检验的手段有很多，包括感官检验、化学检验、仪器分析、物理测试、微生物学检验等，品质检验的范围很广，大体上包括外观质量检验与内在质量检验两个方面。

2.商品数量和重量检验

数量和重量检验是指按合同规定的计量单位和计量方法对商品的数量和重量进行检验。

3.商品包装检验

商品包装检验是根据外贸合同、标准和其他有关规定，对进出口商品的外包装和内包装及包装标志进行检验，包装检验首先核对外包装上的商品包装标志（标记、号码等）是否与进出口贸易合同相符。对进口商品主要检验外包装是否完好无损，包装材料、方式和衬垫物等是否符合合同规定的要求。外包装检验有破损的商品，要另外进行验残，查明货损责任方及货损程度。对出口商品的包装检验，除包装材料和包装方法必须符合合同、标准规定外，还应检验商品内外包装是否牢固、完整、干燥、清洁，是否适合长途运输和保护商品质量、数量等的习惯做法。

4.卫生检验

卫生检验主要是对进出口食品进行检验，以确定其是否符合人类食用卫生条件，保障人民的健康和维护国家的信誉。

5.安全性能检验

安全性能检验是根据国家规定和外贸合同、标准及进口国的法令要求，对进出口商品有关安全性能方面的项目进行的检验，如易燃、易爆、易触电、易受毒害、易受伤害等，以保证生产使用和生命财产的安全。目前，除进出口船舶及主要船用设备材料和锅炉及压力容器的安全监督检验，根据国家规定分别由船舶检验机构和劳动部门的锅炉、压力容器安全监察机构负责监督检查外，其他进出口商品涉及安全性能方面的项目，均由商检机构根据外贸合同规定和国内外的有关规定及要求进行检验，以维护人身安全并确保经济财产免遭侵害。

商品检验除上述内容外，还包括船舱检验、残损鉴定、监视装载、签封样品、签发产地证书和价值证书及委托检验等内容。

（三）商品检验的范围

根据《中华人民共和国进出口商品检验法》及《中华人民共和国进出口商品检验法实施条例》的规定：我国进出口商品的报验分类和范围主要有进口商品法定检验和出口商品法定检验。

1.进口商品的检验范围

（1）列入现行《出入境检验检疫机构实施检验检疫的进出境商品目录》中的进口商品；

（2）有关国际条约、协议规定须经商检机构检验的进口商品；

（3）其他法律、行政法规规定须经商检机构检验的进口商品。

法定检验的进口商品的收货人应当持合同、发票、装箱单、提单等必要的凭证和相关批准文件，向海关报关地的出入境检验检疫机构报检；海关放行后20日内，收货人应当依照本条例第十八条的规定，向出入境检验检疫机构申请检验。法定检验的进口商品未经检验的，不准销售，不准使用。

2.出口商品的检验范围

（1）列入现行《出入境检验检疫机构实施检验检疫的进出境商品目录》中的出口商品；

（2）出口食品和食品原料的卫生检验；

（3）贸易性出口动物产品检验；

（4）对出口危险货物包装容器的性能鉴定和使用鉴定；

（5）对装运出口易腐烂变质食品、冷冻品的船舱、集装箱等运载工具的适载检验；

（6）对有关国际条约规定须经商检机构检验的出口商品的检验；

（7）对其他法律、行政法规规定必须经商检机构检验的出口商品的检验。

法定检验的出口商品的发货人应当在国家质检总局统一规定的地点和期限内，持合同等必要的凭证和相关批准文件向出入境检验检疫机构报检。法定检验的出口商品未经检验或者经检验不合格的，不准出口，但进出境的样品、礼品、暂准进出境的货物以及其他非贸易品，免予检验。

二、商品检验机构

在国际货物买卖中，交易双方除了自行对货物进行必要的检验外，还必须由某个机构进行检验，经检验合格后方可出境或入境。这种根据客户的委托或有关法律的规定对进出境商品进行检验、鉴定和管理的机构就是商品检验机构。

（一）国际商品检验机构

国际上的商品检验机构，种类繁多，有的称作公证行（Authentic Surveyor）、宣誓衡量人（Sworn Measurer），也有的称为实验室（Laboratory），检验机构的类型大体可归纳为官方检验机构、半官方检验机构和非官方检验机构三种。

1.官方检验机构

官方检验机构是指由国家或地方政府投资，按照国家有关法律法令对出入境商品实施强制性检验、检疫和监督管理的机构。例如，美国食品药物管理局（FDA）、美国动植物检疫署、美国粮谷检验署、日本通商省检验所等。

2.半官方检验机构

半官方检验机构是指一些有一定权威的、由国家政府授权、代表政府行使某项商品检验或某一方面检验管理工作的民间机构。例如，根据美国政府的规定，凡是进口与防盗信号、化学危险品以及与电器、供暖、防水等有关的产品，必须经美国担保人实验室（Underwriter's Laboratory）这一半官方检验机构检验认证合格，并贴上该实验室的英文缩写标志"UL"，方可进入美国市场。

3.非官方检验机构

非官方检验机构主要指由私人创办的、具有专业检验、鉴定技术能力的公证行或检验公司，如英国劳埃氏公证行（Lloyd's Surveyor）、瑞士日内瓦通用鉴定公司（General Identification Company Geneva Switzerland）等。

（二）我国进出口商品检验机构

2018年3月，根据第十三届全国人民代表大会第一次会议批准的国务院机构改革方案，将国家质量监督检验检疫总局的职责整合，组建中华人民共和国国家市场监督管理总局；将国家质量监督检验检疫总局的出入境检验检疫管理职责和队伍划入海关总署；将国家质量监督检验检疫总局的原产地地理标志管理职责整合，重新组建中华人民共和国国家知识产权局；不再保留中华人民共和国国家质量监督检验检疫总局。

中国海关总署商品检验司负责拟定进出口商品法定检验和监督管理的工作制度，承担进口商品安全风险评估、风险预警和快速反应工作；承担国家实行许可制度的进口商品验证工作，监督管理法定检验商品的数量、重量鉴定；依据多双边协议承担出口商品检验相关工作。

1.对进出口商品实施法定检验检疫

法定检验检疫是指出入境检验检疫机构依照国家法律、行政法规的规定对必须检验检疫的出入境货物、交通运输工具、人员及其他法定检验检疫物依照规定的程序实施检验、检疫、鉴定等检验检疫业务，又称强制性检验检疫。

凡属法定检验范围内的进出口商品，必须经过商检机构或者国家商检部门、商检机构指定的检验机构的检验，未经检验或经检验不合格的商品，一律不准进出口。

2.办理进出口商品鉴定业务

鉴定业务是指商检机构和国家商检部门、商检机构指定的检验机构以及经国家商检部门批准的其他检验机构接受对外贸易关系人（通常指出口商，进口商，承运人，保险人以及出口商品的生产、供货部门和进口商品的收货、用货部门，代理接运部门等）以及国内外有关单位的委托，办理规定范围内的进出口商品鉴定业务。进出口商品鉴定业务的范围主要包括：进出口商品的质量、数量、重量、包装、海损鉴定，集装箱及集装箱货物鉴定，进口商品的残损鉴定，出口商品的装运技术条件鉴定、货载衡量、产地证明、价值证明以及其他业务。

3.对进出口商品的质量和检验工作实施监督管理

监督管理是指国家商检部门、商检机构对进出口商品的收货人、发货人及生产、经营、储运单位以及国家商检部门、商检机构指定或认可的检验机构和认可的检验人员的检验工作实施监督管理。监督管理的范围主要包括：参与监督出口商品出厂前的质量检验工作；进行进出口商品质量认证工作；对重要的进出口商品及其生产企业实行质量许可制度；通过考核，认可符合条件的国内外检验机构承担委托的进出口商品检验工作；对指定或认可的检验机构的进出口商品检验工作进行监督，抽查检验其已检验的商品。

三、商品检验的时间和地点

检验时间和地点是指在何时、何地行使对货物的检验权。所谓检验权，是指买方或卖方有权对所交易的货物进行检验，其检验结果即作为交付与接受货物的依据。确定检验的时间和地点，实际上就是确定买卖双方中的哪一方行使对货物的检验权，也就是确定检验结果以哪一方提供的检验证书为准。

在国际货物买卖合同中，根据国际贸易习惯做法和我国的业务实践，有关检验时间和地点的规定办法可归纳为以下几种：

（一）在出口国检验

在出口国检验，又称为装船前或装船时检验，指在产地检验出口商品。此种方法又包括产地（工厂）检验和装运港（地）检验两种。

1.产地（工厂）检验

由产品制造工厂或买方的验收人员在产品出厂前进行检验或验收。在这种情况下，卖方只承担产品在离厂前的责任，至于运输途中的品质、数量变化的风险，概由买方承担。在采用这种做法时，有的还允许买方代表在产地或发货地监造或监装，这是国际贸易中普遍采用的习惯做法，已为我国《商检法》所肯定和采纳。其一般适合大型成套设备商品的交易。

2.装运港（地）检验

装运港（地）检验又称"离岸品质、离岸重量"，是指货物在装运港或装运地交货前，以双方约定的商检机构检验货物后出具的品质、重量、数量和包装等检验证明，作为决定商品品质和重量的最后依据。离岸品质、离岸重量代表的是风险转移时的质量及重量，至于风险转移以后货物在运输途中所发生的货损，买方仍然有权向责任方索赔。所谓最后依据，是指卖方取得商检机构出具的各项检验证书，就意味着所交货物的品质和重量与合同的规定相符，买方无权再对货物的品质、重量和数量提出异议，从而否定其对货物的复验权。除非买方能够证明，其收到的与合同规定不符的货物是由于卖方的违约或货物的固有瑕疵所造成的，此时，买方才能提出复验。因此，这种规定办法从根本上对买方是极为不利的。

（二）在进口国检验

在进口国检验，是指货物到目的港后由双方约定的目的港商检机构检验货物，并出具商检证书作为最后依据。对于不便在卸货港口检验的货物，可以延伸至买方营业处所或最终用户所在地检验。此种方法又分为目的港（地）检验和买方营业处所（最终用户所在地）检验。

1.目的港（地）检验

目的港（地）检验习称"到岸品质、到岸重量"，是指货物运达目的港或目的地时，由合同规定的检验机构在规定的时间内，就地对商品进行检验，并以该机构出具的检验证书作为卖方所交货物品质、重量（数量）的最后依据。采用这种方法时，买方有权根据货物运抵目的港或目的地时的检验结果，对属于卖方责任的品质、重量（数量）不符点，向卖方索赔。

检验地点可因商品性质的不同而异，一般货物可在码头仓库进行检验，易腐货物通常应于卸货后，在关栈或码头尽快进行检验，并以其检验结果作为货物质量和数量的最后依据。采用这种条件时，卖方应承担货物在运输途中品质、重量变化的风险，买方有权根据货物到达目的港时的检验结果，在分清卖方、船方和保险公司责任的基础上，对属于卖方应负责的货损、货差，向卖方提出索赔，或按事先约定的价格调整办法进行调整。

2.买方营业处所（最终用户所在地）检验

对于一些因使用前不便拆开包装，或因不具备检验条件而不能在目的港或目的地检验的货物，如密封包装货物、精密仪器等，通常都是在买方营业处所或最终用户所在地，由合同规定的检验机构在规定的时间内进行检验的，并由该机构出具检验检疫证书作为卖方交货品质、数量等的最后依据。

采取上述两种做法时，卖方实际上需要承担到货品质、重量（数量）的责任。如果货物在品质、数量等方面与合同规定不符属于卖方责任所致，买方则有权凭货物在目的港、目的地或买方营业处所或最终用户所在地经检验机构检验后出具的检验证书，向卖方提出索赔，卖方不得拒绝。由此可见，这两种方法对卖方非常不利。

（三）出口国检验、进口国复验

出口国检验、进口国复验是指卖方在出口国装运货物时，以合同规定的装运港或装运地检验机构出具的检验证书，作为卖方向银行收取货款的凭证之一，货物运抵目的港或目的地后，由双方约定的检验机构在规定的地点和期限内对货物进行复验。复验后，如果货物与合同规定不符，而且是卖方责任所致，此时，买方有权凭该检验机构出具的检验证书，在合同规定的期限内向卖方索赔。由于这种做法兼顾了买卖双方的利益，较为公平合理，因而其是国际货物买卖中最常见的一种规定检验时间和地点的方法，也是我国进出口业务中最常用的一种方法。

（四）装运港（地）检验重量、目的港（地）检验品质

在大宗商品交易的检验中，为了调和买卖双方在商品检验问题上存在的矛盾，常常将商品的重量检验和品质检验分开进行，即以装运港或装运地验货后检验机构出具的重量检验证书，作为卖方所交货物重量的最后依据，以目的港或目的地检验机构出具的品质检验证书，作为商品品质的最后依据。货物到达目的港或目的地后，如果货物在品质方面与合同规定不符，而且是卖方责任所致，则买方可凭品质检验证书，对货物的品质向卖方提出索赔，但买方无权对货物的重量提出异议。这种规定检验时间和地点的方法就是装运港（地）检验重量、目的港（地）检验品质，习称"离岸重量、到岸品质"。

需要指出的是，由于实际业务中检验时间和地点的规定，常常与合同中所采用的贸易术语、商品的特性、检测手段、行业惯例，以及进出口国的法律、法规密切相关，因此，在规定商品的检验时间和地点时，应综合考虑上述因素，尤其需要考虑合同中所使用的贸易术语。通常情况下，商品的检验工作应在货物交接时进行，即卖方向买方交付货物时，买方随即对货物进行检验。货物经检验合格后，买方即受领货物，卖方在货物风险转移后，不再承担货物发生品质、数量等变化的责任。这一做法特别适用于以E组和D组实际交货的贸易术语达成的交易。但是，如果按装运港交货的FOB、CFR和CIF贸易术语成交时，情况则大不相同。在采用上述三种术语成交的情况下，卖方只要按合同规定在装运港将货物装上船舶，并提交符合合同规定的单据，就算完成交货义务，货物风险也自货物在装运港装上船舶后开始由卖方转移给买方。但此时，买方并未收到货物，自然没有机会检验货物。因此，按装运港交货的贸易术语达成的买卖合同，在规定检验时间和地点时，采用"出口国检验、进口国复验"最为适宜。

四、合同中的检验条款

商检条款作为合同中的重要条款，其作用是提供一个确定卖方所交货物是否符合合同的依据。国际货物买卖合同中的检验条款，其内容因商品种类和特性的不同而有所差异，但通常都包括检验时间和地点、商检机构、商检期限以及商检的标准和方法等

内容。

1.商检权问题，明确检验时间和地点

商检权关系到买卖双方由哪方决定商品品质、数量或包装是否符合合同的问题。

2.商检机构

在国际贸易中，进行商品检验的机构主要有以下三类：其一，由国家设立的商品检验机构；其二，由私人或同业公会、协会开设的公证行；其三，生产、制造厂商或产品的使用部门设立的检验机构。

3.商检的期限

商检的时间一般就是品质、数量索赔的期限。在检验条款中，通常规定买方须于货物到达目的港后若干天内（如50天内）进行检验；或规定买方应于货物在目的港卸货后若干天内进行检验，如果超过规定的期限不进行检验，买方就失去检验的权利等。

4.商检的标准和方法

各国对同一商品规定的品质标准不完全一致，而且每个国家的标准（包括各同业公会的标准）各年的版本也可能不同，内容也有所差异，因此，在签订合同时，如果按标准确定商品的品质，不仅要规定按哪个国家的标准，而且要规定按哪个版本的标准。有些商品，在检验时常常因所采用的检验方法不同，而出现不同的结果。所以，在签订合同时，对于可能有几种检验方法检验的商品，应该明确采用哪一种具体方法，以免日后发生纠纷。

现举买卖合同中检验条款实例如下：

【例6-1】"双方同意以××装运港某国进出口商检局签发的品质和重量检验证书作为信用证项下议付单据的一部分。买方有权对商品的品质和/或重量进行复验。复验费由买方负担。如发现品质和/或数量与本合同不符，买方有权向卖方提出索赔，但须于货物到达目的港（地）后××天内提出，并须提供经卖方同意的公证机构出具的检验报告。"

【例6-2】检验：由某国商检局出具的品质/重量证明书，将作为装运品质数量证明。

INSPECTION：The Inspection Certificate of Quality / Weight issued by ×× shall be taken as basis for the shipping Quality / Weight.

第四节　争议与索赔

在国际货物买卖中，买卖双方在合同履行过程中因种种原因发生争议是难以避免的。在实际业务中，当争议发生时，一般采用由双方当事人和解的方式，即友好协商的方式解决，如果协商无法解决，则视情况而采取通过第三方调解、提交仲裁机构仲裁或提起司法诉讼等方式进行处理。

一、违约

所谓违约，是指买卖双方之中任何一方没有合理地履行合同规定的义务的行为。买

卖合同是对缔约双方具有约束力的法律性文件。一方违约，就应承担违约的法律责任，而受害方有权根据合同或有关法律规定提出损害补偿要求。但是，对于违约方的违约行为及其应承担的法律后果，则取决于有关法律对此所作出的解释和所确定的法律责任。

（一）英、美法律对违约的规定

1.英国法律对违约的规定

英国法律将违约分为违反要件（Breach of Condition）与违反担保（Breach of Warranty）两种形式。如果当事人一方违反合同中的带实质性的主要约定条件，如卖方交货的品质或数量不符合合同规定或不按合同规定的期限交货，均作为"违反要件"，受损害的一方有权解除合同，并可要求赔偿损失。如果违反的是合同中的次要条件，从属于合同的条款称为"违反担保"或"违反随附条件"，则受损害的一方不能解除合同，仍须承担履行合同的义务，只是有权请求违约的一方给予损害赔偿。但英国法律对哪些条件属于违反担保并无明确规定，需要根据合同所作出的解释加以判断。

在实际业务中，受损害的一方对于另一方违反要件，可以放弃作为要件处理，即不要求解除合同。此外，英国法院在司法实践中已经承认了一种新的违约类型，称为"违反中间性条款或无名条款"，即既不是要件，也不是担保的合同条款。违反这类条款应承担的责任，视违约的性质及其后果是否严重而定。如果性质及其后果严重，受损害的一方有权解除合同，并可要求损害赔偿，否则只能要求损害赔偿。

2.美国法律对违约的规定

美国法律的规定与英国基本相似，将违约分为轻微违约（Minor Breach）和重大违约（Material Breach）两种形式。若双方当事人任何一方违约，致使另一方无法取得该交易的主要利益，则为"重大违约"。在此情况下，受损害的一方有权解除合同，并要求全部损害赔偿。如果一方违约，情况较为轻微，并未影响对方在该交易中取得的主要利益，则为"轻微违约"，受损害的一方只能要求损害赔偿而无权解除合同。

（二）《联合国国际货物销售合同公约》对违约的规定

《联合国国际货物销售合同公约》是1980年3月10日至4月11日在维也纳由联合国举行的外交会议上通过的，我国于1981年9月30日在公约上签字。这一公约包括4个部分、101条，从内容上看，既涉及国际货物买卖合同的形式和合同的订立问题，又涉及国际货物买卖双方的权利、义务关系问题。

《联合国国际货物销售合同公约》将违约分为根本性违约和非根本性违约两种形式。该公约第25条规定："一方当事人违反合同的结果，如使另一方当事人蒙受损害，以至于实际上剥夺了他根据合同规定有权期待得到的东西，即为根本违反合同……"此时，受损害的一方就可以宣告合同无效，同时有权向违约方提出损害赔偿的要求。如果违约的情况尚未达到根本违反合同的程度，则受损害方只能要求损害赔偿，而不能宣告合同无效。

（三）我国法律对违约的规定

《中华人民共和国民法典》第577条规定："当事人一方不履行合同义务或者履行

合同义务不符合约定的，应当承担继续履行、采取补救措施或者赔偿损失等违约责任。"

二、索赔

国际货物买卖履约时间长、涉及面广、业务环节多，一旦货物在生产、收购、运输、货款支付等环节发生意外或差错，就会产生一些贸易纠纷，使双方产生争议。

（一）索赔与理赔

索赔（Claim）是指买卖合同的一方当事人因另一方当事人违约致使自身遭受损失而向另一方当事人提出损害赔偿的行为。在法律上，其是指主张权利；在实际业务中，通常指受损方因违约方违约而根据合同或法律提出予以补救的主张。

理赔（Settlement of Claim）是指违约方对受损方所提出的赔偿要求予以处理。索赔和理赔是一个问题的两个方面，在受害方是索赔，在违约方是理赔。

1.索赔对象

根据索赔对象的不同，索赔可以分为向合同违约方索赔、向运输方（承运人）索赔、向保险公司索赔等。向何方索赔，应视责任归属而定。

（1）向合同违约方索赔。

如果卖方不交货或未按合同规定的交货期限交货，或所交货物的质量、规格、数量、包装与合同不符，或提供的单据不符合要求等，买方应在有效期内向卖方索赔。如果买方不开立或退开信用证、不按合同付款赎单、无理拒收货物或未按期派船接货等违反合同的行为，造成卖方货物积压、收不到货款等损失，卖方可向买方索赔。

（2）向承运人索赔。

由于承运人未履行基本义务，如承运人短卸、误卸造成货物短少，托运货物在运输途中发生遗失，承运人积载不良、配载不当等造成货物损害，当事人可凭检验证书向承运人索赔。

（3）向保险公司索赔。

运输途中发生的承保范围内的货物损失，船公司（或承运人）不予赔偿的损失或赔偿不足以补偿货物的损失而又属保险公司承保范围内的，被保险人应备妥各项必要的单证，如保险单据、运输单据、发票、检验报告等，及时向保险公司索赔。

我国的对外索赔，属于船方责任的，由有关货运代理公司代办；属于卖方责任和保险公司责任的，由各进出口公司自行办理。

2.索赔、理赔中应注意的问题

在国际贸易中，损害赔偿是最重要的，也是最常用的违约补救措施。按照法律的一般原则，受损害的一方当事人在采取其他违约补救措施时，如要求交付替代货物、对货物不符合同之处进行修理、降低价格、额外规定一段合理的时间让对方履行合同义务或宣告合同无效等，都不影响该当事人向违约方提出损害赔偿的权利。在对外索赔和理赔工作中，应注意以下几方面的问题：

（1）索赔依据。

一方当事人提出损害赔偿要求时，必须要有充分的依据。索赔依据包括法律依据和事实依据。前者是指买卖合同和适用的法律规定，后者是指违约的事实、情节及其书面证明。如果索赔时证据不全、证据不足或出证机构不符合要求等，都可能遭到对方拒赔。买卖合同中的索赔条款通常包括索赔依据，主要规定索赔时必须具备的证据以及出具证明文件的机构。

（2）索赔期限。

索赔期限是指受损害一方有权向违约方提出损害赔偿要求的期限。按照法律和国际惯例，受损害方只能在一定的索赔期限内索赔，否则就丧失索赔权。索赔期限有约定与法定两种。约定索赔期限的长短，须根据买卖货物的性质、运输、检验的繁简等情况而定。法定索赔期限较长，如《联合国国际货物销售合同公约》规定，索赔期限是自买方实际收到货物之日起2年内。由于法定索赔期限只有在买卖合同中未约定索赔期限时才起作用，而且在法律上，约定索赔期限的效力超过法定索赔期限，因此，在买卖合同中针对交易的具体情况，规定合理、适当的索赔期限是十分必要的。如向船方索赔，须自提货日起3天内。当船方未受理时，按照《海牙规则》，为自提货日起1年内。如向保险公司索赔，按照《海洋运输货物保险条款》，须自收到货物之日起2年内。

（3）索赔金额。

如果买卖合同规定了约定的损害赔偿的金额或损害赔偿额的计算方法，通常应按该约定方法计算出的赔偿金额索赔。如果合同未作具体规定，根据有关的法律和国际贸易实践，确定损害赔偿金额的基本原则是：第一，赔偿金额应与因违约而遭受的市场差价或应获得最低利润的损失额相等；第二，赔偿金额应以违约方在订立合同时可预料的合理损失为限；第三，受损害方为避免损失扩大采取合理措施而发生的损失；第四，由于受损害方未采取合理措施导致的有可能减轻而未减轻的损失，应在赔偿金额中扣除。

（二）合同中的索赔与罚金条款

买卖双方为了在索赔和理赔时有所依据，一般在合同中订立索赔条款。在实践中，索赔条款可根据不同的需要而作出不同的规定，通常采用"异议与索赔条款"和"罚金条款"两种。

1.异议与索赔条款

异议与索赔条款（Discrepancy and Claim Clause）一般是针对卖方交货质量、数量或包装不符合同规定而订立的。在异议与索赔条款中，应规定索赔依据、索赔期限、索赔的办法或金额等内容。

2.罚金条款

罚金条款（Penalty Clause）也称违约金条款，是针对当事人不按期履约而订立的，适用于卖方延期交货或买方延期接货或延期付款情况。其特点是在合同中规定罚金的数额或罚金的百分率。

在一般货物买卖合同中，多数只订立异议与索赔条款。而在大宗商品和机械设备合同中，除了订明异议与索赔条款外，往往还须另定罚金条款。

第五节　不可抗力和仲裁

在国际贸易中，买卖双方洽商成交后，有时由于自然力量或社会原因而引起无法预见、无法控制的不可抗力事件发生，致使原有的履行合同基础消失。为避免发生不可抗力事件而引起不必要的纠纷，故有必要在买卖合同中订立不可抗力条款，明确规定不可抗力事件的性质、范围、处理原则和处理办法等，以利于合同的履行。

一、不可抗力

（一）不可抗力的含义

不可抗力（Force Majeure），又称人力不可抗拒，是指在合同订立以后，不是由于任何一方当事人的故意、疏忽或过失，而是发生了在订立合同时不能预见、人力所不能控制的自然灾害和意外事故，以致有关当事人不能履行合同或不能完全履行合同，可以免除当事人全部或部分的责任。若因此不能按合同约定的期限履行的，在事件的后果影响持续的期间内，免除其迟延履行的责任。因此，合同中的不可抗力条款，又称免责条款。

不可抗力的形成原因有很多，如签约后国际市场上该商品价格的暴涨、暴跌对于买卖双方来说是无法控制的，但并不是不可预见的，所以其不属于不可抗力的范畴。只有那些人力所不能控制的自然灾害和意外事故，才称为不可抗力的因素。

1.构成不可抗力事件必须具备的特征

（1）不可抗力事件的出现是在合同成立以后；

（2）不是由于任何一方当事人故意或过失造成的；

（3）事故的发生及造成的后果是无法预见、无法控制、无法避免和不可克服的。

2.不可抗力事件的范围

（1）自然力事件。其是指人类无法控制的自然界力量所引起的灾害，如水灾、火灾、风灾、旱灾、雨灾、冰灾、雪灾、雷电和地震等。

（2）社会力事件（主要包括政府行为事件和社会异常事件）。政府行为事件是指合同成立后，政府当局发布了新的法律、法规和行政禁令等，致使合同无法履行。社会异常事件是指战争、罢工、暴动等原因引起的事件，给合同履行造成障碍。

（二）不可抗力的法律后果

《联合国国际货物销售合同公约》规定，一方当事人享受的免责权利只对履约障碍存在期间有效，如果合同未经双方同意宣告无效，则合同关系继续存在；一方履行障碍消除，双方当事人仍须继续履行合同义务。所以，不可抗力事件所引起的后果，一是解除合同，二是延迟履行合同。至于应该解除合同还是延迟履行合同，应由双方按公约规定结合具体情况来商定。

（三）不可抗力的通知和证明

按照国际惯例，当发生不可抗力而影响合同履行时，当事人要取得免责的权利，必须及时通知另一方，并在通知中提出处理的意见。对此，《联合国国际货物销售合同公约》第79条第4款明确规定："不履行义务的一方必须将障碍及其对他履行义务能力的影响通知另一方。如果该项通知在不履行义务的一方已知道或理应知道此一障碍后一段合理时间内仍未为另一方收到，则他对由于另一方未收到通知而造成的损害应负赔偿责任。"我国法律规定，当事人一方因不可抗力不能履行合同的，应及时通知另一方，以减轻可能给另一方造成的损失，并且应在合理期间内提供证明。

在国际贸易中，当一方援引不可抗力要求免责时，必须向对方提交证明文件，作为发生不可抗力的证据。在国外，一般由当地的商会或合法的公证机构出具。在我国，由中国国际贸易促进委员会或设在口岸的分会出具。

（四）合同中的不可抗力条款

合同中的不可抗力条款是免责条款，是买卖双方在合同中关于不可抗力出现后的双方行为的约定。例如，因人力不可抗拒事故使卖方不能在本售货合约规定期限内交货或不能交货，卖方不负责任，但是卖方必须立即以电报通知买方。如果买方提出要求，卖方应以挂号函向买方提供由中国国际贸易促进委员会或有关机构出具的证明，证明事故的存在。买方不能领到进口许可证，不能被认为系属人力不可抗拒范围。

对于不可抗力约定的有效性，各国法律都承认并允许当事人约定不同于法律规定的不可抗力事故的范围。不同国家在合同中约定的不可抗力的内容差别较大，尤其是国外合同，有的规定得十分笼统，有的规定得非常详细。但通常包括以下内容：不可抗力事故发生的原因、不可抗力事故的范围、不可抗力事故的后果、出具事故证明的机构和事故发生后通知对方的期限。

（五）援引不可抗力条款应注意的问题

（1）必须分析确定所发生的事故是否属于不可抗力事件，不属于列举范围的，一般就不能按照不可抗力事故来处理。

（2）如果合同中有"双方同意的其他人力不可抗拒事故"的规定，经由双方协商并均同意的情况下，可以按照不可抗力事故来处理，否则不能按照不可抗力事故来处理。

（3）遭受不可抗力事故后，要及时通知交易对方并提供相关的证明文件。在接到对方不可抗力事故通知和证明后，无论同意与否，均应及时作出答复，否则按照有些国家的法律（如美国的《商法典》）规定，将被视作默认。

（4）对于能够确认的不可抗力事故，应按合同规定处理。如果合同中无规定，应本着实事求是的精神和依据影响的履约程度，由双方协商解决。

二、仲裁

在国际货物买卖中，买卖双方在履约过程中因各种原因发生争议是在所难免的。正确处理和妥善解决贸易争议，直接关系到双方的切身利益。当双方发生争议时，一般通过友好协商解决。如果协商无法解决，则视情况采取调解、仲裁或诉讼等方式进行处理。

（一）仲裁的含义和特点

1.仲裁的含义

仲裁（Arbitration）是解决对外贸易争议的一种重要方式。它是指买卖双方在争议发生前或发生后达成协议，自愿将有关争议交给双方同意的仲裁机构进行裁决，而这个裁决对双方都具有约束力，双方必须遵照执行。

2.仲裁的特点

（1）仲裁机构是由贸易界的知名人士或专家组成的、为解决贸易纠纷而设立的社会性民间组织，不是国家政权机关，因此，仲裁不具有强制性。

（2）只要双方均同意仲裁，仲裁结果就具有法律效力，是终局性的，对双方都有约束力。

（3）仲裁机构或仲裁员审理案件，必须以争议双方同意的仲裁协议为依据，这就排除了争议双方向法院诉讼的可能性，也排除了法院对有关争议的管辖权，同时也使仲裁机构和仲裁员获得了有关争议案件的管辖权。

（4）仲裁的程序简单，处理问题比较迅速、及时，费用较低。

（二）仲裁协议的形式和作用

仲裁协议是买卖双方在争议发生前或争议发生后自愿将他们的争议交付仲裁解决的一种书面协议。仲裁协议是仲裁机构和仲裁员受理争议案件的依据，仲裁机构不受理没有仲裁协议的争议纠纷。

1.仲裁协议的形式

仲裁协议必须是书面的，其有两种形式：①争议发生之前，通常就是在买卖合同中订立的仲裁条款。②争议发生之后，是指双方当事人订立的"提交仲裁协议"，此种协议既可以是双方以正式书面文件形式订立的，也可以是通过来往函件、电报或电传达成的协议。

2.仲裁协议的作用

（1）双方当事人如果决定采用仲裁，就要受仲裁协议的约束，只能以仲裁的方式解决问题，而不能向法院起诉。

（2）仲裁协议使仲裁机构或仲裁员取得对有关争议案件的管辖权。

（3）仲裁协议有效地排除了法院对有关争议案件的管辖权。

（三）合同中的仲裁条款

合同中的仲裁条款通常包括仲裁地点、仲裁机构、仲裁规则、仲裁效力、仲裁费用等内容。

1.仲裁地点

仲裁地点是指在哪个国家进行仲裁。它是仲裁条款的主要内容，是一个双方都关注的关键问题。我国对外规定仲裁地点时，有三种办法：规定在我国仲裁，规定在被诉人所在国仲裁，规定在双方同意的第三国仲裁。

当国际贸易发生纠纷时，买卖双方都希望采用在本国仲裁的规定，因为在本国仲裁可按本国法律处理和进行裁决。但是，根据业务需要，买卖双方往往同意采用在被告所在国或第三国仲裁的规定。在第三国仲裁时，应考虑两个因素：一是该国与本国有正常的政治关系；二是该国的法律必须能够受理双方当事人都不是该国公民的争议案件。此外，还要考虑该国仲裁机构的业务能力。

2.仲裁机构

目前，国际上进行仲裁的机构有以下几种：

（1）常设仲裁机构。常设仲裁机构有三类：第一类是国际性的和区域性的仲裁机构，如国际商会仲裁院；第二类是全国性的仲裁机构，如中国国际经济贸易仲裁委员会、伦敦国际仲裁院等；第三类是附设在特定行业内的专业性仲裁机构，如谷物与饲料贸易协会。

（2）临时仲裁机构。它是由双方当事人指定仲裁员自行组成的一种仲裁庭，案件处理完毕即自动解散。

（3）专业性仲裁机构。这类仲裁机构有伦敦羊毛协会、伦敦谷物商业协会等行业内设立的仲裁机构。

当事人双方选用哪种或哪个国家（地区）的仲裁机构审理争议，应在合同中作出具体说明。

3.仲裁规则

仲裁规则是指对进行仲裁的程序和做法所作出的规定。在买卖合同的仲裁条款中，应该订明依据哪个国家（地区）和哪个仲裁机构的仲裁规则进行仲裁。

4.仲裁效力

仲裁效力是指仲裁裁决是否具有终局性，对双方当事人有无约束力，能否向法院起诉等。多数国家都规定仲裁裁决具有终局效力，对双方当事人都有约束力，任何一方都不能向法院或者其他机关提出变更和起诉。在我国，中国国际经济贸易仲裁委员会所作出的裁决都是终局的，不允许裁决后仍向法院提起上诉，裁决对双方均有约束力。

5.仲裁费用

仲裁费用通常指在仲裁条款中明确规定仲裁费用由谁负担。其一般规定由诉讼方承担，也有的规定由仲裁庭酌情决定。

（四）仲裁程序

仲裁程序是指双方当事人将所发生的争议根据仲裁协议的规定提交仲裁时应办理的各种手续。仲裁程序一般包括仲裁申请、答辩和反诉、仲裁庭的组成、仲裁审理和仲裁裁决。

1.仲裁申请

申请人向仲裁机构提交仲裁申请书。申请书应写明申诉人和被诉人的名称、地址，所依据的仲裁协议，申诉人的要求及所依据的事实和证据。

2.答辩和反诉

被诉人对仲裁委员会已经受理的案件，在收到仲裁申请书之日起的45天内，根据申请书提出的问题一一进行答辩，并附上有关证明文件后提交至仲裁委员会。如被诉人有反诉，应在反诉书中写明其要求及所依据的事实和证据，并附有关证明文件，在收到仲裁申请书之日起45天内提出。被诉人提出反诉时，应当按照仲裁规则的规定预缴仲裁费用。

3.仲裁庭的组成

双方当事人各自在仲裁委员会仲裁员名册中指定或委托仲裁委员会主席指定，仲裁委员会主席应即在仲裁员名册中指定第三名仲裁员为首席仲裁员，组成仲裁庭，共同审理案件，双方当事人可以在仲裁名册中共同指定或者委托仲裁委员会主席指定一名仲裁员为独任仲裁员，成立仲裁庭，单独审理案件。

4.仲裁审理

仲裁庭一般应开庭审理案件。但经双方当事人申请或者征得双方当事人同意，也可以不开庭审理，只依据书面文件进行审理并作出裁决。仲裁委员会受理的案件，如果双方当事人自行达成和解，申诉人应当及时申请撤销案件。案件的撤销，发生在仲裁庭组成以前的，由仲裁委员会作出决定；发生在仲裁庭组成之后的，由仲裁庭作出决定。

5.仲裁裁决

裁决是仲裁程序的最后一个环节，裁决作出后，审理案件的程序即宣告终结，因而这种裁决被称为最终裁决。根据我国仲裁规则的规定，除了最终裁决外，仲裁庭认为有必要接受当事人之提议，在仲裁过程中，可就案件的任何问题作出中间裁决或部分裁决。

仲裁裁决须于案件审理终结之日起45天内以书面形式作出，仲裁裁决除了由于调解达成和解而作出的裁决书外，应说明裁决所依据的理由，并写明裁决是终局的和作出裁决书的日期与地点，以及仲裁员的署名。

当事人对于仲裁裁决书，应按照其中所规定的期限自动履行。裁决书未规定期限的，应立即履行。一方当事人不履行的，另一方当事人可以根据法律的规定，向法院申请执行，或根据有关国际公约的规定办理。

【本章小结】

商品的品质、数量和包装是国际货物买卖当事人需要首先确定的交易条件，是买卖双方进行交易的物质基础。如果商品的品质、数量和包装不明确，买卖双方就失去了洽商的依据，无法开展交易。因此，我们应该对其给予足够的重视，谨慎订立合同中的品质、数量和包装条款，并切实按照合同要求保质、保量地交付货物，只有这样贸易才能顺利进行。

正确处理和妥善解决对外贸易争议，不仅关系到国家和企业的权益与对外声誉，而且直接关系到买卖双方的切身利益。本章主要介绍了合同中的索赔条款、不可抗力的含义及合同中的不可抗力条款、仲裁的含义与特点及合同中的仲裁条款，重点掌握合同争议的预防与处理。

【思考题】

1. 表示品质的方法有哪些?

2. 解释溢短装条款,订立该条款应注意哪些问题?

3. 构成不可抗力的条件有哪些?

4. 简述国际贸易争议的解决方式。

5. 简述仲裁协议的作用。

6. 案例分析:美国公司 A 从外国公司 B 进口一批火鸡,供应感恩节市场,合同规定卖方应当在 10 月底以前装船。但是卖方违反合同,推迟至 11 月 10 日才装船,因此公司 A 拒收货物,并主张撤销合同。请问:买方 A 有无拒收货物和撤销合同的权利?为什么?

国际贸易术语

了解贸易术语的概念、产生及发展和国际贸易惯例；熟悉和掌握《2020通则》中11个贸易术语的含义、特点、风险、费用和责任的划分以及适用的运输方式；掌握商品价格的构成与换算及成本核算；掌握并熟悉佣金和折扣的概念与应用。

【重点与难点】

《2020通则》中11个贸易术语；商品成本核算；进出口商品的定价方法；佣金和折扣的含义与使用。

【立德树人】

培养学生遵守国际贸易规则的职业道德和规范，履行合同的契约精神。通过学习国际贸易术语，培养学生具备良好的社会职业道德、商业伦理、商业秘密、国际规则、国际契约等意识，并能够在对外贸易实践中，结合国家、法律、文化等因素，扩大对外开放，开拓国际市场。

在国际贸易中，交易双方通过磋商，订立合同来确立各自承担的义务。在合同中，要明确交货地点以及货物交接过程中有关风险、责任和费用的划分。因此，通常将在合同中予以明确的条件，称为交货条件。交易双方在谈判和签约时，往往通过使用贸易术语来确定成交条件，以避免因责任不清而导致纠纷的出现。可见，学习和掌握国际贸易中的各种贸易术语及有关的国际惯例，具有十分重要的意义。

第一节　贸易术语概述

一、贸易术语的概念

贸易术语是在长期的国际贸易实践中出现并逐步发展起来的，是由三个英文字母缩写组成的，用以表明进出口商品的价格构成和买卖双方各自应承担的责任、费用与风险划分的专门用语。每种贸易术语有着各自特定的含义，其不仅表明了价格的组成，还规定了买卖双方的权利和义务。例如，在 CIF 术语下，卖方价格包括成本、保险费和运费，卖方要负责租船订舱、支付货物运至目的港的运费，同时还要负责办理海上运输保险等；而在 FOB 术语下，卖方要在双方约定的装运港将货物装到买方指定的船上，并负责办理出口通关手续，买方则需要租船订舱，自己办理海上货运保险，并支付保险费。因此，熟悉并掌握每一种术语的具体含义，对买卖双方有着非常重要的意义。

贸易术语以简略的文字说明了商品的价格构成和交货条件，同时以其特有的风险、责任、费用划分，极大地便利了交易活动，既简化了交货手续，又节省了交易时间和费用，继而大大提高了经济效益，对国际贸易的迅速发展起到了重要的促进作用。

贸易术语的
产生及发展

二、贸易术语的产生及发展

国际贸易起源于奴隶制社会，其是随着商品交换跨越国界而产生的，而贸易术语在国际贸易中的应用可以追溯到两百多年前。国际贸易术语在长期的贸易实践中，不论在数量、名称及其内在含义方面，都经历了很大的变化。《国际贸易术语解释通则》已经从 1936 版不断修订至 2020 版。

第二节　贸易术语的国际惯例

贸易术语是在国际贸易实践中逐渐形成的，在很长的一段时间内，国际上并没有形成对贸易术语的统一解释。不同的国家对贸易术语有着不同的解释和做法，这就产生了国际贸易中的矛盾和纠纷，影响了国际贸易的发展。为解决这些矛盾、促进国际贸易的发展，国际商会、国际法协会等国际组织以及美国的一些著名商业团体经过长期的努力，分别制定了解释国际贸易术语的规则，这些规则在国际上得到了广泛的应用，并成为国际贸易惯例。

国际贸易惯例是指在贸易中经反复实践形成的，并经国际组织加以编撰和解释的习惯做法。国际贸易惯例本身不是法律，对交易双方不具有强制约束力，因而，买卖双方有权在合同中作出与某项惯例不符的规定。只要合同有效成立，双方均要遵照合同的规定履行。

目前有关贸易术语的国际贸易惯例主要有三个：《1932年华沙-牛津规则》（Warsaw-Oxford Rules 1932）、《1941年美国对外贸易定义修订本》（Revised American Foreign Trade Definitions 1941）、《2020年国际贸易术语解释通则》（International Rules for the Interpretation of Trade Terms，简称Incoterms 2020）。

一、《1932年华沙-牛津规则》

《1932年华沙-牛津规则》是国际法协会专门为解释CIF合同而制定的。

19世纪末至20世纪初，CIF贸易术语开始在国际贸易中得到广泛运用，但是对使用这一术语时买卖双方需要承担的具体义务，却没有统一的规定。对此，1928年，国际法协会在波兰华沙开会时，讨论并制定了有关CIF合同规则的《1928年华沙规则》，包括22条。其后，它又在1932年牛津会议上对华沙规则进行了修正，同时将规则定名为《1932年华沙-牛津规则》，并沿用至今。该规则全文共21条，主要阐述了CIF合同下，买卖双方当事人的风险、费用和责任的划分以及货物所有权转移的方式等，其主要内容如下：

（1）卖方必须备妥合同规定的货物，在规定的时间、按港口习惯方式将货物装到该港口的船上。

（2）根据货物的性质、预定航线或特定行业的特点，卖方必须自费订妥运输合同，除规则特别规定外，上述运输合同必须用"已装船"提单作为证明；在货物已装船或交承运人保管时，卖方须充分通知买方，并详细说明船名、唛头和其他细节，通知的费用由买方负担。

（3）卖方有责任自担费用向信誉良好的保险商或保险公司投保，取得海运保险单，以作为有效和确实存在的保险合同的证明。

（4）卖方应竭尽全力发送各种单据，并有责任尽速提交给买方。除买卖合同有规定外，单据不用航空寄递。这里的"单据"，是指提单、发票、保险单或依照本规则用以代替这些单据的其他单据等。

（5）当正当的单据被提供时，买方有责任接受此种单据，并按买卖合同条款支付货款；买方有权要求检查单据的合理机会和进行检查的合理时间。

（6）风险自卖方将货物装到船上或交给承运人时转移给买方。

二、《1990年美国对外贸易定义修订本》

1919年，美国的九个大商业团体在纽约制定了《美国出口报价及其缩写条例》（U.S. Export Quotations and Abbreviations）。而后，美国在1941年的第27届全国对外贸易会议上对其进行了修订，并更名为《1941年美国对外贸易定义修订本》，这一修订本由美国商会、美国进口商会理事会和全世界对外贸易理事会所组成的联合委员会于1941年7月30日通过，并即日生效。该修订本主要为美国、加拿大以及其他一些美洲国家所采用，其解释了Ex（Point of Origin）——产地交货，FOB（Free on Board）——运输工具上交货，FAS（Free along Side）——船边交货，C&F（Cost and Freight）——成本加运费，CIF（Cost，Insurance and Freight）——成本加保险费、运费，Ex Dock（named port of importation）——目的港码头交货，这六种贸易术语的含义。到1990年，由美国商会、美国进口商会理事会和全世界对外贸易理事会所组成的联合委员会，又将其修订为《1990年美国对外贸易定义修订本》（Revised American Foreign Trade Definitions 1990）。

该修订本对下列六种贸易术语作出了具体解释：

（一）EXW（Ex Works），工厂交货

根据货物原存放地点（Point of Origin）的不同，有"Ex Factory"（制造厂交货），"Ex Mill"（工场交货），"Ex Mine"（矿山交货），"Ex Plantation"（农场交货），"Ex Warehouse"（仓库交货）等。按此术语，卖方必须在规定的日期或期限内，在原产地双方约定的地点，将货物置于买方处置之下，并承担一切费用和风险，直至买方应负责提取货物之时为止。当货物按规定被置于买方处置之下时，买方必须立即提取，并自买方应负责提货之时起，承担货物的一切费用和风险。

（二）FOB（Free on Board），运输工具上交货

《1990年美国对外贸易定义修订本》将FOB分为以下六种：

（1）FOB（named inland carrier at named inland point of departure）——在指定内陆发货地点的指定内陆运输工具上交货。

（2）FOB（named inland carrier at named inland point of departure）freight prepaid to（named point of exportation）——在指定内陆发货地点的指定内陆运输工具上交货，运费预付到指定的出口地点。

（3）FOB（named inland carrier at named inland point of departure）freight allowed to（named point）——在指定内陆发货地点的指定内陆运输工具上交货，减除至指定地点的运费。

（4）FOB（named inland carrier at named point of exportation）——在指定出口地点的指定内陆运输工具上交货。

（5）FOB Vessel（named port of shipment）——船上交货（指定装运港）。

（6）FOB（named inland point in country of importation）——在指定进口国内陆地点交货。

（三）FAS（Free along Side），运输工具边交货

FAS Vessel（named port of shipment）——船边交货（指定装运港）。按此术语，卖方必须在规定的日期或期限内，将货物交至买方指定的海洋轮船船边，船上装货吊钩可及之处，或交至由买方或为买方所指定或提供的码头，负担货物交至上述地点为止的一切费用和承担任何灭失及/或损坏的责任。买方必须办理自货物被置于船边以后的一切运转事宜，包括办理海洋运输及其他运输，办理保险，并支付其费用；承担货物交至船边或码头以后的任何灭失及/或损坏的责任；领取由原产地及/或装运地国家签发的，为货物出口或在目的地进口所需的各种证件（清洁的码头收据或

轮船收据除外），并支付因此而发生的一切费用；支付出口税及因出口而征收的其他税捐费用。

（四）CFR（Cost and Freight），成本加运费

CFR（named point of destination）——成本加运费（指定目的地）。按此术语，卖方必须负责安排将货物运至指定目的地的运输事宜，并支付其费用；取得运往目的地的清洁已装船提单，并立即将其送交买方或其代理；承担货物交至船上为止的任何灭失及/或损坏的责任；在买方请求并由其负担费用的情况下，提供产地证明书、领事发票，或由原产地及/或装运地国家签发的，为买方在目的地国家进口货物以及必要时经另一国家过境运输所需的任何其他证件；支付出口税或因出口而征收的其他税捐费用。买方必须接受所提交的单据；在载货船舶到达时受领货物，办理一切随后的货物运转事宜，并支付其费用，包括按提单条款从船上提货；支付卸至岸上的一切费用，包括在指定目的地点的任何税捐和其他费用；办理保险并支付其费用；承担货物交至船上后的任何灭失及/或损坏的责任；支付产地证明书、领事发票，或由原产地及/或装运地国家签发的，为货物在目的地国家进口以及必要时经另一国家过境运输所需的任何其他证件的费用。

（五）CIF（Cost，Insurance and Freight），成本加保险费、运费

CIF（named point of destination）——成本加保险费、运费（指定目的地）。按此术语，卖方除了必须承担CIF术语下所有的责任外，还须办理海运保险，支付其费用，并提供保险单或可转让的保险凭证。买方的责任，则在CIF术语的基础上，免除办理货物海运保险及其费用（卖方投保战争险所支出的费用须由买方负担）。

（六）DEQ（Delivered Ex Quay），码头交货

《1990年美国对外贸易定义修订本》的DEQ在后面附加了"duty paid"，即进口通关手续、税款等均由卖方负责。因此，DEQ术语中所称的"码头交货"，是指进口港码头交货，卖方必须安排货物运至指定进口港的运输事宜，办理海洋运输保险（包括战争险），并支付其费用；承担货物的任何灭失及/或损坏的责任，直至在指定的进口港码头允许货物停留的期限届满时为止；支付产地证明书、领事发票、提单签证，或由原产地及/或装运地国家签发的，为买方在目的地国家进口货物以及必要时经另一国家过境运输所需的任何其他证件的费用；支付出口税及因出口而征收的其他费用；支付一切卸至岸上的费用，包括码头费、卸货费及税捐等；支付在进口国的一切报关费用、进口税和一切适用于进口的税捐。买方必须在码头规定的期限内在指定进口港码头上受领货物；如不在码头规定的期限内受领货物，须负担货物的费用和风险。

三、《2020年国际贸易术语解释通则》

国际商会自20世纪20年代初开始对重要的贸易术语作出统一解释的研究，1936年，提出了一套解释贸易术语的具有国际性的统一规则，定名为Incoterms 1936，其副

标题为 International Rules for the Interpretation of Trade Terms，故译为《1936年国际贸易术语解释通则》。随后，国际商会为适应国际贸易实践的不断发展，分别于1953年、1967年、1976年、1980年、1990年、2000年和2010年进行了七次修订和补充。2010年，国际商会将 Incoterms 注册成商标，因此其右上角标注了商标注册符号®。为适应国际贸易实务的最新发展，ICC 于2016年9月正式启动了 Incoterms® 2020 的起草工作，并在全球范围内进行了广泛的意见征询，与来自各国家和地区的法律、保险、银行、进出口、海关等行业专家展开了研讨。经过两年多时间的研讨，终于完成了新版本的修订，2018年10月，ICC 在商法与惯例委员会秋季会议上审议并讨论通过了 Incoterms® 2020 的终稿。2019年9月10日，ICC 正式向全球发布了 Incoterms® 2020——《2020年国际贸易术语解释通则》（以下简称《2020通则》），成为国际商会第723E号出版物（ICC Publication No.723E），于2020年1月1日起生效。《2020通则》中买卖双方应承担的义务见表7-1。《2020通则》中的11种贸易术语分类见表7-2。

表7-1　　　　　　　　《2020通则》中买卖双方应承担的义务

A1/B1 卖方义务/买方义务	A6/B6 交货/运输单据
A2/B2 交货/提货	A7/B7 出口清关/进口清关
A3/B3 风险转移	A8/B8 检查/包装/标记
A4/B4 运输	A9/B9 费用划分
A5/B5 保险	A10/B10 通知

注：A代表卖方义务；B代表买方义务。

表7-2　　　　　　　　《2020通则》中的11种贸易术语分类

组别	术语缩写	术语英文名称	术语中文名称
E组（启运）	EXW	Ex Works	工厂交货（指定地点）
F组（主要运费未付）	FCA	Free Carrier	货交承运人（指定地点）
	FAS	Free along Side	船边交货（指定装运港）
	FOB	Free on Board	船上交货（指定装运港）
C组（主要运费已付）	CFR	Cost and Freight	成本加运费（指定目的港）
	CIF	Cost，Insurance and Freight	成本加保险费、运费（指定目的港）
	CPT	Carriage Paid to	运费付至（指定目的地）
	CIP	Carriage and Insurance Paid to	运费、保险费付至（指定目的地）
D组（到达）	DAP	Delivered at Place	目的地未卸货交货（指定目的地）
	DPU	Delivered at Place Unloaded	目的地卸货后交货（指定目的地）
	DDP	Delivered Duty Paid	完税后交货（指定目的地）

综上所述，国际贸易惯例在国际经济活动中发挥了极其重要的作用，其为交易双方明确各自的权利提供了依据。在我国的对外贸易实践中，我们应该充分了解和掌握一些国际贸易惯例，在平等互利的基础上，积极采用有利的贸易惯例，以推动外贸业务的开展。同时，当发生争议时，也应当尽力援引适当的惯例据理力争，提出合理的论据，争取有利的裁决。

第三节　《2020通则》中的主要贸易术语

不同的贸易术语代表着不同的价格组成和不同的权利义务划分，了解和掌握各种术语的含义，尤其是国际贸易活动中最常用的贸易术语的含义，有着至关重要的意义，只有深入了解和掌握这些术语，才能在交易中占据主动，才能推动交易的顺利完成。《2020通则》中包括了11种贸易术语，根据其使用的频率，可分为6种主要的贸易术语（FOB、CFR、CIF、FCA、CPT和CIP）和其他5种贸易术语。

一、6种主要的贸易术语

（一）FOB术语

FOB，Free on Board（insert named port of shipment）——船上交货（指定装运港），是指在指定装运港将货物装至买方指定的船上，或取得已交付的货物，卖方完成交货。当货物被交到船上时，风险转移。自该时刻起，买方承担货物灭失或损坏的风险，并支付一切费用。FOB术语亦仅适用于海运或内河运输。例如，FOB Dalian表示装运港为大连。

1.FOB术语下，买卖双方义务

（1）卖方主要义务。

① 负责在合同规定的日期或期间内，在指定装运港，将符合合同的货物按港口惯常方式交至买方指定的船上，或取得已交付的货物，并给予买方充分的通知。

② 负责办理货物出口清关手续并支付费用（如出口许可证、出口安全清关、转运前检验及任何其他官方授权）；协助买方进口清关，包括安全要求和装运前检验。

③ 负担货物在装运港交至船上为止的一切费用和风险。

④ 负责提供商业发票和证明货物已交至船上的通常单据。

（2）买方主要义务。

① 负责按合同规定支付价款。

② 负责租船或订舱，支付运费，并给予卖方关于船名、装船地点和要求交货时间的充分的通知。

③ 在清关适用的地方，自负风险和费用，取得进口许可证或其他核准书，并办理货物进口以及必要时经由另一国过境运输的一切海关手续。

④ 负担货物在装运港交至船上后的一切费用和风险。

⑤ 收取卖方按合同规定交付的货物，接受与合同相符的单据。

2.使用 FOB 术语应注意的问题

（1）以"装运港船上"为交货点。

按照 Incoterms® 2020，各种贸易术语都有其特定的"交货点"（Point of Delivery），亦即"风险划分点"（Point for Division of Risk，以下简称"风险点"）。Incoterms® 2020 规定，FOB 卖方必须在装运港将货物"交至船上"（Deliver on Board the Vessel）或"装上船"（Load on Board the Vessel）。"交至船上"通常要求将货物安全地装入船舱（Ship's Hold）。当货物装上船时，风险转移，卖方完成交货。由此可见，FOB 术语的交货点（风险点）为装运港船上（参见本章的"11 种贸易术语交货点/风险点示意图"）。

（2）关于船货衔接的问题。

在 FOB 合同中，买方必须负责租船或订舱，并将船名和装船时间通知卖方，而卖方必须负责在合同规定的装船期和装运港，将货物装上买方指定的船只。这里有一个关于船货衔接的问题。买方在合同规定的期限内安排船只到合同指定的装运港接受装货。如果船只按时到达装运港，卖方因货未备妥而未能及时装运，则卖方应承担由此而造成的空舱费（Dead Freight）或滞期费（Demurrage）。反之，如果买方延迟派船，使卖方不能在合同规定的装运期内将货物装船，则由此而引起的卖方仓储、保险等费用支出的增加，以及因迟收货款而造成的利息损失，均由买方负责。因此，在 FOB 合同中，买卖双方对船货衔接事项，除了在合同中应作出明确规定外，在订约后，必须加强联系，密切配合，防止船货脱节。

（3）FOB 术语装货费用的负担。

在装运港的装货费用，主要是装船费以及与装货有关的理舱费和平舱费。在 FOB 合同中，如果买方使用班轮运输货物，由于班轮运费内包括装货费用和在目的港的卸货费用，班轮运费由买方支付，所以装货费用实际上系由买方负担。但是，当大宗货物需要使用租船装运时，FOB 合同的买卖双方针对装货费用由何方负担应当进行洽商，并在合同中用文字作出具体规定，也可采用在 FOB 术语后加列字句或缩写，即所谓的 FOB 术语变形来表示。常见的 FOB 术语变形有：

① FOB 班轮条件（FOB Liner Terms），指装货费用如同以班轮运输那样，由支付运费的一方（买方）负担。

② FOB 吊钩下交货（FOB under Tackle），指卖方将货物置于轮船吊钩可及之处，从货物起吊开始的装货费用由买方负担。

③ FOB 包括理舱（FOB Stowed，FOBS），指卖方负担将货物装入船舱并支付包括理舱费在内的装货费用。

④ FOB 包括平舱（FOB Trimmed，FOBT），指卖方负担将货物装入船舱并支付包括平舱费在内的装货费用。

⑤ FOB 包括理舱、平舱（FOB Stowed and Trimmed，FOBST）。该条件下，卖方需要负责包括理舱、平舱费在内的装货费用。

以上是国际贸易实务中通常运用的 FOB 术语变形。然而，需要指出的是，FOB 术语变形仅仅涉及买卖双方关于装货费用的承担，其并不改变风险的划分、交货地点及时间等。国际商会也未对各种变形作出硬性规定，各当事人可以根据实际情况在合同中予以注明。

（4）关于 FOB 术语的不同解释。

《1990 年美国对外贸易定义修订本》规定的 FOB 第五种解释 FOB Vessel，与《2020 通则》规定的 FOB 基本相近，但其必须在 FOB 后面加上"Vessel"，才能表示装运港船上交货。此外，在风险的划分和出口清关手续的承担方面，其与《2020 通则》大有不同。根据《1990 年美国对外贸易定义修订本》，风险划分的界限是船上而非船舷，卖方也无义务办理出口清关，而是"在买方请求并由其负担费用的情况下，协助买方取得由原产地及/或装运地国家签发的，为货物出口或在目的地进口所需的各种证件"，并由买方支付出口税及因出口而征收的其他税捐费用。对于这些差异，在具体的业务中都需要多加注意。因此，我国同美国、加拿大等美洲国家交易时，尤其需要注意这些差异之处，以免发生不必要的争议和损失。

（二）CFR 术语

CFR，Cost and Freight（insert named port of destination）——成本加运费（指定目的港），是指卖方在装运港将货物交至船上，或取得已交付的货物，完成交货。卖方必须支付将货物运至指定目的港所必需的费用和运费，但交货后货物灭失或损坏的风险，以及由于发生事件而引起的任何额外费用，自卖方转移至买方。CFR 术语亦仅适用于海运或内河运输。例如，CFR London 表示目的港为伦敦，出口方需要支付从装运港到伦敦的运费。

11 种贸易术语交货点/风险点示意图，如图 7-1 所示。

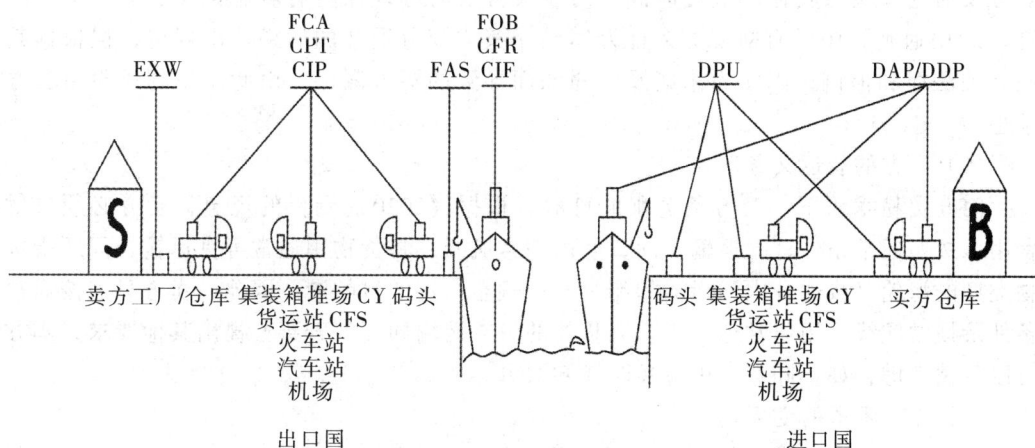

图 7-1　11 种贸易术语交货点/风险点示意图

1.CFR 术语下，买卖双方义务

（1）卖方主要义务。

① 卖方自费订立按通常条件、惯常航线将货物运至指定目的港的运输合同，并在约定的日期或期限内，将符合销售合同规定的货物交至指定装运港的船上，并于交货后

充分通知买方。

② 卖方承担货物在指定的装运港装上船之前的一切风险和费用。

③ 卖方自担风险和费用，取得出口许可证或其他官方许可，并负责办理货物出口清关手续及支付关税、其他税款和其他费用。

④ 卖方提交商业发票及合同可能要求的、证明货物符合合同规定的其他任何凭证，自担费用向买方提供表明货物载往约定目的港的通常运输单据，或具有同等作用的电子信息。

⑤ 卖方应买方要求并由其承担风险和费用，给予买方一切协助，以帮助其取得由装运地国和/或原产地国所签发或传送的、为买方进口货物可能要求的和必要时从他国过境所需的任何单据或有同等作用的电子信息。

（2）买方主要义务。

① 买方按照销售合同的规定接受单据、受领货物并支付货款。

② 买方承担货物在指定的装运港装上船后的一切风险和费用，以及货物特定化后由于其过失所导致的风险和其他费用。

③ 买方自担风险和费用，取得进口许可证或其他官方许可，并负责办理货物进口清关手续并支付关税、其他税款和其他费用。

2.使用 CFR 术语应注意的问题

（1）装船通知的重要作用。

虽然各术语下卖方在交货后都应及时通知买方，但装船通知在 CFR 条件下尤为重要。这是因为，CFR 贸易术语下，卖方只负责租船订舱，货物运输保险则由买方办理，而根据"装船上"的风险转移标准，货物装船之后，风险即由买方承担。因此，卖方及时通知买方具体的装船时间，对于买方及时办理保险有着非常重要的意义。尽管《2020通则》中没有对卖方未能及时给予买方充分通知的后果作出规定，但根据其他有关法律和惯例，因卖方未能及时通知而导致的买方漏保，由此产生的风险由卖方承担。

（2）卖方的装运义务。

CFR 贸易术语下，卖方负责租船订舱。根据《2020通则》的规定，卖方必须自付费用，按照通常条件订立运输合同，经由惯常航线，将货物用通常可供运输合同所指货物类型的海轮（或适合内河运输的船只）运输至指定的目的港。因此，卖方只需按通常条件及惯常航线，用通常适用于合同货物的海轮运输即可。若买方提出其他要求，卖方可以酌情考虑，如不同意，则应及时通知买方。

（3）CFR 术语的变形。

在外贸业务中，常见的 CFR 术语的变形有以下几种：

① CFR 班轮条件（CFR Liner Terms）。该条件下，卸货费用按班轮条件办理，即由卖方承担，实际上，在装运港的装船费用同样也由卖方承担。

② CFR 卸到岸上（CFR Landed）。这是指卖方负责将货物卸到岸上，并承担包括驳船费和码头费在内的全部卸货费用。

③ CFR 吊钩交货（CFR Ex Tackle）。采用该变形，卖方需要承担将货物从船舱吊起

到卸离吊钩的全部费用；如果船舶不能靠岸，卖方则负责将货物卸到驳船上，驳船费由卖方负责。

④ CFR舱底交货（CFR Ex Ship's Hold）。该变形下，由买方承担货物自舱底起吊至卸到码头的相关费用。

同样，使用CFR术语的变形，也只是为了明确卸货费用的划分，其并不改变风险的划分和交货地点，风险点仍以装船为界。

（三）CIF术语

CIF，Cost，Insurance and Freight（insert named port of destination）——成本加保险费、运费（指定目的港），是指卖方在装运港将货物交至船上，或取得已交付的货物，完成交货。卖方必须支付将货物运至指定目的港所必需的费用和运费，但交货后货物灭失或损坏的风险，以及由于发生事件而引起的任何额外费用，自卖方转移至买方。然而，CIF术语下，卖方必须为货物在运输中灭失或损坏的买方风险取得海上保险。因此，卖方必须订立保险合同，并支付保险费。CIF术语亦仅适用于海运和内河运输。例如，CIF Hong Kong表示目的港为中国香港，出口方需要支付从装运港到中国香港的运费和保险费。

1.CIF术语下，买卖双方义务

（1）卖方主要义务。

① 负责在合同规定的日期或期间内，在装运港将符合合同的货物交至运往指定目的港的船上，或取得已交付的货物，并给予买方充分的通知。

② 如果适用，办理货物出口清关手续并支付费用（如出口许可证、出口安全清关、转运前检验及任何其他官方授权）；协助买方进口清关，包括安全要求和装运前检验。

③ 负责租船或订舱，并支付至目的港的运费。

④ 负责办理货物运输保险，支付保险费。

⑤ 负担货物在装运港交至船上为止的一切费用和风险。

⑥ 负责提供商业发票、保险单和货物运往约定目的港的通常运输单据。

（2）买方主要义务。

① 买方按照合同的规定接受单据、受领货物并支付货款。

② 在清关适用的地方，自负风险和费用，取得进口许可证或其他核准书，并办理货物进口以及必要时经由另一国过境运输的一切海关手续。

③ 负担货物在装运港交至船上后的一切费用和风险。

④ 收取卖方按照合同规定交付的货物，接受与合同相符的单据。

2.使用CIF术语应注意的问题

CIF术语是当今国际贸易中运用最广泛的术语之一，使用该术语时，除了注意上述CFR术语下有关租船订舱的事宜，还应当注意以下几点：

（1）象征性交货。

CIF是一种典型的象征性交货的方式，或者说是一种"单据买卖"。所谓象征性交货（Symbolic Delivery），是指卖方只要在约定的日期和地点完成装运，并向买方提交包括物权凭证在内的有关单证，就算完成了交货，而无须保证到货。这与实际到货（Physical Delivery）相对应，后者必须将货物实际交给买方或其指定人。在CIF这种方式下，卖方只要将符合合同规定的全部合格单据交给买方，买方就必须履行付款义务，而不论货物是否在途中损失或灭失；同样，卖方如果不能提供符合合同规定的全部合格单据，即使货物完好无损地运至目的地，买方也有权拒付货款。因此，准备全套符合合同规定的单据对卖方至关重要。然而，如果卖方提供的货物不符合合同的规定，即使买方已经付款，其仍保有索赔的权利。

实际上，CIF与其他C组术语一样，都是"装运合同"，它们都是将货物交付装运后，便不再承担货物的有关风险，并从风险、费用等各方面加以考虑。

（2）CIF合同中的保险险别。

CIF术语下，保险由卖方办理。通常来讲，卖方只需投保最低险别，最低保险金额一般为合同规定价款的110%，并且使用合同货币；如果买方需要，并在其承担费用的前提下，卖方可加保战争险和罢工险等。

（3）关于CIF术语的变形及卸货费用的承担。

与CFR术语的变形相类似，常见的CIF术语的变形有四种，具体如下：

① CIF班轮条件（CIF Liner Terms）。该变形条件下，卸货费用按班轮条件办理，即由支付运费的卖方承担。

② CIF卸到岸上（CIF Landed）。采用该变形，卖方负责将货物卸到岸上，并承担包括驳船费和码头费在内的全部卸货费用。

③ CIF吊钩交货（CIF Ex Tackle）。该变形条件下，卖方需要承担将货物从船舱吊起到卸离吊钩的全部费用；如果船舶不能靠岸，卖方则负责将货物卸到驳船上，驳船费由买方负责。

④ CIF舱底交货（CIF Ex Ship's Hold）。采用该变形，是由买方承担货物自舱底起吊至卸到码头的费用。

同FOB、CFR术语一样，CIF术语的变形也只是为了明确有关费用的划分，其并不改变风险的划分和交货地点。

（4）装运港和目的港的法律地位问题。

如果合同的要件被违背，就相当于实质性违约。在有关CIF的合同中，装运港和目的港均有涉及，但由于CIF条款后接目的港，因而只有目的港是要件，装运港不是要件。然而，需要注意的是，尽管装运港不是要件，但倘若改变装运港，就改变了航线，继而改变了风险，而风险是由买方承担的，所以卖方未经买方同意而擅自改变装运港，同样属于实质性违约，买方有权拒收货物并要求相应的损失赔偿。在贸易实践中，卖方尤其需要注意这一点。

以上是有关当前国际贸易中使用最频繁的三种贸易术语的具体情况，它们各有特点和优势，例如，FOB价格构成简单，CIF和CFR船货衔接占优，并且采用CIF术语出口时，外汇收入较高等。关于这三种术语的异同比较，具体见表7-3（其中不同点以卖方为例）。

表7-3 FOB、CFR和CIF的异同比较

相同点	运输方式	交货地点	风险转移
FOB、CFR、CIF	只适用于海运或内河航运	装运港	装船上
不同点	卖方义务	费用承担	价格构成
FOB	装运港交货	不承担出口运费、保险费	离岸成本价
CFR	装运港交货、办理出口运输	承担出口运费	成本加运费
CIF	装运港交货、办理出口运输及保险	承担出口运费及保险费	成本加保险费、运费

（四）FCA 术语

FCA，Free Carrier（insert named place of delivery）——货交承运人（指定交货地），是指卖方在其所在处所（seller's premises）或另一指定地，将货物交付给由买方指定的承运人或其他人，或取得已经交付的货物，即完成交货。双方当事人应当尽可能明确规定在指定地内的交货地点（point of delivery），因为风险和费用在该地点由卖方转移至买方。如果买方不通知在指定地内的特定交货地点，卖方可以选择在指定地内其认为最合适的地点交货。FCA术语适用于各种运输方式，包括多式联运，特别是内陆城市采用集装箱运输，更适合采用该术语。

"承运人"是指任何人在运输合同中，承诺通过铁路、公路、空运、海运、内河运输或上述运输的联合方式履行运输或由他人履行运输。

1.FCA 术语下，买卖双方义务

该术语下，买卖双方各自承担的基本义务概括如下：

（1）卖方义务。

① 卖方在约定的日期或期限内，将符合合同规定的货物装置于买方提供的运输工具上或在卖方运输工具上做好卸货准备，交由买方指定的承运人（或其他人）处置时，卖方即完成了交货义务，并充分通知买方。

② 卖方承担货物交至承运人控制之前的一切风险和费用。

③ 卖方自担风险和费用，取得出口许可证或其他官方许可，并负责办理货物出口清关手续及支付关税、其他税款和其他费用。

④ 卖方提交商业发票及合同可能要求的、证明货物符合合同规定的其他任何凭证，自担费用向买方提供证明货物已交付的通常单据，或具有同等作用的电子信息。

⑤ 卖方应买方要求并由其承担风险和费用，给予买方一切协助，以帮助其取得由装运地国和/或原产地国所签发或传送的、为买方进口货物可能要求的和必要时从他国过境所需的任何单据或有同等作用的电子信息。

（2）买方义务。

① 买方自费订立自指定地点运输货物的合同，并充分通知卖方有关指定承运人名称、运输方式、交货日期或期限及具体交货点等信息。

② 买方按照销售合同的规定接受单据、受领货物并支付货款。

③ 买方承担货物交至承运人控制之后的一切风险和费用，以及货物特定化后由于其过失所导致的风险和其他费用。

④ 买方自担风险和费用，取得进口许可证或其他官方许可，负责办理货物进口清关手续并支付关税、其他税款和其他费用。

2.使用 FCA 术语应注意的问题

（1）交货地点。

《2020 通则》中指出，FCA 术语下，交货在约定地点的交货方式适用于"管装不管运，管运不管卸"原则。其具体是指：①若指定的地点是卖方所在地，则当货物被装上买方指定的承运人（或代表买方的其他人）提供的运输工具时，交货完成；②若指定的地点是其他任何地点，则当货物在卖方的运输工具上，做好卸货准备未卸货而交给买方指定的承运人或其他人时，交货即宣告完成；③若在指定地点没有确定具体的交货点，并且有几个具体交货点可供选择时，卖方可以在指定地点选择最适合其目的的交货点。可见，在 FCA 条件下，交货地点的选择直接关系到装卸货物的责任划分。

（2）运输及相关费用。

FCA 术语适用于包括多式联运在内的多种运输方式，其是由买方指定承运人并订立货物运至指定目的地的运输合同；类似于 FOB 术语，卖方负责交货之前发生的一切费用。然而，需要强调的是，采用 FCA 术语成交时，大多数情况下货物进行了集成化的处理，即装入集装箱或托盘，因此，卖方在报价时应当注意将此价格计算在内。

（3）已装船提单提供的选择。

如果货物以 FCA 术语销售经由海运方式运输，交货在货物装船之前已经完成，因此无法确定卖方是否能够从承运人处获取已装船提单，而只有在货物实际装船后，承运人才会签发已装船提单。但是在实践中，采用海运方式的 FCA 合同，卖方或买方可能需要已装船提单（通常由于银行托收或信用证的要求）。为满足卖方使用 FCA 术语销售时对已装船批注提单可能要求提交的这种需求，Incoterms® 2020 首次在 FCA 术语中提供了一种可选机制，买卖双方可以约定是否提交已装船提单，具体在买方义务"B6 交货/运输单据"中增加了"买方必须自付费用及风险，指示承运人向卖方出具载明货物已经装载的运输单据（如已装船单据）"，对应在卖方义务"A6 交货/运输单据"中增加了"若买方指示承运人向卖方出具 B6 项下的运输单据，则卖方必须向买方提交承运人出具的这一单据"。

（4）风险转移。

在 FCA 条件下，风险以货交承运人为转移，采用多式联运方式时，风险在货交第一承运人处置时，即转移给买方。根据《2020 通则》的解释，由于买方的责任（未及时指定承运人，或其指定的承运人或其他人未在约定时间接管货物，或买方未及时给予卖方相应通知）而使卖方未能及时交付货物，则自约定的交货日期或交货期限届满之日起，由买方承担风险，其前提是该项货物已正式划归合同项下。由此可见，风险转移的时间需要针对具体情况加以确定。

（五）CPT术语

CPT，Carriage Paid to（insert named place of destination）运费付至（指定目的地），是指卖方按约定向指定承运人交货，支付将货物运至指定目的地的运费，买方承担货交承运人之后的一切风险和费用。如果存在多个承运人，则风险自货物交付第一承运人处置时转移。CPT术语适用于各种运输方式，包括多式联运。例如，CPT Detroit表示目的地为底特律，同时出口方需要支付从装运港到底特律的运费。

1.CPT术语下，买卖双方义务

该术语下，买卖双方各自承担的基本义务概括如下：

（1）卖方义务。

① 卖方自费订立按通常条件、通常路线及习惯方式将货物运至指定目的地约定地点的运输合同，并在约定的日期或期限内，将符合销售合同规定的货物置于买方指定的第一承运人或其他人控制之下，并于交货后充分通知买方。

② 卖方承担货物交至承运人控制之前的一切风险和费用。

③ 卖方自担风险和费用，取得出口许可证或其他官方许可，并负责办理货物出口清关手续及支付关税、其他税款和其他费用。

④ 卖方提交商业发票及合同可能要求的、证明货物符合合同规定的其他任何凭证，自担费用向买方提供证明货物已交付的通常单据，或具有同等作用的电子信息。

⑤ 卖方应买方要求并由其承担风险和费用，给予买方一切协助，以帮助其取得由装运地国和/或原产地国所签发或传送的、为买方进口货物可能要求的和必要时从他国过境所需的任何单据或有同等作用的电子信息。

（2）买方义务。

① 买方按照销售合同的规定接受单据、受领货物并支付货款。

② 买方承担货物交至第一承运人控制之后的一切风险和费用，以及货物特定化后由于其过失所导致的风险和其他费用。

③ 买方自担风险和费用，取得进口许可证或其他官方许可，负责办理货物进口清关手续并支付关税、其他税款和其他费用。

2.使用CPT术语应注意的问题

（1）风险划分的界限。

根据《2020通则》，CPT术语下的风险划分是以货交承运人为界，即便在使用多式联运方式时，风险划分也是以货交承运人，即转移给买方为界，也就是说，由买方承担货物交至承运人控制之后的一切风险和费用。同样，若货物已划归买方项下，则买方需要承担由于其自身疏忽所导致的一切风险和费用。

（2）装运通知。

《2020通则》指出，使用CFR术语时，若当事方无意越过船舷交货，而应使用CPT术语。可见，CPT术语实际上是CFR术语的延伸。两者除了适用的运输方式、风险划分和交货地点有所不同，买卖双方所承担的责任、费用等方面是基本一致的，并且两者所签订的合同均属于装运合同。这样，CPT术语下，同样是由卖方订立运输合同，买方自行办理货运保险，装运通知显得异常重要，其具体原因与 CFR 术语下所阐述的装船通知的重要性类似。

（六）CIP 术语

CIP，Carriage and Insurance Paid to（insert named place of destination）——运费、保险费付至（指定目的地），是指卖方按约定地点向指定承运人交货，同时支付将货物运至指定目的地的运费，以及办理运输途中灭失或损坏的保险并支付保险费，交货后的一切风险和费用则由买方承担。同样，如果存在多个承运人，则风险自货物交给第一承运人处置时转移。CIP 术语适用于各种运输方式，包括多式联运。例如，CIP Moscow 表示目的地为莫斯科，出口方需要支付从装运地到莫斯科的运费和保险费。

1.CIP 术语下，买卖双方义务

（1）卖方主要义务。

① 卖方自费订立按通常条件、通常路线及习惯方式将货物运至指定目的地约定地点的运输合同，并在约定的日期或期限内，将符合合同规定的货物置于买方指定的第一承运人或其他人控制之下，并于交货后充分通知买方。

② 卖方承担货物交至承运人控制之前的一切风险和费用。

③ 卖方按照合同规定，自费办理货物运输的保险。

④ 卖方自担风险和费用，取得出口许可证或其他官方许可，并负责办理货物出口清关手续及支付关税、其他税款和其他费用。

⑤ 卖方提交商业发票及合同可能要求的、证明货物符合合同规定的其他任何凭证，自担费用向买方提供证明货物已交付的通常单据，或具有同等作用的电子信息，并向买方提供保险单或其他保险证据。

⑥ 卖方应买方要求并由其承担风险和费用，给予买方一切协助，以帮助其取得由装运地国和/或原产地国所签发或传送的、为买方进口货物可能要求的和必要时从他国过境所需的任何单据或有同等作用的电子信息。

（2）买方主要义务。

① 买方按照销售合同的规定接受单据、受领货物并支付货款。

② 买方承担货物交至第一承运人控制之后的一切风险和费用，以及货物特定化后由于其过失所导致的风险和其他费用。

③ 买方自担风险和费用，取得进口许可证或其他官方许可，负责办理货物进口清关手续并支付关税、其他税款和其他费用。

2.使用 CIP 术语应注意的问题

（1）准确理解风险和保险问题。

根据《2020通则》，CIP 术语要求卖方负责订立将货物运至指定目的地约定地点的运输合同，同时负责办理货运保险，并支付保险费，但货物自交货地点运至目的地的运输途中的风险，则由买方承担。可见，CIP 术语和 CIF 术语在责任划分的基本原则上是一致的，但在具体责任和风险划分上有所区别。CIP 术语下，货物交由承运人控制之后，卖方风险即转移给买方，而 CIF 条件下，风险仅在货物越过船舷时转移；另外，较之 CIF 术语，CIP 术语还可以缩短卖方的出单时间，加快收汇速度，并适用于各种运输方式。正是因为如此，CIP 等货交承运人的贸易术语得到了日益广泛的运用。

以 CIP 和 CIF 方式达成的交易，投保是卖方的合同义务，卖方拥有货物所有权，自然具有可保利益。卖方向保险公司投保后，保险合同在货物启运地启运后即生效。按照惯例，卖方要按双方确定的险别投保，而如果双方未在合同中规定应投保的险别，卖方只需投保最低险别，最低保险金额一般为合同规定价款的 110%，并且使用合同货币；如果买方需要，且在其承担费用的前提下，卖方可加保战争、罢工和民变险等。

（2）合理确定价格。

在使用 CIP 术语时，虽然其价格构成同 CIF 术语一样，也是成本加保险费、运费，但是实际上价格可能大有差别。比如多式联运下，采用 CIP 术语，卖方要支付的保险费不仅是水上保险，还可能包括陆运险等多种险别。因此，在具体核算时，卖方应充分考虑运输方式、保险险别和各类保险的收费情况，并预计有关价格的变动趋势，从而制定出合理的 CIP 价格，尽量避免由于自身的疏忽而导致收益的减少。

总之，随着集装箱和多式联运等运输方式的快速发展，上述 FCA、CPT 和 CIP 三种术语由于其更广的适用范围而逐渐成为贸易领域新的发展趋势。表 7-4 描述了该三种术语的区别和联系（不同点以卖方为例）。

表 7-4　　　　　　　　　　　FCA、CPT 和 CIP 的异同比较

相同点	运输方式	交货地点	风险转移
三种术语	适用于各种运输方式	包括多式联运	货交承运人
不同点	卖方义务	卖方费用承担	卖方价格构成
FCA	约定地点交货	不承担出口运费、保险费	成本价
CPT	约定地点交货、办理出口运输	承担出口运费	成本加运费
CIP	约定地点交货、办理出口运输及保险	承担出口运费及保险费	成本加保险费、运费

综上所述，无论是原来占优的 FOB、CFR、CIF 术语，还是后来居上的 FCA、CPT、CIP 术语，都在国际贸易交易中以各自的特点和优势占据着特定的份额。有关两组术语的联系和区别参见表 7-5。

表 7-5　　　　　　　FOB、CFR、CIF 和 FCA、CPT、CIP 的异同比较

联系	FCA、CPT、CIP 分别是在 FOB、CFR、CIF 的基础上发展起来的	
区别	FOB、CFR、CIF	FCA、CPT、CIP
运输方式	只适用于海运或内河运输	适用于包括多式联运在内的多种运输方式
交货地点	装运港	承运人收货地点
风险转移	装运港船舷	货交承运人
装卸费用	视术语变形而定	若涉及租船运输，则不存在装卸费用问题
运输单据	海运提单	视运输方式而定
投保险别	水上运输险	视运输方式投保相应险别

以上介绍了当前国际贸易活动中最为常见的六种贸易术语及其在应用中需要注意一些问题，下面就简单介绍一下《2020通则》中的其他五种贸易术语。

二、其他5种贸易术语

（一）EXW术语

EXW，Ex Works（insert named place of delivery），即工厂交货（指定交货地点），是指卖方按照合同规定的日期或期限，在其所在地或其他指定地点（如工场、工厂或仓库）将货物交由买方处置时，即完成交货。卖方承担交货之前的一切风险和费用，其并不负责将货物装到任何运输工具上，也不负责办理出口清关手续，但要提供商业发票或有同等作用的电子信息，以及合同可能要求的、证明货物符合合同规定的其他任何凭证；而买方则需要承担受领货物之后的一切风险和费用，并支付价款。EXW术语适用于各种运输方式。其图示见图7-1。例如EXW Factory Shanghai，表示在上海卖方的某工厂交货。EXW术语是卖方承担责任最小、买方承担责任最大的贸易术语。由于其价格低廉，许多进口商仍愿意承担较大的风险而采用这一方式。此外，若双方希望在起运时由卖方负责装载货物并承担装载货物的费用和风险，则须在销售合同中予以明确。

1.EXW术语下买卖双方的义务

（1）卖方主要义务。

① 卖方在合同约定的时间和地点将货物置于买方处置之下。

② 卖方承担货物交给买方处置之前的一切风险和费用。

③ 卖方提交商业发票或有同等作用的电子信息等。

（2）买方主要义务。

① 买方在合同约定的时间和地点受领货物，并支付货款。

② 买方承担受领货物后的一切费用和风险。

③ 买方自负费用和风险，取得出口许可证和进口许可证或其他官方许可，并负责办理货物出口和进口所需的一切海关手续。

2.使用EXW术语时应注意的事项

（1）出口清关手续的办理。

EXW术语要求买方自行办理出口清关手续，因此在确定采用这一术语时，买方必须有把握能直接或间接地办理出口清关，否则就应该考虑使用FCA术语。

（2）货物交接问题。

视合同具体规定，卖方必须及时将货物交接的时间、地点通知给买方，或是买方必须及时将受领货物的时间、地点通知给卖方，简言之，即安排好货物的交接工作。

（3）有关费用问题。

由于该术语下卖方不负责将货物装上运输工具，因此有关货物的包装费用应事先在合同中加以明确，以免事后引起争议。如果买方承担装货费和费用要求卖方在发货时负责装货，则应在合同中加以注明。

（二）FAS术语

FAS，Free Alongside Ship（insert named port of shipment）即船边交货（指定装运港），习惯上称为装运港船边交货，是指卖方必须在约定的时间内、在指定的装运港将已办理出口清关手续的货物交至买方指定的船边，或在取得已经如此交付的货物时，即完成交货义务，并于交货后充分通知买方；买方则必须承担自那时起货物灭失或损坏的一切风险，也就是说，风险以船边为转移。如买方所派船只无法靠岸，卖方需要租用驳船将货物运至船边，仍在船边完成交货义务，装船的责任和费用均由买方承担。FAS术语仅适用于海运或内河运输。其图示见图7-1。例如，FAS Qingdao，术语后只能写出口国的港口，而不能写内陆城市，以免引起争议。

1.FAS术语下买卖双方的义务

（1）卖方主要义务。

① 卖方必须在买方指定的装运港，在约定的时间将货物交到买方指定的船边。

② 卖方将货物交至船边为止的一切风险和费用。

③ 卖方自担风险和费用，取得出口许可证或其他官方许可，并负责办理货物出口清关手续。

④ 卖方提交商业发票及证明货物已交付的单据，或具有同等作用的电子信息。

（2）买方主要义务。

① 买方则要按照合同的规定接受单据、受领货物，并支付货款。

② 买方自费订立运输货物合同，并充分通知卖方有关船名、装船点和要求交货时间等信息。

③ 买方自担风险和费用，取得进口许可证或其他官方许可，办理货物进口清关手续并支付关税、其他税款和其他费用。

④ 买方承担受领货物之后的一切风险和费用。

2.使用FAS贸易术语时应注意的事项

在《2020通则》中，FAS条件下，是由卖方办理出口清关手续，这同《90通则》中所规定的买方办理出口清关手续恰好相反。此外，与FOB术语相似，FAS术语下的船货衔接问题也非常重要；《2020通则》认为，FAS不适合于货物在交到船边前已经交给承运人的情况，如货物在集装箱终端交给承运人，则应当使用FCA术语。

（三）DAP术语

DAP，Delivered at Place（insert named place of destination）即目的地交货（指定目的地），是指卖方在约定目的地的约定地点（如有），将装在抵达的运输工具上并做好卸货准备（ready for unloading）的货物交由买方处置，或以取得已经如此交付的货物时，即履行了交货。卖方承担将货物运至指定目的地的一切风险和费用。其图示见图7-1。例如，DAP Man zhouli，表示卖方应在满洲里将货物交给买方完成交货义务。DAP术语适用于任何单一运输方式或多种运输方式。

有关货物的一切风险自货物在边境指定地点交由买方处置时转移，约定交货地点前的费用和风险由卖方承担。从以上可以看到，卖方不负责在边境指定地点的卸货事宜，但是，如果买方希望卖方负责从交货运输工具上卸货并承担一些卸货的风险和费用，则应在销售合同中明确加以表示。该术语下，卖方还要负责向买方提交商业发票及合同可能要求的、证明货物符合合同规定的其他任何凭证，并自费向买方提供证明货物已交付边境指定地点的通常单据，或具有同等作用的电子讯息；而买方则要按照销售合同的规定受领货物并支付货款，同时自担风险和费用，办理有关进口清关手续并支付相关费用。

1.DAP术语下买卖双方的义务

（1）卖方主要义务。

① 卖方提供符合合同的货物和商业发票，以及合同要求的电子信息等。

② 卖方自负费用和风险，办理出口通关手续。

③ 卖方自负费用签订运输合同，把货物运至指定目的地。

④ 卖方在合同约定时间将货物运载于指定目的地运输工具上交于买方处置。

⑤ 卖方承担交货之前的货物灭失和损坏的一切风险。

⑥ 卖方给予买方收货的充分通知。

（2）买方主要义务。

① 买方接受单据和货物，并支付货款。

② 买方自负费用和风险，办理进口通关手续。

③ 买方承担交货后的货物灭失和损坏的一切风险。

④ 买方收取货物时向卖方发通知。

⑤ 买方承担卸货费用。

2.使用DAP贸易术语时应注意的问题

（1）预先确定交货地点。

根据《通则2020》，DAP术语的交货地和到货地是相同的，因此买卖双方尽可能清楚地说明目的地的交货地点。

（2）卖方风险控制问题。

DAP术语的卖方存在相对风险责任大、业务环节多、贸易情况复杂、交货时间难以控制的特点。因此，卖方必须增强防控风险的意识，充分调查进口商资信、经营状况和支付能力，掌握承运人的信誉情况，做到事前控制、事中跟踪、事后反馈，建立风险控制系统，将风险降低到最小，最大限度地避免可能的损失。

（四）DPU术语

DUP，Delivered at Place Unloaded（insert named place of destination）即目的地卸货后交货（指定目的地），是指卖方在指定目的地的约定地点（如有），将货物从抵达的运输工具上卸下并交由买方处置，或以取得已经如此交付的货物时，卖方即完成交货。卖方负担将货物运至目的地的约定地点（如有）并卸下的一切风险。DPU术语适用于任何运输方式包括多式联运。其图示见图7-1。

1.DPU术语下买卖双方的义务

（1）卖方主要义务。

① 卖方提供符合合同的货物和商业发票，以及合同要求的其他单据，并给予买方充分通知。

② 卖方自负费用和承担风险，办理出口通关手续。

③ 卖方自负运费签订运输合同，将货物运至目的地指定交货地点，并负责卸下。

④ 卖方按照约定时间，在指定的目的地交货地点，从运达的运输工具上将货物卸下交给买方处置。

⑤ 卖方承担交货前的货物灭失和损坏的风险。

（2）买方主要义务。

① 买方在指定目的地交货地点接收货物和单据，并支付货款。

② 买方自负费用和承担风险，办理进口通关手续。

③ 买方承担交货后货物灭失和损坏的风险。

2.使用DPU贸易术语时应注意的问题

（1）交货地点和风险划分。

在DPU术语下，卖方必须承担货物运至指定目的交货地点港卸下货物前的一切风险和费用，买方则要承担受领货物后的风险和费用，由于交货点"目的地"可以是任何地方，因此双方要谨慎地确定交货地点。

（2）有关订立保险合同的事项。

DPU术语下，买卖双方均没有为对方订立保险合同的义务。如果一方请求，并承诺自担风险和费用，另一方需答应，并向其提供相关的信息。

（五）DDP术语

DDP，Delivered Duty Paid（insert named place of destination）即完税后交货（指定目的地），是指卖方在约定的时间内，在指定的进口国目的地，办理完进口清关手续并交纳进口税费，将在交货运输工具上尚未卸下的货物交给买方，即完成交货。其图示见图7-1。

采用DDP术语，卖方必须承担将货物运至指定目的地的一切风险和费用，并且取得进口和出口许可证或其他官方许可，负责办理货物进口和出口清关手续并支付关税、其他税款和其他费用，并向买方提交商业发票及合同可能要求的、证明货物符合合同规定的其他任何凭证，及自费向买方提供提货单或通常的运输单据，或具有同等作用的电子讯息，以便买方提取货物。由此可见，该术语是卖方承担责任最大的术语，即买方承担责任最小的术语，同样可以推出，DDP条件下成交的价格也理应是最高的。对于买方而言，DDP相当于国内贸易。如果买方希望卖方承担卸货或其他责任和费用，则应该在销售合同中订明。

该术语适用于各种运输方式。

1.DPP术语下买卖双方的义务

（1）卖方主要义务。

① 卖方订立运输合同，并支付有关的运费。

② 卖方在合同规定的时间和地点，将货物运至买方处置之下，并做好卸货准备。

③ 卖方承担在指定目的地约定地点将货物交买方处置之前的一切风险和费用。

④ 卖方自负风险和费用，办理进出口许可证或其他官方许可，并办理进出口通关的一切手续。

⑤ 卖方向买方提交商业发票和提货单或提货所需的电子信息等。

（2）买方主要义务。

① 买方接受提货单，在约定地点负责卸货受领货物，并支付货款。

② 买方承担在目的地约定地点受领货物之后一切风险和费用。

③ 如果卖方在自担风险和费用下请求办理进口许可证或其他官方许可，买方应该给予一定的协助。

2.使用DDP术语应注意的问题

（1）风险和保险的问题。

在DDP术语下，卖方要承担货物到达目的地之前的所有风险，因此卖方为了自身利益，有必要订立保险合同，自付保险费。

（2）进口清关的问题。

在DDP术语下，卖方负责办理进口清关一切手续，并支付进口关税、其他税款和其他费用。另外，若双方当事人同意排除卖方在办理进口时应承担的某些费用，如增值税，则应在术语后注明，如"完税后交货，增值税未付（指定目的地）"。

第四节 商品价格与成本核算

一、商品价格

（一）出口商品定价原则

在确定进出口商品成交价格时，需要注意贯彻下列三项原则：

1.参考国际市场价格水平定价

国际市场价格是以商品的国际价值为基础并在国际市场竞争中形成的，是交易双方都能接受的价格，是确定进出口商品价格的客观依据。因此，我国对外成交的价格，一般都参照国际市场价格水平来确定。

2.要结合国别、地区政策定价

为了使外贸配合外交，在参照国际市场价格水平的同时，可适当考虑国别、地区政策，即在平等互利的基础上，双方约定按比较优惠的价格成交。

3.根据企业的购销意图灵活定价

进出口商品价格在国际市场价格水平的基础上,可根据购销意图来确定,即可略高或略低于国际市场价格。

(二)注意国际市场价格走势和供求变化

国际市场价格因受供求关系的影响而上下波动。国际市场供不应求,国际市场价格就会呈上涨趋势;当市场供过于求,国际市场价格就会呈下跌趋势。可见,切实了解国际市场的供求状况,有利于对国际市场价格的走势作出正确判断,也有利于合理确定进出口商品的成交价格,该涨则涨,该降则降,避免价格掌握上的盲目性。总之,确定价格,应有客观依据,即要求从纵向和横向进行比较,不能凭主观愿望盲目定价,我们应将对外成交商品的历史价和现价进行比较,将对外成交商品在不同市场上的价格进行比较,将同一市场上不同客户的同类商品的价格进行比较,防止出现价格偏离国际市场的实际价格水平。

(三)定价考虑影响价格的因素

1.要考虑商品的质量和档次

在国际市场上,一般都贯彻按质论价的原则,即好货好价,次货次价。品质的优劣,档次的高低,包装装潢的好坏,式样的新旧,商标、品牌的知名度,都会影响商品的价格。

2.要考虑运输成本

国际货物买卖,一般都要经过长途运输。运输距离的远近,影响运费和保险费的开支,从而影响商品的价格。因此,确定商品价格时,必须认真核算运输成本,做好比价工作,以体现地区差价。

3.要考虑交货地点和交货条件

在国际贸易中,由于交货地点和交货条件不同,买卖双方承担的责任、费用和风险有别,在确定进出口商品价格时,必须考虑这些因素。例如,同一运输距离内成交的同一商品,按CIF条件成交同按DES条件成交,其价格应当不同。

4.要考虑季节性需求的变化

在国际市场上,某些节令性商品,如赶在节令前到货,抢行应市,就能卖上好价。过了节令的商品,往往售价很低,甚至以低于成本的"跳楼价"出售。因此,我们应充分利用季节性需求的变化,切实掌握好季节性差价,争取按对我方有利的价格成交。

5.要考虑成交数量

按国际贸易的习惯做法,成交量的大小影响价格。也就是说,如成交量大时,在价格上应给予适当优惠,例如采用数量折扣的办法;反之,如成交量过少,甚至低于定量时,则可以适当提高售价。不论成交多少都是一个价格的做法是不当的,我们应当掌握好数量方面的差价。

6.要考虑支付条件和汇率变动的风险

支付条件是否有利和汇率变动风险的大小,都影响商品的价格。例如,同一商品在其他交易条件相同的情况下，采取预付货款和凭信用证付款方式下，其价格应当有所区别。同时，确定商品价格时，一般应争取采用对自身有利的货币成交，如采用对自身不利的货币成交时，应当把汇率变动的风险考虑到货价中去，即适当提高出售价格或压低购买价格。

7.要考虑其他因素

除上述各种因素外，交货期的长短、市场贸易习惯和消费者的爱好等因素也对确定价格有一定程度的影响，因此应予以考虑。

总之，国际贸易从业人员必须在调查研究的基础上，切实注意上述影响进出口商品成交价格的各种因素，通盘考虑，权衡得失，然后确定适当的成交价格。

（四）成本核算

确定商品的成交价格应有客观依据，为了合理确定成交价格以提高经济效益，在价格掌握上，要防止不计成本、不管盈亏而单纯追求成交量的偏向，尤其在出口商品价格的掌握上，更要注意这方面的问题。

1.出口总成本与出口成本价格

出口总成本是指外贸企业为出口商品支付的国内总成本，其中包括进货成本和国内费用。如需缴纳出口税的商品，则出口总成本中还应包括出口税。

出口成本价格是外贸企业以出口总成本为基础计算出来的单位成本价格，并不涉及有关国外的任何费用；而出口成交价格则可能包括单位商品的国外费用，如国外运费、保险费与佣金等。

2.出口外汇净收入与出口换汇成本

出口外汇净收入是指出口外汇总收入扣除劳务费用等非贸易外汇后的外汇收入。如按FOB价格成交，成交价格就是外汇净收入。如按CIF价格成交，则扣除国外运费和保险费等费用支出后，即为外汇净收入。如按含佣价成交，则还要扣除佣金。

出口换汇成本是指某商品出口净收入一个单位的外汇所需要的人民币成本。其计算公式为：

$$出口换汇成本 = \frac{出口总成本（人民币）}{出口外汇净收入（外汇）}$$

可以看出，出口换汇成本与出口总成本成正比，与出口外汇净收入成反比。出口换汇成本是衡量企业出口交易盈亏的重要指标。它与外汇牌价进行比较能直接反映出商品出口是否盈利。例如，在一笔出口交易中，计算出的出口换汇成本为5.38元，如果当时外汇牌价为1美元折6.38元人民币，则出口1美元的该商品取得1元人民币的盈利；反之，如果计算出的出口换汇成本为7.38元，则出口1美元该商品，就会出现1元人民币的亏损。

3.出口盈亏额与盈亏率

出口盈亏额是指出口销售的人民币净收入与出口总成本（人民币）的差额。如差额是正数，为盈余额；如差额是负数，则为亏损额。

出口盈亏率是出口盈亏额与出口总成本的比例，用百分比表示。它是衡量出口盈亏程度的一项重要指标。其计算公式为：

$$出口盈亏率=\frac{出口销售人民币净收入-出口总成本(人民币)}{出口总成本(人民币)}\times100\%$$

【例7-1】某商品出口总成本为53 800元人民币，出口外汇净收入为10 000美元，如中国银行的外汇牌价为100美元折合人民币638元，计算本笔交易的出口盈利率。

解：出口盈利额=63 800-53 800=10 000（元）

$$出口盈利率=\frac{10\,000}{63\,800}\times100\%=15.67\%$$

4.成品出口创汇率

成品出口创汇率是指加工后成品出口的外汇增值数额与原料外汇成本的比率。如原料为本国产品，其外汇成本可按原料的FOB出口价计算。如原料是进口的，则按原料的CIF价计算。通过出口的外汇增值数额和原料外汇成本的对比，则可看出成品出口的创汇情况，从而确定出口成品是否有利。特别是在进料加工的情况下，核算成品出口创汇率这项指标，更有必要。其计算公式如下：

$$成品出口创汇率=\frac{成品出口外汇净收入-原料外汇成本}{原料外汇成本}\times100\%$$

（五）贸易术语的价格构成和价格换算

在国际贸易中，贸易术语通常是进出口商品价格的组成部分，不同的贸易术语包括的成本和费用各不相同，因而价格也有较大差异。例如：FOB术语中不包括从装运港至目的港的运费和保险费；CFR术语中则包括从装运港至目的港的通常运费；CIF术语中除包括从装运港至目的港的通常运费外，还包括保险费。在对外洽商交易过程中，有时一方按某种贸易术语报价，而另一方不同意报价中使用的贸易术语，希望对方改用其他贸易术语报价。因此，外贸从业人员不仅要了解主要贸易术语的价格构成，还应了解主要贸易术语的价格换算方法，现分别简要说明如下：

1.要贸易术语的价格构成

（1）FOB、CFR和CIF的价格构成。

这三种常用的贸易术语的价格构成包括进货成本、各项费用开支和净利润三方面内容，其中费用开支包括国内费用开支和国外费用开支两部分。

① 国内费用：其项目较多，主要包括加工整理费、包装费、保险费、国内运费、装船费、检验费、公证费、产地证费、领事签证费、许可证费、报关单费、邮电费、贴现利息和手续费，以及预计损耗等。

② 国外费用：主要包括从装运港至目的港的运输费用和海上货物运输保险费用，如有中间商，还应包括付给中间代理商的佣金等。

以上表明，这三种贸易术语的价格构成的计算公式如下：

FOB价格=进货成本价+国内费用+净利润

CFR价格=进货成本价+国内费用+国外运费+净利润

CIF价格=进货成本价+国内费用+国外运费+国外保险费+净利润

（2）FCA、CPT 和 CIP 的价格构成。

这三种贸易术语的价格构成与上述 FOB、CFR 和 CIF 三种贸易术语相类似，其价格构成也包括进货成本、各项费用开支和净利润三部分。由于这些贸易术语适用的运输方式不同，交货地点与交货方式也有别，故其发生的具体费用不尽相同。

① 国内费用：通常包括加工整理费、包装费、保管费、国内运费（仓至码头、车站、机场、集装箱货运站或堆场）、拼箱费、商检费、公证费、领事签证费、许可证费、报关单费、邮电费、贴现利息和手续费，以及预计损耗等。

② 国外费用：主要包括自出口国内陆起运地至国外目的地的运输费用和国外保险费，在有中间商介入时，还应包括支付给中间代理商的佣金等。因此，这三种贸易术语的价格构成的计算公式如下：

FCA 价格=进货成本价+国内费用+净利润

CPT 价格=进货成本价+国内费用+国外运费+净利润

CIP 价格=进货成本价+国内费用+国外运费+国外保险费+净利润

2.要贸易术语之间的价格换算

在磋商交易过程中，交易双方都希望选用于己有利的贸易术语，如一方对另一方提出的贸易术语不同意，而要求改用其他某种贸易术语时，则可采用下列价格换算方法：

（1）FOB、CFR 和 CIF 三种价格的换算。

CIF 的价格构成为：

CIF 价格=FOB 价格+国外运费+国外保险费

这里要特别注意的是，国外保险费是以 CIF 价格为基础计算的，所以如果写明保险费的计算办法，则应为：

CIF 价格=FOB 价格+CIF 价格×保险加成×保险费率+国外运费

如已知 FOB 价格，现改报 CFR 价格或 CIF 价格，则 CFR 价格和 CIF 价格分别为：

CFR 价格=FOB 价格+国外运费

$$CIF 价格=\frac{FOB 价格 + 国外运费}{1 - 保险加成 \times 保险费率}$$

如已知 CIF 价格，现改报 FOB 价格或 CFR 价格，则 FOB 价格和 CFR 价格分别为：

FOB 价格=CIF 价格×（1-保险加成×保险费率）-国外运费

CFR 价格=CIF 价格×（1-保险加成×保险费率）

如已知 CFR 价格，现改报 FOB 价格或 CIF 价格，则 FOB 价格和 CIF 价格分别为：

FOB 价格=CFR 价格-国外运费

$$CIF 价格=\frac{CFR 价格}{1 - 保险加成 \times 保险费率}$$

（2）FCA、CPT 和 CIP 三种价格的换算。

CIP 的价格构成应为：

CIP 价格=FCA 价格+国外运费+国外保险费

要特别注意的是，国外保险费应以 CIP 价格为基础计算，所以如果写明保险费的计算办法，则应为：

CIP 价格=FCA 价格+CIP 价格×保险加成×保险费率+国外运费

这样，如已知 FCA 价格，现改报 CPT 价格或 CIP 价格，则 CPT 和 CIP 价格分别为：

CPT价格＝FCA价格＋国外运费

$$CIP价格＝\frac{FCA价格＋国外运费}{1－保险加成×保险费率}$$

如已知 CIP 价格，现改报 FCA 价格或 CPT 价格，则 FCA 价格和 CPT 价格分别为：

FCA价格＝CIP价格×（1－保险加成×保险费率）－国外运费

CPT价格＝CIP价格×（1－保险加成×保险费率）

如已知 CPT 价格，现改报 FCA 价格或 CIP 价格，则 FCA 价格和 CIP 价格分别为：

FCA价格＝CPT价格－国外运费

$$CIP价格＝\frac{CPT价格}{1－保险加成×保险费率}$$

二、进出口商品的定价办法

一般而言，在国际货物贸易中，定价方法多种多样，交易双方当事人经磋商在合同中予以明确，将来买方以此作为付款依据。通常采用的定价办法有下列几种。

（一）固定价格

固定价格是指交易双方在协商一致的基础上，对合同价格予以明确、具体的规定。按照《联合国国际货物销售合同公约》的有关规定，合同中的价格可以由当事人用明示的方法规定，也可用默示的方法规定。只要当事人根据合同或事先约定，可以将价格明确、具体地定下来，即可称为固定价格。按各国法律规定，合同价格一经确定，就必须严格执行，任何一方都不得擅自更改。例如"每公吨 1 000 欧元，CIF 纽约"，如合同中无其他规定，则被认为固定价格。

这种规定价格的办法，既明确、具体，也便于核算和执行，同时减少争议。在我国进出口业务中，一般多采用这种定价方法。采用固定价格，是国际市场上较常见的做法。

（二）非固定价格

在国际货物贸易中，为了减少价格变动的风险、促成交易和提高履约率，在合同的规定方面，往往采用一些灵活变通的做法，即按非固定价格成交，这类定价方法又可分为下述几种：

1.待定价格

此种定价办法，又可细分为下列两种具体做法：

（1）在价格条款中明确约定定价时间与定价方法。

以海运进出口合同为例，如采用此种定价办法，可在价格条款中一并规定定价时间与定价方法。例如："在装船月份前30天，参照当地及国际市场价格水平，协商议定正式价格"；或"按提单日期的国际市场价格计算"。

（2）只在合同中规定定价时间。

在进出口合同价格条款中，只规定定价时间，例如"由双方在××年×月×日协商确定价格"。这种方式由于未就定价方式作出规定，容易给合同带来较大的不稳定性，双方可能因缺乏明确的定价标准而在商定价格时各执己见，相持不下，导致合同无法执行。因此，这种方式一般只适用于双方有长期交往并已形成比较固定的交易习惯的合同。

2.暂定价格

为避免价格风险，双方可以在合同中先约定一个初步价格，作为开立信用证和初步付款的依据，待双方确定最后价格后，再进行最后清算，多退少补。例如："单价暂定CIF 伦敦，每公吨 5 000 英镑，定价方法：以××交易所 3 个月期货，按装船月份月平均价加 5 英镑计算。买方按本合同规定的暂定价开立信用证。"

3.部分固定价格，部分非固定价格

有时为了照顾双方的利益，解决双方在采用固定价格或非固定价格方面的分歧，也可采用部分固定价格、部分非固定价格的做法，或是分批定价的办法。交货期近的价格，在订约时固定下来，余者在交货前一定期限内定价。

非固定价格是一种变通做法，在行情变动剧烈或双方未能就全部货物的价格取得一致意见时，采用这种定价办法有下列好处：

（1）有助于暂时解决双方在价格方面的分歧，先就其他条款达成协议，早日签约。

（2）有助于解除客户对价格风险的顾虑，使之敢于签订交货期长的合同。数量、交货期的早日确定，不但有利于巩固和扩大出口市场，也有利于生产、收购和出口计划的安排。

（3）对交易双方，虽不能完全排除价格风险，但对卖方来说，可以不失时机地做成生意，对买方来说，可以保证一定的转售利润。

由于非固定价格的做法是先签约后定价，合同的关键条款即价格条款，是在签约之后由双方按一定的方式来确定的。这就不可避免地给合同带来较大的不稳定性，存在双方在定价时不能取得一致意见而使合同无法执行的可能，以及由于合同定价条款规定不当而使合同失去法律效力的危险。

（三）价格调整条款

在国际货物贸易中，有的合同除规定具体价格外，还规定各种不同的价格调整条款，从而避免双方承担较大的风险，保证合同的顺利履行。例如："如卖方对其他客户的成交价高于或低于合同价格 5%，对本合同未执行的数量，双方协商调整价格。"这种做法的目的是，把价格变动的风险限定在一定范围之内，以提高客户经营的信心。

值得注意的是，在国际上，随着某些国家通货膨胀的加剧，有些商品合同，特别是加工周期较长的机器设备合同，都普遍采用所谓"价格调整条款"（Price Adjustment (Revision) Clause），要求在签约时只规定初步价格（Initial Price），同时规定，如原料价格、工资发生变化，卖方保留调整价格的权利。

在价格调整条款中，通常使用下列公式来调整价格：

$$P=P_0(A + B\frac{M}{M_0} + C\frac{W}{W_0})$$

式中：P——商品交货时的最后价格；P_0——签合同时约定的初步价格；M——计算最后价格时引用的有关原料的平均价格或指数；M_0——签合同时引用的有关原料的价格或指数；W——计算最后价格时引用的有关工资的平均数或指数；W_0——签合同时引用的有关工资的平均数或指数；A——经营管理费用和利润在价格中所占的比重；B——原料在价格中所占的比重；C——工资在价格中所占的比重。A、B、C所分别代表的比例，在签合同时确定后固定不变。

如买卖双方在合同中规定，按上述价格调整公式计算出来的最后价格与约定的初步价格相比，其差额不超过约定的范围（如百分之若干），则初步价格可不予调整，合同原定的价格对双方当事人仍有约束力，双方必须严格执行。

上述价格调整条款的基本内容，是按原料价格和工资的变动来计算合同的最后价格。在通货膨胀的情况下，它实质上是出口厂商转嫁国内通货膨胀、确保利润的一种手段。值得注意的是，这种做法已被联合国欧洲经济委员会纳入它所制定的一些"标准合同"之中，而且其应用范围已从原来的机械设备交易扩展到一些初级产品交易，因而具有一定的普遍性。

由于这类条款是以工资和原料价格的变动作为调整价格的依据，因此在使用这类条款时必须注意工资指数和原料价格指数的选择，并在合同价格条款中具体写明。此外，在国际货物贸易中，人们有时也应用物价指数作为调整价格的依据，如合同期间的物价指数发生的变动超出一定的范围，价格即作相应调整。

（四）计价货币的选择

计价货币（Money of Account）是指买卖双方约定用来计算商品价格的货币。如合同中的价格是用一种双方当事人约定的货币（如美元）来表示的，且没有约定用其他货币支付，则合同中规定的货币（美元），既是计价货币，又是支付货币（Money of Payment）。如在计价货币之外，还规定了用其他货币（如欧元）支付，则这种指定的货币（欧元）就是支付货币。

1.计价货币的选择原则

（1）应选择可自由兑换的货币。使用可自由兑换的货币，有利于货币的调拨和运用，也有利于在必要时转移汇率风险。目前，我国常用的计价货币或支付货币主要有美元（USD）、英镑（GBP）、欧元（EUR）、日元（JPY）和港元（HKD）等。2009年，我国跨境贸易人民币结算试点工作开始展开，故而在一定范围内，人民币也可以作为计价或结算的货币。

（2）应考虑货币的稳定性。对于可自由兑换的货币，在出口业务中，应尽量选择从订立合同至收汇期间有上浮（升值）趋势的货币，即"硬币"（Hard Currency）；在进口业务中，应尽量选择从订立合同至付汇期间有下浮（贬值）趋势的货币，即"软币"（Soft Currency）。

当然，货币的"软""硬"都是相对的，在一个时期是"软币"，在另一个时期却可能是"硬币";由于变动幅度不同,某一货币相对于甲种货币是"软币",相对于乙种货币可能是"硬币"。

2.货币风险的防范办法

签订合同的交易双方在选择计价货币时,卖方总是希望选择"硬币",而买方则希望选择"软币",以规避汇率波动的风险。如果买卖双方对某一货币的走势预期正好相反,则比较容易达成一致;但如果买卖双方对某一货币的走势预期正好相同,则在计价货币的选择上往往会产生争议。如果为了达成交易而不得不选择对我方不利的货币,则可采取下面的补救方法来防范货币风险:

(1)压低进口价格或提高出口价格。

若进口必须采用"硬币",则订约时应将该货币在我方付汇时可能上浮的幅度考虑进去,所以价格应下调。至于能否调整价格或调整的幅度有多大,则取决于买卖双方在谈判中的地位及实力。另外,鉴于汇率波动频繁,汇率波动的长期趋势特别是一年以后的汇率走势难以预测,所以这一办法通常适用于成交后进口付汇或出口收汇间隔时间较短的交易。

(2)价格调整的方法。

价格调整即在合同中规定根据使用的货币币值变动幅度来确定价格调整幅度。这种方法在一定程度上可以抵消货币币值变动的影响,但这种方法意味着合同的价格是可以变动的。

(3)"软币""硬币"结合使用。

如果合同中支付的价款金额是确定不变的,则可将合同金额分成两部分,一部分价款采用某种货币支付,另一部分价款采用币值具有相反变动趋势的货币支付,即一部分价款采用"软币"支付,另一部分价款采用"硬币"支付,当然,也可多种"软""硬"币结合使用。

(4)在合同中订立外汇保值条款。

在进出口合同中订立外汇保值条款(Provison Clause/Exchange Clause),主要有以下两种方法:

①确定订约时计价货币与另一货币(其币值与计价货币具有相反的变动趋势)的汇率,将合同金额折算成另一货币,支付时按付款当日汇率把币值具有相反趋势变化的货币折算成原计价货币支付。因此,如果出口时计价货币为"软币",则可以以"硬币"折算;如果进口时计价货币为"硬币",则可以以"软币"进行折算。

②将商品单价或总金额按计价货币与支付货币当时的汇率,折合成另一种"硬币",按另一种"硬币"支付。出口时以"软币"计价,但以"硬币"支付;进口时以"硬币"计价,但以"软币"支付。

(五)采用本币结算

在进出口业务者,如果用本币计价结算,进出口商不需要买卖外汇,也就不承担汇率变动的风险。因此,我国有条件的进出口企业在选择计价货币与支付货币时,可尽量选择人民币结算,以规避汇率波动的风险。

（六）采用外汇保值交易的做法

外汇保值交易是在进出口合同中按订约时的外汇汇率确定远期货款支付，订约后，为了防止远期支付由于汇率变动而带来损失，交易当事人可在外汇市场上做一笔反向交易，即对出口可做一笔卖出货物支付货币的交易，对进口来说可做一笔买进货物支付货币的交易。这种为了消除货物买卖中支付货币的汇率变动风险，而在外汇市场上所做的反向外汇交易，称为外汇保值交易。外汇保值交易的方法比较多，如远期外汇保值、外汇期货、外汇期权保值等。

三、佣金与折扣

在进出口合同的价格条款中，有时会涉及佣金与折扣的运用。价格条款中所规定的价格，可分为包含有佣金或折扣的价格和不包含这类因素的净价（Net Price）。包含有佣金的价格，在实际业务中，通常称为"含佣价"。

（一）佣金

1.佣金的含义

在国际货物贸易中，有些交易是通过中间代理商进行的。中间代理商因介绍生意或代买代卖而需收取一定的酬金，此项酬金叫佣金（Commission），具有劳务费的性质。佣金直接关系到商品的价格，货价中是否包含佣金和佣金比例的大小，都影响着商品的价格。显然，含佣价比净价要高。

佣金是市场经济发展的必然产物，随着国际货物贸易的日益发展，中间代理商的作用也更加明显。正确运用佣金制度，有利于调动中间代理商的积极性和扩大交易。

2.佣金的种类

买卖双方在洽谈交易时，如果将佣金明确表示出来并写入价格条款中，称为"明佣"。如果交易双方对佣金虽然已经达成协议，但约定不在合同中表示出来，约定的佣金由一方当事人按约定另行支付，则称为"暗佣"。国外中间代理商为了赚取"双头佣"（即中间代理商从买卖双方都获取佣金），或为了达到逃汇或逃税的目的等，往往要求采用"暗佣"的做法。

3.佣金的规定方法

在价格条款中，对于佣金的规定，有下列几种方法：

（1）凡价格中包括佣金的，即为"含佣价"。例如：每公吨 1 000 美元，CIF 伦敦，包括佣金 3%。

（2）用英文字母"C"代表佣金，并注明佣金的百分比。例如：每公吨 1 000 美元，CIFC3%，伦敦。

（3）佣金也可以用绝对数表示。例如：每公吨支付佣金 30 美元。

4.佣金的计算方法

在国际贸易中，计算佣金有不同的方法，最常见的是以买卖双方的成交额或发票金额为基础计算佣金。

佣金的计算公式为：

单位货物佣金额=含佣价×佣金率

净价的计算方法为：

净价=含佣价−单位货物佣金额

【例7-2】已知我国某外贸公司出口商品对外报价为每公吨1 500美元，CIFC3%，请计算出口商应付佣金和实际收入。

解：每公吨货物应支付的佣金=1 500×3%=45（美元）

每公吨货物实际收入=1 500−45=1 455（美元）

如果已知净价，则含佣价的计算公式为：

$$含佣价=\frac{净价}{1-佣金率}$$

【例7-3】已知我国某外贸公司出口商品对外报价为不含佣金CIF价1 500美元，外商要求报CIFC4%。若保持我方的净收入不变，求对外含佣金报价。

解：$含佣价=\frac{1\ 500}{1-4\%}=1\ 562.5$（美元）

（二）折扣

1.折扣的含义及其性质与作用

折扣（Discount）是指卖方按原价给予买方一定百分比的减让，即在价格上给予适当的优惠。在我国对外贸易中，使用折扣主要是为了照顾老客户、确保销售渠道与扩大销售等。在实际业务中，应根据具体情况，针对不同客户，灵活运用各种折扣方法：为了扩大销售，使用数量折扣（Quantity Discount）；为发展同客户的关系或为实现某种特殊目的而给予的特别折扣（Special Discount）以及年终回扣等。在货价中是否包括折扣和折扣率的大小，都影响商品的价格。折扣率越高，则价格越低。折扣如同佣金一样，都是市场经济的必然产物，正确运用折扣，有利于调动采购商的积极性和扩大销路。在国际货物贸易中，它是出口厂商加强对外竞销的一种手段。在实际使用中应根据具体情况，针对不同客户，灵活运用各种折扣。

2.折扣的规定办法

在国际货物贸易中，折扣通常在约定价格条款时用文字明确表示出来。折扣有"明扣"和"暗扣"之分。凡在价格条款中明确规定折扣率的，称为"明扣"；凡交易双方就折扣问题已达成协议，而在价格条款中不明示折扣率的，称为"暗扣"。

关于"明示"的折扣，可酌情采取适当的规定办法。例如："CIF纽约每公吨200美元，折扣3%"（USD 200 per metric ton CIF New York including 3% discount）。本例还可这样表示："CIF纽约每公吨200美元，减3%折扣"（USD 200 per metric ton CIF New York less 3% discount）。此外，折扣也可以用绝对数来表示，例如："每公吨折扣5美元"。

3.折扣的计算与支付方法

折扣通常是以成交额或发票金额为基础计算出来的。其计算方法如下：

单位货物折扣额=原价（或含折扣价）×折扣率

卖方实际净收入=原价−单位货物折扣额

折扣一般是在买方支付货款时预先予以扣除。也有的折扣金额不直接从货价中扣除，而按双方当事人暗中达成的协议，由卖方以给"暗扣"或"回扣"的方式另行支付给买方。这种做法在实际业务中也常被采用。

四、合同中的价格条款

（一）价格条款的基本内容

在国际货物买卖中，商品价格的表述与国内贸易不同。合同中的价格条款，一般包括商品的单价和总值两项基本内容。进出口商品的单价，通常包括下列4个组成部分：一是计量单位，如每公吨或每件等；二是单位价格金额，如100或1 000等；三是计价货币名称，如美元或欧元等；四是贸易术语，如FOB上海或CIF伦敦等。现将这4部分内容组成的商品单价举例表述如下：

例如：每公吨1 500美元FOB上海（USD 1 500 per metric ton FOB Shanghai）

又如：每件500英镑CIF伦敦（£500 per piece CIF London）

上述单价一经买卖双方约定，履约时，则按此价格结算货款，即使订约后价格发生变动，任何一方都不得要求变更原定的价格。由于各种因素的影响，有些商品的价格容易发生波动，为确保合同的顺利履行，有时买卖双方订约时即在合同中明确规定："合同成立后，不得提高价格或调整价格。"

商品单价与成交商品数量的乘积，即为商品的总值，它是指一笔交易的货款总金额。进出口合同价格条款中的总值与单价所使用的货币，应当是一致的。

为了约定好合同中的价格条款，外贸从业人员对外洽商价格和约定价格条款时，必须注意下列事项：

第一，应在充分调查研究的基础上，根据国际市场供求状况和价格走势，并遵循我国进出口商品定价原则和每笔交易的经营意图，合理约定适当的成交价格，防止盲目定价而导致成交价格偏离国际市场价格的情况出现。

第二，鉴于贸易术语是商品单价中的组成部分，且同交易双方有直接利害关系，因此应根据运输市场情况、运价水平，并结合自身条件和经营意图，酌情选择于己有利的贸易术语。多年来，我国各外贸公司习惯于使用FOB、CFR和CIF三种常用的贸易术语，但随着集装箱运输的发展，出现了一些新的贸易术语，故在选用贸易术语时，我们也应随机应变而采取较为灵活的做法。例如，按装运港交货条件成交，在采用滚装、滚卸或集装箱运输，或者要求卖方在船舶到港前即将货物交到港口货站时，由于货物风险和费用以船舷为界来划分已失去实际意义，故在此情况下，就不宜继续沿用FOB、CFR或CIF三种贸易术语。就卖方而言，明智的做法应当是，按《2020通则》规定，分别选用FCA、CPT或CIP贸易术语更为适宜。因为按FCA、CPT或CIP贸易术语成交时，只要卖方将其出售的货物交给承运人处置，风险即随之转移。如仍沿用 FOB、CFR 或 CIF 贸易术语，实际上，卖方要承担将货物装上货船为止的费用与风险。

第三，争取选择于己有利的计价货币，以免遭受币值变动带来的风险与损失。如根据当时市场情况和自身的经营意图，不得已而被迫采用不利的计价货币成交时，应当加订保值条款，以利维护自身的经济利益。或者，把币值可能变动的风险考虑到成交价格中去。

第四，根据成交商品的品种、数量、交货期限和市场行情变化等因素，灵活运用各种不同的定价办法，力争择优选用，以免承担价格变动的风险。

第五，参照国际贸易的习惯做法，注意佣金与折扣的合理运用，以便有效地利用中间代理商的购销渠道和扩大交易。

第六，若在买卖合同中，对交货品质、数量规定了机动幅度，即约定了品质增减价条款、数量增减条款（或称溢短装条款），则应一并标明其机动部分的定价，以利履行合同。

第七，若交易双方商定商品的包装材料和包装费另行计价，则其计价办法，也应一并在买卖合同中具体订明，以便依约行事。

第八，单价中涉及的计量单位、计价货币、装卸地名称等，必须正确、清楚，以利于合同的履行。

第九，鉴于合同中的价格条款是一项核心条款，它与其他相关条款有着内在联系，故价格条款的内容与其他相关条款的规定，应当彼此衔接，不能互相矛盾，以利合同的履行。

（二）出口成本核算

在国际贸易中，商品的成本核算对于企业十分重要，是达成交易的关键性问题，也是衡量企业经济效益的重要指标。要不断地加强成本的核算，企业才能以清醒的头脑面对国际贸易的复杂。

1.出口商品换汇成本的含义

出口商品换汇成本指出口商品净收入一单位外汇所需的人民币成本。在我国，一般是指出口商品每净收入一美元所耗费的人民币成本，即用多少元人民币换回一美元。得到的换汇成本与当时的外汇牌价相比，换汇成本越低于外汇牌价，出口企业的经济效益越好；相反则出口企业的经济效益越低。

2.出口商品换汇成本的计算

出口商品换汇成本=出口总成本（人民币）/出口销售外汇净收入（美元）

（1）出口总成本是指出口企业为出口商品支付的国内总成本，包括两部分：进货成本和国内费用（出口前的一切费用和税金）。

出口总成本=出口商品进货成本+定额费用−出口退税额

（2）出口商品采购成本（进货成本）即出口商品购进价，其中包含增值税。

采购成本（进货成本）=货价+增值税=货价×（1+增值税率）

（3）出口退税是对已经报关离境的出口货物，将其在出口前生产和流通各环节已经缴纳的国内增值税或者消费税等间接税的税款，退还给出口企业的一项税收制度。在当前外贸激烈竞争的形势下，出口退税收入对外贸企业来说已经成为重要的收入，出口退税率的高低决定了产品在国际市场上竞争能力的高低。

出口退税额=货价×退税率=［采购成本/（1+增值税率）］×退税率

（4）定额费用包括银行利息、工资支出、邮电通信费用、交通费用、仓储费用、码头费用以及其他管理费用等。

定额费用=出口商品进价×费用定额率

（5）出口销售外汇净收入是指在出口商品的外汇总收入中减去外汇费用（运费、保险费等），即按FOB价销售商品时应得的外汇收入。

【例7-4】出口椅子1 000把，出口价为每把20.30美元CIF纽约，其中运费为2 160美元、保险费为112美元。进价为每把人民币113元（含增值税，税率为13%），费用定额率为10%，出口退税率为9%。银行美元的买入价为6.83元。请计算换汇成本。

解：出口总成本=113 000+（113 000×10%）-113 000/（1+13%）×9%=115 300（元）

出口销售外汇净收入=20 300-2 160-112=18 028（美元）

换汇成本=115 300/18 028=6.40（人民币/美元）

由于所得换汇成本6.40人民币/美元小于外汇牌价6.83人民币/美元，因此该公司该笔业务是盈利的。

3.出口商品盈亏率

出口商品盈亏率指出口盈亏额与出口总成本（人民币）的比例，是衡量出口盈亏程度的重要指标。盈亏率为正，表示企业获益；盈亏率为负，表示企业亏损。

出口商品盈亏率=出口商品盈亏额/出口总成本（人民币）×100%

=（出口销售人民币净收入-出口总成本（人民币））/出口总成本（人民币）

×100%

出口商品盈亏额=出口销售人民币净收入-出口总成本（人民币）

出口销售人民币净收入=出口销售外汇净收入（美元）×银行外汇买入价

【例7-5】我国某外贸公司出售一批货物至伦敦，出口总价为60 000美元CIFC5%伦敦，其中中国口岸到伦敦的运费和保险费总共占10%。这批货物的国内购进价为人民币339 000元（含增值税，税率为13%），该外贸公司的费用定额率为5%，退税率为9%，结汇时银行外汇买入价为1美元折合人民币6.83元。试计算这笔出口交易的盈亏率。

解：出口总成本=339 000+339 000×5%-339 000/（1+13%）×9%=328 950（元）

出口销售外汇净收入=60 000×（1-5%）×（1-10%）=51 300（美元）

出口盈亏率=（51 300×6.83-328 950）/328 950×100%=6.51%

该笔业务中盈亏率为正值，说明该外贸企业从中获益。

（三）进口成本核算

1.进口成本含义

进口成本是指货物的进口成本通常包含进口合同的成本价和进口费用，进口合同的成本价较为明显直观，在合同签订以后一目了然，但其他的进口费用就包罗万象，很难确定了。

下面以FOB条件从国外进口为例，介绍一下有关费用情况：

（1）国外运输费用：从出口国港口、机构或边境到我国边境、港口、机场等的海、陆、空的运输费用。

（2）运输保险费：上述运输途中的保险费用。

（3）卸货费：这类费用包括码头卸货费、起重机费、驳船费、码头建设费、码头仓租费等。

（4）进口税货物在进口环节由海关征收（包括代征）的税种有关税、产品税、增值税、工商统一税、地方附加税、盐税、进口调节税、对台贸易调节税、车辆购置附加费等。

①关税：是货物在进口环节由海关征收的一个基本税种。

关税的计算公式为：

进口关税税额=完税价格（合同的到岸价）×关税税率

②产品税、增值税、工商统一税、地方附加税：都是在货物进口环节由海关代征的税种。

产品税、增值税和工商统一税种税额的计算方法：

完税价格=（到岸价格+关税）/（1−税率）

应纳税额=完税价格×税率

③进口调节税：是对国家限制进口的商品或其他原因加征的税种。其计算公式为：

进口调节税税额=到岸价格×进口调节税税率

（5）银行费用。我国进口贸易大多通过银行付款。银行要收取有关手续费，如开证费、结汇手续费等。

（6）进口商品的检验费和其他公证费。

（7）报关提货费。

（8）国内运输费。

（9）利息支出，即从开证付款至收回货款之间所发生的利息。

（10）外贸公司代理进口费。

（11）其他费用，如杂费等。

2.进口成本的计算

进口商品总成本= R×CIF×（1+A+D+V+D×V）+P+F1

其中：R为外汇汇率，A为外贸公司的进口代理费费率，D为海关进口关税税率，V为海关代征增值税税率，P是到岸港口的港杂费，F1为港口或机场到仓库（货主地）的内陆运费。

【例7-6】甲公司向乙公司购买一批非彩色投影机，进口合同总价为30万美元，价格条款为CIF上海。丙外贸公司的进口代理费为1%，海关关税税率为20%，增值税税率为13%，到岸港口港杂费为500元人民币，内陆运费需要1 000元人民币，当日外汇汇率为6.83人民币/美元。

解：投影机进口总成本=Ratel× CIF×（1+A+D+V+D×V）+P+F1

=6.83×300 000×（1+0.01+0.2+0.13+0.2×0.13）+500+1 000

=2 800 434（元人民币）

【本章小结】

贸易术语来源于国际贸易惯例，是在长期贸易实践的基础上发展起来的。目前国际上较有权威性的惯例主要有《1932年华沙-牛津规则》、《1941年美国对外贸易定义修订本》及《2020国际贸易术语解释通则》。《2020国际贸易术语解释通则》将贸易术语分为11种术语。

在国际贸易中商品的价格是买卖双方十分关心的问题，会直接影响双方的利益，采用不同的佣金率与折扣率，价格就会不同，因此在定价的过程中不能忽视佣金与折扣的作用。经营单位更应准确地掌握国际市场行情，及时准确地核算出商品价格，把握市场节奏。

【思考题】

1.什么是贸易术语？有关贸易术语的国际贸易惯例有哪些？

2.试比较FOB、CFR和CIF三种术语有何异同？

3.试比较FOB、CFR、CIF贸易术语与FCA、CPT、CIP贸易术语。

4.在国际货物贸易中如何正确运用佣金与折扣？

5.如果我国某出口公司出口商品原报价CFR单价200美元，现外商要求改报CIF价，在不影响我国出口外汇净收入的前提下，我方应该报价多少？（按发票金额110%投保一切险和战争险，保险费率为1%）

6.案例分析：美国某出口商同时与韩国进口商和日本进口商分别签订了5 000公吨和4 000公吨的大米出口合同，合同中皆规定采用CPT条件。由于两份合同交货时间相近，且又在同一地点分别交付指定的承运人，因而按照约定的时间，卖方将9 000公吨大米使用同一运输工具一同运往指定地点，并打算货到后再进行分拨。然而，由于运到指定地点时天色已晚，来不及划分货物，而卖方又有急事需要连夜返回，在这种情况下，卖方遂将全部货物交付给两承运人，请他们第二天自行划分。没想到当天晚上突降暴雨，由于存放大米的仓库进水，大米损失了4 500公吨。对此，韩、日两进口商均以货物未特定化为由要求卖方赔偿，而卖方则认为已将货物交付承运人处置，风险已转移，其不应承担损失责任。试问：（1）CPT术语下，买卖双方的责任和义务如何划分？（2）本案例中，卖方是否完成了交货义务？风险是否已转移给买方？

国际贸易结算

国际贸易结算作为国际贸易中最重要的环节，只有选择正确的贸易结算方式才能使买卖双方在交易中做到双赢。国际结算指两个不同国家的当事人，不论是个人间的、单位间的、企业间的或政府间的等，因为商品买卖、服务供应、资金调拨、国际借贷而需要通过银行办理的两国间外汇收付业务。国际贸易结算是以物品交易、货钱两清为基础的有形贸易结算。

国际贸易结算中使用的票据包括汇票、本票、支票，其中以使用汇票为主。汇付、托收和信用证是目前国际贸易结算的三种基本形式。国际贸易的结算，主要涉及支付工具、付款时间、地点及支付方式等问题，因此进出口双方在洽商交易时，必须对此取得一致的意见，在合同中加以明确，并力争使用对己方有利的支付条款。

第一节　票据

国际贸易货款的收付，以现金结算的较少，大多数情况下使用非现金结算，即使用信用工具来进行国际债权债务的清算。票据是国际通行的结算和信用工具，是可以流通转让的债权凭证。在国际贸易中，货款的支付结算工具以票据为主。票据包括汇票、本票、支票，其中使用汇票最为普遍。

一、汇票

（一）汇票的概念

英国《1882年票据法》对于汇票作出如下定义："汇票是一人向另一人签发的，要求即期或定期或在将来可以确定的时间，对某人或其指定来人或持票来人支付一定金额的无条件的书面支付命令。"（"A bill of exchange is an unconditional order in writing, addressed by one person to another, signed by the person giving it, requiring the person to whom it is addressed to pay on demand or at a fixed or determinable future time a sum certain in money to or to the order of a specified person, or to bearer."）

《日内瓦统一法》规定汇票需包含：①"汇票"字样；②无条件支付一定金额的命令；③付款人；④付款期限；⑤付款地点；⑥收款人；⑦出票日期和地点；⑧出票人签字。汇票包含此八项内容才构成有效汇票。

《中华人民共和国票据法》规定：汇票是出票人签发的，委托付款人在见票时或者在指定日期无条件支付确定金额给收款人或者持票人的票据。

根据这一定义，汇票具有以下法律特征：

（1）汇票是票据的一种，因此汇票具有票据的法律特征，主要有：

① 汇票必须符合法定要式。签发汇票必须符合法定的形式要求，要有完整的必要记载事项，比如票面金额、出票人、付款人、收款人、出票日期等。绝对应记载事项缺一不可，如果缺少绝对应记载事项，则会导致票据无效。

② 汇票是债权凭证，汇票权利必须凭票行使。一般情况下，谁持有汇票，谁就取得了该汇票的一切权利。汇票权利的范围要受汇票的票载内容的限制。汇票的票载金额及内容表明了债权人与各债务人之间的债权债务关系。

③ 汇票是流通证券。汇票在到期前可以流通转让，其次数不受限制。但在流通转让过程中，除不记名汇票外，其余汇票在转让时必须经过背书和交付。汇票在流通中，有时还要受票载内容的限制。例如，出票人在汇票上记载"不得转让"字样的，汇票不得转让。

④ 汇票是无条件支付命令。汇票经过依法完成出票行为后，汇票的承兑人或付款人在汇票到期时，必须无条件履行付款义务。持票人有权命令汇票的债务人履行义务。汇票的各债务人在背书转让过程中或在付款时，不得提出任何附加条件。如果汇票的债

务人在票据转让过程中或在付款时，记载了担保付款的前提条件或者付款的前提条件，其条件视为没有记载。

（2）汇票是出票人委托付款人支付的票据。汇票是委托支付证券，这种委托付款关系与支票有共同之处，而与本票不同。本票是自付证券。

（3）汇票上须有一定的到期日，但不必是见票即付。汇票出票人对到期日有足够的自由决定权，可以是见票即付，也可以是定日付款，或者出票后定期付款、见票后定期付款。因此，汇票可以供远期付款，具有信用证券的性质。

（二）汇票的当事人

1.汇票的基本当事人

根据汇票定义，汇票的基本当事人一般有三个，即出票人、受票人和受款人。

出票人（Drawer），即签发汇票的人。在进出口业务中，通常是出口商。

受票人（Drawee），即汇票的付款人。在进出口业务中，通常是进口商或其指定的银行。在信用证结算方式下，若信用证没有指定付款人，根据 UCP600 的规定，开证行即是付款人。

受款人（Payee），即汇票规定的可受领金额的人。在进出口业务中，若信用证没有特别指定，受款人通常是出口商本人或其指定银行。

在信用证项下的国际贸易结算业务中，即期付款有时不一定需要汇票，可以发票代替。对于远期付款，汇票一般都是必要的，因付款人须凭汇票承兑，并承担到期付款的责任。而持票人必要时可凭承兑的汇票贴现或经背书转让。

2.汇票的其他当事人

除上述基本当事人之外，汇票在使用中还可能出现其他当事人，如背书人、承兑人、持票人、保证人等。如此众多的当事人在汇票的流通中形成了错综复杂的各种法律关系。

（1）背书人。

背书人是没有背书前的收款人，通过背书方式转让汇票的收款权，背书的目的是要在转让人和受让人之间建立起权利义务关系。作为转让人的背书人一旦在汇票上签名，他就要承担以下两项业务：第一，须对包括被背书人在内的所有后来取得该汇票的人保证该汇票必将得到承兑或付款。第二，须保证在他以前曾在该汇票上签名的一切前手的签字的真实性和背书的连续性。背书连续，是指在票据转让中，转让汇票的背书人与受让汇票的被背书人在汇票上的签章依次前后衔接。

（2）承兑人。

承兑人在汇票未经承兑时，付款人不是汇票上的义务人，没有责任对票据进行付款。这时，他不会因为拒绝付款而承担票据法上的任何责任，即汇票的付款人是汇票上的关系人，而不是债务人，不承担票据法上的义务。然而，汇票一经承兑，付款人便上升为汇票承兑人，成为票据债务人，开始承担票据义务。票据义务分为第一义务和第二义务。所谓第一义务，又称主义务或付款义务，是指票据第一义务人向持票人支付票据金额的义务。承兑人作为汇票债务人承担到期付款的责任就是履行他的票据第一义务，即付款义务。

《中华人民共和国票据法》第四十四条规定："付款人承兑后，应当承担到期付款的责任。"承兑人的付款责任有两层含义：第一，承兑人的付款责任相对于其他票据债务人的付款责任而言是第一位的，即汇票的持票人在到期日先应向承兑人请求付款，只有当向其请求付款未获成功时，才可以以此为理由转向其前手追索，而不能在到期日不向承兑人请求付款而直接向其前手请求付款。第二，承兑人的付款责任是绝对的付款责任，即便承兑人与出票人之间并不存在事实上的资金关系，承兑人也不能以此为抗辩理由来对抗持票人。这意味着承兑人即使未从出票人处获得任何利益，也必须应权利人的付款请求权给付汇票金额。

（3）持票人。

持票人是指持有汇票的当事人，持票人为汇票的债权人。票据为完全有价证券，持有票据是享有和行使票据权利的重要条件，只有合法持票人才有资格论及票据权利。狭义上的合法持票人主要是指通过合法的票据行为占有票据之人，是票据上的持票人。广义上的合法持票人，是指通过合法的票据行为、普通民事行为取得并持有票据之人，如通过发行、善意取得、赠与、继承、公司分立合并等方式取得票据的持有人。

英美票据法对持票人均有专门规定。英国《1882年票据法》规定，持票人是指占有汇票或本票之受款人或被背书人或来人，而合法持票人是指取得票据的票面是完整合格的持票人。《中华人民共和国票据法》明确使用了"持票人"的概念，但实际蕴含了不同类型的持票人，可见《中华人民共和国票据法》上的持票人概念为一般意义上的持票人，即票据发行流通之后，现实地持有票据的人。学理上讲，持票人通常是指依背书转让而从票据上所载收款人受让票据的人。

（4）保证人。

保证人是指与债权人约定，为主合同债务提供担保，当债务人不能履行债务时，由其按照约定履行债务或者承担责任的一方当事人。保证合同是主债务合同的从合同，是由债权人和保证人来订立的，而不是债务人和保证人。因为保证人的保证义务对象是债权人，设定保证的目的是防止债务人不履行债务造成债权人的损失无可救济，从而使债权人的权利得到更为充分的保障。保证是一种人的担保，以人的信誉和财产来提供担保，相对来说，保证这种担保方式的风险比较大。

（三）汇票的必要项目

1.票据的名称

汇票必须注明"汇票"字样，汇票上注明"汇票"字样的目的在于与其他票据，如本票、支票加以区别，以免混淆。例如："Exchange for GBP1 250.00"或"Draft for USD18 320.00"。英国《1882年票据法》虽然认为可以不写票据名称，但从实际业务而言，写汇票名称可以给相关当事人不少方便。

2.无条件的支付命令

汇票中必须要有无条件支付委托的文句，不能将其他行为的履行或事件的发生作为其先决条件。如果汇票上有如"如果某公司交付的货物符合合同规定，即支付其金额 10 000美元""于货物抵达目的地后付款"等附加条件或限制，则该汇票无效。

但是，汇票加注出票条款是用以表明汇票的原始交易，例如"按某号信用证开立""按某合同装运货物"等，并不构成支付的附加条件或限制。比如：Drawn Under Shipment Of 330 Cartons Cotton Tea Towels as Per S/C NO.ST303（托收项下的汇票）；Drawn Under National Paris Bank L/C NO.TH2003 Dated Aug.25，2010（信用证项下汇票）。

3.确定金额

汇票金额要用文字大写（Amount In Words）和数字小写（Amount In Figures）分别表明，汇票的大写金额和小写金额要完全一致。如果文字和数字不符，按照英国《1882年票据法》《日内瓦统一法》的规定，在大、小写金额不一致的情况下，以文字为准，即以大写为准。但这种说法只能解释票据法和一般国际习惯，而在出口贸易以信用证方式结算使用的汇票中，如果发生大、小写金额不一致，开证行或开证申请人都有权提出拒付全部货款，或要求更换正确的汇票才能付款。所以，作为出口结算制单的要求，必须大、小写金额必须完全一致。

《中华人民共和国票据法》第八条规定："票据金额以中文大写和数字同时记载的，两者必须一致，二者不一致的，票据无效。"

4.付款人

付款人（Drawee）就是受票人，在汇票上是以"To…"开头的文句。汇票是出票人指令付款人按期按固定金额支付款项的一种票据，如果没有付款人，汇票的意义也不存在。信用证项下汇票的付款人一般都是信用证的开证行。如信用证规定："开立你方的即期汇票，以我行为付款人。"按此条款缮制汇票时，汇票付款人栏中填开证行名称。如果信用证没有明确规定，也以开证行为付款人。

5.受款人

受款人又称收款人，收款人一般是汇票的抬头人，是出票人指定的接受票款的当事人。有的是以出口商或以其所指定的第三人为受款人。在国际票据市场上，汇票的抬头人通常有三种写法：

（1）记名式抬头，即在受款人栏目中填写："付给×××人的指定人"（Pay To The Order Of ×××），这种类型的抬头是最普遍使用的一种。

（2）限制性抬头，即在受款人栏目中填写"仅付给×××人"（Pay To ××× Only）或"限付给×××人，不许转让"（Pay To ××× Only，Not Transferable）。

（3）持票人抬头，即在受款人栏目中填写"付给持票人"（Pay To Bearer）。

6.汇票出票地点及日期

汇票的出票地点是汇票内容中的主要项目之一。它的位置一般在右上方和出票日期连在一起。为什么出票地点是汇票的必要项目之一？目前国际上票据法还不统一，各国各地区根据本身的利益有它自己的票据立法，甚至各法系互相矛盾。如发生争执，以哪一国票据法为依据？一般采取以出票当地法为准。所以，出票地点在这种情况下就变成汇票主要项目之一。

7.付款期限

付款期限在各国票据中都认为它是票据的重要项目。法国、德国、意大利、荷兰等国在票据法中都规定汇票未列明到期的期限视为无效。一般按付款期限汇票分为两种：即期汇票与远期汇票。即期汇票（Sight Draft），即在汇票的持票人按要求向付款人提交单据和汇票时，付款人应立即付款。

远期汇票（Time Draft）表示在将来的某个时间付款。远期付款到期日一般有四种表示方法。

（1）见票后××天付款。"At ×× Days After Sight"，即以付款人见票承兑日起算，××天后为到期付款日。

（2）出票后××天付款。"At ×× Days After Date"，即以汇票出票日为起算日，××天后到期付款。

（3）提单出单日后××天付款。"At ×× Days After B/L"，即付款人以提单签发日为起算日，××天后到期付款。

（4）定日付款。指定××年××月××日为付款日，例如"On 25th Feb.2025"。

8.出票人

出票人（Drawer）是开立票据并将其交付给他人的法人、其他组织或者个人。出票人对收款人及正当持票人承担票据在提示付款或承兑时必须付款或者承兑的保证责任。就一般汇票而言，出票人一般不直接承担付款，而是委托他人付款。因而，汇票的出票人在完成出票后，未产生自己的直接付款义务，只承担担保义务。

汇票样本如图8-1所示。

BILL OF EXCHANGE

Invoice No.:

Date:

Exchange For _____

At _____Sight of This First Bill of Exchange（Second of The Same Tenor and Date Being Unpaid）

Pay To _____ or Order

The Sum Of_____

Drawn Under _____ L/C No._____ Dated: _____

To:　　　　　　　　　　　　　　　For:

_____　　_____

图8-1　汇票样本

（四）汇票的种类

1.按照出票人身份的不同，汇票分为银行汇票和商业汇票

银行汇票（Bankers Draft）的出票人和付款人都是银行。银行汇票由银行签发后，交汇款人，由汇款人寄交国外收款人向付款行取款。银行汇票通常用于票汇业务中。出票银行在汇票签发后，必须将付款通知书（Advice of Drawing）寄给国外付款行，以便付款行在收款人持汇票取款时核对，核对无误后付款。银行汇票多为光票，不附单据。

商业汇票（Trade Bill）的出票人是商号或个人，付款人可以是商号、个人，也可以是银行。

在国际贸易结算中，出口商用逆汇法，或称出票法，向国外进口商收取货款时签发的汇票，即属商业汇票。商业汇票的出票人不必对付款人发送付款通知书，一般在汇票上附有货运单据即可。

2.按照付款期限的不同，汇票分为即期汇票和远期汇票

即期汇票（Sight Bill 或 Demand Draft）即见票即付的汇票，规定付款人见票后立即付款。

即期汇票一般以提示日为到期日，持票人持票到银行或其他委托付款人处，后者见票必须付款，这种汇票的持票人可以随时行使自己的票据权利，在此之前无须提前通知付款人准备履行义务。

远期汇票（Time Bill 或 Usance Bill）是指在一定期限或特定日期付款的汇票，可分为定期付款、出票日后定期付款、见票后定期付款三种。在上述三种表示远期汇票付款日期的方式中，通常使用的是第一种和第三种。

在实际业务中，具体使用什么方法计算付款日期，需由双方洽商决定，并在合同和汇票中加以明确规定。

关于见票（出票日、单据日）以后若干天付款的到期日计算方法采用"算尾不算头，若干天的最后一天是到期日，如遇假日顺延"的原则，即不包括所述日期，按所述日期之次日作为起算日。

3.按照有无附带单据，分为光票和跟单汇票

光票（Clean Bill）是不附带货运单据的汇票。

光票的流通完全依靠当事人的信用，即完全看出票人、付款人或背书人的资信。商业光票一般仅用于收付运费、保险费、利息等小额款项，而银行汇票都是光票。

跟单汇票（Documentary Bill）是出票时附有代表货物所有权的货运单据的汇票。使用跟单汇票表示出票人不仅要提供汇票，而且要提供有关规定单据才能取得货款，而受票人只有付清或保证付清汇票规定的金额才能取得单据以提取货物。这里，单据实际上成了卖方（出票人）收汇、买方（付款人）得货的一项保证。因此，国际贸易中商业跟单汇票最为普遍。

4.按照承兑人身份不同，汇票分为银行承兑汇票和商业承兑汇票

银行承兑汇票（Bank Acceptance Bill）是由银行作为承兑人的一种可流通票据。付款人在汇票上注明"承兑"字样并签字后，就确认了对汇票的付款责任，并成为承兑人。

目前银行承兑汇票一般由银行签发并承兑。

商业承兑汇票（Trade Acceptance）是由商号或个人承兑的远期汇票。银行承兑汇票是建立在银行信用基础上的，商业承兑汇票是建立在商业信用基础上的。因此，银行承兑汇票信用程度高于商业承兑汇票。

（五）汇票的票据行为

1.出票（Issue）
出票人开立汇票并交付汇票后，出票行为即已完成。

由于出票行为，出票人对收款人或持票人担保，汇票将依汇票文义被付款人承兑和付款。

如果付款人拒绝承兑或付款，执票人有权向出票人追索，要求出票人偿付票款。

出票人为了免除对持票人应负的被追索的责任，可在出票时注明免除担保承兑的责任。

2. 提示（Presentation）

提示是持票人将汇票提交付款人要求承兑或付款的行为，是持票人要求取得票据权利的必要程序。提示又分付款提示和承兑提示。

3. 背书（Endorsement）

背书是票据转让的两种基本方式之一（另一种是单纯交付）。凡指示性抬头的汇票，都必须经由背书的方式转让。

背书行为包括背书与交付两方面，故又称背书交付。背书交付是指由持票人在汇票背面签上自己的名字，并将汇票交付给受让人的行为。前者称为背书人，后者称为被背书人。

背书的作用在于转让票据权利。汇票一经背书，票据权利即由背书人转移至被背书人，被背书人成为汇票的正当持票人。但是汇票经背书转让后，并不完全结束背书人与汇票的关系。

由于背书行为，背书人由汇票的债权人变为汇票的债务人。背书人对汇票的责任与出票人相同，即对其后手有担保该汇票被付款人承兑及付款的责任。如果付款人对汇票拒绝承兑或付款，被背书人有权向背书人进行追索。但是，背书人对汇票付款承担的是担保责任。

被背书人成为汇票的正当持票人后可以行使以下权利：

首先，他可以将背书人的背书作为他取得正当票据权利的证明。

其次，他有权以自己的名义在汇票有效期内要求付款人承兑或付款。如果遭到付款人的拒绝，他可以向其直接背书人以及曾在汇票上签名的一切前手行使索权。

最后，除非背书人加以限制，否则，被背书人可以再经背书将汇票转让给别人。

4. 付款（Payment）

付款人是汇票的债务人之一，但在汇票承兑前和承兑后的法律地位有所区别。在汇票承兑之前，付款人不是汇票的主债务人，出票人是主债务人。只有在汇票承兑后，付款人才成为汇票的主债务人，出票人退到次债务人的地位。付款人对收款人或持票人的主要义务是对汇票承担付款责任。由于汇票有即期汇票和远期汇票之分，所以付款人的付款义务也包括承兑和付款两个方面。

付款人对即期汇票和未被付款人承兑的远期汇票的付款义务不具有强制性。也就是说，收款人或持票人不能强迫付款人付款或承担到期付款的责任。

如果付款人拒绝付款，收款人或持票人也不能向付款人起诉。这是因为汇票上的付款人是出票人单方面指定的。

为了防止出票人无故地向付款人滥发汇票，各国票据法都规定，在汇票承兑之前，出票人是主债务人，而付款人只是从债务人。

5.承兑（Acceptance）

承兑是远期汇票的付款人表示承担汇票到期时的付款责任的行为。

承兑的方式通常是付款人在汇票上写明"承兑"字样，并经付款人签字。付款人对汇票表示承兑后，也就成为承兑人，承兑实际上是付款人确认对汇票的付款责任的行为。

承兑人是汇票的主债务人，对收款人或持票人承担支付票面金额的义务。因此，在汇票承兑之前，付款人是否愿意承担付款义务还是未知数。但是，汇票一经承兑，即表明付款人同意接受出票人的支付命令，承担到期付款的义务。这时，付款人即成为汇票的主债务人，而出票人退居从债务人的地位。这样，付款人对汇票的付款义务就成为强制性的了。

如果付款人这时拒绝付款，收款人或持票人就可以直接对付款人起诉，要求其承担付款义务。付款人经承兑成为汇票的主债务人后，其他债务人如出票人和背书人等的义务并没有解除。这些债务人对汇票的付款负有担保义务。在付款人拒付的情况下，持票人对他们仍可以行使追索权。

6.拒付（Dishonor）和追索（Recourse）

汇票的持票人向付款人提示付款时，可能遭到拒绝付款（Dishonor By Non-payment）或拒绝承兑（Dishonor By Non-acceptance）两种情形。

汇票的拒付行为不局限于付款人正式表示不付款或不承兑，在付款人或承兑人拒不见票、死亡、宣告破产或因违法被责令停止业务活动等情况下，付款在事实上已不可能，这也构成拒付。

当付款人拒付时，出票人应根据原契约与之进行交涉。

被拒付时，持票人有追索权，即有权向其前手（背书人、出票人）要求偿付汇票金额、利息和其他费用。

持票人在追索前必须按规定制作拒绝证书并发出拒付通知。

拒绝证书，用以证明持票人已进行提示而未获结果，由付款地公证机构出具，也可由付款人自行出具退票理由书（或有关的司法文书）。

拒付通知，用以通知前手关于拒付的事实，使其准备偿付并进行再追索。

二、本票

（一）本票的概念

本票（Promissory Note）是一个人向另一个人签发的，保证于见票时或定期或在可以确定的将来时间，对某人或其指定人或持票人支付一定金额的无条件的书面承诺。

本票是由出票人约定自己付款的一种自付证券，其基本当事人有两个，即出票人和收款人，在出票人之外不存在独立的付款人。

（二）本票的种类

依照不同的标准，本票可以分为记名式本票、指定式本票和不记名本票，远期本票和即期本票，银行本票和商业本票等。

在进出口结算中使用的本票，大都是银行本票。

（三）本票的使用

1.出票

本票的出票行为是以自己承担支付本票金额的债务为目的的票据行为。本票出票人出票，必须按一定的格式记载相关内容，包括要项和非要项。

本票的要项包括：①注明"本票"字样；②无条件支付的承诺；③确定的金额；④收款人名称；⑤出票日期；⑥出票人签章。本票的非要项包括：付款地、出票地等。

2.见票付款

银行本票是见票付款的票据，收款人或持票人在取得银行本票后，随时可以向出票人请求付款。

本票的出票人是票据上的主债务人，负有向持票人绝对付款的责任。除票据时效届满而使票据权利消灭或者要式欠缺而使票据无效外，并不因持票人未在规定期限内向其行使付款请求权而使其责任得以解除。因此，持票人对出票人享有付款请求权和追索权，只是丧失了对背书人及其保证人的追索权。

三、支票

（一）支票的概念

支票（Cheque或Check），是银行为付款人的即期汇票。具体来说，支票是银行存款户对银行签发的授权银行对某人或其指定人或执票来人即期支付一定金额的无条件书面支付命令。

出票人签发支票时，应在付款行存有不低于票面金额的存款。如存款不足，持票人提示遭拒付，这种支票称为空头支票。开出空头支票的出票人要负法律责任。

（二）支票的必要项目

支票的必要项目包括：①注明"支票"字样；②无条件支付命令；③一定金额；④出票人签字；⑤出票日期和地点。

（三）支票的种类

1.记名支票（Check Payable to Order）

记名支票在支票的收款人一项，写明收款人名称，如"限付"（Pay ×× Only）或"指定人"（Pay Order），取款时须由收款人签章，方可支取。

2.不记名支票（Check Payable to Bearer）

不记名支票又称空白支票，支票上不记载收款人名称，只写"付来人"（Pay Bearer）。取款时持票人无须在支票背面签章，即可支取。

3.划线支票（Crossed Check）

划线支票是在支票正面画两道平行线的支票。划线支票只能委托银行转账收款，使用划线支票的目的是在支票遗失或被人冒领时，还有可能通过银行代收的线索追回票款。

4.银行支票（Bank Check）

银行支票是由银行签发，并由银行付款的支票，也是银行即期汇票。银行代顾客办理票汇汇款时，可以开立银行支票。

5.旅行支票（Traveler Check）

旅行支票是银行或旅行社为旅游者发行的一种固定金额的支付工具，是旅游者从出票机构用现金购买的一种支付手段。

第二节　汇付、托收

一、汇付

（一）汇付的概念

汇付（Remittance）是由国际货物买卖合同的买方委托银行主动将货款支付给卖方的结算方式。

在此种支付方式下，信用工具的传递与资金的转移方向是相同的，因此汇付也称为顺汇法。

汇付业务通常是由买方主动按合同规定的条件和时间（如预付货款、货到付款或凭单付款）通过银行将货款汇交卖方。

汇付结算方式在使用上有局限性，主要用于支付定金、尾款，退赔佣金等。

（二）汇付业务的当事人

1.汇款人（Remitter）

汇款人即付款人，在国际贸易结算中通常是进口商、买卖合同的买方或其他经贸往来中的债务人。

汇款人通过银行将货款汇交给卖方。

2.收款人（Payee）

收款人通常是出口商、买卖合同中的卖方或其他经贸往来中的债权人。

收款人将货物发给买方，随后将有关货运单据自行寄送买方。

3.汇出行（Remitting Bank）

汇出行是接受汇款人的委托或申请，汇出款项的银行，通常是进口商所在地的银行。

汇出行根据汇款申请书汇出款项。

4.汇入行（Receiving Bank）

汇入行，又称解付行（Paying Bank），是接受汇出行的委托解付款项的银行。

汇入行通常是汇出行在收款人所在地的代理行。

（三）汇付业务的种类

汇付根据汇出行向汇入行发出汇款委托的方式分为三种形式：

1.电汇（Telegraphic Transfer，T／T）

汇出行接受汇款人委托后，以电传方式将付款委托通知发给收款人当地的汇入行，委托它将一定金额的款项解付给指定的收款人。

电汇因其交款迅速，在三种汇付方式中使用最广。但因银行利用在途资金的时间短，所以电汇的费用比信汇的费用高。

2.信汇（Mail Transfer，M／T）

信汇和电汇的区别，在于信汇的汇出行向汇入行航寄付款委托书，所以汇款速度比电汇慢。

因信汇方式人工手续较多，目前欧洲银行已不再办理信汇业务。

3.票汇（Demand Draft，D／D）

票汇是以银行即期汇票为支付工具的一种汇付方式。

由汇出行应汇款人的申请，开立以其代理行或账户行为付款人，列明汇款人所指定的收款人名称的银行即期汇票，交由汇款人自行寄给收款人。

由收款人凭票向汇票上的付款人（银行）取款。

中国银行汇付的具体业务流程如图8-2所示。

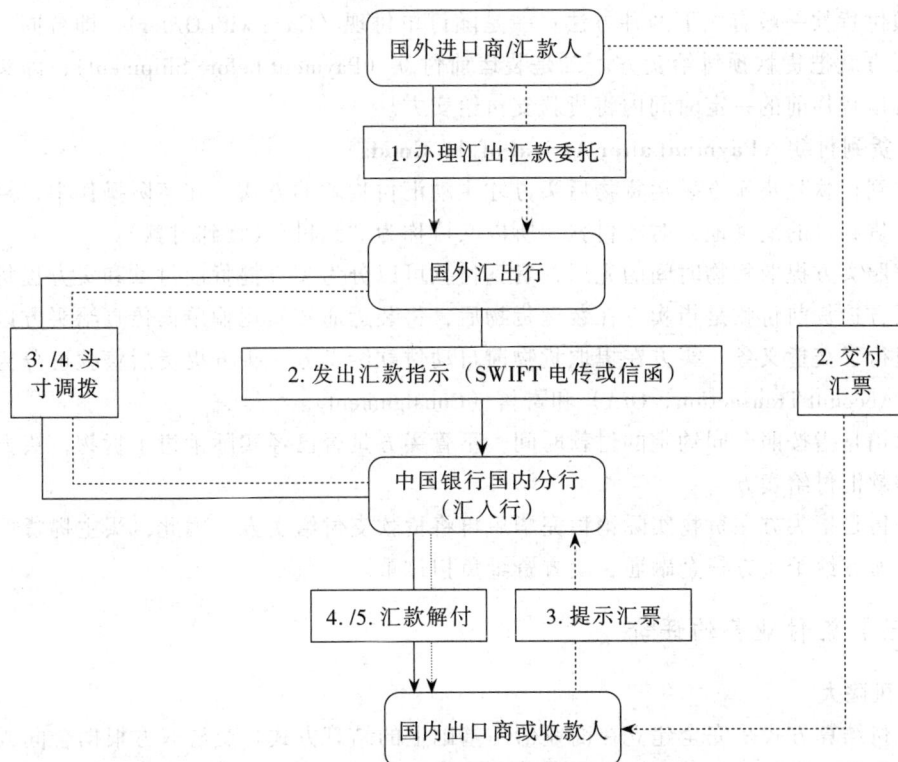

图8-2　中国银行汇付的具体业务流程图（实线为电汇和信汇业务，虚线为票汇业务）

办理汇付业务时，作为境内收款人如果想更快收妥款项，应提示境外汇款人按下列要求填写汇款申请书：

（1）正确填列收款人全称、账号（必须注明收款人开户银行的交换行号）及开户银行英文全称。

（2）如企业在境外账户行办理汇款，则应该在汇款申请书中的收款人银行的代理行（Intermediary Inst）一栏填写开户银行的相对应境外账户行名称。开户银行账户行资料可向开户银行查询。

（3）收款人银行名称要准确，最好有银行SWIFT号码。

（4）收款人名称为开户银行名称。

（5）收款人账号：A/C No：××××（填写开户银行在境外账户行的相对币种的有关账号）。

（6）备注或附言中应注明实际的收款单位名称和账号（收款人单位账号必须是行号+收款人账号，A/C No：×××—×××××××）。

（四）汇付业务的贸易应用

1.预付货款（Payment in Advance）

预付货款是指买方在订货时汇付货款或在卖方交货前汇付货款的办法。预付货款意味着进口方预先履行付款义务，但货物的所有权并没有在付款时转移，因而对进口方不利。

预付货款一般有以下两种方法：一是随订单付现（Cash with Order），即合同一经签订，买方就把货款预付给卖方。二是装运前付款（Payment before Shipment），即买方在卖方装运货物前的一定时间内将货款支付给卖方。

2.货到付款（Payment after Arrival of the Goods）

货到付款是指卖方装运货物后买方才主动汇付货款的方式。在实际操作中，买方往往要等货到目的港（地）时才付款，所以又可称为"到付"（货到付款）。

按照买方提取货物时间的先后，货到付款可以分为买方提货前付款和买方提货后付款。买方提货前付款是指卖方在装运货物后，将装运通知及运输单据传真给买方以证明自己履行了交货义务，买方在提取货物前自动付款给卖方。买方提货后付款可分为赊销（Open Account Transaction，O/A）和寄售（Consignment）。

赊销是指按照合同约定的付款时间，不管买方是否已经实际销售了货物，买方都必须将货款汇付给卖方。

寄售是指买方在货物实际销售完毕后再将货款支付给卖方。因此，买主提货后付款实际是卖方给予买方资金融通，卖方资金负担过重。

（五）汇付业务的评价

1.风险大

汇付结算方式是完全建立在商业信用基础上的结算方式。交易双方根据合同或经济事项预付货款或货到付款，预付货款进口商有收不到商品的风险；而货到付款则有出口商收不到货款的风险。

2.资金负担不平衡

对于货到付款的卖方或预付货款的买方来说，资金负担较重，整个交易过程中需要的资金，几乎全部由他们来提供。

3.手续简便，费用低

汇付的手续比较简单，银行的手续费也较低，所以在国际贸易的预付货款及货款尾款结清上使用较多。

二、托收

（一）托收的概念

托收（Collection）是债权人（出口方）委托银行向债务人（进口方）收取货款的一种结算方式。

使用托收方式结算货款，是由出口方先行发货，然后收妥包括运输单据（通常是海运提单）在内的货运单据并开出汇票，把全套单据交出口地银行（托收行），委托其通过进口地的银行或代理行（代收行）向进口方收取货款。

（二）托收业务的当事人

托收涉及的基本当事人有4个，即委托人、托收行、代收行和付款人。此外，还有其他的关系人。

1.委托人（Principal）

委托人是开出汇票委托银行办理托收的出口商。委托人主要负有两方面的责任：一是履行与进口商签订的贸易合同的责任，二是履行与托收行签订的委托代理合同的责任。

（1）贸易合同项下的责任。委托人应按时按质按量交付货物（这是出口商最基本的合同义务），并且应提供符合合同要求的单据。单据的种类和内容要满足合同的要求，应能证明出口商已履行了合同。

（2）委托代理合同的责任。出口商在委托银行办理手续时填写的托收申请书是委托人与托收行之间的委托代理合同。

根据合同，委托人承担如下责任与义务：明确指示、及时指示、负担费用。

2.托收行（Remitting Bank）

托收行又称委托行或寄单行，是接受委托人的委托，转托国外银行代为收款的出口方银行。

在跟单托收业务中，托收行应承担如下主要责任和义务：①执行委托人的指示；②对单据进行处理；③按惯例处理业务；④承担过失责任。

3.代收行（Collecting Bank）

代收行是接受托收的委托代为向付款人收款的银行，一般为进口方银行。在跟单托收业务中，代收行主要应承担如下责任和义务：①执行托收行的托收指示；②对单据进行处理；③对货物进行处理；④进行代收情况的通知。

4.付款人（Drawee）

付款人是根据托收委托书和指示单据向代收行付款的进口商。付款人的基本责任就是付款。托收委托书应注明付款人采取行动的确切期限，付款人必须在规定的期限内采取行动。

除以上几个基本当事人外，有时还会出现"提示行"和"需要时代理"两个当事人。提示行（Presenting Bank），当代收行与付款人不在一地或代收行不是付款人的开户行时，代收行要委托另一家银行提示汇票和单据代收货款，受委托银行称为提示行。需要时代理（in Case of Need）是在发生拒付时，委托人指定的在付款地代为照料货物存仓，负责转售、运回等事宜的代理人。

（三）托收业务的流程

托收业务流程如图8-3所示。

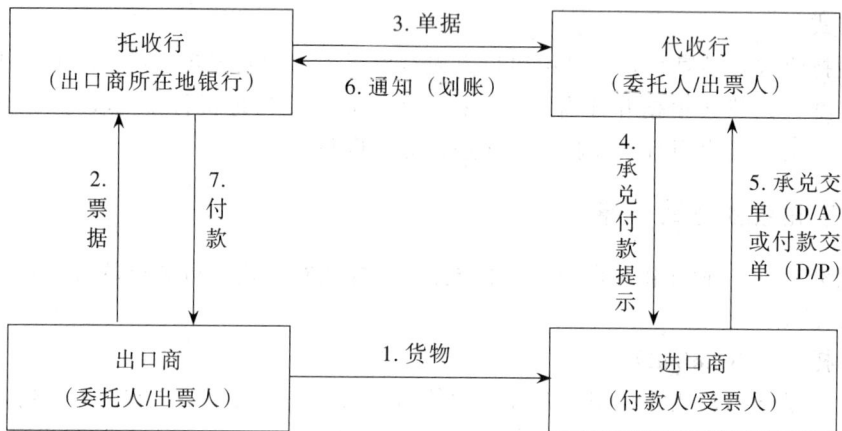

注：1.进出口双方签订货物买卖合同。2.出口人发货、备单，并将合同中规定的单据送交托收行。3.托收行审查托收申请书及所附单据并将单据寄交代收行。4.代收行办理委托代收手续并将单据交进口人。5.进口人验单、付款或承兑并领取单据。6.代收行通知托收行有关客户的付款或承兑信息。7.托收行将进口人的有关款项或付款信息交出口人。

图8-3 托收业务流程图

（四）托收业务的种类

（1）按照是否附有商业单据（即发票、运输单据等）来划分，托收方式分为两类，即光票托收和跟单托收。

①光票托收（Clean Collection）。

光票托收是指仅凭金融单据（即汇票、本票、支票等类似功能的票据）向付款人提示付款，而不附带任何商业单据的一种托收方式。

光票托收一般适用于货款的尾款、样品费、进口赔款等金额较小的费用的结算，且汇票的付款期限通常为即期。

②跟单托收（Documentary Collection）。

跟单托收是指金融单据附带商业单据或为节省印花税而仅凭商业单据提示承兑及

（或）付款的托收方式。

（2）根据交单条件的不同，跟单托收方式可分为承兑交单与付款交单。

①承兑交单（Documents against Acceptance，D/A）。

承兑交单是指代收行或提示行（如果有）以付款人在远期汇票上"履行承兑"为唯一的交单条件，至此，作为代收行或提示行应已履行了托收指示中其应尽的责任。

②付款交单（Documents against Payment，D/P）。

付款交单是指代收行或提示行（如果有），须以付款人的实质性付款为同意放单的唯一条件。

按支付时间的不同，付款交单又可分为即期付款交单（Documents against Payment at Sight，D/P at Sight）和远期付款交单（Documents against Payment after Sight，D/P after Sight）。

（五）对托收业务的评价

托收属于商业信用，银行办理托收业务时，既没有检查货运单据正确与否或是否完整的义务，也没有要求付款人必须付款的责任。

托收虽然是通过银行办理，但银行只是作为出口商的受托人行事，并不承担付款的责任，进口商不付款与银行无关。出口商向进口商收取货款靠的仍是进口商的商业信用。如果遭到进口商拒绝付款，除非另有规定，否则，银行没有代管货物的义务，出口商仍然应该关心货物的安全，直到对方付清货款为止。

托收对出口商而言风险较大，D/A比D/P的风险更大。跟单托收方式是出口商先发货，后收取货款，因此对出口商来说风险较大。

如果进口商破产倒闭，丧失付款能力，或货物发运后进口地货物价格下跌，进口商借故拒不付款，或进口商事先没有领到进口许可证，或没有申请到外汇，被禁止进口或无力支付外汇等，出口商不但无法按时收回货款，还可能遭受货款两空的损失。

如果货物已经到达进口地，进口商借故不付款，出口商还要承担货物在目的地的提货、存仓、保险费用和可能变质、短量、短重的风险。如果货物转售它地，会产生数量与价格上的损失，如果货物转售不出去，出口商就要承担货物运回本国的费用以及可能因为存储时间过长被当地政府贱卖的损失等。

虽然上述损失出口商有权向进口商索赔，但在实践中，在进口商已经破产或逃之夭夭的情况下，出口商即使可以追回一些赔偿，也难以弥补全部损失。尽管如此，在当今国际市场出口竞争日益激烈的情况下，出口商为了推销商品占领市场，有时也不得不采用托收方式。如果对方进口商信誉较好，出口商在国外又有自己的办事机构，则风险可以相对小一些。

托收对进口商较有利，可以免去开证的手续以及预付押金，还有可以预借货物的便利。当然托收对进口商也不是完全没有风险。如进口商付款后才取得货运单据领取货物，如果发现货物与合同规定不符，或者根本就是假货，也会因此而蒙受损失。但总的来说，托收对进口商比较有利。

（六）托收业务的国际惯例

国际商会为了向办理托收业务的银行及委托人提供可遵循的共同规则，以利于商业和金融业的发展，于1958年草拟了《商业单据托收统一规则》（Uniform Rules for Collection of Commercial Paper）（即国际商会第192号出版物）。

之后，国际商会又于1967年修订和公布该规则，称为国际商会第254号出版物，从而使得银行办理托收业务时获得了统一的术语、定义、程序和原则，为国际商业活动提供了参考。

为适应国际贸易发展的需要，特别是考虑到实际业务中不仅有跟单托收，也有光票托收，国际商会于1978年对规则进行第二次修订，即《托收统一规则》（Uniform Rules for Collection，URC）（即国际商会第322号出版物），该规则于1979年1月1日生效。

随着国际贸易的不断发展，银行和委托人普遍认为现存的规则已不能适应实际业务的需要，纷纷提出很多意见和建议。于是国际商会银行委员会从1993年着手对第322号出版物进行了修订，最后于1995年5月由国际商会银行委员会一致通过，并定名为国际商会第522号出版物，简称《URC522》，于1996年1月1日施行。

《URC522》共26条，分为以下7个部分：①总则及定义；②托收的方式及结构；③提示方式；④义务与责任；⑤付款；⑥利息、手续费及费用；⑦其他规定。

《URC522》还对托收的提示方式、付款、承兑的程序、利息、托收手续费和费用的负担、托收被拒付后作成拒绝证书等事宜作了具体规定。

《URC522》公布实施后，已成为托收业务领域具有一定影响的国际惯例，并已被各国银行采纳和使用。但应指出，只有在有关当事人事先约定的条件下，才受该惯例的约束。

我国银行在办理国际贸易结算，使用托收方式时，也参照该规则的解释办理。

第三节　信用证

信用证作为国际贸易的一种重要的支付方式，对国际贸易的发展起到了非常重要的作用。信用证（Letter of Credit，L/C）方式，是银行信用介入国际货物买卖价款结算的产物。

信用证的出现不仅在一定程度上解决了买卖双方之间互不信任的矛盾，而且还能使双方在使用信用证结算货款的过程中获得银行资金融通的便利，从而促进了国际贸易的发展。

一、信用证的概念

根据国际商会《跟单信用证统一惯例》的解释，信用证是指由银行（开证行）依照客户（申请人）的要求和指示或自己主动在符合信用证条款的条件下，凭规定单据：向第三者（受益人）或其指定方进行付款，或承兑和（或）支付受益人开立的汇票；或授权另一银行进行该项付款，或承兑和支付汇票；或授权另一银行议付。简而言之，信用证是一种银行开立的有条件地承诺付款的书面文件。

二、信用证的特点

（一）信用证是一种银行信用

信用证支付方式是一种银行信用，由开证行以自己的信用作出付款的保证。在信用证付款的条件下，银行处于第一付款人的地位。

《跟单信用证统一惯例》规定，信用证是一项约定，按此约定，根据规定的单据在符合信用证条件的情况下，开证银行向受益人或其指定人进行付款、承兑或议付。信用证是开证银行的付款承诺。

因此，开证银行是第一付款人。在信用证业务中，开证银行对受益人的责任是一种独立的责任。

（二）信用证是一种自足文件

信用证的开立是以买卖合同作为依据的，但信用证一经开出，就成为独立于买卖合同的另一种契约，不受买卖合同的约束。

《跟单信用证统一惯例》规定，信用证与其可能依据的买卖合同或其他合同，是相互独立的。

即使信用证中提及该合同，银行也与该合同无关，且不受其约束。所以，信用证是独立于有关合同的契约，开证银行和参加信用证业务的其他银行只按信用证的规定办事。

（三）信用证是纯单据业务

在信用证方式下，实行的是凭单付款的原则。

各有关方面处理的是单据，而不是与单据有关的货物、服务或其他行为。所以，信用证业务是一种纯粹的单据业务。

银行虽有义务合理谨慎地审核一切单据，但这种审核，只是用以确定单据表面上是否符合信用证条款，开证银行只根据表面上符合信用证条款的单据付款。所以在信用证条件下，实行所谓"严格符合的原则"。

"严格符合的原则"不仅要做到"单、证一致"，即受益人提交的单据在表面上与信用证规定的条款一致；还要做到"单、单一致"，即受益人提交的各种单据之间表面上一致。

三、信用证当事人

信用证的当事人通常包括：

（一）开证申请人（Applicant，Opener，Accountee）

开证申请人是指向银行申请开立信用证的人，即国际贸易中的进口商或实际买方，在信用证中又称开证人（Opener）。

如由银行自己主动开立信用证，此种信用证所涉及的当事人，没有开证申请人。

（二）开证银行（Opening Bank，Issuing Bank）

开证银行，简称开证行，是接受开证申请人（买方）的请求而开出信用证的银行，是信用证的基本当事人之一。

一般而言，国际贸易中的开证行通常是进口方银行。

在为进口商开立信用证时，进口商须递交开证申请书，并交付保证金及费用，根据开证申请书条款，正确、及时地开出信用证。

（三）通知银行（Advising Bank，Notifying Bank）

通知银行，简称通知行，指受开证行的委托，将信用证转交出口商的银行，通知银行一般是出口商所在地银行。

通知行只证明信用证的表面真实性，并不承担其他义务。

（四）受益人（Beneficiary）

受益人指信用证抬头所指定有权使用该信用证的人，即买卖合同中的出口商，是国际支付关系中的债权人。

（五）议付银行（Negotiating Bank）

议付银行，简称议付行，是信用证的当事人之一，指由被授权议付的银行，其对汇票或单据付出对价。如果只审查单据而不支付对价，并不构成议付。

议付行是准备向受益人购买信用证下单据的银行，议付行可以是通知行或其他被指定的愿意议付该信用证的银行，一般是出口商所在地银行。

议付行可以是指定的银行，也可以是非指定的银行，由信用证的条款来规定。

（六）付款银行（Paying Bank，Drawee Bank）

它是指信用证条款中指定的付款银行。它一般是开证行，也可以是指定的另一家银行。

（七）偿付银行（Reimbursing Bank）

偿付银行，简称通知行，又称信用证清算银行（Clearing Bank），是指接受信用证开证行委托代开证行偿还议付行垫款的第三国银行，或被指示（或被授权）按照开证行发出的偿付授权书提供偿付的银行。

偿付行产生的原因是：进出口商在信用证中规定的支付货币，既不是进口国的货币，也不是出口国的货币，而是第三国的货币，而开证行拥有的第三国货币资金调度或集中在第三国银行，要求该银行代为偿付信用证规定的款项。偿付银行通常是开证银行的存款银行或约定的垫款银行。

四、信用证的流程

跟单信用证的操作流程如图8-4所示。

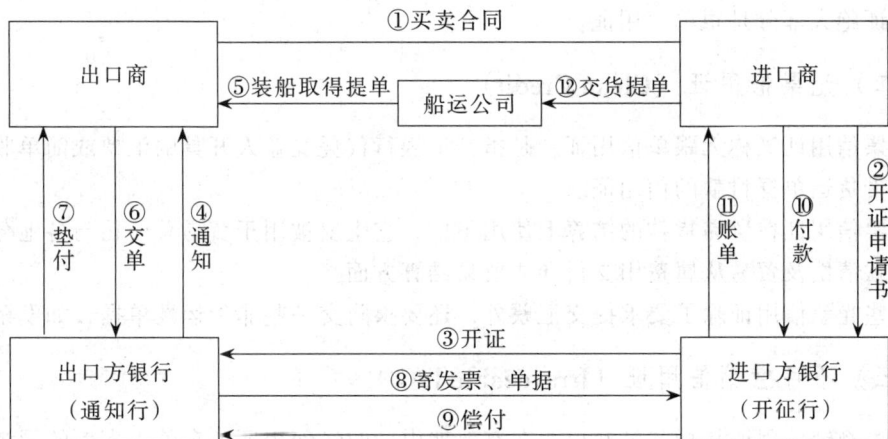

图8-4　跟单信用证的操作流程

跟单信用证操作的具体流程如下：

（1）买卖双方经过磋商，约定以信用证方式进行结算。

（2）进口方向开证行递交开证申请书，约定信用证内容，并支付押金或提供保证人。

（3）开证行接到开证申请书后，根据申请开立信用证，正本寄给通知行，指示其转递或通知出口方。

（4）由通知行转递信用证或通知出口方信用证已到。通知行在开证行要求或授权下对信用证加以保兑。

（5）出口方认真核对信用证是否与合同相符，如果不符，可要求进口商通过开证行进行修改；待信用证无误后，出口商根据信用证备货、装运、开立汇票并缮制各类单据，船运公司将装船的提单交予出口商。

（6）出口商将单据和信用证在信用证有效期内交予通知行。

（7）通知行审查单据符合信用证条款后接受单据并付款，若单证不付，可以拒付。

（8）通知行将单据寄送开证行，向其索偿。

（9）开证行收到单据后，核对单据是否符合信用证，如正确无误，即偿付通知行代垫款项，同时通知开证申请人备款赎单。

（10）进口方付款赎单，如发现不符，可拒付款项并退单。进口人发现单证不符，也可拒绝赎单。

（11）开证行将单据交予进口商。

（12）进口商凭单据提货。

五、信用证的种类

（一）跟单信用证（Documentary Credit）

跟单信用证是指凭跟单汇票或仅凭商业单据付款的信用证。国际贸易结算中所使用的信用证绝大部分是跟单信用证。

（二）光票信用证（Clean Credit）

光票信用证又称无跟单信用证，是指开证银行仅凭受益人开具的汇票或简单收据而无须附带货运单据付款的信用证。

光票信用证在贸易货款的结算上使用不广，它主要被用于贸易总公司与各地分公司间的货款清偿及贸易从属费用支付和非贸易结算方面。

某些光票信用证除了要求提交汇票外，还要求附交一些非货运性单据，如发票等。

（三）不可撤销信用证（Irrevocable L/C）

不可撤销信用证是指一经开出，在有效期内，非经信用证各有关当事人的同意，开证行不能擅自修改或撤销的信用证。

此种信用证在国际贸易中使用最多。

（四）保兑信用证（Confirmed Credit）

保兑信用证指经开证行以外的另一家银行加具保兑的信用证。

保兑信用证的使用主要是因为受益人（出口商）对开证银行的资信不了解，对开证银行的国家政策、外汇管制过于担心，怕收不回货款而要求加具保兑的要求，从而使货款的回收得到双重保障。

（五）即期信用证（Sight Letter of Credit）

即期信用证是指受益人按规定的条款签发即期汇票（Sight Draft）的信用证，又称见票即付信用证。

有些国家采用即期信用证，在其条款中明确规定须提交即期汇票，有些国家不要求提交汇票，认为提交即期汇票手续繁杂，而且增加了费用（如印花税），只需提交单据或收据，并遵照信用证所列条款，即可付款。

采用即期信用证，不论汇票的付款人是开证银行还是开证申请人，或是其他的付款银行，只要是所开出的汇票（或只提供单据）符合信用证所列条款，一经提示，开证银行或付款银行即须立刻付款，开证申请人也须立即向开证银行或付款银行偿还款项。

（六）延期付款信用证（Deferred Payment Letter of Credit）

所谓延期付款信用证，是指受益人提示符合信用证条款规定的单据，在规定的期限内，由指定银行履行付款责任的信用证。

延期付款信用证有两个特点：一是有效期为，从受益人交单时开始直到指定的付款日期结束；二是远期付款不需汇票。

由于不需要提供汇票而有效规避了印花税，延期付款信用证曾在欧洲得到普及。

（七）红条款信用证（Red Clause L/C）

红条款信用证是允许出口商在装货交单前支取全部或部分货款的信用证。

开证行在信用证上加列上述条款，通常用红字打成，故此种信用证称"红条款信用证"。

（八）付款信用证（Payment L/C）、承兑信用证（Acceptance Credit）、议付信用证（Negotiation L/C）

1.付款信用证

付款信用证是指在符合信用证条款的条件下，开证行自己或授权其他银行凭规定的单据向受益人或其指定人进行付款的信用证。

付款信用证是限制性信用证，明确规定由哪一家银行付款，付款行通常是开证行自己，或是它指定的银行（通常是它的海外分行或代理银行）。

付款信用证的开证行承诺的是"终局"付款行为，除非受益人与银行另有协议，否则，付款行向受益人支付票款后没有追索权。

付款信用证通常不需要受益人出具汇票。

2.承兑信用证

承兑信用证是指在符合信用证条款的条件下，开证行自己或其授权的其他银行承兑并支付受益人开立的汇票的信用证。

3.议付信用证

议付信用证是指在符合信用证条款的条件下，开证行授权其他银行议付信用证项下款项的信用证。

一般情况下，议付信用证是非限制性信用证，不指定具体由哪一家银行议付，受益人当地的任何银行都可以办理议付。议付行与开证行不是同一银行。

议付是议付行对受益人的单据办理融资，而融资款即由开证行根据其在信用证中的承诺偿付。

除非受益人与议付银行另有协议，否则，议付信用证项下，议付行向受益人支付票款之后仍有追索权。

（九）可转让信用证（Transferable L/C）

可转让信用证是指开证行授权通知行在受益人的要求下，可将信用证的全部或一部分转让给第三者，即第二受益人的信用证。

可转让信用证只能转让一次，信用证转让后，即由第二受益人办理交货，但原证的受益人，即第一受益人，仍须承担买卖合同上卖方的责任。

如果信用证上允许可以分装，信用证可分别转让给几个第二受益人，这种转让可看成一次转让。

不可转让信用证是指受益人不能将信用证的权利转让给他人的信用证。

（十）背对背信用证（Back to Back L/C）

背对背信用证是指一个信用证的受益人以这个信用证为保证要求一家银行开立以该银行为开证行、以这个受益人为申请人的一份新的信用证。

背对背信用证也称转开信用证。其中的原始信用证又称为主要信用证，而背对背信用证是第二信用证。

一个中间商向国外进口商销售某种商品，请该进口商开立以他为受益人的第一信用证，然后向当地或第三国的实际供货人购进同样商品，并以国外进口商开来的第一信用证作为保证，请求通知行或其他银行对当地或第三国实际供货人另开第二信用证，以卖方（中间商）作为第二信用证的申请人。不管他根据第一信用证能否获得付款，都要负责偿还银行根据第二信用证应支付的款项。

（十一）对开信用证（Reciprocal L/C）

对开信用证，是指两张信用证的开证申请人互以对方为受益人而开立的信用证。

对开信用证的特点是第一张信用证的受益人（出口商）和开证申请人（进口商）就是第二张信用证的开证申请人和受益人，第一张信用证的通知行通常就是第二张信用证的开证行。

两张信用证的金额相等或大体相等，两证可同时互开，也可先后开立。

对开信用证多用于易货交易或来料加工和补偿贸易业务等。

（十二）循环信用证（Revolving L/C）

循环信用证被全部或部分使用后，其金额又恢复到原金额，可再次使用，直至达到规定的次数或规定的总金额为止。

循环信用证通常在分批均匀交货情况下使用。在按金额循环的信用证条件下，恢复到原金额的具体做法有：

（1）自动式循环。自动式循环是指每期用完一定金额，不须等待开证行的通知，即可自动恢复到原金额。

（2）非自动循环。非自动循环是指每期用完一定金额后，必须等待开证行通知到达，信用证才能恢复到原金额使用。

（3）半自动循环。半自动循环是指每次用完一定金额后若干天内，开证行未提出停止循环使用的通知，自第×天起即可自动恢复至原金额。

六、信用证的主要内容

国际上各银行的信用证没有固定、统一的格式，但其内容基本相同，主要包括以下几项：

（1）对信用证本身的说明。如信用证的编号、种类、金额、开证日期、有效日期、交单日期和到期地点等。

（2）信用证的当事人。如开证申请人、受益人、开证行及其指定的通知行、议付行、付款行、偿付行、保兑行等的名称、地址。

（3）有关货物的描述。如商品的名称、规格、数量、包装、单价、总值等。

（4）对运输的要求。如运输方式、装运期限、起运地、目的地、可否分批和中途转运等。

（5）对单据的要求。对单据的要求包括：

①对汇票的要求。信用证上如规定出口商提交汇票，则应列明汇票的必要项目，如出票人、受票人、期限、主要条款等。

②对货运单据的要求，主要是商业发票、海关发票、提单或运输单据、保险单证及其他单据。

（6）特别条款。特别条款是指根据进口国的政治、经济、贸易情况的变化或进口商的业务需要规定的一些条款，如要求加具保兑、限制议付、限装某船或不许装某船、限制港口和航线等。

（7）开证行对受益人及汇票持有人保证付款的责任文句以及适用的国际惯例。如"该证受国际商会UCP600的约束"字样。

SWIFT信用
证样本

七、信用证相关的国际惯例

国际商会于1930年拟订了《商业跟单信用证统一惯例》（Uniform Customs and Practice for Commercial Documentary Credit，简称UCP），并于1933年正式公布，建议各国银行采用。

《商业跟单信用证统一惯例》是国际银行界、律师界、学术界自觉遵守的"法律"，是全世界公认的、到目前为止最为成功的一套非官方规定。由于《商业跟单信用证统一惯例》的重要和核心地位，它的修订还带动了eUCP、ISBP、SWIFT等的相应修订和升级。

国际商会于1951年、1962年、1974年、1978年、1983年、1993年、2006年先后对《商业跟单信用证统一惯例》进行了修订。

其中，1993年的版本被称为UCP500。最新的版本则是2006年10月25日修订的版本，被称为UCP600。

UCP600共有39个条款，比UCP500减少了10个条款，但却比UCP500更准确、清晰，更易读、易掌握、易操作。UCP600将一个环节涉及的问题归集在一个条款中；对信用证业务涉及的关系方及其重要行为进行了重新定义，如第二条的14个定义和第三条对具体行为的解释。

UCP600还纠正了UCP500造成的许多误解：

第一，把UCP500中一些晦涩难懂的词语改变为简洁明了的语言，取消了易造成误解的条款，如"合理关注"、"合理时间"及"在其表面"等。

第二，UCP600取消了UCP500无实际意义的一些条款，如"可撤信用证""风帆动力批注""货运代理提单"及UCP500第5条"信用证完整明确要求"及第12条有关"不完整不清楚指示"的内容。

第三，UCP600的新概念描述极其清楚准确。

第四，UCP600更换了一些定义，如对审单作出单证是否相符决定的天数，由"合理时间"变为"最多为收单翌日起第5个工作日"等。

第五，为了方便贸易和操作，UCP600进行了一些特别重要的改动。如拒付后的单据处理，增加了"拒付后，如果开证行收到申请人放弃不符点的通知，则可以释放单据"等。

第四节 银行保函、国际保理与出口信用保险

一、银行保函

（一）银行保函的定义

银行保函（Banker's Letter of Guarantee，L/G）是银行应委托人的请求，向受益人开立的一种书面担保凭证。银行作为担保人，对委托人的债务或义务承担赔偿责任。

委托人和受益人的权利和义务，由双方订立的合同规定，当委托人未能履行其合同义务时，受益人可按银行保函的规定向保证人索偿。

国际商会于1992年出版了《见索即付保函统一规则》，其中规定："索偿时，受益人只需提示书面请求和保函中所规定的单据，担保人付款的唯一依据是单据，而不能是某一事实。担保人与保函所可能依据的合约无关，也不受其约束。"

以上规定表明，担保人所承担的责任是第一性的、直接的付款责任。

（二）银行保函与跟单信用证的区别

银行保函与跟单信用证相比，当事人的权利和义务基本相同，所不同的是跟单信用证要求受益人提交的单据是包括运输单据在内的所有商业单据，而银行保函要求的单据

实际上是受益人出具的关于委托人违约的声明或证明。

这一区别，使两者适用范围有了很大的不同，银行保函可适用于各种经济交易，为合同的一方向另一方提供担保。

另外，如果委托人没有违约，银行保函的担保人就不必为承担赔偿责任而付款，而跟单信用证的开证行则必须先行付款。

（三）银行保函的种类

根据银行保函在合同中所起的不同作用和担保人承担的不同的担保职责，银行保函可以具体分为以下几种：

1.投标保函

投标保函指银行应投标人申请向招标人作出的保证承诺，保证在投标人报价的有效期内投标人将遵守其诺言，不撤标、不改标，不更改原报价条件，并且在其中标后，必须按照招标文件的规定在一定时间内与招标人签订合同。

2.履约保函

履约保函指应劳务方和承包方（申请人）的请求，银行金融机构向工程的业主方（受益人）作出的一种履约保证承诺。

如果劳务方和承包方日后未能按时、按质、按量完成其所承建的工程，则银行将向业主方支付一笔占合约金额5%~10%的款项。

履约保函有一定的格式限制，也有一定的适用条件。履约保函除应用于国际工程承包业务外，同样适用于货物的进出口交易。

3.预付款保函

预付款保函又称还款保函或定金保函，指银行应供货方或劳务承包方申请向买方或业主方保证，如申请人未能履约或未能全部按合同规定使用预付款时，则银行负责返还保函规定金额的预付款。

4.补偿贸易保函

补偿贸易保函指在补偿贸易合同项下，银行应设备或技术的引进方申请，向设备或技术的提供方所作出的一种旨在保证引进方在引进后的一定时期内，以其所生产的产成品或以产成品外销所得款项，来抵偿所引进之设备和技术的价款及利息的保证承诺。

二、国际保理

目前，国际上为企业所惯用的信用证付款方式正逐渐被赊账贸易所代替，应运而生的保理业务能够为企业提供新的融资方式。保理业务作为银行中间业务的重要部分，正在成为下一个银行之间争夺的焦点。

在上海已有汇丰银行、渣打银行、中国民生银行、中国光大银行开展了中小企业的保理业务。

（一）国际保理的概念

保理业务是指销售商将其现在或将来的基于其与购货商（债务人）订立的货物销售与服务合同或因其他原因所产生的应收账款转让给银行，从而获得银行为其提供的商业资信调查、贸易融资、应收账款管理及信用风险担保等方面的综合性金融服务。

国际保理业务（International Factoring），全称为国际保付代理业务，是在赊销和承兑交单贸易结算方式下，保理商向出口商提供的一项包括出口贸易融资、进口商资信调查及评估、销售账务处理、应收账款管理及追收和买方信用担保等内容的综合性金融服务。

国际保理的具体做法是：出口商事先与保理商签订保理协议，根据协议，出口商按买卖合同规定发货后，有关运输单据直接寄交进口商，并将应收账款的单据卖给保理商，由保理商通过其在进口地的代理人负责向进口商收款，保理商收到货款后，扣除一定的手续费，将货款交给出口商。

（二）国际保理业务的特点

（1）国际保理业务的核心是提供付款担保，出口商在确定销售合同和保理协议并发货后，应将账款卖断给保理公司，由保理公司承担风险。

（2）国际保理业务是一种具备多种功能的国际结算方式，可以同时为进出口双方提供融资、承担风险服务。国际保理业务将是今后进出口贸易普遍使用的结算方式。

（3）国际保理业务降低了托收方式潜在的风险。由于保理商事先已对进口商进行了资信调查，因此降低了出口商发货的盲目性。

（4）可以减少国际结算手续，无须像信用证结算那样将相符单据交银行，只需向保理商提供一份发票副本即可。

（三）国际保理的应用优势

国际保理业务有别于汇付、托收和信用证三大传统国际结算手段，其对出口商和进口商都具有独特的应用优势。

对出口商而言，保理商可以代替出口商对进口商资信状况进行调查与监督，克服信息障碍，从而为出口商的销售政策提供准确的依据和信息。出口商在货物装运完毕并向保理商转让发票等单据后，即可获得80%以上的融资，提高收汇速度，加快资金融通。只要出口商的交货条件符合合同规定，出口商即可将进口商破产或拒付等经营风险、信用风险完全转移给保理商，相比信用证付款方式，国际保理业务能更大程度地保护出口商的利益。国际保理业务由于建立在赊销交易基础上，其实际相当于为买方提供了信用放款，从而也起到鼓励买方进口和有利于长期合作的作用。

对进口商而言，国际保理业务通过保理组织进行结算，可以省去买方高昂的开证费用及押金等支出，降低了买方的交易成本。保理结算的延期付款，也相当于为买方提供了信用放款，从而提高了其资金利用率。

从目前全球国际贸易发展的趋势来看，传统的信用证结算方式要求出口企业做到单证一致、单单一致。

由于手续烦琐、费用较高等弊端，信用证结算方式在国际贸易结算方式中的"盟主"地位正受到挑战，结算方式非信用证化已成为新的发展趋势。

国际保理业务并不需要完全单证一致，但是要求其购买的应收账款必须没有任何贸易纠纷，银行将利用自己的应收账款管理系统来管理和托收应收账款，通过其合作伙伴（即进口保理商），对货物、买家的信用记录，以及双方合同的履行进行调查。

国际保理业务由于迎合了赊销、承兑交单托收等贸易方式发展的需要，因此越来越受到各方面的重视，并得到广泛运用。

（四）保理商在国际保理业务中的风险

国际保理业务主要涉及出口商、进口商和保理商三方当事人，因为进口商完全是凭着自身的信用表现来获得保理商对其债务的担保，所以风险集中在保理商和出口商身上。

对保理商而言，国际保理业务主要面临两方面的风险：进口商信用风险和出口商信用风险。保理商买断出口商应收账款，便成为货款债权人，同时也承担了原先由出口商承担的应收账款难以收回的风险。

如果保理商从融资一开始对进口商的审查就缺乏客观性和全面性，高估了进口商的资信程度，对进口商履约情况作出错误判断；或者进口商提供了虚假的财务信息，伪造反映其还款能力的数据；或者保理商的事中监督不够得力，进口商的资信水平原来不错，但在履约过程中，由于进口的商品不适销对路、进口国的政治经济状况发生突然变化等客观原因使得资信水平下降，无法继续履约等，就可能导致保理商遭受巨额损失且难以得到补偿。

同样的情况会出现在出口商一方。在保理商为出口商提供了融资服务的情况下，如果出现了货物质量与合同不符、进口商拒付货款的问题，保理商同样可能因为出口商破产而导致融资款无法追偿。

对出口商而言，其主要承担货物的质量风险。与信用证以单证相符为付款依据不同，保理业务是在商品和合同相符的前提下保理商才承担付款责任。如果由于货物品质、数量、交货期等方面的纠纷而导致进口商不付款，保理商不承担付款的风险，故出口商应严格遵守合同。

另外，进口商可能会联合保理商对出口商进行欺诈。

尽管保理商对其授信额度要负100%的责任，但一旦进口商和保理商勾结，特别是在出口商对刚接触的客户了解甚少时，如果保理商夸大进口商的信用度，出口商容易面临财货两空的局面。

当然，对我国来说，目前开展保理业务的多是一些金融机构，其营业场所和不动产是固定的，参与欺诈后难以逃脱，这种风险也就相对较小。

三、出口信用保险

（一）出口信用保险的定义

出口信用保险是指信用保险机构对企业投保的出口货物、服务、技术和资本的出口应收账款提供的安全保障机制。

出口信用保险以出口贸易中投保人的债权为保险标的，保险人承保国内出口商在经营出口业务过程中，因进口商方面的商业风险或进口国（或地区）方面的政治风险而遭受的债权损失。

出口信用保险已经成为进出口贸易中的一个重要工具，是贸易中各国对于出口市场争夺激烈的产物，是各国政府为推动本国出口贸易发展而采取的一项经济保障措施。

（二）出口信用保险的种类

出口信用保险按信用期限长短，大致可分为短期出口信用保险、中长期出口信用保险、履约保证保险。

（1）短期出口信用保险

短期出口信用保险（简称短期险），是指承保信用期限在1年以内的业务，主要用于以付款交单（D/P）、承兑交单（D/A）、赊账（O/A）等以商业信用为付款条件的出口，以及银行开具的信用证项下的出口。

（2）中长期出口信用保险

中长期出口信用保险（简称中长期险），可分为买方信贷保险、卖方信用保险和海外投资保险三大类。

中长期险承保信用期限在1年以上、一般不超过10年的收汇风险，主要用于大型机电产品和成套设备的出口，以及海外投资，如以BOT、BOO或合资等形式在境外兴办企业等。

（3）履约保证保险

履约保证保险或履约保证险（也称履约责任保险）是指保险公司向履约保证保险的受益人承诺，如果投保人不按照合同约定或法律的规定履行义务，则由该保险公司承担赔偿责任的一种保险形式。

【本章小结】

国际贸易结算中使用的票据包括汇票、本票、支票，其中以使用汇票为主。目前国际贸易结算的三种基本形式是汇付、托收和信用证。国际贸易结算的其他方式包括银行保函、国际保理和出口信用保险等。

【思考题】

1.汇票、本票和支票三者之间的主要区别有哪些?

2.信用证付款方式涉及的当事人有哪些? 各当事人之间的相互关系怎样?

3.在一笔大宗出口交易中,对托收与信用证两种付款方式如何结合使用,才有利于安全收汇?

4.简述银行保函的种类。

5.技能实训:某信用证有关内容如下:

ISSUING BANK: BANK OF EUROPE, LONDON

APPLICANT: INTERNATIONAL IMP&EXP CO.LTD., LONDON

BENEFICARY: BEIJING LIGHT INDUSTRIAL PRODUCTS IMP&EXP CO., BEIJING

NEGOTIATING BANK: BANK OF CHINA, BEIJING

CREDIT NO. HLC967825T DATE: 23 JUNE 2023

信用证中对汇票的要求为:

DRAFT AT 30 DAYS AFTER SIGHT FOR 100 PERCENT OF INVOICE VALUE DRAWN ON US

发票金额为7 000.00美元。

试按上述条件开出信用证项下汇票一张,汇票的编号为10001,议付行为汇票的收款人,出票日期和地点为30 JUNE 2023,BEIJING。

BILL OF EXCHANGE

DRAWN UNDER L/C NO.＿＿＿＿＿＿＿　　ISSUED BY: ＿＿＿＿＿＿＿

DATED: ＿＿＿＿＿＿＿＿＿＿＿

　　　　　　　　　　　　　　　NO.: ＿＿＿＿＿＿＿＿＿

EXCHANGE FOR ＿＿＿＿＿＿＿, 　　　　＿＿＿＿＿＿＿＿＿

AT＿＿＿＿＿ SIGHT OF THIS FIRST OF EXCHANGE（SECOND OF THE SAME TENOR AND DATE UNPAID）

PAY TO THE ORDER OF＿＿＿＿＿＿＿＿＿＿

THE SUM OF＿＿＿＿＿＿＿＿＿＿＿＿＿＿＿＿＿

TO: ＿＿＿＿＿＿＿＿＿＿＿　　FOR: ＿＿＿＿＿＿＿

＿＿＿＿＿＿＿＿＿＿＿　　　　　SIGNATURE

国际货物运输

【立德树人】

了解国际货物运输具有面广、线长、中间环节多、空间距离大、涉及部门多、情况复杂等特点。国际货物运输与全球经济和贸易形势密切相关，引导学生关注社会热点问题，了解国际货物运输领域的最新动态和趋势。引导学生关注国际货物运输中的环保、安全等问题，培养全球意识和责任感。强调诚信经营、遵守法律法规、保障客户利益等原则，引导学生树立正确的职业观念和道德观念。

第九章

第一节　海洋运输

海洋运输是利用海轮在国内外港口之间，通过一定的航区和航线进行货物运输的一种方式。

海洋运输是国际货物运输中最主要的运输方式。目前，国际贸易总运量的2/3以上、我国进出口货运总量的90%以上都是利用海洋运输。

海洋运输之所以被广泛采用，是因为它与其他国际货物运输方式相比具有以下明显

的特点:

(1) 运输量大。

世界石油运输中已经出现 825 614 吨的"海上巨人号"油轮,最大的散装船已经达到 20.6 万吨,第六代集装箱船的载箱能力已达到 8 000 标准集装箱(TEU)。

(2) 通过能力大。

海上运输利用四通八达的天然航道,不受道路或轨道的限制。

(3) 运费低廉。

航道多为天然形成的,船舶运量大、运程远、经久耐用、省燃料,加之港口设备一般均为政府修建,所以,货物的单位运输成本较低,运价也就比较低廉。据统计,海上货物运价约为铁路运价的 1/5,公路运价的 1/10,航空运价的 1/30。这就为低值大宗货物的运输提供了有利的条件。

(4) 对货物的适应性强。

船舶由于运输量大,基本上适合各种货物的运输,如火车头等超重货物。其他运输方式无法装运的,轮船一般都可以装运。

但海洋运输也存在不足之处,如速度慢、风险大、易受气候和自然条件影响、航期不易掌握等。

根据海洋运输船舶的经营方式不同,海洋运输可分为班轮运输(Liner Transport)和租船运输(Shipping by Chartering)。

一、班轮运输

(一)班轮运输的含义和特点

班轮运输又称定期船运输(Regular Shipping Liner),是指船舶按照固定的港口、航线和事先公布的船期表从事运输业务,并按固定的费率收取运费。班轮运输主要具有以下几个特点:

(1) 具有"四固定"的特点,即固定船期、固定航线、固定停靠港口和相对固定的运费率。

(2) 班轮运费包括装卸费,货物由承运人装卸配载。

(3) 承托双方的权利义务和责任豁免以签发的提单条款为依据并受统一的国际公约制约。

(4) 班轮承运货物比较灵活,不论数量多少,只要有舱位都可接受装运班轮运输,一般适用于件杂货物的运输。大宗货物之外的货物称为件杂货物。

(二)班轮运费

1.班轮运费的计收标准

(1) 按货物的毛重(或重量吨)计收,一般以 1 公吨作为 1 重量吨,在运价表内用"W"表示。

（2）按货物的体积（或尺码吨）计收，以1立方米作为1尺码吨，在运价表内用"M"表示。

（3）按货物的毛重或体积计收，由船公司选择其中收费较高的一种计收运费，在运价表中用"W/M"表示。

（4）按商品的价格计收，即按从价运费收取。一般按货物的FOB价格的百分之几收取，在运价表内用"A.V."或"Ad.Val"表示。

（5）按货物的重量、体积或价值三者中较高的一种计收运费，在运价表中用"W/M"或"A.V."表示。

（6）按货物的件数计收。

一般只对包装固定且包装内的数量、重量、体积也是固定不变的货物，才按每箱、每捆或每件等特定的运费额计收。

（7）按承托双方临时议定运价的办法计收。

该方法通常在运输矿石、粮食等运量大、货价较低、装卸容易、装卸速度快的大宗低值农副产品和矿产品时采用，在运价表中，以"OPEN"表示。

2.班轮运费的计算

班轮运费包括基本运费和附加费两部分。

班轮运费中的附加费名目繁多，包括燃油附加费、货币贬值附加费、转船附加费、直航附加费、超重及超长和超大附加费、港口附加费、港口拥挤附加费、选港附加费、变更卸货港附加费和绕航附加费等。

班轮运费的计算公式为：

运费=基本运费+附加运费=运费吨×基本运费×（1+附加费率）

【例9-1】某公司出口货物一批共200箱，总毛重为16.2公吨，总体积为23.316立方米。由大连到欧洲某港口，试计算该公司应付船公司多少运费。

解：因为总量吨16.2<尺码吨23.316，所以计费标准是"M"。

首先按货物英文名称从货物分级表中查出该货属于10级货，然后再按航线查出10级货每运费吨基本运费为40美元，另加燃油附加费10%，该批货物的运费为：

运费=基本运费+附加运费=运费吨×基本运费×（1+附加费率）

=23.316×40×（1+10%）=1 025.904（美元）

【例9-2】我方采用班轮运输出口商品100箱，每箱体积为30cm×60cm×50cm，毛重为40kg，计费标准为W/M，基本运费为每运费吨109美元，另加收燃油附加费20%。试计算该批货物的总运费。

解：首先确定计费标准 30×60×50=90 000立方厘米=0.09立方米>0.04公吨

计费标准为W/M，以体积0.09立方米计算。

总运费=基本运费+附加运费=运费吨×基本运费×（1+附加费率）

=0.09×100×109×（1+20%）=1 177.2（美元）

二、租船运输

（一）租船运输的方式与特点

租船运输是指租船人在租船市场上通过洽租、签约向船东或二船东包租整船装运货物。

租船方式主要包括定程租船（Voyage Charter）和定期租船（Time Charter）两种。

租船运输主要用来运输国际贸易中的大宗货物，如工业原料、燃料、各种矿石、石油、煤炭、各种谷物、饲料及各种工业产品（化肥、水泥）等。

1.定程租船

定程租船是指按航程租赁船舶，又称程租船或航次租船。

定程租船的特点如下：

（1）在定程租船方式下，船方必须按租船合同规定的航程完成货物运输任务，并负责船舶的经营管理及其在航行中的各项费用开支。

（2）租船人应支付双方约定的运费。

（3）货物在港口的装卸费用及许可装卸时间等应在租船合同中明确规定由船方还是租方负担。

2.定期租船

定期租船是指按期限租赁船舶，又称期租船，其特点如下：

（1）船货双方的权利与义务在期租船合同中订明。

（2）船方提供适航的船舶，承担船员薪金和伙食费以及为了保持船舶具有适航价值而产生的有关费用。

（3）船舶经营过程中产生的燃料费、港口费、装卸费和垫舱物料费等项开支均应由租船人负担。

（4）期租船的租金按每月（或30天）每载重吨计算。

除定程租船和定期租船外，在实际业务中，还出现了一些新的租船方式，比如：

（1）航次期租（Time Charter on Trip Basis，TCT）。

这是一种以完成一个航次运输为目的，按完成航次的日数和约定的日租金率计算租金的租船方式。

其租船期限以一个航次为限，但租金计算的方法和费用分担关系类似于定期租船。

（2）包运租船（Contract of Affrightment，COA）。

包运租船是指船舶所有人提供给租船人一定吨位（运力），在确定的港口之间，以事先约定的期限、航次周期和每航次较均等的货运量，完成运输合同规定的全部货运量的一种租船方式。

（3）光船租船（Bareboat Charter）。

光船租船是一种比较特殊的租船方式，是期租方式的一种派生租船方式。

光船租船是指船舶所有人将船舶出租给承租人使用一定期限，但船舶所有人提供的是空船，承租人要自己任命船长、配备船员，负责船员的给养和船舶经营管理所需的一切费用。这种租船不具有承揽运输性质，它只相当于一种财产租赁。

（二）租船运输合同及其主要内容

租船合同（Charter Party）是指租船人按一定的条件向船东租用船舶或船舶的部分舱位，双方就相互间的权利和义务达成的合同。

租船合同都是事先印好的现成格式，在签订时可加以增删。期租合同格式有数种，程租合同则有数十种之多，使用较广的是标准杂货租船合同（Uniform General Charter Party，GENCON），简称金康合同。

程租合同的主要条款包括合同当事人、船名和船旗、货物、装卸港、受载日和解约日、运费、装卸费用的划分、许可装卸时间、滞期费和速遣费等内容。除上述条款外，程租合同中还包括佣金条款、留置权条款、共同海损条款、罢工条款、冰冻条款等。使用时可选用合适的合同范本，根据具体需要增删一些内容。

三、海运提单

海运提单（Ocean Bill of Lading），简称提单（Bill of Lading，B/L），是指承运人或其代理人在收到承运货物时签发给托运人的一种证明，它规定了货物运输有关当事人，如承运人、托运人和收货人之间的权利和义务。

（一）海运提单的性质和作用

（1）货物收据。

提单是承运人或其代理人签发给托运人的表明已收讫货物的收据。

（2）物权凭证。

提单代表货物的所有权，谁拥有提单，谁就拥有物权，正本提单是卖方凭以结汇，买方凭以提货，承运人凭以交货的依据。提单可用来抵押或转让。

（3）运输契约的证明。

提单是装货后签发的，其有关条款明确规定了承运人和托运人双方的权利和义务。而运输契约是在装货前商定的，所以提单本身不是运输契约，而是运输契约的证明。

（二）海运提单的基本内容

1.提单正面的内容

提单正面的记载事项分别由托运人和承运人或其代理人填写，通常包括托运人（Shipper）、收货人（Consignee）、被通知人（Notify）、收货地点（Place of Receipt）、船名航次（Vessel Voyage No.）、装货港（Port of Loading）、卸货港（Port of Discharge）、标记与号码（Seal No.Marks & Nos.）、商品名称、货物包装及件数、运费条款、毛重（Gross Weight）、尺码（Measurement）、正本提单的份数、承运人、船长或其具名代理、代表的签章（Name & Signature of the Carrier）、签发提单的地点及日期（Place & Date Issue）。

2.提单背面的条款

在提单背面，通常都印有运输条款，这些条款是作为确定承运人与托运人之间以及承运人与收货人之间及提单持有人之间的权利和义务的主要依据。

国际上为了统一提单背面条款的内容，曾先后签署了有关提单的国际公约，其中包括《海牙规则》、《维斯比规则》和《汉堡规则》，由于上述三项公约签署的历史背景不同，内容不一，各国对这些公约的态度也不相同，因此，各国船公司签发的提单背面条款也就有所差异。

海运提单
样例

（三）海运提单的种类

1.根据货物是否装船，海运提单分为已装船提单和备运提单

（1）已装船提单（On Board B/L）。

已装船提单又称为"装运提单"，是指表明货物已经装上指定的船舶后所签发的提单。其特点是提单上必须以文字标明货物已经装在某船上，并载有装船日期，同时还应由承运人、船长或其代理人签字。在实际业务中使用的都是已装船提单。

（2）备运提单（Received for Shipment B/L）。

备运提单又称收妥待运提单或收讫待运提单，是指承运人收到货物后在等待装船期间签发的提单。

2.根据提单是否有不良批注，海运提单分为清洁提单和不清洁提单

（1）清洁提单（Clean B/L）。

清洁提单是指货物装船时"表面状况良好"，未加有关货损或包装不良之类批语的提单。在实际业务中使用的都是清洁提单。

（2）不清洁提单（Unclean B/L）。

不清洁提单是承运人加注了托运货物外表状况不良或存在缺陷等批语的提单。

3.根据提单的抬头不同，海运提单分为记名提单、不记名提单和指示提单

（1）记名提单（Straight B/L）。

记名提单又称直交提单，即明确指明收货人，例如"Pay to ×× only"，这种提单只能由特定收货人提货，不能背书转让。在实际业务中，信誉好的商人之间的贸易可采用记名提单。

（2）不记名提单（Blank B/L）。

这种提单不具体规定收货人，收货人栏留空或填"来人"（Bearer）。该种提单不需背书即可流通转让，流通性强，但凭单交货，风险大，在实际业务中很少使用。

（3）指示提单（Order B/L）。

指示提单是指在提单的收货人栏内填写"凭指示"（To order）或"凭××指示"（To the order of ××）字样的提单，这种提单可以通过背书转让给第三者，故又称为"可转让提单"。

此种提单在实际业务中应用广泛。

背书有两种方法：一种是由背书人在提单背面签名盖章的，称作空白背书（Blank Endorsed）；另一种是除由背书人签字盖章外，还列明被背书人名称的，称为记名背书

(Endorsed in Favor of)。

在实际业务中也采用"空白抬头，空白背书"（B/L Made out to Order and Blank Endorsed）的提单，即凭指示并做空白背书的提单。

4.根据提单格式和内容繁简，海运提单分为略式提单和全式提单

（1）略式提单（Short Form B/L）。

略式提单又称简式提单，是指只在正面记载事项，而背面无条款的提单。这种提单一般都加注"各项条款及例外条款均以本公司正规的全式提单内所印的条款为准"字样，否则，银行一般不予接受。

（2）全式提单（Long Form B/L）。

全式提单又称繁式提单，是指在正面记载事项，背面列有规定承运人、托运人之间权利与义务的提单。此种提单在实际业务中应用广泛。

5.根据运输方式不同，海运提单分为直达提单、转船提单和联运提单

（1）直达提单（Direct B/L）。

直达提单是指货物自装运港直接运到目的港而签发的提单。

（2）转船提单（Transshipment B/L）。

转船提单是指货物在装运港装船，不直接运到目的港，而需中途转船再驶往目的港。这种提单一般加注"在××港转船"的字样。

（3）联运提单（Through B/L）。

联运提单是指在海运和其他运输方式所组成的联合运输方式下，由承运人或代理人在货物的起运地签发的运往货物最终目的地的提单。其主要特点有：第一，由第一程承运人作为总承运人，签发包括全程运输的提单。第二，运输风险采用分段责任，即各段承运人只负责其所承运区段的运输风险。第三，在海洋运输方式下，联运提单和转船提单的性质相同。

值得注意的是，在目前的国际贸易约定当中，已经很少直接使用"Through B/L"这个词，而是使用具体确认的提单名称和提单格式。多式联运提单（Multimodal Transport B/L，Intermodal Transport B/L）、联运提单（Combined Transport Bill of Lading）都只是 Through B/L 的一种，在具体业务中可根据运输方式、结算方式在合同或者信用证当中确定具体的单证名称。

6.按船舶营运方式不同，海运提单分为班轮提单和租船合约提单

（1）班轮提单（Liner B/L）。

班轮提单是指由班轮公司承运货物后签发给托运人的提单。

（2）租船合约提单（Charter Party B/L）。

租船合约提单是指承运人根据租船合同签发的提单。通常只在其正面列明货名、数量、船名、装运港、目的港等必要项目，无背面提单条款。这种提单受租船合同条款的约束，银行或买方在接受这种提单时，通常要求卖方提供租船合同的副本。

7.根据提单有效性不同，海运提单分为正本提单和副本提单

（1）正本提单（Original B/L）。

正本提单是指提单上有承运人、船长或其代理人签章并注明发运日期的提单。这种提单在法律上是有效的单据。正本提单上必须标明"正本"（Original）字样，正本提单一般签发一式两份或一式三份，凭其中的任何一份提货后，其余的即作废。买方与银行通常要求卖方提供承运人签发的全部正本提单，即所谓"全套"（Full Set）提单。根据UCP600的规定，银行接受仅有一份的正本提单，如签发多份正本提单，应包括全套正本提单。

（2）副本提单（Copy B/L）。

副本提单是指提单上没有承运人、船长或其代理人签章，而仅供工作上参考之用的提单。在副本提单上一般都注明"Copy"或"Non-negotiable"（不作流通转让）字样，以示与正本提单有别。

8.按签发人不同，海运提单分为船方提单和无船承运人提单

（1）船方提单（Master B/L；Sea B/L）。

船方提单又称主提单、船公司提单，俗称船东提单，是指承运人（Carrier）签发的提单。承运人包括船东（Ship Owner）、二船东（船承运人，Vocc）、船公司代理（船代公司，Shipping Agency Company）。

在国际贸易运输海运实务中，MBL（Master B/L）是物权凭证，合法的持有人拿着它到船公司换取提货单（Delivery Order，D/O）就能提货。

（2）无船承运人提单（NVOCC B/L；House B/L；Forwarder B/L）。

无船承运人提单又称"小单"或"分单"，是指货代公司或者物流公司以自己作为承运人，和发货人签订货物运输合同而签发的提单。

在国际贸易运输海运实务中，HBL（House B/L）是货运代理人（Freight Forwarder）或者无船承运人（NVOCC）签发的，可以作为提货凭证，但具体操作中需要在卸货港换单，在卸货港代理处换成MBL，再换成D/O才能去提货。

值得注意的是：在国际贸易运输海运实务中，在预付运费的情况下，HBL和MBL都可以交付给发货人。在到付运费的情况下，船公司通常会采用"电放"（Telex Released；Surrendered），即只交给发货人MBL的复印件或传真件或电子版本，并在上面加注"Telex Released；Surrendered"字样，发货人把这个复印件传给收货人，收货人凭此复印件向船公司交清运费并证明自己的身份，办理相关的海关商检手续，换取D/O，付清仓储费用，即可提货。这样做的好处在于船方便于控制物权，收取运费。

9.其他提单

（1）集装箱提单（Container B/L）。

集装箱提单是指由负责集装箱运输的经营人或其代理人，在收到货物后签发给托运人的提单。集装箱提单与传统的海运提单有所不同，如集装箱联运提单（Combined Transport B/L，CT B/L）等。

（2）舱面提单（On Deck B/L）。

舱面提单是指货物装在船舶甲板上承运人所签发的提单，又称甲板货提单。承运人在签发此种提单时必须加批"On Deck"字样。根据UCP600的规定，运输单据不得表明货物装于或者被装于舱面，声明货物可能被装于舱面的运输单据可以接受。

（3）过期提单（Stale B/L）。

过期提单是指错过规定的交单日期或者晚于货物到达目的港日期的提单。前者是指卖方超过提单装运日期后21天才交到银行结汇的提单，根据UCP600的规定，如信用证无特殊要求，银行将拒绝接受晚于提单日21天后提交的单据。后者是指在近洋运输时容易出现的情况，因此，在近洋国家间贸易合同中，一般都订有"过期提单可以接受"（Stale B/L is acceptable）的条款。

（4）预借提单（Advanced B/L）。

预借提单是指在货物装船前被托运人"借走"的提单。这是因为信用证最迟装运期已届临，但这时货尚未装船，托运人为了取得与信用证相符的提单，要求承运人先行签发已装船提单，以便如期办理结汇，预借提单是一种违法提单，尽管托运人要求预签提单时必须出具保函，但由于该保函法律地位极其脆弱，承运人仍需承担一定风险。

（5）倒签提单（Antedated B/L）。

倒签提单是指货物实际装船的日期晚于信用证上规定的装运日期，托运人为了使提单日期与信用证规定的装运日期相符，要求承运人按信用证规定的装运日期签署提单。倒签提单是一种违法提单，收货人可以以"伪造提单"为由，拒绝提货并向法院起诉，因此，这种提单对承运人来说有较大的风险。

常见提单的标识

四、海运单

海上货运单，简称海运单（Sea Way Bill，SWB），又称不可转让海运单（Non-negotiable Sea Way Bill），是国际海上货物运输合同的证明和承运人已将货物接管或装船的证明，是承运人保证将货物交给指定收货人的不可流通的运输单据。海上货运单有以下基本作用：①记录承运人收到由其照管的货物的数据。②作为运输契约的证明。③在解决经济纠纷时作为货物担保的基础。

由于海运单能方便进口商及时提货，简化了手续，节省了费用，并且有助于减少以假单据进行诈骗的现象，所以越来越多的国家倾向于使用这种不可转让的海运单。海运单与海运提单的区别主要表现为以下几点：第一，两者性质不同。海运单仅具有货物收据和运输合同或其证明的性质，是非物权凭证；而提单除具有货物收据、运输合同证明的性质之外，它通常是物权凭证，可以提货。第二，两者流通性不同。海运单是一种非流通性单据，且记载了特定收货人，因而不能流通转让；而提单多为流通性单据，可以采用背书或背书加交付的方式流通转让。第三，两者记载收货人方式不同。海运单"收货人"栏内只能记载特定的收货人，不能记载"凭指示"（To Order）；而提单"收货人"栏内通常记载"凭指示"（To Order）等。第四，两者交货方式不同。海运单载明的收货人在提货时可以无须出示海运单，承运人仅凭其出示的身份证明即可交付货物；而提单的合法持有人和承运人只能凭正本提单提货与交货。第五，海运单与记名提单不同。尽管海运单与记名提单两者均记载特定的收货人，且不能背书转让，但其本质是不同的。记名提单是提单的一种，是物权凭证，持有记名提单，其收货人凭以提货；而海运单因其为非物权凭证，其收货人无法仅凭海运单提货。

近年来，由于海运单既能使收货人及时提货、减少费用、简化手续，其不可转让的性质又有利于EDI技术在国际贸易中的应用推广，所以在部分地区被越来越多地使用。

第二节 铁路运输

铁路运输是一种传统的运输方式，其特点是运行速度较快，载运量大，风险较小，一般不受气候条件影响，可终年正常运行，具有高度的连续性。铁路运输在国际货运中的地位仅次于海洋运输，在我国对外贸易运输中，铁路运输占有一定比例。我国对外贸易铁路运输包括国内铁路运输和国际铁路联运两种方式。

一、国内铁路运输

我国进口货物由港口经铁路转到各地，出口货物由产地经铁路集中到港口装船，以及各省、市、自治区之间产品的流通，均属于国内铁路运输的范畴。由产地经铁路运往中国港澳地区的货物也属于国内铁路运输，但又与一般的国内铁路运输不一样。

（一）内地对香港铁路运输

对香港的铁路运输由内地段和港九段两部分铁路运输组成，其特点是"两票运输，租车过轨"，即出口企业在发送地车站将货物运到深圳北站，收货人是深圳外运公司，货车到达深圳北站后，由深圳外运公司作为各地出口企业的代理向铁路租车过轨，交付租车费，并办理出口报关等手续。经海关放行过轨后，由香港的中国旅行社有限公司（简称中旅）作为深圳外运在港代理，在港段罗湖车站向港九铁路另行起票托运至九龙，货到九龙站后由中旅负责卸货并交收货人。

（二）内地对澳门铁路运输

出口企业或货运代理在发送地车站将货物托运到广州，整车到广州南站新风码头42道专用线；零担到广州南站，危险品零担到广州吉山站，集装箱和快件到广州车站，收货人均为广东省外运公司。货到广州后由广东省外运公司办理水路中转将货物运往澳门，货到澳门，南广集团运输部负责接货并交付收货人。

二、国际铁路联运

国际铁路联运是指在两个或两个以上国家之间进行的铁路货物运输，只需在始发站办妥托运手续，使用一份联运单据，在由一国铁路向另一国移交货物时，无须发货人、收货人参加，铁路当局对全程运输负连带责任。我国对周边国家，如朝鲜、越南、蒙古国、俄罗斯等国家的出口货物，大部分采用铁路运输方式。

国际铁路联运是铁路运输的重要方式，许多国家非常重视并参加了相关协约组织，订立了各种协定。参加国际联运的国家主要分两个集团：一个是以英、法、德等32个国家组成并签订了《国际铁路货物运送公约》的"货约"集团，另一个是以苏联为首的12个国家组成并签订了《国际铁路货物联运协定》的"货协"集团。尽管"货协"中的苏联、东欧各国政体在20世纪80年代末相继解体了，但铁路联运业务并未终止，原"货协"的运作制度仍被沿用。通过国际铁路联运，可使欧亚大陆连成一片，为发展我国与欧洲、亚洲国家的国际贸易提供了有利的条件。

国际铁路联运的范围为：（1）适用于国际货协国家之间的货物运送，发货人只需在发货站办理铁路托运，使用一张运单，即可办理货物的全程运输；（2）适用于未参加国际货协铁路间的顺向或反向货物运输，在转换的最后一个或第一个参加国的国境站改换适当的联运票据。

三、铁路运输票据

国际贸易铁路运输分国内铁路运输和国际铁路联运，其使用的单据分别为承运货物收据（Cargo Receipt）和铁路运单（Railway Bill）。

承运货物收据是铁路部门承运货物的收据，亦构成收货人或外运公司与铁路部门的运输契约，是发货人办理对外结汇的凭证。

铁路运单正本和副本是国际铁路联运的主要运输单据，铁路运单共有一式五联，第一联为正本运单，它随货至目的地；第二联为运行报单，亦随货走，由铁路部门留存；第三联为运单副本，在始发站盖章后交发货人办理对外结汇，也可凭此联办理索赔；第四联为货物交付单，随货走，由终点站铁路部门留存；第五联为到达通知单，在终点站交收货人。

第三节 航空运输

一、航空运输的方式

航空运输（Air Transport）是一种现代化的运输方式，主要特点是速度快、安全准时、手续简便及节省包装、保险、利息和储存等费用，可以运往世界各地而不受河海和道路的限制。但运量较小、运价较高。航空运输特别适用于鲜活、易腐烂、季节性强、紧急需要的商品运输，被称为"桌对桌快递服务"（Desk to Desk Express Service）。

航空运输的方式主要有班机运输（Scheduled Air-line）、包机运输（Chartered Carrier）、集中托运（Consolidation）、航空快递（Air Express）和陆空陆联运（TAT Combined Transport）等方式。

二、航空货运单（Airway bill）

航空货运单是发货人与承运人之间的运输合同，是货物收据，可凭以办理结汇，但它不是物权凭证，不能凭以提货，不能背书转让。收货人只能凭到货通知办理提货手续。航空货运单第一、二、三联为正本，并具有同等法律效力，第一联注有"Original for the shipper"字样，交发货人；第二联注有"Original for the issuing carrier"字样，交承运人留作记账依据；第三联注有"Original for the consignee"字样，随货走，作为收货人核收货物的依据。

第四节　公路、内河、邮政和管道运输

一、公路运输

公路运输（Road Transportation）又称汽车运输，是一种现代化的"门到门"的运输方式。它不仅可以直接运进或运出对外贸易货物，而且也是车站、港口和机场集散进出口货物的重要手段，具有灵活、简便快捷、直达的特点。其缺点是运量不大，费用偏高。我国与毗邻国家如俄罗斯、朝鲜、缅甸等均有公路相通，与这些国家的贸易可采用公路运输方式。此外，深圳至香港的公路运输主要通过文锦渡、皇岗和沙头角口岸，将内陆公路运输与香港海、空运联系起来，便于内陆物资外运。

二、内陆水运

内陆水运（Inland Waterway）主要指内河运输。它是连接内陆腹地与沿海地区的纽带，在运输和集散进出口货物中起着重要的作用。内河航道与公路、铁路相比，其建设费用低，可利用天然水资源，但不及公路和铁路灵便，而且受到内陆水域分布的限制。现代内河航道正在向统一标准的深水航道发展。

我国拥有四通八达的内河航运网，长江、珠江等主要河流中的一些港口已对外开放，它们在我国进出口货物的运输和集散过程中起着越来越重要的作用。

三、邮政运输

邮政运输（Parcel Post Transport）也称邮包运输，是一种较简便的运输方式。各国邮政部门之间订有协定，通过这些协定，各国的邮件包裹可以互相传递，从而形成国际邮包运输网。由于国际邮包运输具有国际多式联运和"门到门"运输的性质，加之手续简便，费用也不高，故其成为国际贸易中普遍采用的运输方式之一。

根据我国邮电部的规定：国际邮件按性质分为函件和包裹。包裹按运输方式分为航空包裹、标准航空件（SAL）包裹和水陆路包裹。函件分为国际及港澳特快专递（通往国家主要有日本、韩国、美国、澳大利亚和新西兰等国）和中速特快专递（通往国家主要有加拿大、法国、德国、西班牙、荷兰、瑞典和瑞士等国）。

邮包收据是邮包运输的主要单据，它既是邮局收到寄件人的邮包后所签发的凭证，也是收件人凭以提取邮件的凭证。当邮包发生损坏或灭失时，它还可以作为索赔和理赔的依据。但邮包收据不是物权凭证。

四、管道运输

管道运输（Pipeline Transportation）是一种特殊的运输方式。它是货物在管道内借助高压气泵的压力输往目的地的一种运输方式，主要适用于运输液体和气体货物。它具有固定投资大、建成后运输成本低的特点。

管道运输在美国、欧洲的许多国家以及石油输出国组织（OPEC）的石油运输方面起到了积极的作用。我国管道运输起步较晚，但随着石油工业的发展，为石油运输服务的石油管道也迅速发展起来。迄今为止，我国不少油田均有输油管道直通海港。我国向朝鲜出口的石油，也主要是通过管道运输的。

管道运输可省去水运或陆运的中转环节，缩短运输周期，降低运输成本，提高运输效率。当前管道运输的发展趋势是：管道的口径不断增大，运输能力大幅度提高；管道的运距迅速增加；运输物资由石油、天然气、化工产品等流体逐渐扩展到煤炭、矿石等非流体。

第五节　集装箱、国际多式联运、大陆桥运输、国际班列

一、集装箱运输

集装箱（Container）是用钢、铝、胶合板、玻璃钢或这些材料混合制成的容器，是货物运输的一种辅助设备，又称货柜或货箱。集装箱运输是指将一定数量的单件货物装入集装箱内，作为一个运送单位所进行的运输。集装箱运输具有许多优点，如可露天存放、节省仓库、节省商品的包装费用、减少货损货差、提高装卸效率、缩短运输时间、节约运费、降低成本等。它是一种现代化的、先进的运输方式，适用于海洋运输、铁路运输，更适用于国际多式联运。集装箱运输已成为国际货物运输中占主导地位的运输方式，海上集装箱运输已成为我国普遍采用的一种重要的运输方式。

国际标准化组织为了统一集装箱规格，推荐13种规格的集装箱，其中20英尺、40英尺和高柜（HC）集装箱使用最普遍，20英尺的集装箱为标准集装箱。集装箱货物装箱方式有整箱（Full Container Load，FCL）和拼箱（Less than Container Load，LCL）两种。

集装箱运输货物的交接方式主要有四种：整箱交/整箱收（FCL/FCL）；拼箱交/拆箱收（LCL/LCL）；整箱交/拆箱收（FCL/LCL）；拼箱交/整箱收（LCL/FCL）。

目前，在实际业务中，在海上集装箱运输方式下，由承运人或其代理人签发"海运

提单"（Bill of Lading）或"联合运输提单"（Combined Transport Bill of Lading，CT B/ L），作为向银行结汇的单据。

二、国际多式联运

国际多式联运（International Multimodal Transport）是在集装箱运输的基础上产生和发展起来的，它是以集装箱为媒介，把海、陆、空各种单一的运输方式有机地结合起来，组成的一种国际货物运输方式。

根据《联合国国际货物多式联运公约》的规定，进行国际多式联运必须具备以下条件：

（1）多式联运经营人和托运人之间须订立一份多式联运合同，必须使用一份国际多式联运单据，明确双方的权利和义务、责任和豁免。

（2）必须是两种或两种以上不同运输方式的连贯运输。

（3）必须使用全程多式联运单据，并由多式联运经营人负总责任。该单据是物权凭证，目前，在实际业务中通常使用的是联合运输提单（Combined Transport Bill of Lading，CT B/L）。

（4）必须是全程单一的运费费率。

（5）必须是国际货物运输。

国际多式联运具有显著的优越性：手续简便，中间环节少，责任统一，运输时间短，货运质量高，运输成本低，货运周转快，实现了"门到门"运输。

由于国际多式联运具有其他运输组织形式无可比拟的优越性，因而这种国际运输新技术已在世界各主要国家和地区得到广泛的推广和应用。目前，有代表性的国家多式联运主要有远东/欧洲、远东/北美等海陆空联运，其组织形式包括海陆联运、陆桥运输和海空联运。

值得注意的是，国际多式联运现在都以成组化和集装化运输为主。为了实现多式联运的快速中转，避免短少、污染、丢失、混杂、包装不良、标识不清、捆扎固定不牢等问题的发生，使用成组化捆扎固定的件杂货物和使用集装箱的一般货物，可大大提高周转和装卸效率。

三、大陆桥运输

大陆桥运输（Land Bridge Transport）是指利用铁路、公路为中间桥梁把大陆两端的海洋运输连接起来的连贯运输方式。从形式上看，是海—陆—海的连贯运输，但实际上是将集装箱运输和多式联运有机地结合起来。这种运输缩短了营运时间，降低了营运成本。

当今世界上有四条大陆桥运输线：①美国大陆桥运输线，即利用美国贯穿东西的三条铁路干线：西雅图—芝加哥—波士顿、旧金山—芝加哥—纽约、洛杉矶—堪萨斯城—巴尔的摩，将远东地区的货物运往欧洲。②加拿大大陆桥运输线，即利用两条铁路干

线：温哥华—温尼伯—哈利法克斯和鲁珀特港—温尼伯—魁北克，将远东地区的货物运往欧洲。③苏联西伯利亚大陆桥运输线，该铁路东起纳霍德卡和东方港，西至莫斯科。东端可与平壤、北京、乌兰巴托相连接，西端可与赫尔辛基、斯德哥尔摩、奥斯陆、华沙、柏林、科隆、布鲁塞尔、巴黎、德黑兰相连接。通过该铁路可将远东地区的货物运往北欧、西欧、中欧、南欧及西亚各国。④中荷大陆桥运输线，东起我国连云港，西至荷兰鹿特丹，全长10 800千米，沿途经莫斯科、华沙、柏林等地，也称第二欧亚大陆桥或新亚欧大陆桥。

欧亚大陆桥

四、国际班列

国际班列是指按照固定车次、线路等条件开行，来往于不同国家间的集装箱国际铁路联运班列。结合国际班列作业流程以及班列开行涉及的主体及设施，总结来说，国际班列开行需要具备三大基本要素，即场站要素、运营要素以及监管要素。

（一）场站要素

场站要素指国际班列开行中依托的实体基础设施，主要包含铁路集装箱作业场站、箱源管理中心两大类基础设施，缺少任何一项都会影响国际班列开行的成本及效率。

1.铁路集装箱作业场站

铁路集装箱作业场站包括如下三大设施设备：一是铁路集装箱作业线，通常作业长度以满足整列作业为标准。由于中欧国际班列都是依托集装箱进行国际铁路运输，因此，铁路场站或铁路专用线必须具备集装箱作业资质。二是集装箱堆场，集装箱堆场分为主箱场与辅助箱场。主箱场用于堆存即将上下车的发运箱与到达箱，辅助箱场用于堆存需要暂存的发运箱和到达箱，另外辅助箱场还提供中铁联集的集装箱空箱堆存，以及铁路公司站内作业的箱体维修、清洗、拼装拆分等围绕集装箱作业的场地。三是装卸设备，装卸设备主要分为移动式龙门吊和正面吊。移动式龙门吊横跨铁路作业线，用于集装箱上下车作业。正面吊主要用于集装箱堆场。

2.箱源管理中心

箱源管理中心的实质也是集装箱堆场，不同的是箱源管理中心服务的集装箱基本都是社会集装箱，包含国际货代的自备集装箱、社会租箱公司的集装箱以及企业的自备箱等。箱源管理中心还可作为国际班列开行的集装箱提还箱点为国际班列开行提供服务。

（二）运营要素

运营要素是国际班列开行的核心，班列能否实现常态化的正常运营，运营要素在其中起到决定性的作用。运营要素包含运营主体、运营线路、运输价格、货源组织、箱源组织、货运组织以及政策扶持七大类。

1.运营主体

一个是场站运营，负责铁路场站的建设开发以及场站作业功能实现（如集装箱管理、堆场服务，代理报关、报检；集装箱拼拆箱；运输及装卸、仓储服务（不含危险品）；货运代理等）。一个是班列运营，负责国际线路制定开发，境外货运代理洽谈、班列价格制定、与铁路局的计划对接等。场站运营主体和班列运营主体可以是同一家企业，也可以是分开的两家企业。

2.运营线路

运营线路指班列由始发站至到达站及沿途经过的主要城市构成的铁路运行线路，运营线路将会直接影响班列的开行价格和辐射市场。因此，对于始发班列来说，运营线路的选择至关重要。

3.运输价格

运输价格包括实际成本价格和对外销售价格。在受疫情影响之前，班列实际开行成本基本高于对外销售价格。一方面原因是需要平衡与海运的价格差距，从而吸引原本的海运货物转向铁路运输；另一方面原因是各地政府为了吸引货源到自己的城市发运而逐步产生的价格战。因此，开行国际班列必须依托政府的大量财政补贴政策。

4.货源组织

货源组织是班列开行的前提。现阶段条件下，已开行班列的各城市都更关注班列的重载率。班列刚发展时期的空车班列模式已经不适合目前的班列发展进程。因此，能否组织足够的货源支持班列的常态化开行对于班列开行将起到一票否决的效果，否则只能是赔钱赚吆喝，毫无实际经济利益价值。

5.箱源组织

箱源组织指集装箱的堆存、调用。便利的箱源组织有利于降低发货企业的调箱成本，更容易吸引企业选择使用国际铁路班列方式发运货物。

6.货运组织

货运组织指公路短驳配送。由于班列是站到站的模式，两端的门到站、站到门的短驳费用和效率也会影响整个班列的成本与效率。两端货运组织的效率更高、价格更低，往往也是影响企业选择国际班列的重要因素。

7.政策扶持

政策扶持包括财政的扶持、进出口便利性的扶持、相关资质申请的扶持、两地合作的扶持、招商的扶持。政策扶持通常由当地政府牵头，至少需要市级层面的全力支持。

（三）监管要素

国际班列的开行也需要具备海关建设设施，一共有两种。第一种是海关监管查验场地(所)，用于海关对进出境货物进行查验的场所，海关监管查验场地（所）也是开行国际始发班列的前置条件。第二种是铁路口岸，对于特定品类货物，如汽车、粮食、木材、水果、肉类等产品，必须具备相应的进境指定监管场地的资质，而申建进境指定监管场地的前提是必须是开放口岸。

中欧班列

第六节 装运条款

国际货物买卖合同中的装运条款一般包括装运时间、装货港和目的港、分批装运和转运等条款。明确、合理地规定合同中的装运条款，是保证合同履行的重要条件。

一、装运时间

装运时间又称装运期，是指货物在装运港装运的时间。交货时间是指交付货物的时间。履行 FOB、CIF、CFR 合同时，卖方只需在装运港将货物装上船，取得代表货物所有权的单据，就完成交货任务。因此，装运时间（Time of Shipment）和交货时间（Time of Delivery）是同一概念，在采用其他价格术语成交时，装运与交货是两个完全不同的概念。

（一）装运时间的规定方法

在合同中通常只对装运时间规定一个期限，而不是某个具体日期。目前常用的有以下几种规定方法。

1.明确规定具体的装运时间

（1）规定在某月内装运，如：Shipment during Jan.，按此规定，可在 1 月 1 日到 1 月 31 日这一期限内装运。

（2）跨月装运，如：Shipment during Jan./Feb.，按此规定，可在 1 月 1 日到 2 月 28 日这一期限内的任何一天装运。

（3）规定在某月底前装运，如：Shipment at or before the end of Jan.，即自订立合同之日起，最迟不超过 1 月 31 日装运。

（4）规定在某月某日以前装运，如：Shipment on or before July 15th. 或 Shipment not later than July 15th.，即 7 月 15 日或之前装运。

以上四种方法的特点是期限具体、含义明确、双方不易发生纠纷，在实际业务中采用比较普遍。

2.规定收到信用证后若干天装运

对某些外汇管制较严的国家和地区或专为买方制造的特定商品，为了防止买方不按时开证而造成的损失，可采用在收到信用证后一定时间内装运的规定方法。如：Shipment within 30 days after receipt of L/C（收到信用证后 30 天内装运）。

值得注意的是：采用这种方式，应在合同中明确规定买方开立信用证的时间，否则，可能会因为买方拖延开证或拒绝开证使卖方陷于被动的局面。

3.收到电汇后若干天装运

采用汇付方式收款时可使用这种方法。

4.笼统规定近期装运

在买方急需而卖方又备有现货的情况下，也可采用近期交货术语。如"立即装运"

（Immediate Shipment）、"尽快装运"（Shipment as Soon as Possible）和"即刻装运"（Prompt Shipment）等。

由于对近期交货术语含义的解释在各国、各地和各行业中并不完全相同，因此，除买卖双方对它们的解释已有一致的理解者外，应避免使用。

（二）规定装运时间应注意的问题

（1）应考虑货源和船源的实际情况。卖方签订合同时，要了解货源、船源情况，避免船、货脱节。

（2）应考虑市场的实际情况。装运时间应与国外市场需求的季节性相适应，特别是节假日供应商品和临时特殊需要的商品。

（3）应考虑商品的实际情况。装运时间应与商品本身的性质和特点相适应。如：易受潮发霉的商品不宜在雨季装运，易受热融化的商品应避开在夏季装运。

二、装运港、目的港

（一）装运港

一般说来，装运港是由卖方根据便利货物运输装运出口的条件提出，经买方同意后确定的。在国际货物买卖中通常只规定一个装运港，但在货物数量较大而货源又分散在几处的情况下，可以规定几个装运港。如：天津/上海/大连。

如成交时具体装运港不能确定，也可规定：中国口岸（China Ports）。

（二）目的港

在实践中，目的港通常由买方提出，经卖方同意后确定。在国际货物买卖合同中一般规定一个目的港；有时根据实际业务的需要，也可规定两个或两个以上供选择，由买方从中确定后通知卖方。如：伦敦/利物浦/曼彻斯特。

（三）确定装运港和目的港时应注意的问题

1.规定国外装运港和目的港时应注意的问题

（1）应明确规定国外装运港或目的港，避免采用例如"欧洲主要港口"等笼统规定。在实际业务中，有时可以允许买方在几个港口中任选其中一个港口为目的港，但选择的目的港必须规定在同一航区，而且不宜过多。同时，在合同中应明确规定"所选目的港增加运费由买方负担"。

（2）原则上不接受内陆城市为装运港或目的港，否则买方要承担从港口到内陆城市的运费和风险。

（3）应考虑装卸港口特殊的具体条件。如有无直达班轮航线、有无冰封期、对船舶国籍有无限制等因素。

（4）应注意国外港口有无重名，如有重名，应在合同中明确港口所在国家或地区的名称。

2.规定国内装运港和目的港时应注意的问题

（1）采取就近的原则。装运港尽量在货源地，卸货港尽量就近在用货部门。

（2）考虑港口设施条件和费用水平。如有的港口太拥挤，可分散到附近港口。

三、分批装运和转运

分批装运（Partial Shipment）是指将同一合同项下的货物分若干批次装运。转运（Transshipment）是指货物在装运港装船后，在中途将货物卸下装上其他的运输工具，以完成运输任务。

UCP600对分批装运和转运的规定有以下几点：

（1）运输单据表面上注明货物是使用同一运输工具装运并经同一路线运输的，但每套运输单据注明的装运日期不同或装运港、接受监管地不同，只有运输单据注明的目的地相同，也不视为分批装运。

（2）只要信用证没有明确规定不允许，则视为准许分批装运和转运。

（3）对于限批、限时、限量的条件，卖方应严格履行约定的分批装运条款，否则本批及以后各批均告失效。

《公约》与
UCP600对分
批装运的相
关规定的
差异

四、其他条款

在国际货物买卖合同中，除了规定上述装运条款外，还规定装船通知条款、装卸时间、装卸率、滞期和速遣条款，对美国贸易时还规定内陆公共点地区（OCP）条款等。

（一）装船通知条款

装船通知（Advice of Shipment）是装运条款中不可缺少的一项重要内容。规定装船通知，可以明确买卖双方的责任，共同做好车、船、货的衔接，并按时办理货运保险。尤其是按CFR条件成交时，装船通知具有特殊意义。总之，规定好装船通知有利于合同的履行。

（二）装卸时间、装卸率、滞期费和速遣费条款

在定程租船的大宗商品买卖合同中，常常规定装卸时间、装卸率、滞期和速遣条款。

1.装卸时间

装卸时间（Lay Time）是指允许完成装卸任务所约定的时间，一般以天数或小时来表示。装卸时间的规定方法很多，其中主要有：按连续日计算、按工作日计算、按好天气工作日计算及按连续24小时好天气工作日计算。在实际业务中常采用连续24小时好天气工作日计算，即连续24小时为一个工作日，但是周末、节假日和不能装卸的坏天气都一律扣除。

2.装卸率

装卸率（Loading Rate）是指每日装卸货物的数量。装卸率一般应按照港口的正常装卸速度，本着实事求是的原则，具体确定。

3.滞期费和速遣费

滞期费（Demurrage Charges）是指负责装卸货物的一方，未能按合同约定的装卸期限完成货物的装卸，则需向船方缴纳延误船期的罚款。速遣费（Despatch Money）是指负责装卸货物的一方在合同约定的装卸期限内提前完成货物装卸作业，可以从船方取得奖金。按惯例，速遣费通常是滞期费的一半。

（三）OCP条款

同美国进行贸易时，为了取得运费的优惠，可采用OCP条款。OCP是Overland Common Points的缩写，意为"内陆公共点地区"，简称内陆地区，其含义是：根据美国费率规定，以美国西部九个州为界，也就是以落基山脉为界，其以东地区，均为内陆地区范围，这个范围很广，约占美国全国2/3的地区。按OCP运输条款的规定，凡是经过美国西海岸港口转运上述内陆地区的货物，如按OCP条款运输，就可享受比一般直达西海岸港口较低的优惠内陆运输费率，一般低3%~5%。相反方向，凡从美国内陆地区起运经西海岸港口装船出口的货物同样可按OCP运输条款办理。同时，按OCP运输条款，还可享受比一般正常运输低的优惠海洋运费，每吨低3~5美元。

采用OCP运输条款必须满足以下条件：

（1）货物最终目的地必须属于OCP范围内，这是签订运输条款的前提。

（2）货物必须经美国西海岸港口中转，因此，在签订贸易合同时，有关货物的目的港应规定为美国西海岸港口，即为CFR/CIF美国西海岸港口条件。

（3）在提单备注栏内及货物唛头上须注明最终目的地为OCP××城市。

例如，我国出口至美国一批货物，卸货港为美国西雅图，最终目的地是芝加哥。西雅图是美国西海岸港口之一，芝加哥属于美国内陆地区城市，这笔交易就符合OCP规定。经双方同意，就可采用OCP运输条款。在贸易合同和信用证内的目的港可填写"西雅图（内陆地区）"，即"CIF Seattle（OCP）"。除在提单上填写目的港西雅图外，还必须在备注栏内注明"内陆地区芝加哥"字样，即"OCP Chicago"。

【本章小结】

本章主要介绍了国际贸易常见的几种运输方式，运输单据及合同装运条款的主要内容，每种运输方式都有自己的特点和独特的经营方式。交易双方合理选用并约定好运输方式，有利于完成进出口货运任务。装运期与交货期是两个不同的概念，它们都是买卖合同中的主要条件，合同当事人应当审慎地予以约定。装运期与交货期约定后，任何一方不得擅自变更，否则构成违约。

【思考题】

1. 简述国际货物运输的基本形式及其特点。

2. 简述合同装运条款的内容。

3. 班轮运输有何特点？其运费采取哪些计收标准？

4. 海运提单主要包括哪些种类？

5. 案例分析：我某公司向德国出口某冷冻商品 1 500 箱，合同规定 1—5 月按同等数量装运，每月 300 箱，凭不可撤销即期信用证付款。客户按时开来信用证，我方 1—3 月交货正常，顺利结汇，但 4 月由于船期延误，拖延到 5 月 6 日才装运出口，而海运提单则倒签为 4 月 30 日，并送银行议付，议付行也未发现问题，后在 5 月 10 日，我公司又同船装运 300 箱运往目的地，开具的提单为 5 月 10 日。进口商取单时发现问题，拒绝收货。请加以分析。

第十章

国际货物运输保险

【学习目标】

理解国际货物保险的基本原则；了解国际货物运输所面临的各种风险、损失；掌握中国人民保险公司和英国伦敦保险协会保险条款的内容，并学会如何办理保险业务。

【重点难点】

保险基本原则；共同海损与单独海损；中国人民保险公司保险条款；保险业务办理程序。

【立德树人】

培养学生具有高度的风险意识和社会责任感。结合国际贸易实务中的商品运输中的保险案例，如货船遭遇暴风雨、两船意外相撞、货船遭遇海盗等事件，让学生明白进出口货物运输中将会面临各种风险，培养学生在商业社会中的风险意识，在工作中要具有高度的风险防范意识和社会责任感。

国际贸易货物在运输途中可能会遭致各种风险，使货物损坏或支付额外的费用，为了使货物在发生损失后能够得到经济补偿，一般都要进行货物运输保险。本章将详细介绍保险的基本原则、中国人民保险公司和英国伦敦保险协会保险条款的内容以及保险业务程序等方面的内容。

第一节　保险基本原则

保险按照保险标的的不同，可以分为财产保险和人身保险两大类。财产保险是指以财产及其相关利益为保险标的的保险，包括财产损失保险、责任保险、信用保险、保证保险、农业保险等，它是以有形或无形财产及其相关利益为保险标的的一类补偿性保险。人身保险是以人的寿命和身体为保险标的的保险。当人们遭受不幸事故或因疾病、年老以致丧失工作能力、伤残、死亡或年老退休时，根据保险合同的约定，保险人对被保险人或受益人给付保险金或年金，以解决其因病、残、老、死所造成的经济困难。国际货物运输保险是财产保险的一种。无论哪一类保险，投保人和保险人都必须订立保险合同并遵守下述基本原则。

一、保险利益原则

保险标的是保险所要保障的对象，它可以是任何财产及其有关利益或人的寿命和身体。保险利益是指投保人或被保险人对保险标的的所具有的法律上承认的利益。投保人对保险标的的应当具有保险利益。对于国际货物运输而言，反映在运输货物上的利益，主要是货物本身的价值，但也包括相关的费用，如运费、保险费、关税和预期利润。

投保人或被保险人对保险利益的存在是保险合同生效的前提条件，只有投保人或被保险人对保险标的的具有保险利益，才能进行投保。判断投保人或被保险人是否对保险标的的具有保险利益的标准是保险标的的存在状态与他们是否具有利害关系，如果保险标的的发生损失时能够引起投保人或被保险人的利益损失，一般可以认为投保人或被保险人对标的的具有保险利益，反之，则不具有保险利益。

保险利益的构成条件：

（一）保险利益必须是合法的利益

受到法律保护的利益才能构成保险利益，合法利益的体现在投保人对保险标的的所有或合法占有，采取非法手段占有或获得的以及不合法的保险标的的不能成为保险利益。例如盗窃、抢劫的物品、武器和违禁品等均没有保险利益，不能进行投保。

（二）保险利益是客观存在的、确定的利益

主观想象和无法确定的利益不能成为保险利益。例如各种荣誉证书、奖励证书等精神荣誉无法确定其价值，不能进行投保。确定的利益包括现有利益和预期利益，现有利益是指投保时已经存在的利益，一般比较容易确定；预期利益是指投保时尚未存在，但根据法律或合同可以在保险期限内实现的利益，如预期利润、运费、租金等。对于预期利益随着社会的发展也能够准确地计算出来，例如目前各国在对国际货物运输保险的保险金额确定上，普遍是在 CIF 的基础上增加 10% 左右作为预期利润进行保险。

（三）保险利益必须是经济利益

投保人或被保险人对保险标的的的利益，必须是可以通过货币计量的，如果保险利益不能用货币计量，保险的承保和补偿就难以进行。例如政治利益的损失、行政处分和刑事处罚等无法用货币进行衡量，所以保险人都不予承保。

在财产保险中，一般从保险合同订立到保险合同终止，始终要求存在保险利益。但在国际海洋货物运输保险中，保险利益在适用时限上具有一定的灵活性，它规定在投保时可以不具有保险利益，但在索赔时要求被保险人对保险标的必须具有保险利益。

二、最大诚信原则

保险合同是以最大诚信为基础的，因此，如果一方当事人不遵守最大诚信原则，另一方可声明保险合同无效。我国法律规定，保险活动当事人行使权利义务时应遵循诚实信用原则。最大诚信原则要求保险合同当事人订立保险合同以及在合同的有效期内应依法向对方提供全部实质性重要事实，信守订立合同的约定和承诺。

最大诚信原则的基本内容：

（1）告知是最大诚信原则最主要的内容，告知是保险当事人的义务，告知包括投保人告知和保险人告知。

投保人告知包括以下几个方面内容：订立保险合同时，对有关保险人关于保险标的的询问及其保险标的的危险事实进行如实回答；保险合同有效期限内，当保险标的的危险程度增加时应当及时告知保险人；保险合同有效期限内，保险标的发生所有权变动时应当及时通知保险人；保险事故发生后应当及时通知保险人；如果有重复保险的情况应通知保险人。

保险人告知包括以下几个方面内容：保险合同一般是由保险人单方制定的，保险人订立保险合同时应当说明保险合同条款的内容；保险事故发生后，保险人应当按照约定履行赔偿义务，如拒付，应发出拒付通知书。

（2）保证是最大诚信原则的又一重要内容，保证是投保人或被保险人在保险合同中约定投保人担保对某一事项作为或不作为，或担保某一事项的真实性。例如某公司对其仓库中的货物进行保险，该公司承诺派专人对仓库负责看管，并以此作为保险合同内容的一部分，这一承诺就构成了保证。

保证有明示保证和默示保证。明示保证是以保险条款的形式在保险合同中载明的保证，由于保险合同是保险人单方制定的，一般保险人都会制定相应的保证条款，被保险人必须遵守。默示保证是在保险单上没有文字明确列出，但在习惯上已被社会公认是被保险人应当遵守的事项。例如在海上保险合同中船舶的适航保证、不改变航道的保证和航行合法保证都属于默示保证。

三、补偿原则

补偿原则又称损害赔偿原则，是指当保险标的发生损失时，被保险人有权按照约定获得保险赔偿，用于弥补保险事故所造成的损失。

（一）补偿原则的赔偿限制

1.补偿一般以实际损失为限

补偿以保险标的发生损失为前提，无损失无补偿。实际损失包括直接损失和为防止或减少保险标的损失而支出必要合理的施救费用和诉讼费用等费用。

2.补偿一般以保险金额为限

保险金额是保险人承担赔偿责任的最高限额，保险人赔偿的数额只能等于或低于保险金额。

3.补偿以保险利益为限

保险人对被保险人的赔偿以被保险人所具有的保险利益为前提条件和最高赔偿限额。

补偿原则的宗旨是防止被保险人因保险标的发生损失而获取额外利益。

（二）补偿原则的派生原则

1.保险代位原则

保险代位原则是保险人根据法律或保险合同的约定，对被保险人所遭受的损失进行赔偿后，依法取得向对财产负有损失责任的第三者进行追偿的权利或取得对保险标的所有权。

保险代位原则包括代位求偿权和物上代位权。

（1）代位求偿权。代位求偿权是指当保险标的由于第三者的原因造成损失时，保险人在依法承担赔偿责任后，就取得以自己的名义向第三者请求赔偿的权利。代位原则在实际应用中一般不适用于人身保险，主要适用于财产保险。

保险人在行使代位求偿权时，代位追偿的金额如果超过赔偿金额，其超过的部分应当归被保险人所有；如果被保险人在保险人赔付前已从第三者获得赔款，保险人可以不予赔偿，或可以从保险赔款中扣减被保险人从第三者已索赔部分；如果被保险人免除第三者责任或放弃向第三者的追偿权，保险人则不承担赔偿责任。

（2）物上代位权。物上代位权是指保险标的发生推定全损时，保险人在全额支付保险金之后，依法拥有对该保险标的的物的所有权。物上代位权的取得一般是通过委付实现的，委付是指保险标的发生推定全损时，被保险人将保险标的的一切权利和义务转给保险人，要求全额赔偿的行为。被保险人向保险人提出委付时必须具备以下几个条件：第一，必须是保险标的发生推定全损。（推定全损的内容参见本章第二节海上损失部分）第二，委付不得附加其他条件。第三，委付的对象是全部的标的，即将保险标的的全部权利和义务转给保险人。

2.损失分摊原则

损失分摊原则是指在投保人对同一保险标的、同一保险利益、同一保险事故分别与两个以上保险人订立保险合同的情况下，被保险人所能得到的赔偿金由各保险人采用适当的方法进行分摊。

分摊原则仅适用于重复保险，在重复保险的情况下，对于损失如何进行分摊，目前大多数做法是被保险人必须向所有与之签订合同的保险人索赔，保险人按照承保的比例进行分担责任。

四、近因原则

近因是指引起保险标的发生损失最直接、最有效、起决定性作用的原因。近因也是在保险事故发生中起主导作用或起支配作用的原因。近因原则是保险理赔工作中必须遵循的一项基本原则，也是在保险标的发生损失时，用来确定保险标的所受损失是否能获得保险赔偿的一项重要依据。

保险事故发生时，近因属于保险责任，则保险人承担赔偿责任；若近因属于除外责任，则保险人不承担赔偿责任。在多个原因导致保险标的损失的情况下，只有导致保险标的损失的近因在保险责任范围之内，保险人才对保险标的负赔偿责任。

认定近因原则的关键是确定风险与损害结果之间的关系。例如，一艘航行中的船舶突然遭受雷电的袭击，致使船舶的电线短路，引起火花，火花引燃了货物，导致货物损失。在此次事故中，我们会发现雷电、电线短路、火花、起火之间具有必然的因果关系，因而可以确定货物遭受损失的近因为雷电。

（一）单一原因情况下的近因认定

如果导致损失的原因只有一个，则该原因就是近因。如果该近因在保险责任范围内，保险人承担赔偿责任；如果不在保险责任范围之内，保险人不承担赔偿责任。例如，某公司对仓库中的货物向保险人投保了火灾险，在保险期限内货物不慎被全部盗走，由于导致货物损失的原因是盗窃并不是火灾，不在保险的责任范围之内，所以保险人不予赔偿。反之，如果货物的损失是大火原因导致的，则保险人应当承担赔偿责任。

（二）多种原因存在时的近因认定

如果导致损失的原因有多个，要区别不同的情况，确定保险责任。如果多种原因都在保险责任范围内，保险人应承担赔偿责任。反之，多种原因均属于除外责任，则保险人不负责赔偿。如果多种原因有些属于保险责任，有些属于除外责任，则对于属于保险责任范围内的给予赔偿，属于除外责任的，不予赔偿。

坚持近因原则的目的在于分清有关各方的责任，明确保险人承保风险与保险标的损失之间的因果关系。

第二节　我国海运货物保险

在国际贸易中，货物由卖方交付到买方手中，一般都要经过长途运输，货物在运输途中可能会遇到各种风险，从而使货物遭受损失，国际货物运输保险就是为了使这些损失在发生后能够得到补偿。首先介绍我国海上货物运输保险。

一、海上货物运输风险

国际保险业把海上货物运输风险分为海上风险和外来风险（见表 10-1）。

表 10-1   **海上货物运输风险分类**

风险	海上风险	自然灾害
		意外事故
	外来风险	一般外来风险
		特殊外来风险

（一）海上风险（Perils of Sea）

海上风险也称海难，一般是指船舶或货物在航行中发生的伴随海上运输所发生的风险。海上风险包括自然灾害和意外事故。

（1）自然灾害（Natural Calamities）是指不以人的意志为转移的自然界的力量所引起的灾害。但是在海洋运输中，自然灾害并不是指由于自然界力量所引起的一切灾害，而是仅指恶劣气候、海啸、地震、洪水、暴风雨、雷电、火山爆发等自然界力量所引起的灾害。

（2）意外事故（Accidents）是指偶然的属于非意料的原因而造成的事故。在海上货物运输保险中，意外事故也并不是指海上所有的意外事故，而是仅指运输工具在运输途中遭受搁浅、触礁、沉没、互撞、失踪、失火、爆炸等意外事故。

（二）外来风险（Extaneous Risks）

外来风险是指海上风险以外的其他原因所造成的风险。外来风险包括一般外来风险和特殊外来风险。

（1）一般外来风险是指被保险货物在运输途中由于偷窃、雨淋、短量、沾污、渗漏、破碎、串味、受潮、发霉、生锈、钩损、锈损等原因造成的风险。

（2）特殊外来风险是指由于政治、军事、国家法律政策和行政措施等外来原因造成的风险。一般包括战争、罢工、武装冲突、交货不到、拒收等原因而造成的风险。

二、保险人承保的损失

保险人承保的损失为海损，海损是指海运保险货物由于海上风险所造成的各种损失。海损按照损失的程度可分为全部损失和部分损失。海损的种类见表 10-2。

表 10-2   **海损的种类**

海损	全部损失	实际全损
		推定全损
	部分损失	共同海损
		单独海损

（一）全部损失（Total Loss）

全部损失，简称全损，是指运输途中整批货物的全部灭失。全损可分为实际全损和推定全损。

1.实际全损（Actual Total Loss）

实际全损是指被保险货物已经完全损失或灭失。实际全损主要有以下几种情况：

（1）保险标的物全部灭失。如船与货同沉。

（2）保险标的物全部灭失，无法复得。如货物被海盗劫走，最终无法追回。

（3）保险标的物变质丧失商业价值或原有用途。如茶叶遭水浸泡。

（4）船舶失踪到达一定期限。各国对失踪期限的规定不一致，我国规定为两个月。

2.推定全损（Constructive Total Loss）

推定全损是指保险事故发生后，被保险货物遭受损失虽未达到完全灭失的状态，但对受损的货物为避免实际全损而进行整理、施救等所花费的费用超过获救后被保险货物的价值。推定全损主要包括以下几种情况：

（1）货物受损后，修复费用超过货物修复后的价值。

（2）货物受损后，整理和续运的费用超过货物的价值。

（3）被保险人为收回丧失的标的物所需的费用超过收回标的物的价值。

（4）为避免全部损失所需的施救费用超过获救后标的物的价值。

（二）部分损失（Partial Loss）

部分损失是指被保险货物的损失没有达到全部损失的程度。部分损失可分为共同海损和单独海损。

1.共同海损（General Loss）

共同海损是指载货的船舶在海上遇到了危险，为了维护船货的共同安全，由船方有意地采取合理的施救措施所造成的特殊牺牲和支出的额外费用。共同海损的构成条件为：

（1）危险必须是真实存在的、紧迫的和不可避免的。

（2）船方行为必须是为了船和货共同安全而有意识地采取的紧急、合理的施救措施。

（3）施救行为所作出的特殊牺牲及支付额外费用是合理的。

（4）共同海损行为必须最终是有效的，即最终避免了船和货的全损。

共同海损发生后，所作出的牺牲和支付的额外费用应当由船方、货方、运费方三方按照获救的价值比例分摊。

2.单独海损（Particular Average）

单独海损是指在载货船舶行驶途中遭遇海上风险直接造成船方或货方的损失，由于非人为因素原因造成的，属于特定利益方部分损失。这种损失只涉及船方或货方单方面的利益，损失由受损者单独负责。如果受损货物投保了相应的保险，则由保险人按保险条款的规定予以赔偿。构成单独海损具备两个条件：一是单独海损必须是意外的、偶然的海上风险事故直接导致的船舶或货物的损失；二是单独海损由受损的货主或船方自行承担。单独海损的特点：一是它不是人为有意造成的部分损失。二是它是保险标的物本身的损失。三是单独海损由被保险人单独承担但其根据损失情况从保险公司获得赔偿。英国《海商法》规定，当货物发生单独海损时，保险人应赔付金额等于受损金额与完好价值之比乘以保险金额。

（三）共同海损和单独海损的联系与区别

二者联系：第一，从性质上看，二者都属于部分损失。第二，共同海损往往由单独海损引起。

二者区别：第一，造成海损的原因不同。单独海损是海上风险直接造成的货物损失，没有人为因素在内；共同海损是为了解除或减轻共同危险而人为地采取措施导致的损失。第二，承担损失的责任不同。单独海损的损失由受损方自行承担；共同海损的损失则由受益的各方按照受益大小比例共同分担。若被保险人已经投保海运保险，则由保险人按合同规定承担对被保险人分摊金额的赔偿责任。第三，损失的内容不同。共同海损包括损失及由此产生的费用，单独海损仅指损失本身。

三、海洋货物运输保险条款

现行的中国人民保险公司的《中国保险条款》CIC（China Insurance Clause）是1981年1月1日的修订本，中国人民保险公司根据不同的运输方式制定了不同的保险条款。《中国保险条款》是指中国人民保险公司为保险合同的订立和履行所制定的规定保险责任、免除保险责任、保险费率、保险事故处理等方面的文件。保险条款是保险合同的重要组成部分，对于保险公司和被保险人都具有约束力。首先介绍《海洋货物运输保险条款》的内容。

（一）保险人承保的责任范围

保险人承保的责任范围的大小主要取决于不同的险别。海洋运输险别见表10-3。

表10-3　　　　　　　　　　海洋运输险别

险别	基本险	平安险
		水渍险
		一切险
	附加险	一般附加险
		特殊附加险

1.基本险

基本险也叫主险，分为平安险、水渍险、一切险。

（1）平安险（Free from Particular Average，FPA）。

平安险承保的责任范围主要包括下列内容：

① 被保险货物在运输途中由于自然灾害所造成的全部损失或推定全损；

② 由于运输工具遭受意外事故所造成货物的全部或部分损失；

③ 在运输工具已经发生意外事故前后又发生自然灾害所造成货物的部分损失；

④ 在装卸或转运时由于一件或数件货物整件落海造成的全部或部分损失；

⑤ 被保险人对遭受承保责任内危险的货物采取抢救、防止或减少货损的措施而支付的合理费用，但以不超过该批被救货物的保险金额为限；

⑥ 运输工具遭遇海难后，在避难港由于卸货所引起的损失以及在中途港、避难港由于卸货、存仓以及运送货物所产生的特别费用；

⑦ 共同海损的牺牲、分摊和救助费用；

⑧ 运输契约订有"船舶互撞责任"条款，根据该条款规定应由货方偿还船方的损失。

（2）水渍险（With Particular Average，WPA 或 WA）。

水渍险承保的责任范围除平安险责任外，还负责被保险货物在运输途中由于自然灾害造成的部分损失。

（3）一切险（All Risks，AR）。

一切险承保的责任范围除包括水渍险的各项责任外，还负责被保险货物在运输途中由于一般外来原因所造成的全部损失或部分损失。

一切险并不承保一切风险造成被保险货物的一切损失。如战争、罢工等特殊附加险，则不在承保范围之内。

三种基本险的责任中，一切险责任范围最大，水渍险次之，平安险最小。由于基本险均可独立投保，投保人在办理保险时可选择其一进行投保。

2.附加险

中国人民保险公司除了制定上述基本险外，还制定了附加险。附加险包括一般附加险和特殊附加险。

（1）一般附加险。

一般附加险是针对一般外来原因引起风险而造成损失的险别。目前，一般附加险共有11种。

① 偷窃、提货不着险（Theft Pilferage and Non-delivery，T.P.N.D.）。承保货物被偷窃或货物在目的地整件提不着货的损失。

② 淡水雨淋险（Fresh Water &/or Rain Damage，F.W.R.D）。承保货物在运输途中由于直接遭受雨淋或淡水所造成的损失。

③ 短量险（Risk of Shortage）。承保货物在运输途中因外包装破裂或散装货物发生的数量短缺或重量短少的损失。

④ 混杂、沾污险（Risk of Intermixture and Contamination）。承保货物在运输途中因混进杂质或被污染所致的损失。

⑤ 渗漏险（Risk of Leakage）。承保流质、半流质、油类等货物因容器损坏而引起

的渗漏损失，或用液体储藏的货物因液体渗漏而使货物变质、腐烂而受到的损失。

⑥ 碰损、破碎险（Risk of Clash and Breakage）。承保货物在运输途中因震动、碰撞、受压而引起破碎和碰撞所致的损失。

⑦ 串味险（Risk of Odour）。承保货物在运输途中因受其他带异味货物的影响而引起的串味损失。

⑧ 钩损险（Hook Damage）。承保货物在装卸过程中因遭受钩损而引起的损失。

⑨ 受潮、受热险（Damage Caused by Sweating and Heating）。承保货物在运输途中，由于恶劣气候突然变化或船上通风设备失灵致使船舱内水汽凝结、发潮或发热而造成的损失。

⑩ 包装破裂险（Breakage of Packing）。承保货物在运输途中因包装破裂所造成的损失，以及为续运安全需要对包装进行修补或调换所支付的费用。

⑪ 锈损险（Risk of Rust）。承保货物在运输途中因生锈造成的损失。

上述 11 种附加险不能独立投保，只能在投保基本险的基础上才能加保。投保人可以选择一种或几种进行加保。如果投保了一切险，就不用再投保一般附加险，因为一切险的责任范围包括 11 种附加险。

（2）特殊附加险。

特殊附加险是由于特殊外来原因引起风险而造成损失的险别。目前，特殊附加险共包括 8 种。

① 战争险（War Risk）。承保战争或类似战争行为等引起的被保险货物的直接损失，包括战争、类似战争行为和敌对行为、武装冲突，或海盗行为以及由此而引起的捕获、拘留、禁制、扣押所造成的损失。或者由于各种常规武器所造成的损失，以及由于上述原因所引起的共同海损的牺牲、分摊和救助费用，但对于原子弹、氢弹等核武器造成的损失，保险公司不予负责。

② 罢工险（Strikes Risk）。承保因罢工者、被迫停工工人参加工潮、暴动和民众斗争的人员所采取行动所造成的被保险货物的直接损失。对于任何人的恶意行为造成的损失保险公司也负责赔偿。但对在罢工期间由于劳动力短缺或不能使用劳动力所造成的被保险货物的损失或费用，保险公司不负责赔偿。

③ 舱面险（On Deck Risk）。承保存放在舱面的货物按保险单所载条款负责损失的外，还负责被抛弃或被风浪冲击落水的损失。

④ 进口关税险（Import Duty Risk）。承保被保险货物遭受保险责任内的损失，而被保险人仍按完好的货物价值完税的，对于对受损部分货物所缴纳的进口关税的损失。

⑤ 拒收险（Rejection Risk）。承保被保险货物在目的港被进口国的政府或有关当局拒绝进口或没收所造成的货物的损失。

⑥ 黄曲霉素险（Aflatoxin Risk）。承保被保险货物所含黄曲霉素超过进口国的限制标准被拒绝进口、没收、或强制改变用途所造成的损失。

⑦ 交货不到险（Failure to Deliver Risk）。承保被保险货物无论何种原因从装上船舶开始，不能在预定抵达目的地的日期起算六个月内交货所造成的损失。

⑧ 货物出口到香港（包括九龙）或澳门存仓火险责任扩展条款（Fire Risk

Extension Clause for Storage of Cargo at Destination Hong Kong，Including Kowloon，or Macao）。承保被保险货物在到达目的地卸离运输工具后，如直接存放在保险单所载明的过户银行所指定的仓库所造成的存仓火险损失，保险期限的起算是从货物运入过户银行指定的仓库时开始，直至银行收回押款解除货物的权益为止或运输责任终止时期满30天为止。

特殊附加险与一般附加险一样，也不能单独投保，只有在投保基本险的基础上，才能加保一种或几种。

（二）保险责任起讫

1.基本险的起讫

中国人民保险公司对平安险、水渍险、一切险的三种基本险别的责任起讫均采用国际保险业惯用的"仓至仓"条款（Warehouse to Warehouse，W/W）。

"仓至仓"责任是从被保险货物运离保险单所载明的发货人仓库（存储场所）开始，直到该货物运至保险单所载明目的地或收货人的最后仓库（储存场所）时为止。如果未运抵收货人仓库（储存场所），则以货物在最后目的港全部卸离海轮后60天为止。如果在上述60天内被保险货物转运到其他地点，则该项货物从开始转运时保险责任即告终止。在实际运用中"仓至仓"的责任根据不同的贸易术语有所不同。

如果一批货物按CIF成交，则保险责任期间为仓至仓，如图10-1所示。

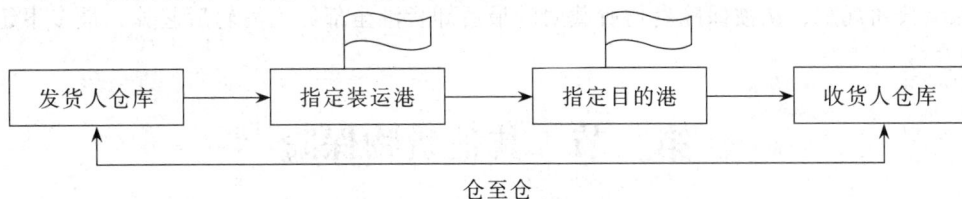

图10-1 保险责任期间（仓至仓）

如果一批货物按CFR或FOB成交，则保险责任期间为装运港至仓，如图10-2所示。

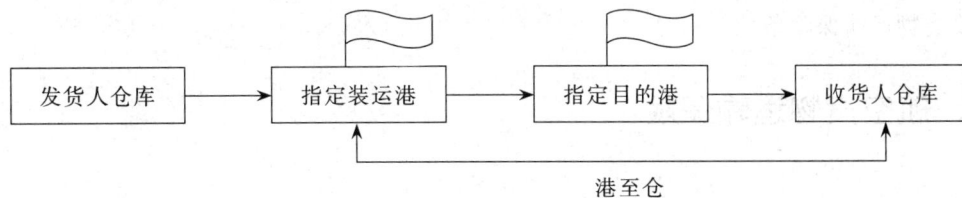

图10-2 保险责任期间（装运港至仓）

2.战争险的责任起讫

战争险的责任起讫不采用"仓至仓"条款，而是采用"港至港"条款，即从被保险货物从装上海轮开始到卸离海轮时终止。如果被保险货物不卸离海轮，保险责任最长期限以海轮到达目的港当日午夜起满15天为止。如果在中途港转船则以海轮抵达该港当日午夜起满15天为止，在15天内，如果货物再装上续运海轮，则保险责任仍延长到目的港卸离海轮时为止。

战争险的责任期间如图10-3所示。

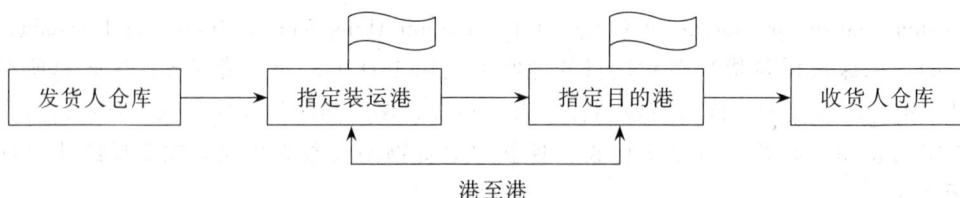

图 10-3　战争险的责任期间（港至港）

（三）除外责任

除外责任是指保险公司不予赔偿的各种情形，海运货物运输保险的除外责任如下：

（1）被保险人故意或过失所造成的损失。

（2）属于发货人责任所引起的损失。

（3）在保险责任开始前，被保险货物存在品质不良或数量短少所引起的损失。

（4）被保险货物自然损耗，本质特性、市场价格涨落、运输迟延所引起的损失和费用。

（四）索赔时限

索赔时限也称索赔时效，是指被保险货物发生损失时，被保险人向保险人要求索赔的有效期限，超过此期限，被保险人将丧失的索赔权。我国海运保险索赔时限，中国人民保险公司规定，从被保险货物所载明的最后卸货港全部卸离海轮后起算，最多不超过两年。

第三节　其他货物保险

其他货物运输保险是在海洋运输保险基础上发展起来的，中国人民保险公司除了制定了海洋运输保险条款外，还制定了航空货物运输保险条款、陆上货物运输保险条款和邮政货物运输保险条款。

一、航空货物运输保险

（一）航空货物运输保险的险别

航空货物运输保险的险别包括基本险和附加险。

1. 基本险

航空货物运输保险基本险别分为航空运输险和航空运输一切险两种。

（1）航空运输险（Air Transportation Risks）。

航空运输险承保责任范围是被保险货物在运输途中遭受雷电、火灾、爆炸或由于飞机遭受其他危难事故被抛弃或由于飞机遭受自然灾害或意外事故所造成的全部或部分损失。本险别的承保责任范围与海运保险中的水渍险大致相同。

（2）航空运输一切险（Air Transportation All Risks）。

航空运输一切险承保责任范围除包括上述航空运输险的全部责任外，还包括被保险货物在运输途中由于偷窃、短少等一般外来原因所造成的全部或部分损失。本险别的承保责任范围与海运保险中的一切险大致相同。

2.附加险

附加险是指航空货物运输战争险。承保责任范围是负责赔偿由于战争和类似战争行为、敌对行为或武装冲突以及各种常规武器和炸弹所造成的货物损失。投保人在投保航空运输险或航空运输一切险后才可以投保战争险，此外投保人还可以投保罢工险，如果投保战争险再加保罢工险，则不需额外缴纳保险费。

（二）航空货物运输保险的除外责任

航空运输险和航空运输一切险的除外责任与海洋运输保险的基本险的除外责任范围相同。

航空货物运输战争险除外责任不包括原子弹或热核武器所导致的损失。

（三）航空货物运输保险的责任起讫

1.航空货物运输基本险的责任起讫

航空运输险、航空运输一切险的保险责任也采用"仓至仓"条款，但与海运险条款中的"仓至仓"条款有所不同。航空货物运输保险的责任，是从被保险货物运离保险单所载明起运地仓库或储存处所开始生效，在正常运输过程中继续有效，直到该项货物运抵保险单所载明目的地交到收货人仓库或储存处所为止；如果被保险货物未运抵保险单所载明的收货人仓库或储存处所，则以被保险货物在最后卸货地卸离飞机后满30天为止；如果在上述30天内货物转运到目的地外的其他地点，则以该项货物开始转运时终止。

2.航空货物运输战争险的责任起讫

航空货物运输战争险的责任起讫是从被保险货物在启运地装上飞机时开始直到到达目的地卸离飞机时为止。如果货物不卸离飞机，则以飞机抵达目的地当日午夜起算满15天为止。

二、陆上货物运输保险

（一）陆上货物运输保险的险别

陆上货物运输保险的险别包括基本险和附加险。

1.基本险

陆上货物运输基本险包括三种。

（1）陆运险（Overland Transportation Risks）。

陆运险承保的责任范围与海洋运输保险的水渍险大致相同，承保货物由于自然灾害或由于运输工具在运输途中遭受意外事故所造成的全部损失或部分损失。

（2）陆运一切险（Overland Transportation All Risks）。

陆运一切险承保的责任范围与海洋运输保险的一切险大致相同。除包括上述陆运险的责任外，还承保货物由于偷窃、短少等一般外来原因所造成的全部损失或部分损失。

陆运险和陆运一切险责任范围仅限于火车及汽车运输。

（3）陆上运输冷藏货物险（Overland Transportation Insurance for Frozen Products）。

陆上运输冷藏货物险是陆上货物运输保险中的专门保险，具有基本险的性质，其保险责任除陆运险的范围之外，还负责赔偿由于冷藏机器或隔温设备在运输途中损坏所造成的被保险货物解冻而腐坏的损失。

2. 附加险

附加险是指陆上货物运输战争险，该险承保范围是火车运输途中因战争、类似战争行为和敌对行为、武装冲突所致的损失，以及各种常规武器所致的货物损失。投保人只有在投保上述基本险的基础上才可以投保战争险。此外，投保人还可以投保罢工险，如果投保战争险再加保罢工险，则不需额外缴纳保险费。

（二）陆上货物运输保险的除外责任

陆运险和陆运一切险的除外责任与海洋运输货物保险的除外责任相同。

陆上运输冷藏货物险的除外责任是对于战争、工人罢工或运输迟延而造成的被保险货物的腐败或损失，以及被保险货物在保险责任开始时未能保持良好状况，整理包扎不妥、或冷冻不合规定所造成的损失不予负责。

陆上货物运输战争险的除外责任是由于敌对行为和使用原子弹或热核武器，以及货物被有关当局或组织扣押所造成的损失不负责赔偿。

（三）陆上货物运输保险的责任起讫

陆运险和陆运一切险的责任起讫，采用国际保险业惯用的"仓至仓"条款，是从被保险货物运离保险单所载明的启运地发货人仓库或储存处所开始时生效，包括正常陆运和有关水上驳运在内，直至该项货物送交保险单所载明的目的地收货人仓库或储存处所为止；如未运抵上述仓库或储存处所，则以被保险货物到达最后卸载的车站后，保险责任以60天为限。

陆上运输冷藏货物险的责任起讫是自被保险货物运离保险单所载明的起运地点的冷藏仓库装入运输工具开始时生效，包括正常的陆运和有关的水上驳运在内，直至货物到达目的地收货人仓库为止，但最长不超过货物到达目的地车站后10天。

战争险的责任起讫是以货物置于运输工具时为限，即从被保险货物装上保险单所载明的起运地的火车时开始到保险单所载明目的地卸离火车时为止；如果被保险货物不卸离火车，则以火车到达目的地的当日午夜起计算满48小时为止，如在中途转车，则以火车到达中途站的当日午夜起计算满10天为止，在10天内货物装上续运火车，则保险责任继续有效。

三、邮政运输货物保险

（一）邮政运输货物保险的险别

邮政运输货物保险分为基本险和附加险。

1.基本险

邮政运输货物保险基本险包括邮包险和邮包一切险。

（1）邮包险（Parcel Post Risks）。

邮包险的承保责任范围包括被保险货物在运输途中遭受自然灾害或运输工具遭受意外事故所造成的全部损失或部分损失。该险别的责任范围与海运保险中水渍险大致相同，此外还负责被保险人合理的施救费用和共同海损的牺牲、分摊。

（2）邮包一切险（Parcel Post All Risks）。

邮包一切险的承保责任范围除包括上述邮包险的全部责任外，还负责赔偿被保险邮包在运输途中由于一般外来原因所造成的全部或部分损失。

2.附加险

附加险是指邮包战争险。战争险由于属于邮政运输保险的附加险，不能单独投保，投保人只有在投保邮包险或邮包一切险的基础上才可以加保。此外投保人还可以投保罢工险，如果投保战争险再加保罢工险，则无须额外缴纳保险费。

（二）邮政运输保险的除外责任

邮包险和邮包一切险的除外责任与海洋运输货物保险的除外责任相同。

邮包战争险除外责任不包括原子弹或热核武器所导致的损失。

（三）邮政运输险的责任起讫

邮包险和邮包一切险的责任自被保险邮包离开保险单所载起运地点寄件人的处所运往邮局时生效，直至该项邮包运达保险单所载明的目的地邮局，自邮局发出到货通知书给收件人的当日午夜起算，满15天为止。在此期限内，邮包一经递交至收件人处所，保险责任即告终止。

邮包战争险的保险责任自被保险邮包经过邮局收讫后自储存处所开始运送时生效，直至该项邮包运到保险单所载明的目的地的邮局送交收件人为止。

第四节　英国伦敦保险协会海运货物保险条款

英国伦敦保险协会制定的《协会货物条款》（Institute Cargo Clauses，ICC）在国际保险市场上的影响最为显著。目前世界上大多数国家在国际海洋运输保险业务当中直接采用该协会货物条款，《协会货物条款》最早制定于1912年，后来进行了多次修改，伦敦联合货运协会制定的协会货物条款于1983年进行修订，修订条款于1983年4月1日起生效。英国伦敦保险协会联合货物保险委员会于2009年1月1日推出了新版协会货物运输保险条款。较之1983版，其对保险责任起讫期进行了扩展，对保险公司引用免责条款作出了一些条件限制，对条款中容易产生争议的用词作出了更为明确的规定，且条款中的文字结构更为简洁、严密。

英国伦敦保险协会条款共有6种，分别是协会货物条款（A）（Institute Cargo Clauses（A））、协会货物条款（B）（Institute Cargo Clauses（B））、协会货物条款（C）（Institute Cargo Clauses（C））、协会战争险条款（货物）（Institute War Clauses Cargo）、协会罢工险条款（货物）（Institute Strikes Clauses Cargo）和恶意损害险条款（Malicious Damage Clauses）。

上述6种保险条款中，ICC（A）、ICC（B）、ICC（C）属于主险，可以独立投保。协会战争险和罢工险属于附加险，在投保人需要时也可征得保险公司同意进行独立投保。恶意损害险属于附加险，不能独立投保。

一、协会货物条款（A）—— ICC（A）

（一）ICC（A）承保责任范围

ICC（A）承保责任范围较广，采用"一切风险减除外责任"方式予以明确，即除了除外责任的风险不予负责外，其他风险均予负责。

2009年协会货物条款新修订内容包括：澄清条款所载的不承保事项；条款改用现代化。

修订的
ICC（A）

（二）ICC（A）除外责任

1.一般除外责任

一般除外责任包括被保险人故意的不法行为造成的损失或费用；自然渗漏、自然损失、损耗、自然磨损；包装或准备不足或不当所造成的损失或费用；被保险货物的内在缺陷或特性所造成的损失或费用；直接由于延迟所引起的损失或费用；由于船舶所有人、租船人经营破产或不履行债务所造成的损失或费用；由于使用任何原子或核武器所造成的损失或费用。

2.不适航、不适货除外责任

所谓不适航、不适货除外责任，是指载货船舶、运输工具、集装箱不适宜安全运载而引起被保险货物的损失，并且这种情况已被保险人或其他受雇人知悉。

3.战争除外责任

战争除外责任包括战争、内战、敌对行为等造成的损失或费用；捕获、拘留、扣留（海盗除外）等造成的损失或费用；漂流水雷、鱼雷、炸弹等造成的损失或费用。

4.罢工除外责任

罢工除外责任包括罢工者、被迫停工工人造成的损失或费用以及由于罢工、被迫停工所造成的损失或费用等。

二、协会货物条款（B）——ICC（B）

（一）ICC（B）承保责任范围

ICC（B）承保风险采用"列明风险"的方式把保险人承保的风险一一列出，共计11项：①火灾、爆炸；②船舶或驳船触礁、搁浅、沉没或倾覆；③陆上运输工具倾覆或出轨；④船舶、驳船或运输工具与水以外的外界物体碰撞；⑤在避难港卸货；⑥地震、火山爆发、雷电；⑦共同海损牺牲；⑧抛货；⑨浪击落海；⑩海水、湖水或河水进入船舶、驳船、运输工具集装箱、大型海运箱或贮存处所；⑪货物在装卸时落海或摔落造成整体的全损。

（二）ICC（B）除外责任

ICC（B）与ICC（A）的除外责任基本相同，但有下列两项区别：（1）ICC（A）除对被保险人的故意不法行为所造成的损失、费用不负赔偿责任外，对被保险人之外任何个人或数人故意损害和破坏标的物或其他任何部分的损害，要负赔偿责任；但ICC（B）对此均不负赔偿责任。（2）ICC（A）把海盗行为列入风险范围，而ICC（B）对海盗行为不负赔偿责任。

三、协会货物条款（C）——ICC（C）

（一）ICC（C）承保责任范围

ICC（C）也采用"列明风险"的方式，但其承保的风险比较少，它只承保重大意外事故所造成的损失，其承保风险有以下6项：火灾、爆炸；船舶或驳船触礁、搁浅、沉没或倾覆；陆上运输工具倾覆或出轨；在避难港卸货；共同海损牺牲；抛货。

（二）ICC（C）除外责任

ICC（C）的除外责任与ICC（B）的除外责任完全相同。在"协会货物条款"中，除以上所述的（A）、（B）、（C）三种险外，还有战争险、罢工险和恶意损害险三种。应注意的是，其"战争险"和"罢工险"不同于中国保险条款的规定，一定要在投保了三种基本险别的基础上才能加保，而是可以作为独立险别投保的。恶意损害险所承担的是被保险人以外的其他人（如船长、船员等）的故意破坏行为所致被保险货物的灭失和损害。它属于（A）险的责任范围，但在（B）、（C）险中，则被列为"除外责任"。

四、协会战争险条款（货物）（Institute War Clause-Cargo）

（一）承保责任范围

协会战争险条款（货物）主要承保以下原因造成的损失：①战争、内战、革命、叛乱、造反或由此引起的内乱，交战国的或针对交战国的任何敌对行为。②由于上述风险引起的捕获、扣留、拘留、禁止或扣押及其后果，或任何有关企图。③被遗弃的水雷、鱼雷、炸弹或被遗弃的其他战争武器。此外，它还负责赔偿为避免风险而造成的共同海损和救助费用。

（二）除外责任

协会战争险条款（货物）的除外责任与ICC（A）的"一般除外责任及不适航、不适货除外责任"基本相同。其在一般除外责任中增加了"航程挫折条款"，规定了由于战争原因造成航程终止，货物不能运达保单规定的目的地造成的损失，保险人不负责。另外，由于敌对行为使用原子武器所致的灭失或损害，保险人不负责任。

五、协会罢工险条款（货物）（Institute Strikes Clause-Cargo）

（一）承保责任范围

协会罢工险与我国海洋货物罢工险一样，只负责赔偿由罢工等风险直接造成的损失，不负责罢工所产生的费用或间接损失。其承保风险如下：①罢工者、被迫停工工人或参与工潮、暴动或民变人员所致的灭失或损害。②任何恐怖主义者或任何出于政治目的采取行动的个人引起的灭失或损害。此外，其还负责避免风险造成的共同海损和救助费用。

（二）除外责任

协会罢工险条款（货物）的除外责任与ICC（A）的"一般除外责任及不适航、不适货除外责任"基本相同。其只负责由承保风险直接造成的损失，对于以下损失和费用，保险人不负责：①因罢工、关厂、工潮、暴动或民变造成的各种劳动力流失、短缺或抵制引起的损失、损害或费用。②基于航程或航海的损失或受理的任何索赔。③由于战争、革命、造反、叛乱或由此引起的内乱或交战方之间的敌对行为造成的损失或费用。

六、恶意损害险条款（Malicious Damage Clause）

恶意损害险条款是新《协会货物条款》的附加条款，是补充性条款，没有完整的结构，不能单独投保，只能在基本条款基础上附加投保。它主要承保除被保险人以外的其他人的故意损害、故意破坏、恶意行为所致保险标的损失或损害。如果恶意行为是出于政治动机，则不属于承保范围。ICC（A）包括了恶意损害的内容，而恶意损害险条款把被保险人以外的其他人的恶意行为列入除外责任。ICC（B）和ICC（C）不包括恶意损害险，即被保险人以外的任何人恶意行为所致的损失属于除外责任。

综上所述，ICC（A）的承保风险类似我国海运保险的一切险，ICC（B）类似水渍险，ICC（C）险类似平安险，但比平安险的责任要小一些。以上6种保险条款中，前3种即ICC（A）（B）（C）是主险或基本险，后3种则为附加险。此外，"协会货物条款"三种基本险别（A）、（B）、（C）的保险责任起讫，仍然采用"仓至仓条款"，同中国保险条款的规定大体相同，只是规定得更为详细。战争险的保障期限仍采用"水上危险"原则。同时，罢工险的保险期限与ICC（A）、ICC（B）、ICC（C）的保险期限完全相同，即也采用"仓至仓"原则。

第五节 货物运输保险实务

一、办理投保手续

在国际贸易中，保险由何方投保，主要取决于买卖双方所选择的贸易术语，《2020年国际贸易术语解释通则》规定，卖方办理保险的贸易术语有CIF、CIP以及D组术语，买方办理保险的贸易术语有EXW、F组术语以及CFR、CPT。投保人办理投保手续主要包括以下内容。

（一）保险金额的确定

保险金额也称投保金额，是指投保人向保险公司投保的金额，也是保险公司承担赔偿的最高限额，另外也是计算保险费的基础。保险金额一般由买卖双方协商确定。如果双方未约定，按照国际惯例，保险金额通常按照CIF或者CIP总值加成10%计算。加成10%是买方的经营管理费用和预期利润。保险金额计算公式如下：

保险金额=CIF（CIP）总值×110%

$$CIF = \frac{CFR}{1 - 保险费率 \times 投保加成}$$

（二）保险险别的选择

在国际货物运输保险业务中，投保的险别如果选择不当，就会造成货物在受损时得不到赔偿，或者投保了不必要的险别多支出保险费用的情况。所以买卖双方可根据货物本身的特点和运输途中风险的情况对保险险别加以选择。投保的险别可以是基本险的一种，也可在此基础上加保一种或多种附加险。

（三）投保单的填写

确定保险金额和投保险别后，投保人就可向保险公司索取并填写投保单。投保单是保险公司印制的一种办理投保手续的业务单据，投保人在填写完毕后，应当随信用证、提单、商业发票等单证提交保险公司。

二、交纳保险费

投保人向保险公司支付保险费是保险合同的生效条件。保险费是在保险金额的基础上按照一定的保险费率计算出来的，保险费是保险公司经营业务的收入，也是保险赔偿的主要资金来源。其计算公式如下：

保险费=保险金额×保险费率

【例10-1】上海某公司出口一批货物，每吨989元人民币CFR伦敦，共计10吨，保险费率为1%，投保加成为110%，计算该批货物的保险费。

解：

$$CIF = \frac{989}{1 - 1\% \times 110\%} = 1\,000 \ （元）$$

保险金额=CIF总值×110%=1 000×10×110%=11 000（元）

保险费=11 000×1%=110（元）

三、领取保险单

保险单是保险人的承保证明，也是规定保险当事人各自权利和义务的协议。在进出口贸易实践中，保险单主要有以下几种：

（一）保险单（Insurance Policy）

保险单又称"大保单"，是投保人与保险公司之间订立的正式的保险合同。保险单内容完整，它除了在正面载明证明双方当事人建立保险关系的文字、被保险货物的基本情况和承保险别、理赔地点以及保险公司声明所保货物如遇危险凭保险单以及有关证件给付赔款等内容外，在背面还对保险人和被保险人的权利和义务作了十分具体的规定。保险单目前在国际贸易中使用最为广泛。

（二）保险凭证（Insurance Certificate）

保险凭证俗称"小保单"，是一种简化了的保险合同。保险凭证只有正面内容，仅载明被保险人的名称，被保险货物的名称、数量、标记，运输工具种类和名称，保险险别，起讫地点和保险金额等，背面无条款，对保险人和被保险人的权利和义务不予载明。保险凭证由于内容简洁，当发生纠纷时，责任很难确定，因此，在国际贸易中已逐渐被放弃。

（三）联合凭证（Combined Certificate）

联合凭证也称"联合发票"，是一种将发票和保险单相结合的保险单证。联合凭证将保险公司所承保的险别、保险金额和保险编号等保险的相关内容加列在外贸公司开具的出口商业发票上，作为已承保的证据。这种单证只在我国采用，并且使用范围也有限，仅适用于我国对港、澳地区及新加坡、马来西亚的少数出口业务。

（四）预约保险单（Open Policy）

预约保险单又称为"开口保险单"，是保险人对被保险人将要装运的属于约定范围内的一切货物进行承保的保险单据。这种保险单载明预约保险货物的范围、险别、保险费率以及每批保险货物的保险金额和保险费的结算办法等。预约保险的货物一经起运，则保险公司自动负承保责任。预约保险单没有总保险金额的限制，在我国，预约保险单常在我国企业采用FOB、CFR进口时使用。

（五）投保单（Application for Insurance）

投保单也称为保单，是保险公司事先印制的一种供投保人办理投保手续的业务单据。当投保人办理保险时，要向保险公司索取和填制投保单，并随商业发票、提单、信用证等单证一同交给保险公司，保险公司审核无误后签发保险单据。投保单并不是正式的保险合同，如果投保单与保险单内容不一致，应当以保险单的内容为准。

（六）批单（Endorsement）

批单是在保险单出具后，因为保险内容有所变更，保险公司应被保险人的要求而签发的批改保险单内容的凭证，它具有补充变更原保险单内容的作用。保险单一经批改，保险公司应当按照批改后的内容承担责任。批单一般粘贴在保险单上，并加盖骑缝章，作为保险单不可分割的一部分。

四、保险索赔

如果被保险的货物在保险责任有效期内发生属于保险责任范围内的损失，被保险人可向保险公司提出索赔。被保险人在索赔时应注意以下几点：

（一）及时通知保险公司

当被保险人获悉被保险货物发生损失时，应立即通知保险公司，以便保险公司在接到损失通知后采取相应的措施。

（二）采取合理的施救措施

被保险货物受损后，被保险人应当采取相应的施救措施，以防止损失进一步扩大。由此产生的合理的施救费用由保险人负责赔偿，但以不超过该批被救货物的保险金额为限。货物遭受损失的，应尽可能保留现场，以便保险公司和有关各方进行检验确定责任。

（三）准备好索赔的单证

索赔的单证包括：保险单据正本；运输单据；商业发票；装箱单、重量单；检验报告；海事报告摘录；货损、货差证明；索赔清单；其他单证。

（四）注意索赔时效

一旦货物发生了保险责任范围内的损失，被保险人必须在规定的索赔期限内向保险人索赔，超过这一期限，保险人可以拒赔。中国人民保险公司规定的索赔时效为被保险货物在到达目的港全部卸离海轮后，最长不超过两年，超过上述期限，被保险人一般将不能得到赔偿。

【本章小结】

本章首先介绍了保险基本原则，其次介绍了海上保险的风险、损失，以及中国人民保险公司保险条款和英国伦敦保险协会货物保险条款的内容，最后介绍了国际货物运输中保险业务的办理程序。

【思考题】

1.保险的基本原则有哪些？

2.共同海损的构成条件是什么？

3.列举中国人民保险公司海洋运输保险的险别。

4.列举保险单据的形式。

5.案例分析：某货轮从天津新港驶往新加坡，在航行中货物起火，大火蔓延到机舱，船长为了船货的安全决定采取紧急措施，往舱中灌水灭火，火被扑灭，但由于主机受损，无法继续航行，于是船长决定雇用拖轮，将货船拖回新港修理，检修后，重新驶往新加坡。事后调查，这次事件造成的损失有：①1 000箱货物被烧毁；②600箱货物由于灌水灭火受到损失；③主机和部分甲板被烧坏；④拖船费用；⑤额外增加的燃料和船长、船员的工资。从上述情况和各项损失的性质来看，哪些属单独海损，哪些属共同海损，为什么？

第十一章

交易磋商、合同签订和履行

【学习目标】

了解交易前的准备工作包括哪些方面；理解交易磋商对进出口贸易的重要意义；掌握交易磋商的主要形式、内容、程序以及国际贸易合同的形式与内容。

【重点与难点】

交易前的准备工作；交易磋商的形式、内容与程序；国际货物买卖合同的内容与形式。

【立德树人】

培养学生敬业、守业的职业精神，遵守所学专业的伦理和职业道德。通过课程内容与德育、诚信相关内容融合的设计，使学生在具备专业能力的基础上，树立正确的人生观和价值观，以及坚定积极健康的理想信念，不忘初心，诚信经营，诚实守信，为祖国经济繁荣发展而努力。

第一节　市场调研与交易磋商

交易磋商、合同签订和履行是进出口业务的重要环节。一般而言，进出口业务的各环节依次是：交易前准备工作→交易磋商→合同签订→合同履行。在形成商业计划阶段，一项重要工作是对拟进口或出口商品的未来价格走势形成科学的预期，以预期为依据，明确潜在贸易利润的目标、途径、程序、风险控制手段等。由于计划通常带有较强的主观性，所以在交易前要开展大量的调查研究，检验和纠正计划与实际的偏差。交易前的准备工作一般包括：国际市场调查；选择合适的产品、市场与客户；制订进出口商品经营方案；建立客户业务关系。

一、国际市场的调查研究

想要有效降低不确定性，就要较为全面地掌握与这些特征直接相关的信息，包括国际市场环境、国际市场商品供求状况、国际市场营销状况、国外客户状况等。

（一）国际市场环境调研

国际市场环境是进出口企业经营活动的空间和所处的氛围。在竞争日益激烈的国际市场上，不了解国际市场环境就犹如行军作战不了解地形，将处于被动局面，盈利就无从谈起。想要准确识别风险、抓住机遇，就要主动密切关注国际市场环境的变化，以积极应对。影响国际市场环境的因素纷繁复杂，简单而言，可以从以下几个方面观察。

（1）国外经济环境，包括一个国家的经济结构、经济发展水平、经济发展前景、就业、收入分配等。

（2）国外政治和法律环境，包括政府机构的重要经济政策，政府对贸易实行的鼓励和限制措施，特别是有关外贸方面的法律法规，如关税、配额、国内税收、外汇限制、卫生检疫、安全条例等。

（3）国外文化环境，包括语言、教育水平、宗教、风俗习惯、价值观念等。

（4）其他，包括国外人口、交通、地理等情况。

（二）国际市场商品供求状况调研

相对准确地掌握价格波动的规律是实现贸易利润的前提。一般而言，在竞争较为充分的市场中，供求关系决定商品价格。调研的主要内容包括：

（1）国外市场商品的供给状况，包括商品供应的渠道、商品来源、国外生产厂家状况、生产能力、数量及库存情况等。

（2）国外市场商品需求状况，包括国外市场对商品需求的品种、数量、质量要求等。

（3）国际市场商品价格状况，包括国际市场商品的价格、价格与供求变动的关系等。

（三）国际市场营销状况调研

国际市场营销状况调研是对国际市场营销组合情况的调研，除上述调查内容外，一般还应包括：

（1）商品销售渠道，包括销售网络的建立、批发商和零售商的经营能力、行业的平均利润率、消费者对其印象、售后服务等。

（2）竞争分析，包括竞争者产品质量、价格、策略、广告、分配路线、占有率等。

（3）广告宣传，包括消费者购买动机，广告的内容、形式、效果、传播媒体等。

（四）国外客户状况调研

调查研究国外客户信息的目的亦在于规避风险、提高履约率，同以上三项调研内容相比尤为重要。每件商品都有各自的销售（采购）渠道，不同层级的客户构成了销售（采购）渠道。在进出口业务中，企业必须选择合适的销售（采购）渠道与客户，做好国外客户的调查研究。主要内容可概括为以下几个方面：

（1）客户资信状况。狭义的资信状况是指客户的资本与信誉的状况，而广义的资信状况则包括客户的资本情况、经营作风、经营能力和范围、商业信誉及商号的性质、结构等。

（2）客户经营能力，包括客户业务活动能力、资金融通能力、贸易关系、经营方式和销售渠道等。

（3）客户政治情况，包括客户的政治背景、与政界的关系、企业负责人参加的党派及对我国的政治态度。

（4）客户经营业务范围，包括客户的企业经营的商品及品种。

（5）客户公司、企业业务，包括客户的企业是中间商还是使用者或专营商或兼营商等。

二、交易磋商

交易磋商的过程，通常是相互试探、摸底，再进行发盘、还盘和再还盘等交织在一起的反复循环的过程。交易磋商的形式分为口头和书面两种，内容为双方所各自关心的问题，程序依次为询盘、发盘、还盘和接受。

（一）交易磋商的形式

1.口头磋商

通常，口头磋商表现为在谈判桌上面对面地谈判，如参加各种交易会、洽谈会，以及贸易小组出访、邀请客户来访洽谈交易等。有时，双方还可以通过国际长途电话进行交易磋商。由于面对面的直接交流便于了解双方的诚意和态度、采取相应的对策，因此口头磋商是一种应用最为普遍的磋商方式。

2.书面磋商

书面磋商是指以信件、电报、电传等通信方式为途径，以有形文字信息为载体，反映交易双方洽谈过程和内容的磋商方式。当代电子信息技术飞速发展，可以选择使用的磋商途径越来越多，比如传真、电子邮件。通信技术的发展与普遍应用，提高了交易效率，降低了交易费用，与此同时，也增加了交易双方识别信息真伪的成本。在采用书面方式进行磋商时，需要注意书面的形式，双方可对其作出特别说明，比如，"成交价格最终以双方签字盖章的合同原件中标明的价格为准"。

（二）交易磋商的内容

交易磋商的内容是双方当事人所关心的、与各自利益相关的一系列问题的集合。通过协商达成一致的意见构成合同的各项条款，包括品名、品质、数量、包装、价格、装运、支付、保险以及商品检验、索赔、仲裁和不可抗力等。其中，前七项为主要内容或主要交易条件（General Terms and Conditions），双方至少要对这七项交易条件进行磋商并取得一致意见。其余各项，一般参照贸易惯例处理，如有需要，双方可另作约定。

（三）交易磋商的程序

交易磋商的程序一般分为询盘、发盘、还盘、接受四个环节。其中，发盘和接受是达成交易的基本环节，是合同成立的要件，买卖双方无论采取口头或书面方式磋商，均需要通过发盘和接受达成交易。

1.询盘

询盘（Enquiry），又称询价，是指买方为了购买或卖方为了销售货物而向对方提出有关交易条件的询问。可以只询问价格，也可询问其他一项或几项交易条件，以至要求对方向自己作出发盘。询盘可由买方发出，也可由卖方发出，可采用口头方式，亦可采用书面方式。

询盘对询盘人和被询盘人均无法律约束力。在国际贸易实务中，询盘常被交易一方用来试探对方对交易的诚意或了解市场价格。作为被询盘的一方，在收到对方的询盘后，必须认真对其进行分析，针对不同的询盘目的或背景，作出相应的处理，并给出答复。

询盘不是交易磋商的必经步骤，但往往是一笔交易的起点。在询盘中，当事人一般需要注意以下问题：一是询盘不一定要有"询盘"（Enquiry）字样，凡含有询问、探询交易条件或价格方面的意思表示均可作询盘处理。二是业务中的询盘虽无法律约束力，但当事人仍须考虑询盘的必要，尽量避免只是询价而不购买或不售货，以免损失信誉。三是询盘时，询价人不应只考虑如何询问商品的价格，也应注意询问其他交易条件，争取获得比较全面的交易信息或条件。四是要尊重对方，无论交易是否能够达成，都应及时答复对方的询价。五是询盘可以同时向一个或几个交易对象发出，但不应过于集中，以免暴露自己的销售或购买意图。

2.发盘

发盘（Offer），又称发价，在法律上称为"要约"，是买方或卖方向对方提出各项交易条件，并愿意按照这些条件达成交易、订立合同的一种肯定的表示。在实际业务中，发盘通常是一方在收到对方的询盘之后提出的，但也可不经对方询盘而直接向对方发盘。发盘的方式有书面和口头两种，书面发盘包括使用信件、电报和传真。发盘人可以是卖方，也可以是买方。前者称为售货发盘，后者称为购货发盘，习惯称之为"递盘"。

根据《联合国国际货物销售合同公约》（下文简称《公约》）的规定，一项发盘的构成须具备以下条件：第一，发盘必须有特定的受盘人。受盘人可以是一个，也可以是多个。不指定受盘人的发盘，仅应视为发盘的邀请，或称邀请作出发盘。但如果某人明确表示他所刊载的广告是作为一项发盘提出的，则视为发盘。第二，发盘人须有当其发盘被接受时受其约束的意思，即发盘应当表明发盘人在得到接受时，将按发盘条件承担与受盘人订立合同的法律责任。第三，发盘内容必须明确。发盘内容一般应包括拟将订立合同的主要条件，如商品的名称、价格、数量、品质、规格、交货日期、地点和支付方式等，以便一旦对方接受，足以成立一项有效的合同。第四，送达受盘人。发盘在送达受盘人时生效。

发盘时应注意以下问题：

一是发盘的约束力。发盘具有法律约束力，一旦受盘人接受发盘，发盘人就必须按发盘条件与对方达成交易并履行合同（发盘）义务。因此，同询盘相比，发盘更容易得到受盘人的重视，有利于双方迅速达成交易。但它也因此缺乏必要的灵活性。发盘时如果对市场情况估计有误，发盘内容不当，发盘人就会陷入被动。因此，发盘前必须对发盘价格、条件进行认真的核算、分析，确保发盘内容的准确。

二是发盘的生效时间。《公约》规定发盘在"到达受盘人时生效"。《公约》的这一规定，对发盘人来讲具有非常重要的意义。这种意义主要表现在发盘的撤回和撤销上。

发盘的撤回是指发盘人在发出发盘之后，在其尚未到达受盘人之前，即在发盘尚未生效之前，将发盘收回，使其不发生效力。对此《公约》规定："一项发盘，即使一项不可撤销的发盘都可以撤回，只要撤回的通知在发盘到达受盘人之前或与其同时到达受盘人。"在实际业务中，如果发现发出的发盘有误，即可按《公约》采取措施及时将发盘撤回，例如以信函方式所作发盘，在信函到达之前，可用电报或传真方式将其撤回。

发盘的撤销是指发盘人在其发盘已经到达受盘人之后，即在发盘已经生效的情况下，将发盘取消，废除发盘的效力。在发盘撤销这个问题上，英美法系国家和大陆法系国家存在原则上的分歧。《公约》为协调解决两大法系在这一问题上的矛盾，一方面规定发盘可以撤销，一方面对撤销发盘进行了限制（详见《公约》第16条第1款的规定）。

3.还盘

还盘（Counter Offer），又称还价，是受盘人在接到发盘后，不同意或不完全同意发盘人在发盘中提出的条件，为进一步磋商交易对发盘提出修改意见。还盘可以用口头方式也可用书面方式。

还盘是对发盘的一种拒绝，还盘一经作出，原发盘即失去效力，发盘人不再受其约束。还盘等于受盘人向原发盘人提出的一项新的发盘。还盘作出后，还盘的一方与原发盘人在地位上发生改变。还盘人由原来的受盘人变成新发盘的发盘人，而原发盘人则变成了新发盘的受盘人。新受盘人有权针对还盘内容进行考虑，选择接受、拒绝或者再还盘。

在贸易谈判中，一方在发盘中提出的条件与对方能够接受的条件不吻合的情况十分常见，特别是在大宗交易中，很少有一方一发盘即被对方无条件全部接受的情况。这时，虽然从法律上讲，还盘并非交易磋商的必经环节，但在实际业务中，还盘的情况很多。有时一项交易须经过还盘、再还盘等多次讨价还价，才能做成。

还盘时须注意的问题有：其一，还盘可以明确使用"还盘"字样，也可不使用，只是在内容中表示对发盘的修改；其二，还盘可以针对价格，也可以针对交易商品的品质、数量、装运、支付方式等；其三，还价时，一般只针对原发盘价格提出不同意见和需要修改的部分；其四，接到还盘后要与原发盘进行核对，找出还盘中提出的新内容，结合市场变化认真分析，再作出答复。

4.接受

接受（Acceptance），在法律上称"承诺"，是买方或卖方无条件地同意对方在发盘中提出的各项交易条件，并愿按这些条件与对方达成交易、订立合同的一种肯定的表示。这种表示可以是作出声明，也可以是作出某种行为。一方的发盘经另一方接受，交易即告达成，合同即告订立，双方就应分别履行其所承担的合同义务。表示接受，一般用"接受"（Accept）和"确认"（Confirm）等术语。

按法律和惯例，一方的发盘经另一方接受，交易即告达成，合同即告成立，双方就应分别履行其所承担的合同义务。一项有效的接受一般须具备以下条件：一是接受必须由特定的受盘人作出；二是受盘人表示接受；三是接受必须在发盘有效期内传达到发盘人；四是接受的内容必须与发盘的内容相符。

（1）有条件的接受。原则上讲，接受应是无条件的，有条件的接受不能视为有效的接受，而是一项反要约。根据《公约》的规定，发盘人在收到受盘人发来的有条件的接受后，须首先断定其添加或修改的性质。如果这种添加或修改是"实质性"的，则应将其按还盘处理，即使发盘人没有提出异议，合同也不成立；但如果这种添加或修改是"非实质性"的，且发盘人没有及时提出反对，则对方的接受有效，双方合同成立。

（2）逾期接受。按照各国的法律，逾期接受不能认为是有效的接受，而只是一项新的发盘。《公约》也认为逾期的接受原则上无效。但是，为了有利于双方合同的成立，《公约》对逾期的接受也采取了一系列灵活的处理方法。详见《公约》21条第1、2款之规定。

（3）接受的撤回。《公约》规定："接受可以撤回，只要撤回的通知能于该项接受生效之前或与其同时到达发盘人。"根据《公约》这一规定，如果交易磋商的一方在交易磋商中作出错误接受表示，其可以在该接受送达对方之前，采取措施阻止接受生效，即明确地向发盘人发出撤回通知，该通知应于接受生效之前或与其同时到达发盘人。

在实务中，表示接受的可以是买方，也可以是卖方。如果是我方表示接受，一般应注意以下几个问题：一是接受时应慎重对洽商的函电或谈判记录进行认真核对，经核对认为对方提出的各项交易条件确已明确、肯定、无保留条件时，再予接受。二是接受可以简单表示，如"你10日电接受"，也可详细表示，即将洽商的主要交易条件再重述一下，表示接受。对于一般交易的接受，可采用简单形式表示，但接受电报、电传或信函中须注明对方来电、信函的日期或文号；对大宗交易或交易洽商过程比较复杂的，为慎重起见，在表示接受时，应采用详细叙述主要交易条件的形式。三是表示接受应在对方报价规定的有效期之内进行，并严格遵守有关时间的计算规定。四是表示接受前，应详细分析对方报价，准确识别对方函件性质是发盘还是询盘，以免使自己陷入被动或失去成交的机会。

对国外客户表示接受时，应注意以下问题：第一，收到国外客户接受后，要认真分析客户接受的有效性，根据客户接受情况及我方经营意图，正确处理把握合同成立与不成立的法律技巧。第二，注意贯彻"重合同、守信用"的原则，只要对方接受有效，即使情况变化对我方不利，我方仍应同客户达成交易、订立合同，维护我方信誉。

第二节　合同的签订

交易磋商是买卖双方讨价还价的过程。买卖双方就各自关心的问题反复讨论，让步、加码、补充其他条件，直到达成共识。一般而言，签订合同就是将买卖双方达成的共识"书面化"，是交易磋商过程的一个阶段性标志。合同明确了交易双方的权利、责任与义务，是协调矛盾、处理纠纷、化解冲突的重要法律依据。在合同执行的过程中，交易双方可以根据需要，签订以已订立合同为基础的补充协议、附件和备忘录。

一、国际货物买卖合同的形式与内容

（一）国际货物买卖合同的形式

买卖双方使用的货物买卖合同的形式及名称，没有特定限制。只要双方当事人同意，可采用正式的合同（Contract）、确认书（Confirmation），也可采用协议（Agreement）、备忘录（Memorandum）等形式。在我国进出口业务实践中，经常使用的形式有合同和确认书两种。

1.合同

买卖合同是交易中一种非常正式的货物买卖协议。它的内容比较全面、详细，除了交易的主要条件如品名、品质、数量、包装、价格、交货、支付外，还有保险、商品检验、索赔、不可抗力、仲裁等条款。在交易中，由买卖双方共同草拟签订的合同被称为"合同"（Contract）；卖方根据磋商结果草拟的合同称"销售合同"（Sales Contract），一般由资产规模较大、业务运作较为规范的卖方提供；由买方根据协商条件拟订的合同称"购货合同"（Purchase Contract），一般由业务运作规范化程度较高的买方提供。

2.确认书

确认书是一种内容比较简单的贸易合同。它与前面所说的合同相比，仅包括买卖交易的主要条件，而不包括买卖交易的一般条件。其中，卖方出具的称"销售确认书"，买方出具的称"购货确认书"。

以上两种形式的合同，虽然在格式、条款项目和内容的繁简上有所不同，但在法律上具有同等效力。在我国对外贸易业务中，对大宗商品或成交金额比较大的交易，一般采用合同形式，对金额不大，批数较多的小土特产品和轻工业品一般采用确认书形式。货物买卖合同或确认书，一般由我方根据双方磋商的条件缮制正本一式两份，我方签字后寄交对方，经对方查核签字后，留存一份，另一份寄还我方，双方各执一份，作为合同订立的证据和履行合同的依据。

（二）国际货物买卖合同的内容

一份完整的国际货物买卖合同一般由三部分组成：

（1）约首。约首即合同的首部，通常包括合同的名称，合同的编号，合同签订的日期和地点，订约双方当事人的名称和地址等。

（2）本文。本文是合同的主体部分，一般以合同条款的形式具体列明交易的各项条件，规定双方的权利和义务。本文部分一般包括下列合同条款：品名、数量、包装、价格、支付、运输、保险等。此外，出口合同或确认书中通常还在一般交易条件或备注栏列明有关预防及处理有关争议的条款。

（3）约尾。约尾即合同的尾部，主要说明合同的份数、附件及其效力、使用的文字、合同生效的时间、合同适用的法律以及缔约双方当事人（法人代表或其授权人）签字。

二、国际货物买卖合同的签订

（一）国际货物买卖合同的制定

在实务中，买卖双方达成交易后，交易一方即要根据磋商情况填写制定货物买卖合同或确认书。制定货物买卖合同或确认书时，当事人必须注意以下问题：①合同的内容应体现平等互利的原则；②合同条款的内容应和磋商达成的协议内容相一致；③合同条款要具体、明确、完善。各条款之间应协调一致，防止互相矛盾；④文字要简练、严密，避免使用含糊不清或模棱两可的词句。

（二）签约函

在实务中，如合同由我方制作，我方应将做好的合同及时邮寄给对方签署。邮寄合同时，我方一般要在合同外附上一封简短的书信——签约函。签约函的内容一般包括：

（1）对成交表示高兴，希望合作顺利进行。常用的表达方式如：

We are pleased to have concluded business with you in the captioned goods.

（2）告知对方合同已寄出，希望签署后寄回。常用的表达方式如：

We are sending you our Sales Confirmation No.765401 in duplicate.Please sign and return one copy for our file.

（3）当我方出售货物时，催促对方尽早开立信用证。常用的表达方式如：

It is understood that a letter of credit in our favors covering the above mentioned goods will be established promptly.

国际货物买卖合同条款示例

第三节　出口合同履行

出口合同的履行是指在国际贸易中出口商依据所签订的合同，为完成合同规定的义务而采取的行为。

在履行出口合同过程中，工作环节较多，涉及面较广，手续也较繁杂。各进出口企业为圆满履行合同义务，必须十分注意加强同各有关单位的协作和配合，把各项工作做到精确细致，尽量避免工作脱节、延误装运期限以及影响安全、迅速收汇等事故的发生。同时，进出口企业应同各个部门之间相互协作，共同配合，切实加强出口合同的科学管理，以保证出口合同的顺利履行。

在履行出口合同时，卖方必须按照合同规定，交付货物，移交一切与货物有关的单据并转移货物所有权，这是卖方的基本义务。所谓按照合同的规定，是指必须全面地，而不是部分地符合合同的规定。否则，将构成违约，并须承担责任，赔偿买方为此所遭受的损失。

履行出口合同工作涉及的环节多、范围广。以采用 CIF 条件和凭信用证支付方式的交易为例，一般涉及备货、催证、审证、改证、报验、报关、投保、装船和制单结汇等环节的工作。其中，货（备货、报验）、证（催证、审证、改证）、船（租船订舱、出口报关和投保）、款（制单结汇）四个基本环节构成出口合同履行的必要程序。它们之间是相互联系和相互依存的。只有环环紧扣，严格按照合同规定，根据法律和惯例的要求，切实做好每一个环节的工作，才能确保货、款对流的顺利进行，使合同得以圆满地履行。

一、备货、报验

备货和报验是卖方全面履行出口合同的首要工作环节。所谓备货，就是指根据出口合同或信用证的规定，准备好合同规定的货物。备货是出口商履行出口交货义务的基础。

（一）备货

备货是指出口方为保证按时、按质、按量地履行出口合同规定的交货义务，按照合同和信用证规定的品质、包装、数量和交货时间，而进行的货物准备工作。

在备货工作中，应注意以下几个问题：

1. 有关货物问题

（1）货物的品质、规格。出口商应按合同的要求核实，必要时应进行加工整理，以保证货物的品质、规格与合同或信用证规定一致。

（2）货物的数量。出口商应保证满足合同或信用证对数量的要求，备货的数量应适当留有余地，以备装运时发生意外或损失，供调换和适应舱容之用。

（3）备货时间。货物备妥的时间，必须按照出口合同和信用证规定的交货时间和期限，结合运输条件（例如，通过海运的货物应结合船期）进行安排。为防止意外，一般还应适当留有余地。

2. 有关货物的包装问题

出口货物要经过各个环节的长途运输，中途还要经过多次搬运和装卸，甚至多次转换运输工具。为了最大限度地使货物保持完好无损，应注意以下出口包装问题：

（1）尽量将货物装运到集装箱中或牢固的托盘上；必须将货物充满集装箱并做好铅封工作，且集装箱中的货物应均匀放置且均匀受力。为了防止货物被盗窃，货物的外包装上不应注明货物的标签或货物的品牌。

（2）由于运输公司按重量或体积计算运费，出口企业应尽量选择重量轻的小体积包装，以节省运输费用。海运货物的包装，应特别注意运输途中冷热环境变化出现的潮湿和冷凝现象，即使有些船舱有空调设备，但仍可能导致货物受损。采用集装箱运输通常可以避免绝大多数货物的受潮现象。对于空运货物的包装，应着重注意货物被偷窃和被野蛮装卸的情况。特别是易损货物，应用牢固的箱子包装，鉴于飞机的舱位有限，对于包装尺寸的要求，应与有关运输部门及时联系获取。

（3）随着技术进步，自动仓储环境处理的货物越来越多，货物在运输和仓储过程中，通常由传送带根据条形码自动扫描分拣。因此，出口企业应注意根据仓储要求，严格按统一尺寸对货物进行包装或将货物放置于标准尺寸的牢固托盘上并预先正确印制和贴放条形码。

3.有关货物外包装的运输标志问题

正确刷制运输标志的重要性主要反映在四个方面：一是，符合运输和有关国家海关的规定；二是，保证货物被适当地处置；三是，掩盖包装内货物的性质；四是，帮助收货人识别货物。因此，在运输标志的准备上应注意以下内容：

（1）刷制运输标志应符合有关进出口国家的规定。包装上的运输标志应与所有出口单据上对运输标志的描述一致，运输标志应既简洁，又能提供充分的运输信息。所有包装上的运输标志必须用防水墨汁刷写，有些国家海关要求所有的包装箱必须单独注明重量和尺寸，甚至用公制，并用英语或目的国的语言注明，为此，应注意有关国家的海关规定。在运输包装上的运输标志应大小尺寸适中，使相关人员在一定距离内能够看清楚。根据国外的通行做法，就一般标准箱包装，刷制的运输包装字母的尺寸至少为4厘米高，运输标志应该至少在包装箱的四面都刷制，以防货物丢失。

（2）除了在外包装上刷制运输标志外，应尽量在所有的货运单据上标注相同的运输标志。这些单据包括：内陆运输提单、海运提单或空运提单、码头收据、装箱单、商业发票、报关单等。

凡合同规定收到买方信用证后若干天内交付货物的，为保证按时履约，防止被动，应督促买方按照合同规定期限开出信用证，我方收到信用证后必须立即进行审核，认可后及时安排生产或组织货源。

（二）报验

凡属法定检验的商品或合同规定必须经海关总署商品检验司（简称"商检司"）检验的出口商品，在货物备齐后，应向商检司申请检验。只有取得商检司发给的合格的检验证书，海关才予放行。经检验不合格的货物，一律不得出口。

非法定检验、出口合同也未规定由商检机构出证的商品，则应视不同情况，委托商检机构、生产部门或供货部门进行检验，或由外贸企业自行检验，合格后装运出口。

凡属危险货物，其包装容器应由生产该容器的企业向商检机构申请包装容器的性能鉴定。包装容器经商检机构鉴定合格并取得性能鉴定证书，方可用于包装危险货物。生产出口危险货物的企业，必须向商检机构申请危险货物包装容器的使用鉴定。使用未经鉴定合格的包装的危险货物不准出口。

申请报验的手续是：凡需检验出口的货物，应填制"出口报验申请单"，向商检机关办理申请报验手续。"出口报验申请单"的内容一般包括：品名、规格、数量或重量、包装、产地等项。申请单上如有外文，应注意中、外文内容一致。在向商检司提交"申请单"时，还应附上合同、信用证副本及其他要求的相关凭证。申请报验后，如发现"出口报验申请单"内容填写有误或内容发生变更，应提出更改申请，并填写"更改申请单"，说明更改的事项和原因。

货物经检验合格，即由商检司发给检验证书，进出口公司应在检验证书或放行单签发之日起60天内报关出运。逾期报运出关，必须向商检司申请展期，并由商检司进行复验，经复验合格货物才能出口。

二、催证、审证和改证

在以信用证方式结算的出口合同中，对信用证的掌握、管理和使用，直接关系到进出口企业的收汇安全。信用证的掌握、管理和使用，主要包括催证、审证和改证等几项内容，这些都是与履行合同有关的重要工作。

（一）催证

催证是催开信用证的简称，具体而言，就是指在凭信用证支付的出口合同中，通过信件、电报、电传或传真催促国外进口人及时办理开立信用证手续并将信用证送达我方，以便我方及时装运货物出口，履行合同义务。

在出口合同中，买卖双方如约定采用信用证方式付款，买方则应严格按照合同的规定按时开立信用证。如合同中对买方开证时间未作规定，买方应在合理时间内开出，因为买方按时开证是卖方正常履约的前提。但在实际业务中，有时经常遇到国外进口商拖延开证，或者在行市发生变化或资金发生短缺时，故意不开证。对此，我们应催促对方迅速办理开证手续。特别是针对大宗商品交易或应买方要求而特制的商品交易，更应结合备货情况及时进行催证。必要时，也可请驻外机构或有关银行协助代为催证。

催开信用证不是履行每一个出口合同都必须做的工作，通常在下列情况下才有必要进行：

一是如果出口合同规定的装运期限较长（如6个月），且买方应在我方装运期前的一定时日（如30天）开立信用证，则我方应在通知对方预计装运日期的同时，催请对方开证。

二是如果买方在出口合同规定的期限内未开立信用证，我方可根据合同规定向对方要求损害赔偿或同时宣告合同无效。但如果不需要立即采取这一行动，仍可催促对方开证。

三是如果我方根据备货和承运船舶的情况，可以提前装运，则可商请对方提前开证。

四是如果开证限期未到，但发现客户资信不好，或者市场情况有变，也可催促对方开证。

（二）审证

信用证是依据买卖合同开立的，信用证的内容应该与买卖合同条款保持一致。但在实践中，由于种种原因，如工作的疏忽、电文传递的错误、贸易习惯的不同、市场行情的变化或进口商有意利用开证的主动权加列对其有利的条款，往往会出现开立的信用证条款与合同规定不符；或者进口商可能在信用证中加列一些出口商看似无所谓但实际无法满足的信用证付款条件（在业务中也被称为"软条款"）等，使得出口商根本就无法按该信用证收取货款。为确保收汇安全和合同顺利执行，防止给我方造成不应有的损失，我们应该在国家对外政策的指导下对不同国家、不同地区以及不同银行的来证，依据合同进行认真的核对与审查。

在实际业务中，银行和进出口公司应共同承担审证任务。其中，银行着重审核该信用证的真实性、开证行的政治背景、资信能力、付款责任和索汇路线等方面的内容。银行对于审核后已确定其真实的信用证，应打上类似"印鉴相符"的字样。出口公司收到银行转来的信用证后，则应着重审核信用证内容与买卖合同是否一致。但为了安全起见，出口商也应尽量根据自身能力对信用证的内容进行全面审核或复核性审查。

对信用证内容的审核，一般应包括以下几个方面：

（1）从政策上审核。开立信用证各项内容必须符合我国有关方面的方针政策。

（2）对开证银行资信情况的审核。凡是政策规定不能与之往来的银行开来的信用证，均应拒绝接受，并请客户另行委托我方允许往来的其他银行开证。对于资信较差的开证行，可采取适当措施（例如，要求银行加保兑；加列电报索偿条款；分批出运，分批收汇等），以保证我收汇安全。

（3）对信用证不可撤销性的审核。我方接受的国外来证必须是不可撤销的，来证中不得标明"可撤销"字样，同时在证内应载有开证行保证付款的字句。有的来证，虽然注明为"不可撤销的"，但是开证银行对其应负责任方面却附加了一些与"不可撤销"相矛盾的条款。例如，"开证行须在货物到达时没有接到海关禁止进口的通知才承兑汇票""在货物到达时没有接到配额已满的通知才付款"等。这些条款背离了信用证凭单付款的原则，尽管受益人完全做到了单证一致，但还是得不到收款的保障。对此，出口商均应要求对方按一般做法改正。

（4）对有无保留或限制性条款的审核。在信用证中规定有保留或限制性条款的情况，在实际业务中比较常见。受益人对此应当特别注意，提高警惕，认真对待。如来证注明"承运船只由买方指定，船名后告""货物样品寄开证申请人认可，认可电传作为单据之一"等限制性条款；或来报注明"另函详"等类似文句，应在接到上述通知书或信用证详细条款后方履行交货义务，以免造成损失。

上述四点，也是银行审证的要点，进出口公司只做复核性审查。

（5）支付货币及信用证金额的审查。信用证规定的支付货币应该与合同规定相同，如不一致，应按我国银行颁布的"人民币市场汇价表"折算成合同货币，在不低于或相当于原合同货币总金额时才能接受。否则，原则上应要求开证人改证；信用证金额一般应与合同金额相符，如合同订有溢短装条款，信用证金额亦应包括溢短装部分的金额。信用证金额中单价与总值要填写正确，大、小写并用。信用证未按此规定开列的，装货时不能使用溢短装权利。

（6）有效期、交单期和最迟装运日期。未规定有效期的信用证是无效信用证，不能使用。凡晚于有效期提交的单据，银行有权拒收，信用证的有效期还涉及信用证的到期地点。在我国的出口业务中，原则上应争取在我国口岸、城市或在我国到期，以便我方在交付货物后能及时办理议付、要求付款或承兑。如信用证将到期地点规定在国外，一般不宜接受。

信用证还应规定一个运输单据在出单日期后必须向信用证指定的银行提交单据要求付款、承兑或议付的特定期限，即"交单期"。如信用证未规定交单期，按惯例，银行有权拒收迟于运输单据日期21天后提交的单据，但无论如何，单据也不得迟于信用证到期日提交。如信用证规定的交单期距装运期过近，例如，运输单据出单日期后2~3天，则应提前交运货物，或要求开证人修改信用证推迟交单期限，以保证能在装运货物后如期向银行交单。

最迟装运日期是指卖方将货物装上运输工具或交付承运人接管的最迟日期。如国外来证晚，无法按期装运，应及时电请国外买方延展装运期限。信用证的到期日同最迟装运期应有一定的间隔，以便装运货物后能有足够的时间办理制单、交单议付等工作。

（7）开证申请人和受益人审查。开证申请人大都是买卖合同的对方当事人（买方），但也可能是对方的客户（实际买主或第二买主），因此，对其名称和地址均应仔细核对，防止张冠李戴，错发错运。受益人通常是我方出口企业，是买卖合同的卖方，但我方企业有时需要更名，地址也可能改变，所以也必须正确无误。如信用证使用旧名称、旧地址，也需要对方改止，或作适当处理，以免影响收汇。在实际业务中，由于同一个客户与我国几个外贸企业同时往来的情况很多，特别是当由我方某个企业对外磋商订立合同，而由其他企业或其分支机构交货时，就会发生信用证受益人与发货人名称不一致的问题。对此，如果信用证规定"可转让"，就可以通过转让解决，如未规定可以转让，则应要求加列；否则，只能按信用证受益人的名义发货、制单，向银行交单议付。

（8）付款期限及转运和分批装运。信用证的付款期限及转运和分批装运条款必须与买卖合同规定相一致。

（9）在信用证中一般不应指明承运货物的货运代理人，以便出口商本着节约的原则，自由选择货运代理人。在信用证中一般不应指明运输航线，以便出口商和货运代理人本着节约费用的原则灵活选择运输线路。

（10）在非海运的情况下，如航空运输，为了保证出口商安全收回货款，航空运单的收货人一般应写明是开证银行。

（11）对于来证中要求提供的单据种类和份数及填制方法等，要进行仔细审核，如发现有不正常规定，例如要求商业发票或产地证明须由国外第三者签证以及提单上的目的港后面加上指定码头等，都应慎重对待。

（12）在审证时，除对上述内容进行仔细审核外，有时信用证内加列许多特殊条款（Special Condition），如指定船公司、船籍、船龄、船级等，或不准在某个港口转船等，一般不应轻易接受，但若对我方无关紧要，而且也可办到，则可酌情灵活掌握。

（三）改证

对信用证进行了全面细致的审核以后，如果发现问题，应区别问题的性质，分别同银行、运输、保险、商检等有关部门研究，作出恰当妥善处理。凡是属于不符合我国对外贸易方针政策，影响合同执行和安全收汇的情况，我们必须要求国外客户通过开证行进行修改，并坚持在收到银行修改信用证通知书后才能对外发货，以免发生货物装出后而修改通知书未到的情况，造成我方工作上的被动和经济上的损失。

在办理改证工作时，需要修改的各项内容应做到一次向国外客户提出，尽量避免由于我方考虑不周而多次提出修改要求；否则，不仅会增加双方的手续和费用，而且会对外造成不良影响。

关于修改信用证的修改规则，国际商会《跟单信用证统一惯例》（UCP600）作了详细和具体的规定：

第一，不可撤销信用证未经开证行、保兑行（若已保兑）和受益人同意，既不能修改，也不能取消。

第二，自发出修改之时起，开证行即受该修改内容的约束，而且对已发出的修改不得撤销。如信用证经另一银行保兑，保兑行可对修改内容扩展其保兑；如保兑行对修改内容不同意保兑，可仅将修改通知受益人而不加保兑，但必须毫不迟延地告知开证行和受益人。

第三，直至受益人将接受修改的意见告知通知该修改的银行为止，原信用证的条款（包括先前已被接受的修改）对受益人依然有效。受益人应对该修改作出接受或拒绝的通知。如未作此通知，则当受益人向指定银行或开证行提交符合信用证和尚未被接受的修改的单据时，即视为受益人接受了该修改的通知，并自此时起信用证已被修改。

第四，对同一修改通知的部分接受是不允许的，是无效的。对于需经修改方能使用的信用证，原则上应在收到修改通知书并经审核认可后方可发运货物，除非确有把握，绝不可仅凭国外客户"已经照改"的通知就装运货物，防止对方言行不一而造成被动和损失。对于可接受或已表示接受的信用证修改书，应将其与原证附在一起，并注明修改次数（如修改在一次以上），这样可防止使用时与原证脱节，造成信用证条款不全，影响及时和安全收汇。

此外，对来证不符合合同规定的各种情况，还需要作出具体分析，不一定坚持要求对方办理改证手续。只要来证内容不违反政策原则并能保证我方安全迅速收汇，可灵活掌握。

总之，对国外来证的审核和修改是保证顺利履行合同和安全迅速收汇的重要前提，我们必须给予足够的重视，认真做好审证工作。

三、租船订舱、出口报关和投保

出口企业在备货的同时，还应该按买卖合同和信用证规定，安排租船订舱工作、办理报关和投保等手续。在电子商务环境下，装运、报关和投保手续可以在电子商务网上完成。

（一）租船订舱

现代信息技术正在迅速改变国际货物运输的运作方式。电子商务，特别是 EDI 电子数据交换技术，正在以电子方式的信息传输代替纸质单据的传递。甚至在一些国家，运输公司已经利用卫星地面定位技术来自动跟踪货物的运输情况，并通过国际互联网络向客户提供货物的运输信息。新的信息通信技术的运用正在改变全球运输行业。运输服务出现更加细致的专业化分工。目前，现代企业运作方式更强调减少库存，为全球客户提供及时到位的运输。及时到位的运输要求更快和更准确的操作。为了达到快速和准确的目的，就要求有专业化较强的货运服务机构，以及全球货物运输监控体系。

随着技术的进步，更具有实际意义的是，货主越来越少地与运输工具承运人，如船公司直接打交道，而是由专业化较强的货运服务机构提供中介服务。就货运服务公司而言，货运代理公司、储运公司、报关经纪行、卡车运输公司和其他的运输与物流管理公司都在试图调整自己的运输服务功能。这些具有不同行业特点的公司所提供的服务的界限也在逐渐模糊，这就为出口商办理货运提供了多种选择。

在货、证备齐以后，出口企业应办理租船订舱手续。如果出口货物数量较大需要整船载运的，则需要办理租船手续；若出口数量不大，不需要整船载运的，则安排洽订班轮或租订部分舱位运输。

在履行 CIF 出口合同时，出口企业办理租船、订舱的工作步骤大致如下：

首先，填写出口货物托运单。外贸企业在备妥货物，国外开来的信用证经审核（或经修改）无误后，就应根据买卖合同和信用证条款的规定填制海运出口托运单。所谓海运出口托运单，又称订舱委托书（Shipping Note），是外贸企业向外运机构所提供的出运货物的必要文件，亦是外运机构向船公司订舱配载的依据。待海运出口托运单妥善填制完成后，应在规定日期送交外运机构，委托订舱。若采用海运集装箱班轮运输，其订舱手续与一般杂货班轮运输类似。外贸企业或外运机构应缮制集装箱货物托运单，其内容、份数与通常的海运出口托运单略有不同。

其次，船公司或其代理人签发装货单（Shipping Order）。装货单，俗称下货纸，是船公司或其代理人签发给货物托运人的一种通知船方装货的凭证。其作用有三：第一，意味着运输合同已经订立，船公司已接受这批货物的承运。装货单一经签发，承运、托运双方均受其约束。如货物因船方责任装不上船而退关造成损失，船公司需要承担赔偿责任。第二，海关凭此查验出口货物，如准予出口，即在装货单上加盖海关放行章。第三，通知船方装货，该单是船公司或其代理人发给船方的装货通知和指令。

外贸企业或外运机构根据有关方面的要求，将出口清关的货物存放于指定仓库。待轮船抵港装船完毕，即由船长或船上大副根据装货实际情况，签发大副收据，又称收货单，表明货物已装妥。外贸企业或外运机构可凭此单据向船公司或其代理换取海运提单。如装船货物外表不良或包装有缺陷，船长或大副就会在大副收据上加以批注，即所谓"不良批注"，以分清船货双方的责任。如这时外贸企业或外运机构向船公司或其代理换取提单，就只能凭此单据换取不清洁提单，从而在结汇时出现麻烦。因而，外贸公司或外运机构通常的做法是：使货物表面清洁，以获取清洁提单。

（二）出口报关

1.报关须知

出口报关是指出口货物的发货人或其代理人向海关申报交验有关单据、证件，申请验关并办理货物通关出境的手续。《中华人民共和国海关法》（以下简称《海关法》）规定：凡是进出国境的货物，必须经由设有海关的港口、车站、国际航空站进出，并由货物的所有人向海关申报，经过海关查验放行后，货物方可提取或装运出口。

目前，我国的出口企业在办理报关时，可以自行办理报关手续，也可以通过专业的报关经纪行或国际货运代理公司来办理。

2.报关单证

出口报关时，发货人或其代理人必须妥善填写出口货物报关单，必要时还应提供出口合同副本、发票、装箱单或重量单、商品检验证书、出口许可证以及其他所需有关证件，向货物出境地海关办理报关手续。

3.出口收汇核销单

出口收汇核销单是由国家外汇管理局统一管理和制发，各分支局核发，出口单位凭此向海关办理出口报关，向银行办理出口收汇，向外汇管理部门办理出口收汇核销，向税务机关办理出口退税申报的有顺序编号的重要凭证。进出口企业在货物出口前应事先向当地外汇管理部门申请领取出口收汇核销单。出口企业应如实填写有关货物的出口情况，货物报验放行后，海关在核销单上盖章，并与报关单上盖有"放行"图章的一联一起交给出口单位，由出口单位附发票等文件送当地外汇管理部门备案。待收汇后，在结汇税单或通知单上填写核销单号，向外汇管理部门销案。

（三）投保

对于CIF出口合同，卖方在装船前，应该按合同规定及时向保险公司办理投保手续，填制投保单。出口商品的投保手续，一般都是逐笔办理的。投保人投保时，应将投保人名称、货物名称、投保金额、运输路线、运输工具、开航日期、投保险别、赔款地点等逐一列明。保险公司接受投保后，即签发保险单据。

从以上出口合同履行的环节上可以看出，在出口合同履行过程中，货、证、船的衔接是一项极其细致而又复杂的工作，任何一个环节出了问题，都将带来难以预料的后果。因此，进出口企业为做好出口合同的履行工作，必须加强对出口合同的科学管理，建立起能反映出口合同执行情况的进程管理制度，做好"四排队""三平衡"工作。尽力避免交货期不准、拖延交货期或不交货等现象的发生。

所谓"四排队"，是指以买卖合同为对象，根据合同要求的货物是否备妥、信用证是否落实等，按四种情况——"有证有货""有证无货""无证有货""无证无货"，进行分析排队。通过排队，摸清货、证的实际情况，及时发现问题，采取措施，解决问题。"三平衡"是指以信用证为依据，根据信用证规定的装运期和到期日的远近，结合货源和运输能力的具体情况，分清轻重缓急，力求做到"货、证、船"三方面的有效衔接，保证按时交付和装运货物，从而保证出口合同得以顺利履行。

四、制单结汇

在传统的贸易方式下，当货物装船后，出口企业即应按照信用证的要求正确缮制各种单据，并在信用证规定的交单有效期内送交银行办理结汇手续。在电子商务的方式下，出口企业则应在货物装船后，缮制有关电子单证，并通过电子数据交换的形式实现单据的直接传递，货款的结算也可以通过银行电子转账系统自动完成。

（一）制单结汇办法

在信用证付款条件下，我国目前出口商在银行可以办理出口结汇的做法主要有三种：收妥结汇、押汇和定期结汇。不同的银行，其具体的结汇做法不一样。即使是同一个银行，针对不同的客户信誉度，以及不同的交易金额等情况，所采用的结汇方式也有所不同。

1.收妥结汇

收妥结汇又称收妥付款，是指信用证议付行收到出口企业的出口单据后，经审查无误，将单据寄交国外付款行索取货款的结汇做法。这种方式下，议付行都是待收到付款行的货款后，即从国外付款行收到该行账户的贷记通知书（Credit Note）时，按照出口企业的指示，将货款拨入出口企业的账户。

2.押汇

押汇又称买单结汇，是指议付行在审单无误情况下，按信用证条款贴现受益人（出口公司）的汇票或者以一定的折扣买入信用证项下的货运单据，从票面金额中扣除从议付日到估计收到票款之日的利息，将余款拨给出口企业。议付行向受益人垫付资金、买入跟单汇票后，即成为汇票持有人，可凭票向付款行索取票款。银行之所以做出口押汇，是为了给出口企业提供资金融通的便利，这有利于加速出口企业的资金周转。

3.定期结汇

定期结汇是指议付行根据向国外付款行索偿所需时间，预先确定一个固定的结汇期限，并与出口企业约定该期限到期后，无论是否已经收到国外付款行的货款，都主动将票款金额拨交出口企业。

（二）制作审核结汇单据的基本原则

开证行只有在审核单据与信用证完全相符后，才承担付款的责任，开证行如发现出口商所提交的单据与信用证有任何不符，均有可能出现拒付货款的情况，因此，结汇单据的缮制是否正确完备对安全迅速收汇十分重要。对于结汇单据，一般都要本着"正确、完整、及时、简明、整洁"的原则来制作和审核。

1.正确

制作的单据只有正确，才能够保证及时收汇。单据应做到两个一致，即：单据与信用证保持一致、所提交的单据与单据之间保持一致。此外，单据与货物也应一致。

2.完整

出口企业必须按照信用证的规定提供各项单据，不能短少或缺项。单据的份数和单据本身的项目，如产地证明书上的原产国别、签章；其他单据上的货物名称、数量；海运提单和汇票的背书签字或人名章、公司章等内容，也必须完整无缺。

3.及时

出口企业应在信用证的有效期内，及时将单据送交议付银行，以便银行早日寄出单据，按时收汇。此外，在货物出运之前，应尽可能将有关结汇单据送交银行预先审核，使银行有较充裕的时间来检查单证、单单之间有无差错或问题。如发现一般差错，可以提前改正，如有重大问题，也可及早由出口企业与国外买方联系修改信用证，避免在货物出运后不能收汇。

4.简明

单据的内容应按信用证要求和国际惯例填写，力求简明，切勿加列不必要的内容，以免弄巧成拙。

5.整洁

单据的布局要美观、大方。缮写或打印的字迹要清楚。单据表面要清洁，更改的地方要加盖校对图章。有些单据，如提单、汇票以及其他一些单据的主要项目，如金额、件数、重量等，一般不宜更改。

（三）单证不符点的处理

在信用证项下的制单结汇中，议付银行要求"单、证表面严格相符"。但是，在实际业务中，由于种种原因，单证不符情况时常发生。如果信用证的交单期允许，应及时修改单据，使之与信用证的规定一致。如果不能及时改证，进出口企业应视具体情况，选择如下处理方法：

1.表提

表提又称为"表盖提出"，即信用证受益人在提交单据时，如存在单证不符，向议付行主动书面提出单、证不符点。通常，议付行要求受益人出具担保书，担保如日后遭到开证行拒付，由受益人承担一切后果。在这种情况下，议付行为受益人议付货款。因此，这种做法也被称为"凭保议付"。表提的情况一般是单证不符情况并不严重，或虽然是实质性不符，但事先已经开证人（进口商）确认可以接受。

2.电提

电提又称为"电报提出"，即在单、证不符的情况下，议付行先向国外开证行拍发电报或电传，列明单、证不符点，待开证行复电同意再将单据寄出。电提的情况一般是单、证不符属实质性问题，金额较大。电提方式可以在较短时间内由开证行征求开证申请人的意见。如获同意，则可以立即寄单收汇，如果不获同意，受益人可以及时采取必要措施对运输中的货物进行处理。

3.跟单托收

如出现单、证不符，议付行不愿意用表提或电提方式征询开证行的意见。在此情况下，信用证就会彻底失效。出口企业只能采用托收方式，委托银行寄单代收货款。

这里要指出的是，无论是采用"表提""电提"，还是"跟单托收"方式，信用证受益人都失去了信用证中所作的付款保证，从而使出口收汇从银行信用变成了商业信用。

（四）结汇单据

出口企业在货物装运后，应按照信用证的规定，正确缮制各种单据和必要的凭证，在信用证规定的交单有效期内，送交指定的银行办理结汇手续。在信用证业务中，开证银行只凭信用证和单据，不管合同与货物，对单据的要求十分严格，只有在单据与信用证完全相符后才承担付款责任。因此，对各种结汇单据的缮制是否正确完备对能否迅速安全地收款十分重要。

对于出口单据，必须符合"单单一致、单证一致"和"正确、完整、及时、简明、整洁"的要求。

在以信用证方式结算货款的交易中，提交的出口单据必须与信用证条款的规定严格相符。

五、出口收汇核销和出口退税

（一）出口收汇核销

出口收汇核销是指企业在货物出口后的一定期限内向当地外汇管理部门办理收汇核销，证实该笔出口价款已经收回或按规定使用。核销单是国家外汇管理局制发的，由出口企业、银行填写，海关凭此受理报关，外汇管理部门凭此核销外汇的有顺序号的凭证。

根据国务院建设"中国电子口岸"的文件精神，由海关总署、商务部、国家税务总局、国家市场监督管理总局等部门联合开发建设的"电子口岸"部分联网应用项目已于2001年6月1日在全国推广。"电子口岸"通过联网的方式，为外管局、海关、税务等有关部门和进出口企业提供口岸业务综合服务。通过"电子口岸"的"出口收汇系统"和"企业管理系统"，企业可以在网上进行申领核销单、办理核销单交单及挂失等系列操作。

"中国电子口岸"管理系统的出口收汇流程及相关业务如下：

首先，上网领单。用企业操作员卡在网上申领核销单，领单数量依据外管局原核销系统记录的可发单数量，即企业领单数不能超过原系统记录的可发单数，由企业核销员到外管局领取新版核销单。

其次，口岸备案。由企业操作员在网上输入口岸代码，进行企业备案。

再次，出口交单。在办理核销之前，操作员在网上进行交单。

最后，收汇核销。在网上交单后，到外管局办理书面核销。核销所需单据有出口收汇核销单、报关单、收汇水单及出口发票。

即期业务在90天内办理核销；远期业务必须提交出口合同，在外管局办理远期收汇备案。丢失空白核销单在网上及外管局同时挂失，破损的核销单必须到外管局注销。若逾期未收汇，出口单位应及时向外管局以书面形式报告逾期未收汇的原因，由外管局视情况处理。

（二）出口退税

出口退税是指在国际贸易业务中，对中国报关出口的货物退还在国内各生产环节和流转环节按税法规定缴纳的增值税和消费税，即出口环节免税且退还以前纳税环节的已纳税款。出口退税是一个国家为了扶持和鼓励本国商品出口，将所征税款退还给出口商的一种制度，出口退税是提高货物的国际竞争能力，符合税收立法及避免国际双重征税的有力措施。我实行了出口货物税率为零的优惠政策。对出口的已纳税产品，在报关离境后，将其在生产和流转环节的消费税、增值税退还给出口企业，使企业及时收回投入经营的流动资金，加速资金周转，降低出口成本，提高企业经济效益。

1.退税的基本条件

（1）必须是增值税、消费税征收范围内的货物。

（2）必须是报关离境出口的货物。

（3）必须是财务上作出口销售处理的货物。

（4）必须是已经收汇核销的货物。

2.出口商品的退税率

我国现行出口货物增值税退税率共有13%、10%、9%、6%、0%五档。一般来说，加工度越高的商品，退税率越高。

根据《关于调整出口退税政策的公告》（财政部 税务总局公告2024年第15号），自2024年12月1日起，取消铝材、铜材以及化学改性的动、植物或微生物油、脂等产品出口退税；将部分成品油、光伏、电池、部分非金属矿物制品的出口退税率由13%下调至9%。

（三）退税凭证

退税凭证是指税务机关或基层单位将已征收入库的税款或未上解入库的税款退还给纳税人而填制的原始凭证。出口商品退税凭证包括以下单据：增值税专用发票（税额抵扣联）或普通发票；税收（出口货物专用）缴款书或出口货物完税分割单；出口销售发票和销售明细账；出口货物报关单（出口退税联）；出口收汇核销单（出口退税专用）。

（四）退税程序

出口货物海关放行并且装上运输工具后就可以结关了，从结关日开始三个月内是退税有效期，只要在出口退税有效期内，办理完相关手续就可以申请退税，如果三个月内无法将手续办理完毕，可以向税务部门申请延期，延期期限三个月。

出口退税程序为：第一步，退税申报数据录入。第二步，退税申报数据审核。第三步，退税申报数据检查。第四步，预申报。第五步，正式申报。

外贸企业申请出口退税必须提供下列凭证资料：①出口货物退（免）税申报表（一式五份）；②出口货物报关单（出口退税专用）；③出口收汇核销单（出口退税专用）；④出口商品销售发票；⑤增值税专用发票及税收（出口货物专用）缴款书；⑥出口退税货物进货凭证申报明细表；⑦出口退税货物退税申报明细表；⑧增值税专用发票认证结果通知书及清单。

最后，完成退税电子数据的正式申报后，退税人员将正式申报的软盘和有关退税申报资料上报到税务主管分局。

第四节 进口合同履行

一、信用证的开立与修改

进口合同依法订立后，买卖双方都必须严格按照合同规定，履行各自的合同义务，否则，不履行合同义务或不按合同规定履行的一方就应承担违约的法律责任。在进口业务中我方作为买方，必须贯彻重合同、守信用的原则，按照合同、有关的国际条约和国际贸易惯例规定，支付货物的货款和收取货物，同时，还要随时注意卖方履行合同的情况，督促卖方按合同规定履行其交货、交单和转移货物所有权的义务。

（一）申请开立信用证

我国进口货物一般都采用信用证方式付款，因此，进口合同签订后，进口企业应在规定的期限内向经营外汇业务的银行及时办理开证申请手续。

开证申请人在填写开证申请书时，应注意的事项：

1.信用证的种类

应按合同规定。在进口业务中，一般不宜开立可转让信用证，以防因第二受益人不可靠而造成意外损失。

2.信用证金额

即受益人可使用的最高限额。大小写金额要一致，除非确有必要，不宜在金额前加"约"（about）、"近似"（approximately）、"大约"（circa）或类似词语，否则，按UCP600将被解释为允许有不超过10%的增减幅度。

3.汇票的付款人和付款期限

汇票付款人应为开证行或信用证指定的其他银行，而不能规定为开证申请人，否则，该汇票将被视作额外单据；汇票为即期还是远期，应严格按照合同规定。

4.运输单据

如采用海洋运输，一般应要求提供全套凭开证行或申请人指示并经发货人空白背书的已装船清洁提单。若装运港与目的港航程距离较短，如自日本、中国香港启运的货物，为便于早日提货，防止因提单到达过晚无法提货而引起损失，则可规定受益人于装运后先寄一份正本提单给申请人，凭以提货。对集装箱运输、航空运输、铁路运输、邮包运输，则应在采用 FCA、CIP、CPT 贸易术语的条件下方可受理，同时必须注明提交相应的运输单据。沿用传统的 CIF、CFR 或 FOB 术语达成的交易，也应按实际使用的运输方式要求提供相应的运输单据。

5.其他单据

产地证，品质、重量检验证书，化验证明书等的签发机构，对形式、内容及证明事项等应作明确规定。

6.分批装运和转运

进口合同规定不允许分批装运和转运的，应在信用证中明确注明不准分批装运、不准转运。如信用证对此不作规定的，将被视为允许分批装运和转运。

7.到期日和到期地点

信用证必须规定一个到期日和除了自由议付信用证外的一个交单地点，否则，该信用证就不能使用。

8.进口许可证号码

我国是外汇管制较严的国家，信用证中应要求出口人在商业发票上记载进口许可证号码，以备进口通关时海关验货。

（二）信用证的修改

信用证开出后，如发现内容与开证申请书不符，或因情况发生变化或其他原因，需对信用证进行修改，应立即向开证行递交修改申请书，要求开证行办理修改信用证的手续。如受益人收到信用证后提出要求修改信用证中的某些条款的，则应区别情况同意或不同意。如同意修改，应及时通知开证行办理修改手续；如不同意修改，也应及时通知受益人，敦促其按原证条款履行装货和交单。

按 UCP600 规定，信用证经修改后，开证行即不可撤销地受该修改的约束。受益人可决定其接受修改或拒绝修改，但受益人应发出其接受或拒绝修改的通知。在受益人告知通知修改的银行接受修改之前，原信用证的条款对受益人仍具有约束力。如受益人未发出其接受或拒绝的通知而其提交的单据与原信用证的条款相符，则视为受益人已拒绝了该修改；但若提交的单据与经修改的信用证条款相符，则视为受益人已发出接受该修改的通知，从那时起，该信用证已被修改。

总之，我国进口企业对信用证的开立和修改应持慎重态度。在申请开立信用证时，应做到开证申请书与合同相符，以避免不必要的修改，并避免不符条款被受益人利用而遭受损失。在修改信用证时，亦应注意修改内容的正确性并考虑到受益人有可能拒绝修改而仍按原证条款履行。

除信用证支付方式外，进口业务中还有汇付、托收，或两种及以上支付方式（如凭银行保证书预汇货款）结合使用的。如使用汇付方式，我方应在合同规定的时间内，按合同规定，将货款汇付卖方；如使用托收，则应根据合同规定，以付款交单方式付款赎单或以承兑交单方式承兑后先取得货运单据，到期时再付款；如合同规定买方凭卖方的银行保证书预付货款（或开立预支信用证），则在合同成立并生效后，由卖方银行向买方开出不可撤销的保证书，买方据以预付合同规定的货款。如卖方银行不开保证书，则应拒绝预付（或不开预支信用证）。在进口业务中，有时对一些资信不很好的客户，在进口合同中规定在对方开到保证履约的银行保证书后，我方再开信用证，目的是防止对方欺骗。银行保证书必须是不可撤销的，并详细说明保证的内容，银行保证书的有效期要晚于卖方履行义务的时限，否则有可能因卖方尚未按时履行义务而银行保证书已经过期失效、银行不再承担任何责任而造成损失。

二、安排运输和保险

在进口业务中，货物大多通过海洋运输，凡以 FOB 或 FCA 贸易术语成立的合同，由我方安排运输，订立运输合同。对于由海洋运输的货物，我方应负责租船或订舱工作。我国公司的大部分进口货物都委托中国远洋运输（集团）总公司（简称中远）或国际货运代理人代办运输，并与其订立运输代理协议，也有直接向中远或其他对外运输的实际承运人办理托运手续的。

（一）租船订舱和催装

1. 租船订舱

租船订舱的时间应按照合同规定，并应在运输机构规定的时间内提交订舱单，以保证及时配船。如合同规定，卖方在交货前一定时间内应将预计货物备妥日期、货物的毛重、体积通知我方，而当我方未能按时收到此项通知时，我方应及时发函或发电，要求对方按合同规定提供具体情况，并在接到上述情况通知后，及时办理租船、订舱手续。对于一些机械仪器等商品，装运次数多但每批数量不大的，为简化手续，不必事前订舱，可事先委托发货人与我方船代理直接联系，安排装运。对于一些特殊商品，如单件货物超长、超高、超重的，或危险品等，应将卖方提供的详细情况转告有关运输机构，以确保安全运输。

进口企业在办妥租船、订舱手续，接到运输机构的配船通知后，应按规定期限将船名及预计到港日期通知卖方，以便卖方准备装货。

CIF 和 CFR 条件下的进口合同，系由卖方负责租船、订舱，安排装运。但我方也应及时与卖方联系，掌握卖方的备货和装运情况。

2. 催装

在进口业务中，出口商往往由于原料或劳动力成本上涨、出口许可证未及时获得、国际市场该商品价格上涨或无法按期安排生产等各种原因，不能或不愿按期交货。为此，进口商除在合同中需争取订立迟交罚款等约束性条款外，还必须随时了解和掌握对方备货和装船前的准备工作情况，督促对方按期装运。对于大宗货物或重要的、用户急需的商品，在交货前一两个月即应发出函电催装，必要时还可委托我驻外商务机构就近了解，督促对方根据合同规定，按时、按质、按量履行交货义务，或派员前往装运地点监督装运。对逾期未交货的情况，如责任在卖方，我方有权撤销合同并提出索赔；如仍需要该批货物者，则可同意对方延迟交货但可同时提出索赔。

在装货数量很小的情况下，有的FOB合同规定，由卖方直接向我运输代理人或其他船公司洽订舱位，以简化手续，节省时间。对此，我方应检查、督促、了解和掌握对方的备货和订舱、装船的情况。

（二）保险

FOB、FCA、CFR和CPT条件下的进口合同，由进口企业负责向保险公司办理货物的运输保险。进口货物运输保险一般有两种方式：

1. 预约保险

我国部分外贸公司和保险公司签订海运、空运和陆运货物的预约保险合同，简称"预保合同"。这种保险方式，手续简便，对外贸公司进口货物的投保险别、保险费率、适用的保险条款、保险费及赔偿的支付方法等都作了明确的规定。

根据预约保险合同，保险公司对有关进口货物负自动承保的责任。对于海运货物，外贸公司接到外商的装运通知后，只需按要求填制进口货物"装货通知"，将合同号、启运口岸、船名、启运日期、航线、货物名称、数量、金额等必要内容逐一列明，送保险公司，即可作为投保凭证。货物一经启运，保险公司就自动按预约保单所订的条件承保。

对于空运和邮包运输的货物，也要根据预约保险合同的内容和承保范围，在收到供货商的装运通知后，立即填制"装货通知"送交保险公司签章。

预约保险合同对保险公司承担每艘船（或每架飞机）每一航次的最高保险责任一般作了具体规定，当承运货物超过此限额时，应于货物装运前书面通知保险公司，否则，仍将原定限额作为最高赔付金额。

2. 逐笔投保

在没有与保险公司签订预约保险合同的情况下，对进口货物就需逐笔投保。外贸公司在接到卖方的发货通知后，应当立即向保险公司办理保险手续。在一般情况下，外贸公司填制"装货通知"代投保单交保险公司，"装货通知"中必须注明合同号、启运地、运输工具、启运日期、目的地、估计到达日期、货物名称、数量、保险金额等内容，保险公司接受承保后给公司签发一份正式保单。如外贸公司不及时向保险公司投保，货物在投保之前的运输途中发生损失时，保险公司不负赔偿责任。

保险公司对海运货物保险的责任期限，一般是从货物在国外装运港装上海轮时起，开到保险单据载明的国内目的地收货人仓库或储存处所为止。如未抵达上述仓库或储存处所，则以被保险货物在最后卸载港卸离海轮后60天为止，如不能在此期限内转运，可向保险公司申请延期，延期最多为60天。应当注意的是：散装货物以及木材、粮食等一些货物，保险责任均至卸货港的仓库或场地终止，并以货物卸离海轮60天为限，不实行国内转运期间保险责任的扩展。少数货物如新鲜果蔬、活牲畜于卸离海轮时保险责任即告终止。

三、审单和付款

我国的进口业务绝大部分使用信用证方式结算货款。这就要求对方提交的单据完全符合我方开立的信用证的条款。为保证我方的权益，必须认真做好审单工作，而审单是银行与企业的共同责任，因此必须密切联系，加强配合。

（一）银行的审单

在信用证付款方式下，国外发货人将货物交付装运后，即将汇票及各项单据提交开证行或保兑行（如有）或其他指定银行。银行收到国外寄来的单据后，必须合理审核信用证规定的一切单据，以确定其表面上是否符合信用证条款。规定的单据表面上与信用证条款是否相符，须按《UCP600》所反映的国际标准银行实务来确定。在"单、证一致""单、单一致"的情况下，开证行就必须付款。单据之间出现的表面上的彼此不一致，将被视为单据表面上与信用证条款不符。

信用证未规定的单据，银行将不予审核。如银行收到这类单据，银行应将它们退回交单人或转递而不需承担责任。如信用证中规定了某些条件但并未规定需提交与之相符的单据，银行将看作未规定这些条件而不予置理。

银行对任何单据的格式、完整性、准确性、真实性、法律效力、单据上规定的或附加的一般或特殊条件，一概不负责任；对于任何单据所代表的货物的描述、数量、重量、品质、状态、包装、交货、价值或存在，或货物的发货人、承运人、运输商、收货人或保险人或其他任何人的诚信、清偿能力、履责能力或资信情况，也不负责任。因此，在审单时对这些方面可能存在的问题要特别谨慎，以便早日发现问题，及时采取补救措施，减少可能造成的损失。

银行的审单按照《UCP600》的规定，议付行、保兑行（如有）以及开证行，自其收到提示单据的翌日起算，应各自拥有最多不超过5个银行工作日的时间以决定提示是否相符。审核和决定接受或拒绝接受单据，并相应地通知交单方。该期限不因单据提示日适逢信用证有效期或最迟提示期或在其之后而被缩减或受到其他影响。提示若包含一份或多份按照本惯例出具的正本运输单据，则必须由受益人或其代表按照相关条款在不迟于装运日后的21个公历日内提交，但无论如何不得迟于信用证的到期日。

（二）付款

收到单据后，开证行或保兑行（如有）必须仅以单据为依据来确定其是否表面上与信用证条款相符。如单据表面上与信用证条款不符，银行可以拒收单据。在实际业务中，如开证行发现单据表面上与信用证条款不符，一般先与我国进口公司联系，征求进口公司是否同意接受不符点，对此，我国进口公司如表示可以接受，即可指示开证行对外付款；如表示拒绝，即指示开证行对外提出异议，或通过寄单行通知受益人更正单据或由国外银行书面担保后付款；或改为货到检验认可后付款。根据UCP600的规定，如果开证行或保兑行（如有）或其他指定银行决定拒绝接受单据，则必须在收到单据次日起的7个银行工作日以内，以电信方式或其他快捷方式，通知寄单银行或受益人（如单据由受益人直接向银行提交），并说明银行据以拒收单据的所有不符点，还须说明单据是否保留以待交单人处理，或退还交单人。如开证行、保兑行未能保管单据听候交单人处理，或退回交单人，开证行、保兑行将无权宣称单据与信用证条款不符。

如开证行认为单据符合信用证条款要求，对即期付款信用证，则应即期付款；对延期付款信用证，则应于信用证条款所确定的到期日付款；对承兑信用证，则应承兑受益人出具的汇票并于到期时付款；对议付信用证，则凭受益人出具的汇票向出票人及/或善意持票人付款。开证行、保兑行付款后无追索权。开证行在向外付款的同时，即通知我国进口公司向开证行付款赎单。

开证行在审查单据的过程中，除发现单据有不符点时要征求申请开证的进口公司的意见，以确定是接受还是拒绝外，即使审核的单据和汇票与规定相符，通常也要交进口公司复核。按我国习惯，如进口公司在3个工作日内没有提出异议，银行即按即期、远期汇票付汇或承兑或在延期付款信用证情况下对外承担到期付款责任。由于开证行一经履行付款、承兑或承担付款责任，即不能追索或撤销，因此，进口公司对单据的审核也必须认真对待，绝不能有任何疏忽。

四、报关接货

根据我国《海关法》规定，进出境的货物必须通过设有海关的地方进境或出境，接受海关的监管。海关依照《海关法》和其他有关法律、法规的规定，监管进出境的运输工具、货物、行李物品，征收关税和其他税费，查禁走私，并编制海关统计和办理其他海关业务。对进出境货物的监管是海关的重要任务之一。

（一）进口货物的申报

所谓进口报关，是指进口货物的收货人或代理人向海关交验有关单证，办理进口货物申报手续的法律行为。进口报关必须由海关准予注册登记的报关员或者有权报关的企业（也称报关行）负责办理。

进口货物的收货人或其代理人待货物抵达卸货港后，即应填具"进口货物报关单"向海关申报，并向海关提供齐全、正确、有效的单据。法定申报时限为自运输工具申报进境之日起14天内，超过14天期限未向海关申报的，由海关按日征收进口货物CIF（或CIP）价格的0.5‰的滞报金。超过3个月未向海关申报的，由海关拍卖，所得价款在扣除运输、装卸、储存等费用和税款后，尚有余款的，自货物变卖之日起1年内，经收货人申请予以发还。

（二）进口货物报关单的填写

填写"进口货物报关单"是报关人向海关办理报关手续的一种法律行为。报关人员必须按海关规定和进口货物的实际情况，如实向海关申报。

1.填写"进口货物报关单"的一般要求

（1）填报的项目要正确、齐全，字迹要清楚、整洁、端正。不可用铅笔或红墨水笔填写。已填报项目，凡有更改的，应在更改处加盖单位校对章。

（2）不同合同的货物，不能填报在同一份报关单上；同一批货物中如采用不同的贸易方式的，须填制不同的报关单。

（3）一份合同中如有多种不同商品，应分别填报；一张报关单上一般不超过五项海关统计商品编号的货物。

（4）要做到单证相符及单货相符，即报关单填报项目要与合同、批文、发票、装箱单相符；报关单中所报内容要与实际进口货物相符。

2."进口货物报关单"的主要内容

报关人员要正确填写"进口货物报关单"中的下列项目：

（1）进口口岸。填写货物入境的口岸名称。

（2）经营单位。填写经营进口货物业务的企业和单位的名称。经营单位是指对外签订和履行合同的企业和单位。

（3）收货单位。填写进口货物收货人的名称和所在地。

（4）贸易方式。按进口货物的实际贸易性质或方式填写，如一般贸易、寄售贸易、补偿贸易、来料加工等。

（5）起运国别（地区）。起运国别（地区）是指把货物起始发出包括直接运往或在运输路途经中转国但未发生任何商业性交易的情况下运往进口国的国家（地区）。

（6）原产国别。指进口货物的生产、开采或制造的国家。

（7）外汇来源。指进口货物实际使用的外汇来源。

（8）运输工具名称、提单或运单号。海运填写船名、航次、提单号；陆运填写车号运单号；空运填写航班号、货运单号。

（9）合同号、批准机关及文号。填写合同的详细年份、编号，批准进口的单位及批准文件的文号。

（10）商品名称、规格、数量、重量、包装及标记唛头。应将合同规定的商品名称和规格的主要项目、实际进口数量和计量单位、毛重和净重、包装种类、件数、标记唛头，填写清楚。

（11）成交价格和到岸价格（指 CIF 价）。成交价格填写合同规定的成交单价并注明所使用的贸易术语及货币名称。到岸价格包括货价、运费、保险费。

（12）海关统计商品编号。按照国际贸易商品分类目录《商品名称及编码协调制度》填报。

（13）运杂费及保险费。按实际支付金额填写。以 CIF 条件进口的，此栏可不必填写。

（14）进口日期、申报单位、集装箱号等。

除填写"进口货物报关单"外，还应交验有关单证，如提货单、装货单或运单；发票；装箱单；货物进口许可证或配额证明；自动进口许可证或关税配额证明；商检机构签发的货物通关证明或免验货物的证明；海关认为有必要提供的进口合同、厂家发票；

产地证明及其他文件等。

报关员在报关时须出示报关员证，并在报关单上加盖"HS"报关员专用名章，否则，海关将不接受报关。

（三）接货

接货包括监卸和报验。

进口公司通常委托货运代理公司办理接货业务，或者进口公司派人自己接货。可以在合同和信用证中指定接货代理，此时出口商在提单的被通知人栏内应填写被指定货运代理公司的名称和地址。船只抵港后，船方按提单上的地址，将"准备卸货通知"寄交给进口公司委托的货运代理公司。代理公司应负责现场监卸。如合同和信用证中没有指明接货代理，进口公司可在接到船方寄交的"准备卸货通知"后，自行监卸。

在监卸过程中，如发现货损货差，监卸方应会同船方和港务当局，填制"短卸报告"，交由船方确认，并根据短缺情况向船方提出保留索赔权的书面声明。有残损的货物应存放在海关指定的仓库，待保险公司会同商检司检验后再作处理。

卸货后，货物可以在港口申请报验，也可在用货单位所在地报验。但如果属于下列情况之一的货物，应在卸货港口向商检机构报验：①属于法定检验的货物；②合同规定应在卸货港检验；③发现货损货差情况。

《联合国国际货物销售合同公约》规定，卖方交货后，在买方有一个合理的机会对货物加以检验以前，不能认为买方已接受了货物，如果买方经检验，发现卖方所交货物与合同不符，买方有权要求损害赔偿直至拒收货物。因此，买方收到货物后，应在合同规定的索赔期限内对货物进行检验。

（四）结关

结关又称放行，是指进口货物在办完向海关申报，接受查验，缴纳关税后，由海关在货运单据上签字或盖章放行，收货人或其代理人持海关签章放行的货运单据提取进口货物。海关在放行前，需再派专人对该票货物的全部单证及查验货物记录等进行全面的复核审查并签署认可，在货运单上签章放行，交收货人或其代理人签收。放行意味着办完了海关手续，未经海关放行的进口货物，任何单位和个人不得提取或发运。

对违反国家法律、行政法规的进口货物，海关不予放行。对准许进口的货物，除另有规定外，由海关根据《中华人民共和国进出口税则》规定的税率，征收进口税，进口货物应按规定纳税的，必须在缴清税款或提供担保后，海关方可签章放行。

（五）保税货物

所谓保税货物，是指经海关批准未办理纳税手续先行进境，在境内储存、加工、装配后复运出境的货物。保税货物应该有以下三个特征：

（1）保税货物必须经过海关批准。

（2）保税货物进境时未办理纳税手续。因此，凡是未经结关的货物，必须置于海关监管之下。

（3）保税货物入境后经储存或加工等环节，最终应该出境，如最终决定留在境内，则必须按照一般贸易货物补办进口纳税手续。

我国海关管理的保税货物一般可以分为三类：加工生产类保税货物；储存出境类保税货物；特准缓税类保税货物。加工生产类保税货物主要是指对外加工贸易部分进出口货物；储存出境类保税货物主要是指进境后暂时存放再复运出境的货物；特准缓税类保税货物主要是指入境时难以确定应否完税、如何完税，经海关特准缓办纳税手续的货物。

保税货物属海关监管货物，未经海关许可，任何单位和个人不得开拆、提取、交付拨运、调换、改装、转让或更换标记。

对于来料加工、来件装配项下的进口原材料、零配件、元器件、辅料、包装物料，免征进口税。经营单位须自对外签订的合同批准之日起1个月内向海关办理登记备案手续。审核后，由海关发给《对外加工装配进出口货物登记手册》，进口货物凭手册办理报关手续，接受海关查验，海关放行后，经营或加工单位可提取加工或发运。加工装配进口的配件、设备及加工成品，均为保税货物，自进口之日起，到成品出口之日或设备按海关规定期限解除监管止，应接受海关监管。加工装配的成品，必须全部复出口，不可转为内销，也不准外商在境内提取。经营加工装配的企业，必须按海关规定将生产过程中的用料情况、出口的加工成品及库存情况向主管海关和当地税务局报核，并于合同到期或最后一批加工成品出口后1个月内向海关办理核销手续。

五、检验与索赔

（一）检验

我国《海关法》规定，进口货物除因特殊原因经海关总署批准的以外，都应当接受海关的查验。海关查验货物主要是海关在接受申报后，对进口货物进行实际的核对查验，以确定货物的物理性能或化学成分以及货物的数量、规格等是否与报关单证所列相一致。

查验进口货物应在海关规定的时间和场所进行，即在海关监管区域内的仓库、场地进行。验关时，进口货物的收货人或其代表应该到场并负责开拆包装。对散装货物、大宗货物或危险品等，可在船边等现场查验。在特殊情况下，由报关人员申请，经海关同意，也可由海关派人员到收货人的仓库、场地查验。

如果海关在查验进口货物时造成货物损坏，进口货物的收货人或其代理人有权要求海关予以赔偿。直接经济损失的金额，根据被损坏货物的受损程度而定，货物的受损程度由收货人与海关协商确定。赔偿金额确定以后，由海关发赔偿通知单，收货人自收到通知单第三日起三个月内凭单向海关领取赔款，逾期海关不再赔偿。

海关查验货物后交货主时，如货主没有提出异议，即视为货物完好无损，以后如再发现损坏，海关将不予负责。

根据《中华人民共和国进出口商品检验法》《中华人民共和国进出境动植物检疫

法》《中华人民共和国国境卫生检疫法》《中华人民共和国食品安全法》《出入境检验检疫报检规定》，凡列入《必须实施检验的进出口商品目录》内的进口商品，由商检机构实施检验。未经检验的，不准销售，不准使用。但是，上述规定的进口商品，经收货人、发货人申请，国家商检部门审查批准，可以免予检验。

进口货物的收货人在向商检机构申请对进口商品实施检验时，应按商检机构的要求，真实、准确地填写"进口商品检验申请单"，一般以同一买卖合同、同一国外发票、同一装运单据填写一份申请单。报检人除应提供买卖合同、国外发票、装运单据、装货清单等单据外，还需根据检验项目的不同提供下列有关资料。

（1）申请品质、规格检验的，要加附品质检验证书或质保书、使用说明书及有关标准和技术资料。如凭样成交的，要附成交样品。

（2）申请数量、重量鉴定的，要加附重量明细单或磅码单、装箱单、实货清单。

（3）申请残损鉴定的，要加附理货签证、残损、短缺单或铁路商务记录等有关证明。

（4）进口商品经收货、用货单位自行验收或由其他单位进行检验的，还应加附详细验收记录、磅码清单、检验结果等。

商检机构根据报检人的要求和有关买卖合同的规定，对进口商品进行检验、鉴定后，对外签发品质、数量、重量、包装、货载衡量、验残、海损鉴定等证书。进口商品检验不合格的，对外签发检验证书，供有关方面凭以向外进行索赔。买卖合同规定须凭检验证书进行结算的商品，经商检机构检验后对外签发有关的检验证书，供买卖双方作为货款结算的依据。进口商品经检验合格的，对内签发检验情况通知单，供收货、用货单位凭以销售或使用该商品，此单仅限在国内使用。

（二）进口索赔

在进口业务中，有时会发生卖方不履行或不完全履行合同规定义务的情况，例如不交货或虽交货但所交货物的品质、数量、包装或交货时间不完全符合合同规定，而使买方遭受损失而引起索赔；货物在装卸、搬运和运输过程中品质、数量、包装受损或由于自然灾害、意外事故以及其他外来原因受损，而需向有关责任方提出索赔。

1.向卖方索赔

向卖方索赔，是指由于卖方违约，买方可以采取的补救措施。在进口业务中，由于卖方的违约行为不同，买方可以采取的补救措施也各异，主要有：

（1）宣告合同无效

按《联合国国际货物销售合同公约》规定，当卖方完全不交付货物，或不按照合同规定交付货物，等于根本违反合同时，买方可以宣告整个合同无效，还可以向卖方提出索赔。买方向卖方要求的损害赔偿额，应与因卖方违反合同而使买方遭受的包括利润在内的损失相等。如果合同被宣告无效，而在宣告合同无效后一段合理时间内，买方以合理的方式购买了替代货物，则买方可以取得合同价格和替代货物交易价格之间的差额，以及包括利润在内的其他损害赔偿；如果合同被宣告无效，而货物又有时价，买方没有购买替代货物，则可以取得合同价格和宣告合同无效时的时价之间的差额，以及包括利润在内的其他损害赔偿。时价是指原应交付货物地点的现行价格，如果该地点没有时价，则指另一合理替代地点的价格，但应适当考虑货物运费的差额。

（2）补救措施

如果卖方不履行合同或不完全履行合同的结果使买方遭受了损失，但并未剥夺买方根据合同规定有权期待得到的东西，即未构成根本违反合同，买方不能宣告合同无效，但可以要求损害赔偿。此外，买方还可以行使采取其他补救办法的权利，如可以规定一段合理期限的额外时间，让卖方履行其义务；如果货物与合同不符，买方可以要求卖方通过修理对不符合同之处作出补救，或买方可以降低价格，减价按实际交付的货物在交货时的价值与符合合同的货物在当时的价值两者之间的比例计算。买方享有的要求损害赔偿的任何权利，不因买方行使采取其他补救办法的权利而丧失。

2.向承运人索赔

在进口业务中，凡到货数量少于运输单据所载数量，或由于承运人的过失造成货物残损、遗失的，应由承运人负责。承运人是指在运输合同中承担铁路、公路、海洋、航空、内河运输或多式联运任务，或取得上述运输履行权利的任何人。进口人可根据不同运输方式的有关规定，向承运人或其代理人发出索赔通知。向承运公司索赔期限为货物到达目的港交货后1年之内。

3.向保险公司索赔

进口货物在保险责任有效期内发生自然灾害、意外事故或在运输装卸过程中发生其他事故致使货物受损，且在保险公司责任范围内的，不论合同中采用FOB、FCA、CPT贸易术语还是采用CIF、CIP贸易术语，都应由进口人向保险公司提出赔偿要求。在向保险公司索赔时，进口人应备妥各项必要的单证，如保险单据、运输单据、发票、检验报告、货损货差证明等，并及时发出损失通知。此外，进口人还应迅速对受损货物采取必要的合理的施救、整理措施，防止损失的扩大，因抢救、阻止或减少货损的措施而支付的合理费用，可由保险公司负担。向保险公司提出海运货损索赔的期限则为被保险货物在卸载港全部卸离海轮后2年内。

4.索赔的注意事项

（1）索赔期限

索赔期限是进口索赔的重要问题。有关卖方交货的品质与合同不符或原装数量短少需向卖方索赔的，应当在合同所规定的索赔期限内提出。逾期提出索赔，卖方有权不受理。如买卖合同中未规定索赔期限，按《联合国国际货物销售合同公约》规定，买方行使索赔权最长期限是自其实际收到货物之日起不超过2年；而我国法律对国际货物买卖合同争议提起诉讼或者申请仲裁的期限，则规定自当事人知道或者应当知道其权利受到侵犯之日起4年为限。

（2）索赔证据

对外索赔需要提供足够的证据，索赔时证据不足、问题不清、责任不明或与合同中的索赔条款不符都可能遭到对方拒赔。首先，应填制索赔清单，并随附商检机构签发的检验证书、发票、装箱单及提单副本。其次，对不同的索赔对象，还要另附有关证件。向出口方索赔时，如果是FOB或CFR合同须附保险单一份；向船公司索赔时，须附由船长及港务局理货员签证的理货报告及船长签证的短缺残损证明；向保险公司索赔须附保险公司与买方的联合检验报告等。

【本章小结】

交易前的准备工作，国际市场的调查研究是买卖双方就相关交易事项进行磋商的重要基础。交易磋商的形式分为口头磋商与书面磋商两种形式。交易磋商的内容是合同内容的基础。磋商的程序包括四个环节：询盘、发盘、还盘、接受。合同是买卖双方磋商内容的结果，其中明确了双方的责任、义务和权利。履行出口合同的程序，一般包括备货、报验、催证、审证、改证、租船、装运、报关、保险、制单结汇、出口退税等工作环节。履行进口合同的主要环节有开立信用证、运输、保险、审单付汇、报关接货、检验与索赔等。

【思考题】

1. 简述买卖双方交易磋商的环节。
2. 简述用 CIF 术语和信用证方式结算的出口合同履行的程序。
3. 简述用 FOB 术语和信用证方式结算的进口合同履行的程序。
4. 案例分析：我方与外商洽谈进口交易一宗，经往来电传磋商，就合同的主要条件全部达成协议，但在最后一次我方所发的表示接受的电传中列有"以签订确认书为准"。事后对方拟就合同草稿要我方确认，但由于对某些条款的措辞尚待进一步研究，故我方未及时给予答复。不久，该商品的国际市场价格下跌，外方催我方开立信用证，我方以合同尚未有效成立为由拒绝开证。试分析我方的做法是否合理？

国际贸易方式

第一节　经销与代理

一、经销

（一）经销的概念及特征

经销（Distributorship）是指出口企业（供货商）与国外进口商（经销商）达成书面

协议，规定进口商在特定地区和一定期限内，利用国外经销商就地销售出口企业某些商品的贸易方式。通过两者的合作，可以更好地销售产品和扩大市场份额，因而成为较为普遍的贸易方式。

按经销商权限的不同，经销方式可以分为两种：一种是独家经销（Sole Distribution），亦称包销（Exclusive Sales），是指经销商在规定的期限和地域内，对指定的商品享有独家专营权。另一种是一般经销，亦称定销。在这种方式下，经销商不享有独家专营权，供货商可在同一时间、同一地点委派几家企业共同来经营同类商品。这种经销商与国外供货商之间的关系同一般进口商与出口商之间的关系并没有本质的区别，所不同的只是确立了相对长期与稳定的购销关系。

经销也是售定，供货人和经销人之间是一种买卖关系，但又与通常的单边逐笔售定不同，当事人双方除签订有买卖合同外，通常还需事先签有经销协议，确定对等的权利与义务。在经销商和出口企业之间有货物所有权的转移。经销商要垫付资金向出口商购进货物，自行销售，购进价和销售价之间的差额是经销商的利润，因此经销商应该自负盈亏，自担风险。

经销方式的作用在于克服了逐笔售定的不足之处。通过协议，双方确定了在一定期限内的稳定关系。这种关系既是相互协作的，又是相互制约的。在规定的期限和地区内，双方随市场的开发有着共同的目标和一致的利益，从而能在平等互利的基础上同舟共济。

（二）经销协议

经销协议是确定出口企业和国外经销商之间权利和义务关系的契约，其主要内容有以下几个方面：

（1）经销协议的名称，双方当事人的名称，签约日期和地点。

（2）是否有独家经销权。在经销协议中，应该规定授予的是独家经销权还是非独家经销权，以避免日后为经销权性质而产生争议。对独家经销权的规定要包括专卖权和专买权两个方面。前者是指出口企业必须将指定商品在规定的期限和地区内给予独家经销商销售；后者是指规定独家经销商只能购买该出口企业的商品，不得购买其他企业出口的同类产品。应注意的是，规定独家经销可能会触犯某些国家有关禁止独占的法律。因此，在签订独家经销协议前，应做调查了解。

（3）经销商品的种类。为了避免经销商品过程中发生争议，双方最好在协议中对经销商品在停止生产或有新品种产生时对协议是否适用予以明确。

（4）经销地区。经销地区是指经销的地理范围。在独家经销中，一旦确定经销地区，出口企业就负有不向该经销地区内的其他商人直接售货的义务，而独家经销商也不得在该地区经营其他出口企业的产品。

（5）经销期限。一般规定为1年，在协议里也可以规定期满后续约或是终止的办法。

（6）经销的数量和金额。此项数量或金额既是买方应该承购的数量或金额，也是卖方应该供应的数量或金额，对双方都有同等的约束力。协议中一般还规定超额承购奖励条款和不能履约的罚金条款。

（7）定价方法。经销商可以一次定价，也可以分批定价。如何定价，应根据商品的特点和市场情况而定。

（8）广告的宣传、市场情况报道和商标保护。虽然出口企业不涉及经销地区的销售业务，但它仍十分关心经销地区的市场开拓和发展。因此，出口企业经常要求经销商负责宣传推广出口企业的商品，报告经销地区的市场动态。

（三）采用经销方式要注意的问题

经销方式作为出口业务中常见的方式之一，如果运用得当，对于出口商拓展国外市场，扩大出口销售，会产生良好的推动作用。然而，如果运用不当，也会带来适得其反的后果。许多经验说明，采用经销方式出口时应注意以下问题：

1. 经销方式的选用

与一般经销相比，独家经销更能调动经销商的积极性，能促使经销商专心销售约定的商品，并向用户提供必需的售后服务。这对出口企业来说，也有利于其对市场销售做全面和系统的长期规划和安排，采取近期和远期的推销措施。但是，采用独家经销对出口企业来说也存在风险。例如，独家经销商有时还经销其他种类的商品，这样，他就不能专心经营约定商品；如果独家经销商的经营能力较差，则虽然努力，仍不能完成协议规定的最低限额；倘若独家经销商居心不正，凭借专营权压低价格或包而不销，就会使企业蒙受损失。

2. 对经销商的选用

要注意考察经销商的资信情况、经营能力以及在经销地区的商业地位。一般来说，可以从往来的客户中挑选对象，经过适当的考察和评价，再签订正式协议。然后，不仅要逐笔检查交易的执行情况，还要定期检查协议的报告情况，以便根据不同的情况采取必要的和适当的措施。

3. 订好经销协议

经销协议是在经销的方式下确定供货人和经销人之间权利与义务的法律文件，对双方均有约束力，协议规定得好坏关系到该项业务的成败，因此一定要认真对待。比如，在独家经销方式下，要慎重选择包销的商品种类，合理确定包销的地理范围，适当规定包销商在一定期限内的承购数额以及完不成承购额可采取的措施或超额完成的奖励等等，这些都是至关重要的内容。当事人对于条款必须认真推敲，正确理解其含义，并对将来市场情况一旦发生变化可能带来的后果应有较充分的估计。如果双方协定经销商还应承担诸如广告促销、市场调研以及其他义务，在协议中应尽可能以明确的文字加以规定。另外，协议中应合理规定商品检验条款、不可抗力条款、仲裁条款和协议期限以及终止条款，这对于约束当事人认真履约，以及在发生问题时妥善解决纠纷、维护当事人的合法权益都具有重要的意义。

4. 遵守当地的法律规定

独家经销方式下，协议中有关专营权的规定有时会构成"限制性商业惯例"。对于"限制性商业惯例"的一般解释是，企业通过滥用市场力量的支配地位，限制其他企业进入市场，或以其他不正当的方式限制竞争，从而对贸易或商业的发展造成不利的影响，其核心问题是限制竞争、操纵市场，这样就会有许多国家进行立法管制。在有些包销协议中，规定包销商品的种类及经营区域时，有时作出下列限制性规定，如"包销商不得经营其他厂商的同类商品""禁止将包销的商品销往区域以外的地区"等。这类规定就有可能违反有些国家管制或限制性商业管理条例和法令，如"反托拉斯法"（Antitrust Law）。因此，在签订独家经销协议时，应当了解当地的有关法律法规，并注意使用文句，尽可能避免与当地的法律相抵触。

二、代理

（一）代理的含义

代理是指代理人根据委托人的授权，代表委托人同第三人订立合同或办理其他事务的法律行为，出此产生的权利和义务直接对委托人发生效力。这里的代理人是指接受委托人的委托而行事的人，故又称为受托人；委托人是授权者，在代理关系中处于被代理的地位，故又称为本人；第三人是相对于代理关系而言的，即除代理人和委托人之外的第三人，故也称为相对人。

代理在国际贸易中的应用非常广泛，如银行代理、运输代理、保险代理、贸易代理等。国际贸易代理通常是指出口企业授权国外的中间商在指定地区和一定期限内代销指定商品，被授权代理的中间商代表出口企业向第三人招揽生意，办理与交易有关的一些事宜，由此而产生的权利和义务则直接对出口企业发生效力的贸易方式。代理方式对于出口企业来说，可以利用代理商的销售渠道，扩大市场；代理方式对中间商来说，具有经营出口企业产品的吸引力。

委托人和代理人之间存在契约关系，但是，这种契约关系不是买卖关系，而是委托-代理关系。委托人和代理人通过代理协议确定他们之间的权利和义务，以及代理人的权限范围和报酬。由于代理不是买卖关系，在代理商和委托人之间没有货物所有权的转移，因此，代理商不垫付资金，不承担经营风险，也不负责盈亏。代理商的收益是根据成交的代理金额按照代理当事人之间商定的佣金率计算的佣金。

（二）代理的种类

（1）按代理权产生的原因，可分为意定代理（Voluntary Agency）和法定代理（Statutory Agency）。

意定代理是根据委托人的意思表示产生代理权的代理。这种意思表示可以采用口头方式来表示，也可以采用书面方式来表示；可以向代理人表示，也可以向同代理人打交道的第三人表示。国际贸易代理一般是这种意定代理。

法定代理是指各种不是根据委托人的意思表示而产生代理权的代理。例如法院指定清算人的代理权，父母对未成年子女享有的代理权，亲属具有监护和遗产管理的代理权等。

（2）按代理权的授权方式，可分为明示指定代理（Agency by Expressed Authority）和默示指定代理（Agency by Implied Authority）。

明示指定代理是指以明示的方式指定某人为他的代理人。明示的方式可以是口头的，也可以是书面的。即使代理人需要以书面的方式与第三人订立合同，委托人仍可以采用口头方式授予代理权。

默示指定代理是指委托人不是以口头或书面方式宣布授予代理人代理权，而是以他的言行使代理人获得代理权，甚至使代理人能够以委托人的名义签订买卖合同。例如，甲让乙替他向丙订购货物，并如数向丙支付货款。在这种情况下，乙便认为有默示的代理权。在英美法中，这被称为"不容否认的代理"（Agency by Estoppel）。它的意思是甲既然以他的行动表示乙具有代理权，而丙基于这种情况信赖乙有代理权并与之订立了合同，则甲就不能予以否认。

（3）按代理人是否披露委托人的姓名和身份，可分为显名代理（Agency for a Named Principal）、隐名代理（Agency for an Unnamed Principal）和不公开委托人身份的代理（Agency of Undisclosed Principal）。

显名代理是指代理人在交易中既公开代理关系的存在，也公开委托人的姓名。

隐名代理是指代理人在交易中公开代理关系的存在，但不公开委托人的姓名。

不公开委托人身份的代理是指代理人在交易中不公开委托人的身份，以自己的名义签订买卖合同。

这种分类常见于英美法，对于前两种情况，代理人在交易中都表明了代理关系的存在，应由委托人直接承担代理活动产生的法律后果。对于第三种情况，第三人在发现了未公开身份的委托后，既可以要求委托人对合同负责，也可以要求代理人承担合同责任，第三人必须在代理人与被发现人之间作出明确的选择。

（4）按代理的法律后果，可分为直接代理（Direct Agency）和间接代理（Indirect Agency）。

直接代理是指代理人以委托人的名义同第三人签订合同，由委托人承担法律后果的代理。在这种代理关系中，代理人代表委托人与第三人订立合同后，合同的权利与义务直接属于委托人。

间接代理是指代理人以自己的名义，为委托人的利益与第三人订立合同，但由代理人承担法律后果的代理。在该代理关系中，合同被认为是代理人与第三人之间的合同，代理人必须对第三人承担责任，委托人与第三人之间不直接产生法律关系。只有当代理人把他从合同中取得的权利和承担的义务转让给委托人之后，委托人才对第三人主张权利和承担义务。

这种分类见于大陆法。大陆法对代理的分类与英美法不同，但从内容上看，也可以发现一些种类的对应性。在直接代理中，代理人是以委托人的名义与第三人签订合同的，第三人知道委托人的姓名和身份，因此，直接代理相当于英美法中的显名代理。间接代理是代理人以自己的名义与第三人签订合同的，第三人不知道委托人的姓名和身份，因此，间接代理相当于英美法中的不公开委托人身份的代理。但是，间接代理与不公开委托人身份的代理之间从法律后果上看是有所不同的：在间接代理中，第三人不能要求委托人对买卖合同负责；在不公开委托人身份的代理中，第三人在获知委托人存在的情况下，可以在代理人和委托人之间选择其中一人对合同负责。

（5）按代理的授权范围，可分为独家代理（Exclusive Agency）、一般代理（Agency）和总代理（General Agency）。

独家代理是指委托人给予代理商在特定地区和一定期限内享有代销特定商品的专营权；只要在指定地区和期限内做指定商品的生意，无论是由代理商做成的，或是由委托人自己与其他商人做成的，代理商都享有获得佣金的权利；根据协议的规定，代理商可以在适当的时候以委托人的名义代签销售合同。

一般代理是不享有专营权的，而且委托人自己与代理地区内其他商人做成的生意，无须支付给代理商佣金，代理商也无权以委托人的名义代签销售合同。一般代理也被称为佣金代理。

总代理是委托人在指定地区内的全权代表。总代理有两种含义：一种含义是指代理商在指定地区和期限内，不仅享有独家代销指定商品的权利，还有代表委托人从事商务活动和处理其他事务的权利；另一种含义是指具有数个分代理的总代理。

（三）代理的性质与特点

代理人在代理业务中，只是代表委托人行为，代理人与委托人通过代理协议建立的这种契约关系是属于委托代理关系，而不同于经销中的买卖关系。

在出口业务中，销售代理与经销有相似之处，但从当事人之间的关系来看，两者有着根本的区别。在经销方式中，经销商与供货人之间是买卖关系，经销商完全是为了自己的利益购进货物后转售，自筹资金，自负盈亏，自担风险。而在代理方式下，代理人作为委托人的代表，其行为不能超过授权范围。代理人一般不以自己的名义与第三者订立合同，只居间介绍，收取佣金，并不承担履行合同的责任，履行合同义务的双方是委托人和当地客户。

（四）销售代理协议

代理协议是明确委托人和代理人之间权利与义务的法律文件。协议内容由双方当事人按照双方自愿的原则，根据双方的意志加以规定。销售代理协议一般应包括以下内容：

1.代理商品和地区

协议要明确规定代理商品的品名、规格以及代理权行使的地理范围。在独家代理的情况下，其规定方法与包销协议大体相同。

2.代理人的权利与义务

这是代理协议的核心部分，一般包括下述内容：明确代理人的权利范围，是否有权代表委托人订立合同，或从事其他事务。另外，还应规定代理人有无专营权。规定代理人在一定时期内应推销商品的最低销售额，并说明是按FOB价还是CIF价计算。代理人应在代理权行使的范围内，保护委托人的合法权益。代理人在协议有效期内无权代理与委托人商品相竞争的商品，也无权代理协议地区内的其他相竞争公司的商品。对于在代理区域内发生的侵犯委托人的工业产权等不法行为，代理人有义务通知委托人，以便采取必要措施。代理人应承担市场调研和广告宣传的义务。代理人应定期或不定期地向委托人汇报有关代销商品的市场情况，组织广告宣传工作，并与委托人磋商广告内容及广告形式。

3.委托人的权利与义务

委托人的权利体现在对客户的订单有权接受，也有权拒绝，对于拒绝订单的理由，可以不作解释，代理人也不能要求佣金。但对于代理人在授权范围按委托人规定的条件与客户订立的合同，委托人应保证执行。

委托人有义务维护代理人的合法权益，保证按协议规定的条件向代理人支付佣金。在独家代理的情况下，委托人要尽力维护代理人的专营权。如由于委托人的责任给代理人造成损失的，委托人应予以补偿。

许多代理协议还规定委托人有义务向代理人提供推销产品所需要的材料。另外代理人代表委托人对当地的客户进行行政诉讼所支付的费用，委托人应予以补偿。

4.佣金的支付

佣金是代理人为委托人提供服务所获得的报酬。代理协议应规定在什么情况下代理人可以获得佣金，有的协议规定，对直接由代理人在规定区域内获得的订单而达成的交易，代理人有权得到佣金。在独家代理的协议中，常常规定如委托人直接与代理区域的客户签订买卖合同，代理人仍可获取佣金。

协议中还要规定佣金率、佣金的计算基础、佣金的支付时间和方法。佣金率的高低，一般视商品特点、市场情况、成交金额及竞争等因素而定。佣金的计算基础有不同的规定方法，通常以发票净售价为基础，对发票净售价的构成或贸易术语也应予以明确。佣金可在交易达成后逐笔结算支付，也可以定期结算累计支付。

除了上述基本内容外，关于不可抗力和仲裁等条款的规定，与经销协议和买卖合同的做法大致相同。

5.采用代理方式应注意的问题

（1）对代理方式的选用。与一般代理相比，独家代理更能调动代理商的积极性，促使代理商专心代销约定的商品。

（2）对代理商的选择。要注意代理商的资信情况、经营能力及其在代理地区的商业地位。

（3）对代理商品的种类、代理地区和代理数量或金额的确定。商品种类的多少，地区的大小，要同客户的资信能力和自己的经营意图相适应。在一般情况下，独家代理的商品种类不宜过多，地区大小要看代理商的活动范围及其经营能力，代理数量或金额的大小则要参照自得货源和市场容量的关系以及自己的经营意图。

（4）对中止或索赔条款的规定。为了防止出现独家代理商垄断市场或经营不力等现象，最好在协议中有中止或索赔条款的规定。

6.销售代理与经销的区别

在出口业务中，销售代理与经销有相似之处，但从当事人之间的关系来看，二者却有根本的区别。在经销方式下，经销商与出口商之间是买卖关系，经销商完全是为了自己的利益购进货物然后转售，自筹资金，自负盈亏，自担风险。而在销售代理方式下，代理商只是代表委托人从事有关活动，二者建立的契约关系是属于委托代理关系。代理商一般不以自己的名义与第三者订立合同，只居间介绍，收取佣金，并不承担履行合同的责任，履行合同义务的双方是委托人和当地客户。

第二节　招标与投标

招标与投标经常用在国家政府机构、国有企业或公用事业单位采购物资、器材或设备的交易中，并更多地用于国际承包工程。近年来，不少发展中国家为了发展自己的民族经济，日益广泛地采用招标方式来发包工程项目。甚至有些国家通过法律规定，凡属于主要商品进口或对外发包的工程，必须采用国际招标的方式。目前，政府贷款项目和国际金融机构贷款项目往往在贷款协议中规定，接受贷款方式必须采用国际竞争性招标方式采购项目物资或发包工程。

一、招标与投标的含义和特征

国际招标（Invitation to Tender or Call for Tender）和投标（Tender or Submission of Tender）是一种贸易方式的两个方面，在我国进出口业务中，常概括为招标方式。这种贸易是指先由招标人（购货人）以公告或寄发招标书的方式邀请投标人（供货人或工程承包人）在指定的期限内递出报价。投标人需在规定的期限内填制投标单，通过代理人进行投标。最后由招标人在所有投标人中选择其中最有利者成交。

国际投标不同于一般的贸易方式，投标是按招标人在招标书或公告中提出的采购条件，由投标人一次递价成交，投标人一般递价是最低的递价，争取中标。双方没有交易洽商和讨价还价的过程。由于招标是由招标人向多家投标人发出邀请投标，所以投标人之间的幕后竞争十分激烈，而招标人常常处于主动地位。另外，由于投标成交金额较大，招标人都规定有保留押金，待采购货物到达经检验合格后，再全额付款。

招标和投标与其他贸易方式相比较，具有以下四个特征：

（1）招标的组织性，即有固定的招标组织机构，有固定的招标场所，有固定的招标时间，有固定的招标规则和条件。

（2）招标的公开性。招标机构要通过招标机构广泛通告有兴趣、有能力投标的供货商或承包商。另外，招标机构还要向投标人说明交易规则和条件以及招标的最后结果。

（3）投标的一次性。在传统的贸易方式中，任何一方都可以提出自己的交易条件，讨价还价；而在招投标中，投标人只能应邀做一次性投标，没有讨价还价的权利。标书在投递之后，一般不得撤回或修改。贸易的主动权掌握在招标机构手里。招标机构对中标人的选定，是通过各报价的筛选结果决定的。所以，投标人能否中标，完全取决于投标的质量。

（4）招投标的公平性。招投标是本着公平竞争的原则进行的。在招标公告发出后，任何有能力履行合同的投标人都可以参加投标。招标机构在最后取舍投标人时，要完全按照预定的招标规则进行。招标所具有的组织性和公开性也是招投标公平和合理的有效保证。

二、招标的种类

招标在具体运用过程中，经过变通，产生了几种不同的表现形式。

（一）从招标引起投标的竞争程度来看

从招标引起投标的竞争程度来看，有以下两种：

（1）公开招标。这种招标又称为竞争性招标，它是指招标时必须发出公开招标通知，不限制招标人的数量，招标以公开的形式进行，中标结果予以公告的招标形式。

（2）选择性招标。这种招标又称为有限竞争性招标，它是指招标在有限的范围进行，招标人选择一定数量的投标人，邀请其投标。招标通知不采用公开的公告形式。

（二）从招标授予合同的条件来看

从招标授予合同的条件来看，有以下三种：

（1）自动条件招标。其招标项目的合同以最低报价为先决条件自动地授予某个投标人。具体的做法是：选择公开或有限的招标及招标机构，待所有的投标报价集中后，以其中报价最低的为中标者并授予合同。

自动条件招标的前提条件是：招标商品规模统一、质量一致，其他一切交易均由招标人统一规定，只有价格是不确定的。哪个投标人报价最低，哪个投标人就自然取得该项合同。

（2）随意条件招标。其招标的合同授予条件可以灵活变动。招标人可以将价格作为评价投标人的主要条件，也可有其他条件作为主要依据。招标人并不预先给予确定，而是根据具体情况，确定中标人。例如某种新型产品的采购在招标机构认为交货期较为重要时，交货期合适的投标就有可能中标。比较复杂的、大型的建筑工程或项目，经常采用这种随意条件招标。

（3）谈判招标。即招标人在开标后，可以自由地与任何一个投标人对合同条件进行商洽，然后确定中标人。谈判招标的最大特点是，它给予投标人多次机会。在其他各种招标方式中，投标人之间的竞争实际上是一次性的，投标报价送出之后，竞争一般就结束了，投标人没有对报价和主要交易条件进行变动、修改的权利。而在谈判招标中，投标人除了发出投标外，还可以在得知所有投标人的报价结果之后，再度通过谈判修改投标，与其他投标人进行竞争。招标人也可以利用谈判之机，慎重考虑、审查各项招标条件，使之于己更加有利。谈判招标经常用于金额大、投标人实力相当的采购项目。

三、招标、投标的程序

世界各国进行招标、投标的程序和条件基本相同，但是，由于各国有关招标、投标的法律或传统习惯不同，因此，招标、投标也有些差异。招标、投标通常要经历以下几个环节：

（一）招标

1.招标前的准备

招标前要做好以下两项基础工作：

第一，确定招标机构。组织一次招标，需要有一个专门的招标机构，对招标的全过程进行全权管理。招标可以委托一个专业招标机构代办，也可以自行抽调一些人员，组织一个固定的或临时的机构，专职处理招标事务。

第二，制定招标规则和招标条件。招标规则是招标机构工作的指导方针，是招标机构工作人员的行为规范，也是招标运行程序的规定。说明招标的种类，并对每一步骤的名称和方法加以说明。招标条件既是招标人的采购标准，也是对投标人的要求，并且还是招标机构的评标依据。

2.发布招标公告

招标机构做好招标的各项准备工作之后，应着手拟定并发出招标公告。招标公告是招标机构向所有潜在的供货商或承包商发出的一种广泛的通告，是对投标的邀请。招标公告的主要内容有：招标项目名称和项目情况介绍，招标开始时间和投标截止时间，招标方式，标书发售办法，招标机构或联系机构的名称、地址等。

如果招标是国际竞争性招标，则招标公告以完全公开化的形式，通过大众化的传播媒介发出，如主要报刊、广播等。如果招标是有限竞争性招标，则招标机构不对外公开发出招标公告，而是直接向个别供货人或工程承包商发出招标邀请。

3.对投标人进行资格预审

资格预审是指招标机构对申请参加投标的企业进行基本概况、信誉情况、技术水平、财务状况、经营能力等多方面的审查了解，以确定其是否有资格参加投标。资格预审是招标项目保证质量的必要手段。

资格预审的程序是：

第一，招标机构发出资格预审通告。通告的发出可以通过主要的报刊，也可以采用个别通知的方式。资格预审通告的内容有：招标机构的名称，采购物资的数量或举办工程项目的规模，交货期或交工期，发售资格预审文件的日期、地点以及发放的办法或出售的价格，接受资格预审申请的截止日期，资格预审文件的送交地点、送交的份数以及使用的文字等。

第二，发放或出售资格预审文件。资格预审文件包括资格预审说明和资格预审表格两个部分。资格预审说明主要说明招标项目的情况，资格预审对象的范围，以及填写、提交资格预审表格的注意事项。资格预审表格的格式、份数因招标项目的不同而不同，一般来说，物资采购招标中的资格预审表格简单，而工程项目招标的资格预审表格较为复杂。

第三，对投标申请人的资格审查。作为资格预审部门，在审查潜在供货商或承包商的能力时，必须事先制定指标。例如，规定合格的投标人应拥有的资金数额、流动资产数量、债务总额等各种能够表明投标人资产状况良好的指标，达不到指标的人，则予以剔除。

第四，确定合格投标人名单。

4.发售招标文件

招标文件的作用在于：

（1）招标文件是招标人和投标人双方的行动准则和指南。

招标文件中规定了完整的招标程序，说明招标机构将按照文件指定的时间、地点和程序，完成招标的全过程。招标人也和投标人一样，在整个招标与投标过程中，每一步都要按照文件办理，受招标文件的约束。

（2）招标文件是投标人编制投标的依据。

招标文件中规定了投标条件和注意事项，以及投标文件填写的格式，投标人若不按照要求办理，投标书必然会遭到招标机构的拒绝。虽然投标人在填写标书时，对某些条件可以提出修改、补充，但仅限于一定范围，而且由招标机构决定是否接受。

（3）招标文件是合同的基础。

招标文件中要说明未来合同的主要内容、种类和规格，这是投标人了解招标的最后步骤——合同签订条款的主要渠道。由于整个招标文件内容齐全，当招标机构发出后，投标人完全同意，它就可以被看成交易中的"接受"，是买卖双方达成的交易条件。所以，在很多情况下，招标文件差不多就是合同，只不过需要由买主和中标人最后履行一下签约手续而已。

招标文件由三类内容组成：第一类，对投标人的要求。其中，有招标公告、投标人须知、货物标准规格和工程技术规范、合同条件等。第二类，对投标文件格式的要求。其中规定了投标人应按规定填写的报价单、投标书、授权书和投标押金等格式。第三类，对中标人的要求。规定投标人中标后应完成的文件格式，包括履行担保、合同或协议等。

简短的招标文件可以免费发放，内容较多的招标文件则要有偿出售。招标文件的价格一般等于编制、印刷的成本。投标人应负担投标的所有费用，购买招标文件及其相关文件的费用不予退还。

（二）投标

1.投标前的准备

投标前的准备工作十分重要，它直接影响到投标的中标概率。在投标前，应做好以下四方面准备工作：

第一，收集信息和资料。其中包括：投标项目的资料，如招标机构所处的政治、经济和自然环境情况，招标机构对招标项目的要求，材料和设备的供应情况等；投标企业内部资料，如企业人员、设备机械清单，企业过去的履约情况，资产和负债及企业财务状况，企业的各项证明文件等，这类资料主要用于招标机构要求的资格审查；竞争对手资料，如竞争对手的数目、名称、经营情况、生产能力、技术水平、知名度等。

第二，研究招标所涉及的国内外法律。可能涉及的法律有采购法、合同法、公司法、税法、劳动法、外汇管制法、保险法、海关法、代理法等。

第三，核算成本，确定报价。核算成本包括核算直接成本和间接成本，还要把不可预见的成本也考虑进去，如价格上涨、货币贬值等。因此，在确定价格时，要考虑到竞争因素。

第四，编制和投送投标资格审查表。

2.投标书的制作与投送

投标书是投标人正式参加投标竞争的证明，是投标人向招标人的发盘。投标人应当尽全力编制好投标书。投标书按编制的方法可以划分为以下四类：

第一，投标证明文件，包括营业证书、投标人的企业章程和企业简介、管理人员名单、资产负债表、银行资信证明、当地代表委托书、交税证明等。

第二，需要填制的投标文件，即招标机构已经将投标条件编制在表格上，要求投标人填写的文件。投标文件主要包括投标书、报价单、供货单、投标保函或投标保证金、履约担保五项。

第三，需原样交回的文件。这类文件是对招标项目和合同内容的说明以及对投标人的要求，投标人用后仍作为投标文件原封不动地交回，如投标须知、合同格式、质量技术规范和技术说明书、图纸等。

第四，编制投标文件。在建设工程招标中，招标机构要求投标人特别对施工与技术等问题进行详细说明，由于有关说明难以用表格形式来表达，因此，投标人要在投标时附上一部分编制的文件，如施工计划、有关工程机械和设备的清单、技术说明书等。

全部投标文件编制好后，经校核并签署，投标人将文件按招标须知的规定，用牛皮纸或塑料袋分装、密封，并按要求写明招标单位，在投标截止日期之前送到或寄到招标机构指定地点，并取得收据。使用邮寄时，应考虑邮件在途时间，使之在截止时间之前到达。

3.竞标

从招标的原则看，投标人在投标书的有效期内，是不能修改其交易条件的。但有一个例外的机会可以被投标人所利用，即澄清会。澄清会是一般过程中的必要程序，被列在评标工作大纲中。对于招标人来说，澄清会是深入了解投标书内容的机会；但对投标人来说，它却是与招标人商讨交易条件、更改投标书的有利机会。很多投标人就是通过澄清会施展竞标手段的。

（三）开标与评标

1.开标

到了投标截止时间，将所有投标人的文件袋启封揭晓，即为开标。开标由招标机构或招标人委托的咨询机构主持。开标按其仪式可分为两种：①公开开标，即通知所有投标人自愿参加的开标仪式。②秘密开标，即不通知投标人参加的开标仪式。开标仪式的组织者应该包括负责招标的两名以上主管人员、招标人代表、招标机构及咨询机构代表、公证机构代表等。在开标会议上，应当众拆阅各投标人递交的投标保证书，当众检查保证书的金额及其开出保证书的银行是否符合招标的规定。

2.评标

开标后，招标有关部门对投标书的交易条件、技术条件及法律条件等进行评审、比较并选出最佳投标人。评标是一项重要而又复杂的综合性工作，它关系到整个招标是否体现公平竞争的原则，招标结果是否能使招标人得到最大的效益。因此，在评标过程中，不但要预先做好认真的准备工作，还要有细致科学的评标原则。评标的方法有积分表法、投票表决法和集体评议法。在评标中，对投标书中不清楚的地方，可以对投标人做进一步询问，其方式有口头询问（开澄清会）和书面询问两种。

3.通知中标

经过评标，确定中标人后，招标机构应立即以电话、电报或传真等快捷的方式在投标有效期到期之前通知中标人，并要求中标人在规定的时间到招标人所在地与招标人签订合同。中标通知是招标文件的一部分，具有法律效力。

（四）签订合同

签订合同是一项招标、投标活动的最后阶段，一般要经过履约担保的审查、合同条款的谈判和合同的签订三项程序。然而有不少招标并不需要第二步骤，即谈判一环。

1.履约担保的审查

招标一般都规定，中标人要提交履约担保，以确保合同的执行。担保金为合同金额的5%～25%不等。在大型项目采购招标中，履约担保十分重要。如果中标人不能交出履约担保，则按弃权处理，招标人有权没收其投标保证金，并给予其他制裁和处罚。

2.合同条款的谈判

在招标过程中，招标人和投标人对合同条款都已明确，没有必要逐条谈判。主要是对在招标文件中未阐明的某些合同条款做进一步谈判，如违约责任的承担、罚款的金额和方法。

3.合同的签订

合同签订方是中标人和招标人。双方签字后，合同即正式生效。

4.使用投标方式应注意的问题

（1）认真审阅招标文件，避免遗漏。按照国际投标的一般做法，投标文件是中标后签订合同内容的一部分。对招标单的内容不完全清楚会很难中标，即使中标也会给未来履约带来麻烦或造成经济损失。

（2）在招标公告中规定须通过代理人进行投标时，必须事先在招标人所在国家选定代理人，并与其签订代理协议，说明我方投标的具体条件、代理报酬和不中标时应支付的手续费。

（3）投标前，要了解招标国家对招标规定的习惯做法，同时，还要落实货源。通过投标方式成交的货物，往往数目比较大，交货时间比较集中，如不能按时履约，将会造成不良影响，并需承担招标人因此而造成的经济损失。

第三节　寄售与拍卖

一、寄售

（一）寄售业务的含义和特征

寄售（Consignment）是指委托人（寄售人）先将货物运至受托人（代销人）的所在地，由代销人按协议规定，参照当地市场价格代为销售货物。一旦货物出售后，货款按双方订立协议的规定交付给寄售人，因此，寄售是属于委托代销性质的。

寄售的特点是先凭协议出运货物，后成交售出。寄售人与代销人之间不是买卖关系，而是委托代销关系。寄售人在货物出售前，对货物具有所有权。一般情况下，风险由代销人承担，由代销人对货物安全负责，并办理保险和支付费用，在此情况下，付给代销人的报酬就要相应提高。寄售人以佣金方式付给代销人报酬。寄售货物的定价办法可由双方商定，规定最低限价和结算价格，或随行就市。代销人有权决定销售方法，也可采用由寄售人逐笔确认的方法等。究竟采用哪一种方法，应视货物特点和市场情况而定。有时为了保证安全收汇，寄售人将货物发给资信好的银行，由银行掌管，付款提货；也有的寄售人要求代销人提供银行出具的担保代销人支付货款的银行保函。

采用寄售方式，可以掌握销售时机，随行就市出售现货，卖个好价。尤其对需要看货成交的土特产品、日用轻工业品或工艺品等的市场开辟、销售扩大更有利。但寄售方式对于寄售人来说风险和费用较高，货款收回较晚。所以，采用寄售方式时应对市场、货物、代销人进行周密考虑，不能贸然决定。

（二）寄售协议的主要内容

寄售协议是寄售人和代销人之间就双方的权利义务及寄售业务中的有关问题签订的法律文件。寄售协议中一般应包括下列内容：协议性质，寄售地区，寄售商品名称、规格、数量、定价法、佣金的支付、货款的收付，保险的责任，费用的负担，以及代销人的其他义务等。为了订好寄售协议，必须妥善处理下述三方面的问题：

1.寄售商品的定价方法

寄售商品的定价方法，大致有四种做法：

（1）规定最低限价。代销人在不低于最低限价的前提下，可以任意出售货物，否则，必须事先征得寄售人同意。协议中还应明确该最低限价是含佣金价还是净价。

（2）随行就市。代销人可以任意出售货物，寄售人不作限价。这种做法，代销人有较大的自主权。

（3）销售前征得寄售人同意。代销人在得到买主的递价后，立即征求寄售人意见，确认同意后，才能出售货物。也有的是寄售人根据代销人提供的行情报告，规定一定时期的销售价格，由代销人据以对外成交。

（4）规定结算价格。货物售出后，双方根据协议中规定的价格进行结算。代销人实际出售货物的价格，寄售人不予干涉，其差额作为代销人的收入。这种做法，代销人需承担一定的风险。

2.佣金的问题

除了采用结算价格方式以外，寄售人都应支付代销商一定数量的佣金，作为其提供服务的报酬。佣金结算的基础一般是发票净售价，通常解释为用毛售价减有关费用（已包括在售价之内），如销售税、货物税、增值税、关税、保险费、仓储费、商业和数量折扣、退货的货款和延期付款的利息等。

关于佣金的支付时间和方法，做法各异。代销人可在货物售出后从所得货款中直接扣除代垫费用和应得佣金，再将余款汇给寄售人，也可先由寄售人收取全部货款，再按协议规定计算出佣金汇给代销人。佣金多以汇付方式支付，也有的采用托收方式。

3.货款的收付

寄售方式下，货款一般是在货物售出后收回。寄售人和代销人之间通常采用记账的方法，定期或不定期地结算，由代销人将货款汇给寄售人，或者由寄售人用托收方式向代销人收款。为保证收汇安全，有的在协议中加订"保证收取货款条款"，或在协议之外另订"保证收取货款协议"，由代销人提供一定的担保。

（三）寄售方式的利弊

1.寄售的优点

（1）对寄售人来说，寄售有利于开拓市场和扩大销路。通过寄售可以与实际用户建立关系，扩大贸易渠道，便于了解和顺应当地市场的需求，不断改进品质和包装。另外，寄售人还可根据市场的供需情况，掌握有利的推销时机，随行就市，卖上好价。

（2）代销人在寄售方式中不需垫付资金，也不承担风险，因此，寄售方式有利于调动那些有推销能力、经营作风好，但资金不足的客户的积极性。

（3）寄售时凭实物进行的现货交易，买主看货成交。付款后即可提货，大大节省了交易时间，减少风险和费用，为买主提供了便利。

2.寄售的缺点

采用寄售的方式出口时，对寄售人来讲也有以下缺点：

（1）承担的贸易风险大。寄售人要承担货物售出前的一切风险，包括运输途中和到达目的地后的货物损失和灭失的风险、货物价格下跌和不能售出的风险，以及因代销人选择不当或资信不佳而导致的损失。

（2）资金周转时间长，收汇不够安全。寄售方式下，货物售出前的一切费用开支均由委托人负担，而货款要等货物售出后才能收回，不利于其资金的周转。此外，一旦代销人违反协议，也会给寄售人带来意想不到的损失。

（四）采用寄售方式应注意的问题

为了扩大出口，把生意做活，调动国外商人的积极性，我们在出口业务中可以采用寄售方式。进口业务中，某些国外商人将他们的货物委托我们商业部门寄售，如香烟、酒类和饮料等，也起到利用外资和调剂市场的作用。由于寄售方式有其缺点，因此在采用这种方式时应注意以下几个方面的问题：

（1）选好寄售地和代销人。在寄售前必须对寄售地的市场情况、当地政府的有关对外政策、法令、运输仓储条件以及拟委托的代销人的资信情况、经营风险等做好调查研究。

（2）对寄售货物的存放地点做好安排。一般有这样几种办法：一是直接运交代销人仓栈出售；二是先存入关栈，随用随取；三是将货物运进自由港或自由贸易区存放，确定买方后再行运出；四是直接将货物发往国外资信好的银行，同时银行负责收货付款。

（3）寄售货物存放海关仓库时，要注意存放期限。一般海关仓库的存放期限比较短，逾期有被拍卖的危险。

（4）签好寄售协议，保证货、款安全。在协议中对货物所有权、代销人的责任和义务、决定售价的办法、货款的结算、各项费用的负担、佣金的支付等都应作出明确的规定。

二、拍卖

（一）拍卖的含义和分类

拍卖（Auction）是国际贸易中的一种较为古老的货物买卖贸易方式。它是指拍卖人在规定的时间和地点，通过公开竞价的方式销售约定货物。国际拍卖按其叫价顺序不同，一般分为三种：第一种是减价拍卖方法，即拍卖人由高价向低价叫价拍卖，也称荷兰式拍卖，如国际鲜花的拍卖就是采用这种方式。第二种是加价拍卖方法，即由低价向高价叫价拍卖，它是国际拍卖中普遍使用的方式，我国举办的中国裘皮拍卖就是采用这种方式。第三种是密封递价方法，即先由拍卖人公布每批货物的详细情况和拍卖条件等，然后竞拍人在规定的时间和地点将自己的递价以密封信的形式交给拍卖人，拍卖人将货物售给递价最高者。

拍卖是为适应特殊性质的货物而采取的一种特殊交易方式，目前国际上采用拍卖方式销售货物的类型主要有三种：

（1）难以高度标准化或难以用科学方法对品质进行精确检验，以及难以用文字或语言对有关质量及规格进行准确描述的货物，例如，毛皮、烟叶、咖啡等。

（2）价格昂贵，并且价格变化较大或难以准确估价的货物，如名人字画、古玩、金银首饰等。

（3）工厂企业倒闭后需处理的机械设备和资产。这类货物一般被称为二手货，通常采用现场看货售定的交易条件，这种条件的特点是卖方不承担货物内在瑕疵和缺陷。

拍卖尽管是传统而古老的贸易方式，但在当今的国际贸易领域中又有新的发展，它已经成为国际贸易中不可忽视的交易方式。我们应该利用这种贸易方式，加速我国对外贸易发展和扩大出口。

（二）拍卖的特征

（1）拍卖是在一定的机构内有组织地进行的。拍卖机构可以是由公司或行业协会组成的专业拍卖行，也可以是由货主临时组织的拍卖会。

（2）拍卖具有自己独特的法律和规章。许多国家对拍卖业务有专门的规定，各个拍卖机构也订立了自己章程和规则，供拍卖时采用。这些都使拍卖方式形成了自己的特点。

（3）拍卖是一种公开竞卖的现货交易。拍卖采用事先看货、当场叫价、落槌成交的做法。成交后，买主即可付款提货。

（4）参与拍卖的买主，通常需向拍卖机构交存一定数额的履约保证金。买主在叫价中若落槌成交，就必须付款提货；不付款提货，则拍卖机构没收保证金。

（5）拍卖机构为交易的达成提供服务，它要收取一定的报酬，通常称为佣金或经纪费。佣金的多少没有统一的规定，这要根据当地的习惯，或者按照行业的规章加以规定。

（三）拍卖的程序

（1）货主委托。货主委托拍卖机构拍卖，与拍卖机构签订拍卖合同。拍卖合同规定了货主和拍卖机构各自在每一环节的责任和义务。

（2）拍卖准备。参加拍卖的货主把货物运到拍卖机构指定的仓库，由拍卖机构进行挑选、分类、分级、分批。拍卖机构还要负责编印拍卖商品目录，并把拍卖目录提供给打算参加拍卖会的买主作为指南。同时，拍卖机构把拍卖的有关情况在报纸、刊物上登载，以招揽潜在的买主。

（3）买主看货。准备拍卖的商品都放在专门的仓库里，在规定的时间内，允许拍卖的买主到仓库查看货物，有些还可抽取样品。查看货物的目的是使买主进一步了解货物的品质状况，以便按质论价。

（4）正式拍卖。正式拍卖是在规定的时间和地点，按照一定的拍卖规则和章程，逐批叫价成交。当拍卖人认为无人再出高价时，就以击槌来表示接受买主的叫价。拍卖人击槌后，就表示竞买停止，交易达成，买主就要在标准合同上签字。

（5）付款提货。拍卖商品的货物通常都以现汇支付，在成交后，买主按规定支付货款。货款付清后，货物的所有权随之转移，买主凭拍卖行开出的提货单到指定的仓库提货。提货也必须在规定的期限内进行。

拍卖会结束后，由拍卖行公布拍卖单，其内容有：售出商品的简要说明，成交价，拍卖前公布的基价与成交价的比较等。拍卖结果在报刊上公布，这些材料反映了拍卖商品的市场情况及市场价格的重要参考资料。

（四）采用拍卖方式应注意的问题

拍卖方式最早在古希腊时代开始，已有数百年的历史，至今仍然使用，经久不衰。其原因是这种方式可以解决其他贸易方式所不及的问题。例如，现场看货能解决买主对货物品质规格不标准化的货物质量的顾虑，这是函电成交所无法解决的问题。我国毛皮、裘皮衣服出口一直采用函电成交，近年来开始参加国际拍卖市场，如圣彼得堡裘皮拍卖中心、北美裘皮拍卖行等，扩大了销售渠道，并为国家创造外汇收入。但是，我们使用这种贸易方式刚刚开始，尚缺乏经验。因此在实际业务中应注意以下几个问题：

（1）调查研究，确定适当的拍卖基价。拍卖方式易受买主压价，对我们不利。面对这些特点，我们在确定拍卖基价应比函电成交价高一些，考虑压价系数。但是又不能定价太高，基价定价太高了，买主不叫价，根本不能成交，既赔了运费和仓租，又要向拍卖人支付佣金和其他费用。所以，在确定基价之前要进行调查研究，把影响价格的各种因素予以分析和估计，确定一个合适的基本幅度。

（2）选择适合拍卖的货物。在传统的拍卖货物中，找出与其他贸易方式成交的利弊，选择采用拍卖方式成交效益大的货物参加拍卖。

（3）要了解各个拍卖中心的习惯做法和规章制度。世界有几十个不同货物的拍卖场所，每个拍卖中心都有自己的习惯做法和规章制度。例如，支付货币的确定，不同的拍卖机构规定是不一样的：美国和英国的拍卖公司采用本国货币计价和付款；圣彼得堡拍卖公司规定使用美元；丹麦拍卖公司规定以本国货币计价，允许自由货币付款；我国裘皮拍卖会规定以港币计价，以美元付款。关于货物风险转移问题，每个拍卖公司也有不同解释。英国拍卖行规定"货物风险于货物成交时转移至买方"；芬兰皮毛拍卖公司规定"货物风险转移于拍卖官击槌时转移给买方"等。

（4）采用拍卖方式销售货物应注意对我国不利的弊端。例如，货主不能完全自由地按自己意志进行交易，要受拍卖人的制约；拍卖费用较高；买主容易压价等等。我们应针对上述问题采取相应的补救措施，避免处于被动局面。

第四节　补偿贸易、加工贸易和对等贸易

一、补偿贸易

（一）补偿贸易的含义

补偿贸易（Compensation Trade）是指在信贷的基础上，从国外企业购进机器、设备、技术和各种服务等，约定在一定期限内，待项目投产后，以该项目生产的产品或其他货物或劳务或双方约定的其他办法偿还贷款。由于进口机器设备的企业偿还贷款本息采用的是补偿办法，因此称为补偿贸易。

补偿贸易是20世纪60年代末和70年代初，逐渐发展起来的一种贸易方式。目前，它在贸易中，已被发展中国家、东欧各国家与发达国家之间贸易所接受，现在已具有一定发展规模。

补偿贸易的主要特点有：

（1）贸易与信贷相结合。购进机器设备的一方是在对方提供信贷的基础上购进所需

要的货物,与易货贸易是不同的。

(2)贸易与生产相联系。补偿贸易双方是以互相关心相互联系的,出口方往往关心工程项目进展和产品生产情况,进口方也关心产品在出口国家和其他市场的销售情况。

(3)设备进口与产品出口相联系。补偿贸易多数情况是利用其设备制造出来的产品进行补偿,一般不动用现汇。

(4)补偿贸易双方是买卖关系。设备进口方不仅承担支付货款的义务,而且要承担付息的责任,对机器设备或其他原材料具有所有权和使用权。

(二)补偿贸易的种类

补偿贸易的形式和种类甚多,但主要有以下几种:

1.直接产品偿付

这种方式或称为产品返销,是指出口机械设备的一方在签订出口合同时,必须承担按其购买一定数量的由其提供机械设备生产出来的产品,即购买直接产品的义务,进口的一方用直接产品分期偿还合同价款。这种补偿贸易的形式一般适用于购买机器设备和技术贸易。

2.间接产品偿付

如果进口机器设备或技术制造的产品并非对方需要的或进口方国内有较大需要或进口机器设备不是生产有形产品等,双方约定,可以由进口方承诺分期供应一种或几种其他非直接产品进行偿付。

3.部分产品和部分现汇偿付

进口机器设备或技术的一方可以用直接或间接产品偿还进口机器设备的部分价款,其余用现汇来偿付,也可以利用贷款偿付。

4.通过第三国偿还

有时进口设备的一方,可提供的产品在出口机器设备一方的国内没有竞争能力,或者该国对这些产品的进口实行限制,在这种情况下,返销产品可以在第三国市场销售或由第三国购买转销其他市场。这种方式负责产品返销的商人往往不是提供机器设备或技术的一方,而是第三者,所以也称"三角补偿贸易"。

(三)补偿贸易经济效益的可行性研究

补偿贸易是一项较复杂的贸易方式,它涉及贸易、生产和信贷等方面问题,同时需要考虑经济效益问题。对采用补偿贸易的工厂来说,要求通过这种贸易方式,带来比较理想的经济效益,因此在决定投资之前,必须进行可行性研究,进行具体的经济效益核算。

经济效益的可行性研究,应计算以下几个指标:

1.补偿贸易偿还能力

偿还能力是指采用补偿贸易的工厂企业每年能够收入多少外币,扣除生产成本及其他费用以后,偿还贷款需要多长时间,即偿还期限。其计算公式为:

$$偿还能力=\frac{外汇总成本}{年外汇收入 - 年生产成本及费用}$$

外汇总成本包括进口机械设备的贷款、贷款利息和其他费用。由于外汇还本付息的方式不同，计算本息的方法也不同。一般国际市场计算均按照复利计算。

年外汇收入决定于出口产品的价格和数量。出口产品的价格是受国际市场供求关系的变化而经常变化的；出口产品的数量一般是根据市场供求关系和返销数量两个方面决定的。企业在计算外汇收入时应根据市场价格变化的规律及影响价格变化的因素，推算出一个平均价格，再根据每年的出口数量和平均价格，即可求出每年外汇收入额。

年生产成本及费用包括固定资产折旧、原材料、动力、水费、劳动工资及税金等。将上边金额按外汇价折成外汇，才能进行核算。

此外，还可用计算补偿贸易的偿还率的方法，分析比较各项补偿贸易的经济效益。偿还率是指工厂企业偿还外资本息占使用外汇创造外汇净收入的百分比。计算具体公式为：

$$偿还率=\frac{外汇总成本}{外汇净收入}×100\%$$

2.补偿贸易换汇率

补偿贸易换汇率是指使用1元人民币的国内资金所获得外汇数量。其计算公式为：

$$补偿贸易换汇率=\frac{外汇总收入}{国内人民币总收入额(元)}×100\%$$

在计算补偿贸易换汇率时，如果超过全国出口商品平均换汇率时，那么这项补偿贸易是不可行的。

3.补偿贸易利润率

补偿贸易利润率是指采用补偿贸易方式所获得利润的数量占总投资的百分比，其计算公式：

$$补偿贸易利润率=\frac{总收入 - 总成本}{总成本}×100\%$$

在计算补偿贸易利润率时，须将外汇总收入和其他外汇支出按外汇牌价折成人民币，以人民币统一计算利润率。

当然，补偿贸易是比较复杂的贸易方式，在进行经济效益的可行性研究时，可根据采用这项贸易方式的具体情况再选择一些能反映经济效益的其他指标予以核算，要在保证获得理想经济效益的基础上再对外洽商谈判和签约。

（四）采取补偿贸易方式时应注意的问题

（1）要注意把购买机器设备同返销产品密切结合起来，做到购买或引进合理、可行，补偿有利，经济效益好，偿还期限短。返销的产品的规格、标准、数量及价格都应在合同中予以明确规定。

（2）要注意购买机器设备的同时，引进专利或专有技术，提高我国科学技术水平。有的采用补偿贸易方式的工厂企业只考虑买机器设备，忽视引进软件技术这一重要内容。但外商一般不愿意转让其先进技术，我们可以购买机器设备为前提，在谈判时争取获得一定先进技术。

（3）要注意使用对双方都有利的支付方式。补偿贸易的显著特点是要利用外资，必须先使用外国的机器设备，后还本付息，如果规定使用的支付方式违背了这个原则，就脱离了补偿贸易的概念，避免外商先使用我们的外汇资金。同时，还要保证收汇及时、安全，避免外汇风险。

（4）选择补偿贸易项目要切实可行，注意经济效益。要选择生产型的项目，保证返销数量，企业自身要达到外汇平衡。一定做好采用补偿贸易前期各项准备工作，对每个经济效益指标都要进行论证和估计。

（5）在补偿贸易合同中要明确双方的权利、义务和责任。在合同中除一般规定双方的权利与义务外，还要约束对方按时履约发货和购买返销产品，并对其不履约时应有一定的补偿约束措施，防止对方不履约和不按时履约给我们造成损失。

（6）选择资信好的外商作为合作对象。补偿贸易的合作对象资信如何对我们是十分重要的，除要求他有一定的资金和信誉外，还应具备一定的融通能力。因为提供机器设备金额较大，需要自身贷款，如果融通渠道狭窄或融通能力较差，双方合作的前途是不会好的。在谈判之前，我们应该通过中国银行或咨询公司对外商的资信进行调查研究，防止因盲目而造成被动。

（7）在签订补偿贸易合同时，要注意合同的合法性。合同各项条款，不得与我国现行法律和规定相违背，不能与对方国家政策相抵触。

（8）补偿贸易的返销产品不能影响我正常向返销国出口，也不能顶替向这些国家出口的配额。

二、加工贸易

（一）加工贸易的含义

加工贸易是指从国外获得原料或原配件，在国内加工或装配成制成品后再出口到国外去的经营活动。

加工贸易是与一般贸易相对应的一个概念。加工贸易与一般贸易的区别在于：

（1）从产品的要素资源来看，一般贸易货物的要素资源主要来自出口国，出口国利用这些要素资源生产的产品符合出口国的原产地规则；而加工贸易货物的要素资源主要来自国外，出口国里利用这些要素资源生产的产品不符合出口国的原产地规则。

（2）从企业的收益来看，从事一般贸易的企业获得收益主要来自生产成本或收购成本与国际市场价格之间的差价；而从事加工贸易的企业收取的是加工费。

（3）从进出口来看，一般贸易下的进口货物一般在国内消费，进口和出口没有密切的联系；而加工贸易下的进口货物不在国内消费，而是在国内加工成制成品后再出口，进口和出口有密切的联系。

（4）从税收的角度来看，一般贸易下的进口货物要缴纳进口环节税，如果再出口，则在出口后退还部分税收。加工贸易下的进口货物可以不征收进口环节税，由海关实行保税监管。

（二）加工贸易的具体方式

1.加工装配

加工装配包括来料加工和来件装配两种业务。来料加工是指委托方（外商）提供原材料、辅料和包装物料等，由国内的承接方收取加工费（也称工缴费）的一种贸易方式。如果国外委托方提供零部件、包装物料等，由国内的承接方按国外委托方的要求装配为成品提交给对方，并按双方约定的标准收取加工费，则被称为来件装配。我国把来料加工和来件装配统称为加工装配业务。

加工装配是一种委托加工的方式。国外委托方将原材料、零部件等运交国内承接方，并未发生所有权的转移，承接方只是作为受托人，按照国外委托方的要求，将原材料或零部件加工为成品。在加工过程中，承接方付出了劳动，获得的加工费是劳动的报酬。因此，可以说加工装配属于劳务贸易的一种形式，它是以商品为载体的劳务出口。

加工装配对于承接方和委托方（外商）来说，都具有积极意义。对承接方的积极意义在于：可以挖掘承接方的生产潜力，补充国内原料的不足；引进国外的先进技术和管理经验，有利于提高承接方的生产技术和管理水平；有利于发挥承接方所在国劳动力众多的优势，增加该国的就业机会和外汇收入。加工装配对委托方的积极意义在于：可以降低其产品成本，增强竞争力；有利于委托方所在国的产业结构调整。

2.进料加工

进料加工是指外贸企业自行进口原料、零部件，根据国际市场的需求或自己的销售意图，加工成制成品销往国外市场，赚取销售成品与进口原料、零部件之间差价的一种贸易方式。

进料加工的意义在于：有利于解决国内原料紧缺的困难；可以更好地根据国际市场的需要和客户的要求组织原料进口和加工生产，做到以销定产；可以把进口与出口结合起来，实施"以进养出"的扩大出口战略；可以将国外的资源、市场与国内生产能力相结合，充分发挥本国的生产优势。

进料加工与加工装配有相似之处，因为它们都是利用国内的劳动力和技术设备，都属于"两头在外"的加工贸易方式。但是，进料加工与加工装备又有明显的不同之处，主要表现在以下几个方面：

（1）在进料加工中，原材料进口和成品出口是两笔不同的交易，均发生了所有权的转移，而且原材料供应者和成品购买者之间没有必然的联系。在加工装配中，原材料或零部件运进和成品运出均未发生所有权的转移，它们均属于一笔交易，有关事项在同一合同中加以规定。由于加工装配属于委托加工，因此，原料或零部件供应者又是成品接受者。

（2）在进料加工中，国内承接方从国外购进原材料，由国内工厂加工成成品，使价值增值，再销往国外市场，赚取由原材料到成品的附加价值，但国内承接方要承担在国际市场上销售的风险。在加工装配中，成品交给国外委托方自己销售，国内承接方无须承担风险，但是，所能得到的也仅是一部分劳动力的报酬。因此，加工装配的创汇一般低于进料加工的创汇。

3.境外加工

境外加工是指一国企业以现有设备、技术在国外进行直接投资，利用当地的劳动力开展加工业务，以带动和扩大国内设备、技术、原料和零部件出口的一种跨国经营方式。

境外加工的目的通常是通过对外投资带动对外贸易。我国开展的境外加工主要关注对外投资的出口创汇效应，即由对外投资带动后续不断的资本、原材料的出口。但是，境外加工这种对外直接投资形式也可能产生出口替代的效应。对外直接投资所导致的出口创汇和出口替代的净效应最终将决定是增加还是减少整个国家的出口贸易。

（三）加工贸易缴费标准的确定

加工贸易无论来料定价与否都涉及工缴费问题。加工装配方收取工缴费是加工贸易的一个显著特点。如何确定工缴费标准是一个非常重要的问题。

制定合理的工缴费标准不能以国内加工水平来确定，而是应以国际上同行业或相似行业的加工产品来确定。例如，对港澳地区开展加工装配业务时，工缴费的标准原则上应略低于港澳地区的工缴费水平。

从事加工贸易业务的生产企业，还应按照国内加工水平核算加工产品的成本，并与工缴费相比较，以确定项目的可行性。加工生产企业，不仅要考虑外汇收入，还要注意成本核算，计算兑换人民币后是否亏损。

在外商提供全部原材料和零部件的情况下，计算工缴费时，要包括工人和管理人员的工资、生产费用、折旧费、管理费、手续费、税金；如果使用我方商标，还要包括商标费；如果为加工业务成立新企业，还包括企业注册登记费；如果外商提供的是部分原料和零部件，我方补充原材料或零部件时，我方补充的原材料或零部件的费用应包括在工缴费之内。

（四）采用加工贸易方式时应注意的问题

（1）在加工装配贸易中，国外厂商往往提供商标，要注意商标的合法性。为了避免因第三者控告侵权造成被动，可以在加工装配协议中规定："乙方（委托方）提供的商标保证具有合法性，如果有第三者控告加工装配产品的商标侵权，概由乙方与第三者交涉，与甲方（我方）无关，同时应承担由此给甲方造成的损失。"

（2）加工装配业务法律性较强，有关来料来件一定要按我国政策规定办理，并按有关法律办事。

（3）防止国外厂商只来料、来件，不购买成品或借故产品质量不合格等拒绝返销现象出现，可以采取由国外厂商出具银行保函或者采取"先收后付"的方法。

（4）加工装配收入，要在银行单独开立账户，单独结汇，以利于考核企业经营活动成果。有关开立账户、支付方式、结汇办法和信贷管理等方面问题，应按国家有关规定办理。

（5）加工装配的成品一定要保证全部返销国外，除国家政策允许，否则不能在国内销售。

（6）选择加工装配项目要适当，不能与我国正常向返销国家出口货物品种相冲突，更不能以加工装配的产品顶替正常销售的配额。

三、对等贸易

（一）对等贸易的含义

对等贸易，也称为抵偿贸易、对销贸易或反向贸易等。它是指交易双方互为进口人或出口人，把进口与出口有机结合起来，双方都以自己的出口来全部抵偿或部分补偿从对方的进口。这种贸易方式起源于20世纪60年代与70年代初，是苏联、东欧等互惠国家同西方发达国家之间进行贸易的一种做法。这种以进带出的做法是用来弥补贸易逆差和克服外汇不足困难的一种贸易方式。使用这种方式，对西方发达国家出口企业来说，要出售产品就必须承担购买对方的产品义务；从东欧各国来说，利用进口人的优势条件，促进西方发达国家企业接受它们的出口产品，将单进单出的贸易业务变成双方互来互往的双轨交易，但双方的交易不一定完全等量或等值。

这种贸易方式，对交易双方都有好处，因此，它在双方的贸易当中起到了一定的推动作用，具体表现是：第一，它使一些国家可以在不动用外汇或少动用外汇的条件下，进口它们在发展国民经济中所需要的各种货物和技术，而且在某种情况下，还可以贸易的方式取得国外的信贷。第二，通过这种贸易，以进带出，利用国外的销售渠道，使一些本来不易出口的商品进入世界市场，收到扩大出口之效。第三，在某种情况下，通过双方长期互购产品，来取得比较稳定的外汇收入。第四，随着技术和先进设备的进口和投产，还有助于改造本国生产企业，提高技术水平，增强产品的适销能力和市场竞争能力。第五，对西方发达国家来说，它们可以解决一些进口国家支付能力的困难，从而使他们的技术和过剩的机器设备或产品找到了销路，开辟比较稳定的原材料供应来源以及获得转售返销产品的商业利润。同时，通过产品回购，它们把国内生产能力转移到劳动力和原料比较低廉的国家，从而可能降低生产成本和提高产品在国际市场的竞争能力。

（二）对等贸易的种类及做法

对等贸易方式包括的内容很多，主要有易货贸易、回购贸易、互购贸易与转手贸易等。

1.易货贸易

易货贸易（Barter）是一种古老的贸易方式。它是指单纯的货物交换，不使用货币支付，也不涉及第三者。其基本做法是双方签订易货合同，规定双方交换的货物和时间。每一方既是自己出口货物的出口人，又是对方出口货物的进口人。双方交换的货物，可以是单向货物的交换，也可以是多种货物的综合易货（或称一揽子易货），基本原则是双方交换的货物必须是等值的。

易货贸易的特点是：它是一次性的交易行为，只有进口人与出口人两个当事人，不涉及其他的第三者；双方只签订一个进出口合同，包括双方交换的货物均须明确地载明在合同上。

易货贸易的做法是双方签订一个各自所需交换货物的合同，按照合同规定将货物交付给对方。各自交付货物的时间可以是同时，也可以分别交付。上述做法是古老的贸易方法。现在易货贸易已改为通过货款支付清算方式，达到货物交换的目的。在货物支付结算上，既可笔笔平衡，又可定期结算，综合平衡；既可以付现，又可以记账；在时间上，既可进出口同时进行，又可以有先有后。总之，易货贸易的做法逐渐灵活多样。

笔笔支付平衡是指双方采取对开信用证的方式，所开立的信用证都以双方互为受益人，信用证的金额相等或大体相等。由于分别结算，开证时间有先有后，但为了保证双方履行购买义务，约束对方在第一张信用证上规定以收到对方开立金额相同的信用证时方可生效。

记账平衡是指双方在承担按合同规定购买对方等值货物的义务前提下，由双方银行互设账户记账，货物出口后由银行记账，互相冲账抵消，如有余额或逆差，则仍以货物对冲或支付现汇。

但是，易货贸易做起来并不方便，有一定的局限性。例如，西方资本主义国家产品出口的企业大多是私营的，它们专业化程度较高，我们提供的货物不一定是它们对口经营的货物，很难达成交易，现在我们同俄罗斯和东欧国家的贸易可采取这种方式，但须注意采取记账方式，在我国货物先出口或出现顺逆时，对方的货物一时供应非所需，便造成外汇积压，经济上受损失。

2.回购贸易

回购贸易（Products Buy-back Trade）是指出口一方同意从进口一方买回其提供的机器设备所制造的产品。它与补偿贸易有很多相同之处，但二者的区别主要是出口方回购的产品仅限于由出口机器设备所生产的产品。其回购产品价值可能是出口机器设备的全部价值，也可能是部分价值，甚至可能超过其出口设备的全部价值。

回购贸易最早是产生在能源与原材料部门的生产技术、设备的交易。东欧各国家从西方资本主义国家进口生产技术、设备等，先不支付现汇，而用这些生产技术、设备生产出来的产品回销抵偿对方的价款，分期偿还。之后，随着这种贸易形式不断扩大，一些机器制造业和其他行业也采用了这种方式。但是逐渐改变了原来回购贸易的概念，特别是在回购产品方面，发生了很大变化，由原来的直接产品偿付，发展到以其他产品（间接产品）或部分直接产品和部分间接产品结合偿还。由于回购贸易做法的变化，在实际业务中，它与补偿贸易就没有区别了。有人认为它是补偿贸易的一种形式。

3.互购贸易

互购贸易（Counter Purchase），又称互惠贸易（Reciprocal Trade）和平行贸易（Parallel Trade），是指出口的一方向进口一方承担购买相当于他出口货值一定比例的产品，即双方签订两份既独立又有联系的合同：一份是约定先由进口的一方用现汇购买对方的货物；另一份则由先出口的一方承诺在一定期限内购买对方的货物。

互购贸易的做法与补偿贸易的差别是两笔交易都用现汇，一般是通过即期信用证或即期付款交单，有时也可采用远期信用证付款。因此，先出口的一方除非是接受远期信用证，否则不会出现垫付资金的问题，相反还可以在收到出口货物到支付货款这段时间内，利用对方资金。这种方式，一般由发达国家提供设备，这对进口国家来说，不但得不到资金方面的好处，还要先付一笔资金，这样必定要承担一定汇率变动的风险，唯一可取的地方是可以带动本国货物的出口。

4.转手贸易

转手贸易（Switch Transaction）是指西方发达国家企业向东欧各国家出口机器设备，利用专门从事转手贸易的中间商和发展中国家与东欧各国家之间美元清算账户进行外汇转手，使西方出口企业与东欧各国家的贸易达到平衡的贸易做法。

转手贸易是一种涉及面比较广的贸易方式。具体做法是西方企业先向东欧某一国家出口机器设备会或其他贸易，西方出口企业取得清偿账户的权益，然后将这种权益转给专门从事转手贸易的中间商，中间商再从发展中国家购买货物，而不支付外汇。由东欧某一国家与发展中国家按双边清算协定结算。中间商将出口货物销售给其他买主，取得现汇，将现汇扣掉佣金后支付给西方进口企业，完成这笔转手贸易业务。

从转手贸易的做法可以看出，发展中国家在转手贸易中只能根据与东欧某一国家的双边贸易账户而出口，发展中国家出口的货物由中间商销售到其他市场取得现汇，但是发展中国家非但拿不到丝毫的硬货币，还可能因为对方的低价转售而影响自身对其他市场的正常出口和国际市场价格。因此，许多发展中国家对于这种转手贸易并不感兴趣，这也是近几年来转手贸易明显减少的主要原因。

第五节　商品期货贸易

一、套期保值

（一）套期保值的含义

套期保值又称为海琴（Hedging），是期货市场交易者将期货交易与现货交易结合起来进行的一种市场行为。其定义可概括为交易者在运用期货交易临时替代正常商业活动中，转移一定数量商品所有权的现货交易的做法。其目的就是要通过期货交易转移现货交易的价格风险，并获得与这两种交易相配合的最大利润。

套期保值之所以能起到转移现货价格波动风险的作用，是因为同一种商品的实际货物市场价格和期货市场价格的变化趋势基本上是一致的，涨时俱涨，跌时俱跌。

因此，套期保值者经常在购入现货的同时在期货市场上出售期货，或在出售现货的同时买入期货。这样，由于在期货市场和现货市场出现相反的交易，因此通常会出现一亏一盈的情况。套期保值者就是希望以期货市场的盈利来弥补在实际货物交易中可能遭到的损失。

（二）套期保值的做法

套期保值者在期货市场上的做法有两种：卖期保值和买期保值。

1. 卖期保值（Selling Hedge）

卖期保值是指套期保值根据现货交易情况，先在期货市场上卖出期货的合同（或称建立空头交易部位），然后再以多头进行平仓的做法。通常生产商在预售商品时，或加工商在采购原料时，为了避免价值波动的风险，经常采取卖期保值的做法。

例如，某谷物商在9月上旬以每蒲式耳3.65美元的价格收购一批小麦，共10万蒲式耳，并已存入仓库待售。该谷物商估计一时找不到买主。为了防止在货物待售期间小麦价格下跌而蒙受损失，它遂在芝加哥商品交易所出售20个合同的小麦期货，价格为每蒲式耳3.70美元，交割月份为12月。其后，小麦价格果然下降。在10月份，它终于将10万蒲式耳的小麦出售，价格为3.55美元/蒲式耳。每蒲式耳损失0.10美元。但与此同时，芝加哥商品交易所的小麦价格也下降了，该谷物商又购进20个12月份的小麦期货合同，对空头交易部位进行平仓，价格降为3.60美元/蒲式耳。每蒲式耳盈利0.10美元。先列表说明如下（见表12-1）：

表12-1 　　　　　　　　　　　　卖期保值法举例

日期	现货市场	期货市场
9月15日	买入现货小麦存仓 价格为3.65美元/蒲式耳	出售12月份小麦期货 价格为3.70美元/蒲式耳
10月15日	售出小麦价格为3.55美元/蒲式耳	购入12月份小麦期货 价格为3.60美元/蒲式耳
结果	亏损0.10美元/蒲式耳	盈利0.10美元/蒲式耳

从上例可以看出，由于该商及时做了卖期保值，期货市场的盈利恰好弥补了现货市场由于价格变动所带来的损失，套期保值起到了转移风险的作用。

2. 买期保值（Buying Hedge）

与卖期保值恰好相反，买期保值是指套期保值者根据现货交易情况，先在期货市场上买入期货合同，然后再卖出期货合同进行平仓的做法。通常中间商在采购货源，为了避免价格波动，固定价格成本时，经常采取买期保值的做法。

例如，某粮食公司与玉米加工商9月2日签订了一份销售合同，出售5万蒲式耳的玉米，12月份交货，价格为2.45美元/蒲式耳。该公司在合同签订时，手头并无现货。为了履行合同，该公司必须在12月份交货前购入玉米现货。但又担心在临近交货期购入玉米的价格上涨，于是就选在期货市场上购入玉米期货合同，价格为2.40美元/蒲式耳。到11月底，该公司收购玉米现货的价格已经涨到了2.58美元/蒲式耳。与此同时，期货价格也上涨至2.53/蒲式耳，于是该公司就以出售玉米期货在期货市场上平仓。其结果见表12-2。

上述交易情况表明，由于玉米价格上涨使粮食公司在现货交易中蒙受0.13美元/蒲式耳的损失，但由于适时地做了买期保值，期货市场上盈利0.13美元/蒲式耳。期货市场的盈利弥补了现货市场价格所带来的损失。

表 12-2 买期保值法举例

日期	现货市场	期货市场
9月2日 11月25日	出售12月份交货玉米价格2.45美元/蒲式耳 购入12月份交货的玉米价格为2.58美元/蒲式耳	买入12月份玉米期货价格为2.40美元/蒲式耳 卖出12月份玉米期货价格为2.53美元/蒲式耳
结果	亏损0.13美元/蒲式耳	盈利0.13美元/蒲式耳

（三）套期保值应注意的问题

前面我们介绍了套期保值的一般做法和原理，然而我们所举的例子却是理想化的套期保值。在实践中，影响现货市场和期货市场的因素较多，而且情况复杂，两个市场不可能达到百分之百的衔接，套期保值多数都不会达到上述理想化的结果。现根据实践结果，我们将套期保值应注意的问题介绍如下：

（1）套期保值虽然可以转移现货价格发生不利变动时的风险，但也排除了交易者从现货价格有利变化中取得额外盈利的机会。

从套期保值的做法中得知，卖期保值是为了防止现货价格下跌；买期保值是为了防止现货价格上升。但是如果在卖期保值后，价格非但没有下跌，反而上涨；买期保值后，价格没有上升反而下跌，那么套期保值的结果就会事与愿违。现举例说明如下：

【例12-1】卖期保值后价格上涨（见表12-3）。

表 12-3 卖期保值后价格上涨

日 期	现货市场	期货市场
3月15日 4月15日	购入小麦价格为2.80美元/蒲式耳 售出小麦价格为2.90美元/蒲式耳	出售7月份小麦期货价格为2.68美元/蒲式耳 买入7月份小麦期货价格为2.78美元/蒲式耳
结果	盈利0.10美元/蒲式耳	亏损0.10美元/蒲式耳

上例说明，卖期保值后，价格反而上升，其结果现货交易盈利0.10美元/蒲式耳，而期货市场亏损0.10美元/蒲式耳。这样，交易者还不如不做套期保值，交易者还可以取得现货交易的额外盈利0.10美元/蒲式耳。

【例12-2】买期保值后价格下跌（见表12-4）。

表 12-4 买期保值后价格下跌

日 期	现货市场	期货市场
8月1日	售出小麦价格为3.85美元/蒲式耳	买入12月份小麦期货价格为2.80美元/蒲式耳
10月23日	购入小麦价格为3.70美元/蒲式耳	售出12月份小麦期货价格为2.65美元/蒲式耳
结果	盈利0.15美元/蒲式耳	亏损0.15美元/蒲式耳

这个例子说明，由于价格下跌，该商人在现货交易中每蒲式耳本可以额外盈利0.15美元，但因为害怕价格上涨，事先做了买期保值，造成了期货交易损失每蒲式耳0.15美元。

由上述两个例子，我们可以看出，在套期保值后，如果价格发生对实物交易者有利的变化，交易者就不能再从实物交易中取得额外的盈利。因此，套期保值对实物交易者而言，是排除了对现货市场价格变动风险进行投机，目的是保障实物交易中的合理利润免遭损失，而丧失了不做套期保值可以取得更多现货盈利的机会。

正因为如此，从利润最大化的原则出发，现在有些人认为，对套期保值，应该有选择地进行，只有在预计实物市场价格发生不利变化时，才进行期货市场做套期保值。这种观点尽管有其合理的成分，但是必须建立在今后一段时间内对价格走势作出正确判断的基础上，否则就要冒更大的风险。但是，由于商品市场价格变化莫测，要对其走势作出正确的判断并非易事，所以，这种观点目前仍不能被普遍接受。一般商人仍习惯于在每笔交易之后，即做一笔套期保值的传统做法，以策安全。

（2）套期保值的效果，往往取决于套期保值时和取消套期保值时实际货物和期货之间差价的变化，即基差的变化。

基差（Basis）指的是在确定的时间内，某一具体的现货市场价格与期货交易所达成期货价格之间的差额。用公式来表示如下：

基差=现货市场价格-期货市场价格

在现货市场的实物交易中，商人之间经常用基差来表示现货交易价格，特别是在签订非固定价格合同时，用基差来表示实际现货价格与交易所期货价格的关系。例如"2 cents under Dec"表示现货价格比期货价格低2个美分，如果12月份的期货价格是每蒲式耳3.69美元，那么实际货物价格是每蒲式耳3.67美元。如果现货价格比期货价格每蒲式耳高2美分，则以+2美分Dec（或2 cents over Dec）来表示。

基差的变化对套期保值的效果有着非常重要的影响，现举例说明：

【例12-3】现货买入基差等于现货卖出基差（见表12-5）。

表12-5　　　　　　　　　　现货买入基差等于现货卖出基差

日期	现货市场	期货市场	基差
3月8日	售出玉米价格为2.76美元/蒲式耳	买入5月份玉米期货价格为2.71美元/蒲式耳	+5美分
4月5日	购入玉米价格为2.81美元/蒲式耳	售出5月份玉米价格为2.76美元/蒲式耳	+5美分
结果	亏损0.05美元/蒲式耳	盈利0.05美元/蒲式耳	

上例中，由于现货买入的基差（+5）等于现货卖出的基差（+5），基差没有变化，因此，套期保值的结果是盈亏相抵，达到了理想的套期保值效果。但在实际业务中，基差并不是固定不变的，是时刻随两个市场的不同情况而发生变化，于是套期保值的效果也就是有所不同。

【例12-4】现货买入基差大于现货卖出基差（见表12-6）。

表12-6　　　　　　　　　　现货买入基差大于现货卖出基差

日期	现货市场	期货市场	基差
9月13日	售出玉米的价格为2.86美元/蒲式耳	购入12月份玉米期货价格为2.82美元/蒲式耳	+4美分
10月28日	购入玉米的价格为2.98美元/蒲式耳	售出12月份玉米期货价格2.92美元/蒲式耳	+6美分
结果	亏损0.12美元/蒲式耳	盈利0.10美元/蒲式耳	-2美分

上例之所以发生每蒲式耳0.02美元的损失，是因为现货买入的基差（+6）大于现货卖出的基差（+4），所以结果是亏损的，没有达到理想的套期保值效果。

【例12-5】现货买入基差小于现货卖出基差（见表12-7）。

表12-7　　　　　　　　　　　　现货买入基差小于现货卖出基差

日期	现货市场	期货市场	基差
10月5日 10月28日	购入玉米价格为2.50美元/蒲式耳 售出玉米价格为2.45美元/蒲式耳	售出12月玉米期货价格2.55美元/蒲式耳 买入12月份玉米期货价格为2.48美元/蒲式耳	−5美分 −3美分
结果	亏损0.05美元/蒲式耳	盈利0.07美元/蒲式耳	2美分

上例中，由于现货卖出的基差（−3美分）大于现货买入的基差（−5美分），所以套期保值不但达到了预想的效果，而且在基差的变化中取得额外的盈利。

从上述三个例子上中可以看出，套期保值的效果取决于基差的变化。从另一角度讲，套期保值能够转移现货价格波动的风险，但最终无法转移基差变动的风险。然而，在实践中，基差的变化幅度要远远小于现货价格的幅度。交易者对基差的变化是可以预测的，而且也易于掌握。

（3）由于期货合同都规定了固定的数量，每份合同代表一定量的期货商品，如芝加哥商品交易所的小麦期货合同代表5 000蒲式耳的小麦；伦敦金属交易所的铜期货合同，一张是25公吨的铜。但是，在实物交易中，商品数量是根据买卖双方的意愿达成的，不可能与期货合同的要求完全一致。这就使得在套期保值时，实物交易数量与套期保值的数量不一致，从而会影响套期保值的效果。

二、现货交易与期货交易

（一）含义

在进出口业务中，无论是即期交货还是远期交货，买卖双方达成交易均属现货交易，又称实物交易。期货交易脱胎于现货交易，但为了满足交易者转嫁风险或投机牟利的需要，期货早已形成了独具特色的交易方式。

期货交易（future trading）是指在商品交易所内按照一定的规则，用喊叫并借助手势进行交易的一种传统交易方式。

目前期货交易发展很快，已经遍及世界各地，特别是美国、日本、英国、新加坡和中国香港等国家和地区。有些城市已成为期货交易中心，如纽约、芝加哥、伦敦、利物浦、汉堡、鹿特丹、巴黎、米兰、神户等。随着我国改革开放政策不断深入，期货交易业务也在一些大城市开展，使对外贸易方更加多样化。

（二）期货交易与现货交易的区别

现货交易分为即期交易与远期交易，买卖双方可以按任何方式，在任何地点和时间进行实物交割，卖方必须交付实物货物，买方必须接受实物货物，支付货款。期货交易是在现货交易的基础上发展起来的，在期货交易中，期货合同所代表商品仅限于农副产品、金属等初级产品。

（三）期货贸易的种类

期货交易根据参加交易者的目的的不同，可以分为两种：一种是利用商品交易所的标准期货合同进行卖出或买进，从价格变化的差价中追求利润，做买空卖空的投机生意；另一种是远期交割现货交易的交易者为了转移价格涨落的风险而进行套期保值业务。

（四）利用期货交易的做法

我国很多出口货物都是由国际上商品交易所经营的，可以利用期货交易的这种方式，为我国进出口贸易服务，可以从出口和进口两方面来考虑。

1.出口的做法

我国出口的大宗货物最好避免集中在广交会成交，如果国际市场行情对我有利，可以出售一些；如果在广交会期间价格对我不利，展示但可以不卖，待价格回升后再出售；或者在广交会前，价格合适可以抛售期货，不至于因交易会期间受到压价而减少外汇收入。

2.进口的做法

我国每年都进口一定数量的大宗货物，往往因为价格上涨会给我国带来一定的经济损失。为了避免进口价格波动带来的损失，在不泄露采购数量的条件下，可以采取先买期货合同，然后再以期货合同交换买方的实物；或者采取先买"多米"（期货），再谈进口合同的方式；或先抛"空头"，待市场价格跌落后，再购买实物。

三、期货市场

期货市场（Futures Market）是指按一定的规章制度买卖期货合同的有组织的市场。期货交易就是在期货市场上进行交易的。

（一）期货市场的构成

期货市场由期货交易所、经纪商、清算所、交易者构成。

1.期货交易所

期货交易所是由生产、经营或代理买卖合同或几类商品的企业和个人为进行期货贸易而设立的经济组织，一般采用会员制的形式。期货交易所本身不参加交易，也不拥有任何商品，它只是为期货交易者提供场地，设备等各种方便，并制定、颁布和实施交易的条例、规则，以保证公开和公平的竞争市场持续存在，使期货市场价格不受操纵，保证参加市场交易者均可获得公正的待遇。

2.经纪商

经纪商是一种专门代理客户在期货市场上进行买卖交易，并提供各种服务，承担一

定责任的个人或是公司。经纪商是期货交易所的会员，可以进入场内进行交易。非会员的企业或个人不能直接进入场内进行交易，只能委托经纪商进行期货买卖；交易达成，向经纪商支付一定的佣金。

3.清算所

清算所是负责对期货交易所内进行的期货合同进行交割、对冲和结算的机构。一旦期货交易达成，交易双方即分别与清算所发生关系，通过清算所完成期货合同的转让、结算。这就是清算所特殊的"取代功能"。清算所这一切能得以实现的基础是"保证金制度"，即交易所的每一个会员必须在清算所开立一个保证金账户，缴纳一定的保证金，以此保证交易顺利地进行，杜绝可能出现的违约现象，当会员净交易部位发生了亏损时，清算所就向会员发出追加保证金的通知。

4.交易者

凡是通过经纪商并按照交易各方一致同意的交易规则和惯例在期货交易所进行商品期货买卖活动的个人或是企业，都是商品期货交易者。

（二）期货市场的功能和作用

期货交易是在集中、公开、公平的前提下对标准合同进行的竞争性买卖，它的独特贸易方式使其具有两种基本功能：一是价格的发现功能。由于集中交易，故它可反映各种供求的结果。各种影响供求关系的因素被人们发现，并且通过期货价格的升降反映出这些因素作用的大小和强弱。与现货市场相比，期货价格预先给出了今后时期交易商品的价格信号，有利于商人利用期货交易所形成的价格信息去制定各自的决策。二是风险的转移功能。价格波动给经营者带来了风险。在期货交易中，可以采用套期保值的做法，最大程度地减少这些因价格波动所带来的风险，保证企业的正常经营活动顺利开展。由于期货市场的两个基本功能，对整个社会和经济产生了以下作用：

1.有利于市场体系进一步完善

完善的市场体系使市场机制作用发挥得更为合理，从而促进商品经济的进一步顺利发展。商品经济是动态发展的经济，对未来市场商品供求关系的预测和把握是促使商品经济动态、有序发展的重要的一环。这在市场需求多变、生产力发达、大规模进行商品生产的现代化社会经济中更是如此。现代商品经济的实践表明，缺乏期货市场，就使得市场体系在空间结构上出现断层；缺乏反映未来供求关系变化的期货价格，必然有碍市场经济中内在联系和市场信息立体反馈线路的形成，阻碍市场体制的正常发挥。因此，在现代商品经济社会中，缺乏期货市场的市场体系，是不完整的、残缺的市场体系。为了完善市场体系，健全市场机制，就必须建立期货市场。

2.有利于控制市场价格过度波动，防止社会资源的浪费

期货市场上的价格是由供需双方根据各自对未来某一时点市场供求状况的预测，经过互相报价，竞争后确定的。因此，期货市场价格既能预先反映未来市场的供求情况，也能对未来各个时期的潜在供求进行超前性调节。如果某种原材料的期货市场价格上升，那么，对买家就有警告作用，另一方面也意味着生产者可能增加产量。但是，随着潜在供应量的增加，期货市场的供求关系逐渐缓和，期货市场价格也逐渐下跌，此时，

对生产者又是一个明确的警告——不能再继续增加产量；否则，市场商品会逆转成供过于求，生产者将会遭受损失。因此，期货交易有助于防止市场价格波动，防止盲目生产，从而防止社会资源的浪费。

3.有利于提高生产管理水平

期货交易的公开性和期货价格的预期性，为生产经营者提供了可靠的决策依据。企业可以利用期货市场的信号，合理安排生产经营活动，做到按需生产。通过期货市场的交易，生产企业所需要的原材料能够方便地、快速地以竞争性的价格在期货市场上获得，从而避免为防止停工待料而增加库存、积压资金的情况出现。企业在期货市场的指导下，可以提高生产经营管理水平。

第六节　数字贸易

随着互联网络的广泛应用，数字贸易已经深入到了商业流程的核心，其战略作用越来越突出。在信息时代和网络经济的驱使下，企业不得不考虑重塑新的商务运作模式，在2006年3月，数字贸易诞生，建立数字贸易模式，开创了数字贸易新时代。

数字贸易是数字经济的重要组成部分，已成为国际贸易发展的新趋势和经济的新增长点。

目前，中央两办联合发布《中共中央办公厅国务院办公厅关于数字贸易改革创新发展的意见》（简称《意见》），从支持数字贸易细分领域和经营主体发展、推进数字贸易制度型开放、完善数字贸易治理体系、强化组织保障等四个方面提出18项具体举措。锚定数字贸易的发展目标，《意见》提出，到2029年，可数字化交付的服务贸易规模稳中有增，占中国服务贸易总额的比重提高到45%以上；到2035年，可数字化交付的服务贸易规模占我国服务贸易总额的比重提高到50%以上。

一、数字贸易概念及特点

数字贸易是以信息网络和数字平台为重要载体，通过数字技术的有效使用，实现货物（实体货物、数字内容、数据）和服务交换的新型贸易活动。数字贸易不仅包括基于信息通信技术开展的线上宣传、交易、结算等促成的实物商品贸易，而且包括通过信息通信网络（语音和数据网络等）传输的数字服务贸易，如数据、数字产品、数字化服务等贸易。

通过联合运营模式，倡导企业以统一的技术标准搭建全球公共数字贸易平台，并以消费主权资本论调动消费者参与的主动性，平台不提供商品，通过供求双方互动电子信息通道达成数字化信息的高速交换，将数字化信息作为贸易标的，在完成商品服务交易时实现收益。

数字贸易的特点是数字贸易两大特征，分别是贸易方式数字化和贸易对象数字化。其中，贸易方式的数字化是指信息技术与传统贸易开展过程中各个环节深入融合渗透；贸易对象的数字化是指数据和以数据形式存在的产品和服务贸易。

全球数字贸易阶段具有如下特征：

第一，贸易模式高度复合化。伴随全球数字贸易的发展，传统的B2B、B2C贸易模式以及新兴的B2B2C贸易模式将不断渗透和重组，并逐渐形成以B2B2C为主，B2B、B2C等多种贸易模式融合的线上复合贸易形态，以匹配不断降低贸易成本的诉求，契合碎片化订单集聚的发展趋势。

第二，贸易环节高度扁平化。全球数字贸易平台使生产企业能够兼顾生产和贸易。平台的赋能使得生产企业能够以较低的成本直接参与贸易活动，减轻对贸易中间商的依赖，这有利于减少贸易中间环节。

第三，贸易主体高度普惠化。与传统国际贸易由跨国公司主导不同，全球数字贸易的发展使得贸易弱势群体快速成长。中小企业能够通过提供货物、供给服务等方式依托全球数字贸易平台参与国际贸易；个体工商户能够通过跨境贸易方式备货，成为全球数字贸易平台的重要采购商；消费者不仅能通过全球数字贸易平台直接购买海外产品和服务，而且能通过国内电商平台间接购买海外产品和服务。

第四，贸易标的高度多元化。在全球数字贸易时代，传统实体货物都可以通过数字贸易方式实现跨境交易。随着数字社会的建立和民众数字素养的提升，数字内容和数字服务将成为越来越重要的交易标的。数据作为数字经济时代的重要生产要素，在政府与平台监管下实现跨境流动将成为一种常态。

第五，智能制造高度常态化。全球数字贸易并非只是简单的跨境交易活动，其强调数字技术与传统产业的融合发展，并以实现制造业智能化作为重要目标。全球数字贸易平台降低了中小企业获取消费端数据的成本，使更多中小企业能够通过全球数字贸易平台累积消费端数据，并将其与生产端的设计、制造、管理等环节结合，实现生产端的精准分析和快速响应。

二、数字贸易平台

20世纪90年代中期以来，电子商务以蓬勃之势迅猛发展，其交易额年年猛增。数字贸易企业运用电子商务，直接缩短时空距离，降低交易成本，提高效率和效益，其结果是优化了贸易体制，简化了贸易流程，增加了贸易机会。其最大的特点是汇集众多公共数字贸易信息平台，用户所拥有的信息资源是任何一个单一电子商务网站都无法比拟的。相关案例表明，运用数字贸易，可以降低成本40%左右，有的企业可达到70%，因为数字贸易不同于传统方式，采取纸面文件，那要耗费大量的人力、物力来草拟、修改、确认和传递。运用电子商务，使数字贸易真正面向和走向世界市场，可以建立全球性的营销网络。在国外，有人将电子商务称为“数字革命”，其意义不亚于第二次“工业革命”。数字贸易就是现代信息技术以国际互联网为核心在商业上不同程度和不同层次的应用。特别是电脑及其网络技术与现代通信技术日益融合，使人们已经忘记了传统时空的概念。各种力量协同运作加速了全球经济一体化的步伐，使全球商业运作方式正在迎接新的转型挑战，全球24小时不停运作、无边界、无障碍的新经济体系正在逐步形成。目前，对于企业而言，信息交流和信息交换成为商业运作的核心。无论是产品设计、产品生产、交易磋商、产品买卖，还是推销服务、质量控制，以及业务流程的设计，数字贸易已经影响到了全社会所有的企业和社会经济的各个领域。毫无疑问，数字贸易可以加快商业运作的节奏，缩短企业与客户之间的距离。然而，数字贸易的意义远远不止这些，它将会促进不同经济体系的融合，激活整合新的创造力，打开新的市场领域，创造企业协作与联合的新机制，甚至导致了人们重新评估企业的组织结构，重新认识企业核心竞争力诸要素的构成。总之，数字贸易不仅改变了企业做生意的方式，而且从根本上改变了人们对原有商务概念的认识。

三、中国支持数字贸易细分领域和经营主体发展

（一）积极发展数字产品贸易

加强数字应用场景和模式创新，提升数字内容制作质量和水平，培育拓展跨境数字交付渠道，提升国际竞争力。

（二）持续优化数字服务贸易

促进数字金融、在线教育、远程医疗、数字化交付的专业服务等数字服务贸易创新发展，提升品牌和标准影响力。发展云外包、平台分包等服务外包新业态新模式，推动服务外包加快数字化转型。

（三）大力发展数字技术贸易

加强关键核心技术创新，加快发展通信、物联网、云计算、人工智能、区块链、卫星导航等领域对外贸易。

（四）推动数字订购贸易高质量发展

鼓励电商平台、经营者、配套服务商等各类主体做大做强，加快打造品牌。推进跨境电商综合试验区建设，支持"跨境电商+产业带"发展。推进数字领域内外贸一体化。

（五）培育壮大数字贸易经营主体

培育一批具有较强创新能力和影响力的数字贸易领军企业。积极培育外向度高、具有独特竞争优势的中小型数字贸易企业。构建大中小企业相互促进、协同发展的良好生态，打造具有国际竞争力的数字产业集群。支持数字平台企业有序发展，在引领发展、创造就业、国际竞争中发挥积极作用。

四、中国推进数字贸易制度型开放

（一）放宽数字领域市场准入

完善准入前国民待遇加负面清单管理模式，推动电信、互联网、文化等领域有序扩

大开放，鼓励外商扩大数字领域投资。深入破除市场准入壁垒，提高数字贸易领域外商投资企业在境内投资运营便利化水平。

（二）促进和规范数据跨境流动

健全数据出境安全管理制度，完善相关机制程序，规范有序开展数据出境安全评估。在保障重要数据和个人信息安全的前提下，建立高效便利安全的数据跨境流动机制，促进数据跨境有序流动。

（三）打造数字贸易高水平开放平台

高标准建设数字服务出口平台载体，打造数字贸易集聚区。主动对接国际高标准经贸规则，鼓励数字领域各类改革和开放措施在有条件的数字服务出口平台载体、自由贸易试验区和自由贸易港开展先行先试和压力测试。发挥好中国国际进口博览会、中国国际服务贸易交易会、全球数字贸易博览会等平台作用，推进数字贸易领域交流合作。

五、中国积极完善数字贸易治理体系

（一）积极参与数字贸易国际规则制定

积极参与世界贸易组织、二十国集团、亚太经合组织等多双边和区域数字贸易相关规则制定，营造开放、公平、公正、非歧视的数字发展环境。积极推进加入《数字经济伙伴关系协定》（DEPA）和《全面与进步跨太平洋伙伴关系协定》（CPTPP）进程。参与应对经济数字化国际税收规则制定，探索建立税收利益分配更加合理、税收负担更加公平的数字贸易相关税收制度。参与联合国国际贸易法委员会、国际统一私法协会和海牙国际私法会议数字经济商事规则谈判。

（二）深化数字贸易国际合作

推动建立数字领域国际合作机制，加强人工智能、大数据、跨境结算、移动支付等领域国际合作，深化数字基础设施互联互通。加强与东盟国家、中亚国家、金砖国家、上海合作组织成员国等数字贸易合作。

（三）加快构建数字信任体系

加快数字贸易认证体系建设，促进数字信任前沿技术的开发创新与应用推广，培育数字信任生态。推动数字证书、电子签名等国际互认。鼓励数据安全、数据资产、数字信用等第三方服务机构国际化发展。

（四）加强数字领域安全治理

优化调整禁止、限制进出口技术目录。持续推动全球数字技术、产品和服务供应链开放、安全、稳定、可持续。发挥各类专业法院法庭作用，推动数字领域国际商事争端解决机制多元化发展。

中国的数字贸易快速发展，得益于中国对发展数字贸易的高度重视。党的二十大报告指出，推动货物贸易优化升级，创新服务贸易发展机制，发展数字贸易，加快建设贸易强国；党的二十届三中全会通过《中共中央关于进一步全面深化改革 推进中国式现代化的决定》提出，积极应对贸易数字化、绿色化趋势，创新发展数字贸易。

【本章小结】

本章介绍了国际贸易中比较常见的这些贸易方式，如经销、寄售、拍卖、招标投标、期货交易、对销贸易、加工贸易、补偿贸易等，从理论上分析了上述贸易方式的性质，当事人之间的法律关系，并且对每一种关系进行了详细的阐述与说明，其中包括基本概念、主要特点、主要措施、相关的法规和惯例，以及典型的案例，并对相类似的贸易方式进行了比较，进而帮助学生理解和加深记忆。

【思考题】

1.解释加工贸易、对等贸易的含义及特点。

2.简述招标与投标业务应注意的问题。

3.简述补偿贸易的概念及应注意的问题。

4.简述现货交易与期货交易的区别。

5.案例分析：美国某贸易商在7月间与国内某农场主订立900吨豆油购货合同，合同规定农场主在10月份向贸易商交货，价格为每磅18美分，贸易商打算11月份出口给国外的某客户。该贸易商担心11月份国际市场价格下跌，遂在期货交易所以每磅18.5美分买入11月份的豆油期货合同30份。11月中旬，该贸易商把豆油出口给国外的客户，由于市场价格下跌，只售得每磅17.8美分，亏损3 600美元。而此时，期货市场的价格也趋于疲软，由于交割期到期，无奈将原先购进的30份期货合同抛出对冲，价格为每磅18.2美分，连期货交易所收取的佣金100美元，该贸易商在期货交易中共亏损5 500美元。该贸易商全部亏损为9 100美元。请分析该贸易商在经营活动中应该吸取的教训。

主要参考文献

[1] 冷柏军. 国际贸易实务 [M]. 4版. 北京：北京大学出版社，2025.

[2] 黎孝先，王健. 国际贸易实务 [M]. 7版. 北京：对外经济贸易大学出版社，2020.

[3] 徐金丽. 进出口贸易实务 [M]. 北京：清华大学出版社，2010.

[4] 国际商会. ICC跟单信用证统一惯例（UCP600）[M]. 北京：中国民主法制出版社，2007.

[5] 吴百福. 进出口贸易实务教程 [M]. 上海：上海人民出版社，2021.

[6] 陈宪. 应诚敏. 韦金鸾. 国际贸易理论与实务 [M]. 北京：高等教育出版社，2013.

[7] 海关总署报关员资格考试教材编写委员会. 报关员资格全国统一考试教材 [M]. 北京：中国海关出版社，2011.

[8] 张卿. 国际贸易实务 [M]. 北京：对外经济贸易大学出版社，2011.

[9] 全国国际商务单证专业培训考试办公室. 国际商务单证理论与实务（2008年版）[M]. 北京：中国商务出版社，2007.

[10] 吕天军. 王烟军. 国际贸易理论与实务 [M]. 北京：对外经贸大学出版社，2010.

[11] 傅龙海. 国际贸易理论与实务 [M]. 北京：对外经济贸易大学出版社，2011.

[12] 福州大学《国际贸易》省级精品课程组. 国际贸易案例 [M]. 福州：福建人民出版社，2010.

[13] 周学明. 国际贸易 [M]. 北京：中国金融出版社，2014.

[14] 周学明. 国际贸易实务 [M]. 北京：中国金融出版社，2015.

[15] 周学明. 国际贸易学 [M]. 北京：清华大学出版社，2019.

[16] 冯宗宪. 郭根龙. 国际服务贸易 [M]. 西安：西安交通大学出版社，2008.

[17] 薛荣久. 国际贸易 [M]. 6版. 北京：对外贸易大学出版社，2016.

[18] 卜伟. 刘似臣. 国际贸易 [M]. 北京：清华大学出版社，2008.

[19] 董瑾. 国际贸易理论与实务 [M]. 3版. 北京：北京理工大学出版社，2007.

[20] 解俊贤. 张瑛. 世界贸易组织概论 [M]. 北京：中国经济出版社，2006.

[21] 刘军，李自杰，屠新泉. 世界贸易组织概论 [M]. 北京：首都经济贸易大学出版社，2006.

[22] 盛洪昌. 国际贸易 [M]. 北京：中国人民大学出版社，2008.

［23］汪素芹. 国际服务贸易［M］. 3版. 北京：机械工业出版社，2019.

［24］徐辉. 国际服务贸易［M］. 北京：清华大学出版社，2019.

［25］冷柏军. 国际贸易理论与实务［M］. 北京：中国人民大学出版社，2011.

［26］张晓明，刘文广. 国际贸易实务［M］. 2版. 北京：高等教育出版社，2006.

［27］马述忠. 数字贸易学［M］. 北京：中国人民大学出版社，2024.